當和尚遇到鑽石

愛的業力法則

西藏的古老智慧　讓愛情心想事成

the Karma of Love

麥可・羅區格西 Geshe Michael Roach 著
賴許刈 譯

衆·生

目錄

前言

我在亞利桑那州長大，像其他美國孩子般度過尋常的年少歲月，也和異性交往。高中畢業後，我到西部去念普林斯頓大學。我的課業成績優異，甚至榮獲白宮頒給的學術成就總統獎章。我的人生似乎福星高照，我的將來肯定不同凡響。

然後，一切在一夜之間全都變調。

當時我人在學校的禮拜堂裡，參加一個協助解決世界飢餓問題的志工會議，牧師接了一通電話，走過來碰碰我的臂膀，請我隨他到他的辦公室去。在那裡，他告訴我，我的母親剛剛走了。

我那福星高照的世界瞬間瓦解。

接下來的日子裡，我又接到兩通電話。一通說我弟弟走了，另一通說我父親也走了。在悲慟的汪洋之中，繼續念書、繼續我原本預期的人生似乎顯得沒什麼意義了。我離開學校，到印度旅行，尋求解答。

我有幸結識了一些西藏喇嘛，而且自己也循序漸進地成為喇嘛。我在西藏的喇嘛寺一住就住超過了25年，還是六個世紀以來第一位從賽拉梅寺院拿到「格西」（Geshe）學位的西方人，相當於佛學博士。

為了完成學位，我必須通過許多考驗，例如一場為時三週的公開口試，全程以藏語進行，考官包括成千上百位僧侶。寺院裡主要負責指導我的喇嘛堪仁波切還額外提出一項考驗：我能否到紐約開辦一家鑽石公司，賺到一百萬，證明我已將寺院教給我的業力法則融會貫通？之後我們要把賺來的錢捐給西藏難民，協助他們解決飲食等各方面的需求。

重回俗世，尤其是紐約市的花花世界，而且還要投身鑽石事業這門有可能很骯髒的生意，是我最不願意做的一件事。所以，我排斥這項提議排斥了好幾個月。然而，到頭來，上師的話還是占了上風，我無可迴避。

我確實協助創辦了一家叫做「安鼎國際鑽石」（Andin International Diamond）的公司，也協助讓它的年度業績爬到兩百萬的高額。世界首富之一的華倫・巴菲特（Warren Buffett）最近買下了這間公司。有了這些我在這家公司賺得的金錢，我也得以幫助難民及其他許多人。

我們公司是紐約歷史上發展最快的公司之一，自然而然地吸引了一些注意。雙日出版集團（Doubleday Publishers）主動與我接洽，請我寫一本談我們如何運用業力法則——助人法則——獲致成功的書。

於是我寫了一本叫做《當和尚遇到鑽石》的書，書名取自一部著名佛經❶，該佛經的內容是在闡述業力及其另一面，亦即佛家對於「空性」的觀點。這本書成為暢銷全球的商業書，被翻譯成25種語言，數百萬人讀之用之，中文版尤其受歡迎。它幫助了許多人達到財務上的獨立。

不可避免地，大家開始邀請我去演講，談這本書的內容。在本書寫成後，年復一年，我和金剛商業學院（the Diamond Cutter Institute）的同仁在許多國家為成千上萬的大眾帶領商業講座與禪修活動。在這些課程當中，我們常會讓學員分組進行我們稱之為「日常生活智慧」的小組討論，讓參與者有機會提出關於自家公司與自身職業生涯的問題。

某一天，在中國開的一堂課上，其中一位參與小組討論的女士問我能否回答非關事業的問題，她想徵詢她和老公的關係。金剛法則（the Diamond Cutter Principles），即業力種子法則（the principles of karmic seeds）也適用於她的家庭生活嗎？我回答說當然適用，在我們心識裡的業力種子，要為我們身邊的所有人事物負責。

譯註：

❶此指《金剛經》。《當和尚遇到鑽石》英文書名 *The Diamond Cutter*，《金剛經》之英文則為 The Diamond Sutra。

話匣子突然打開了，小組裡的每個人開始把藏在內心最私密的感情問題都掏出來求教，無論是關於配偶的，還是關於伴侶的。當下我體認到，照顧人們的精神需求，乃至於居住、金錢與食糧的需求還不夠，我們的親密關係說不定是人生中最大的幸福來源，同時也可能是最大的痛苦來源。如果我們想要幸福，如果我們想要這個世界幸福，那麼我們就必須擺平感情這件事！

出人意料地，佛家傳統中有許多關於伴侶關係的古老智慧可以提供給我們。首先，成千上萬本無與倫比的知識典籍公開供大眾閱讀，這些書告訴我們人生中的一切從何而來，包括關於我們伴侶的一切。這些，是針對業力的教誨。

此外也流傳一個傳統密法，叫做「金剛法」（the Diamond Way），已有數千年那麼古老。它提供我們非同一般的與伴侶交流的新方法，讓愛昇華，讓我們能與伴侶達到不同凡響的美好境地。傳說中，就連佛陀自己都是透過提拉陀瑪（Tilottama）獲得了開悟——提拉陀瑪是一名女子，在宇宙最至高無上的靈魂要求之下成為佛陀的伴侶。他們在新的一天曙光乍現時，在彼此的臂彎中達到完美的精神結合。有關這段故事的描述，是世界文學中最動人的篇章之一。

至於我本人有什麼資格寫一本關於愛的業力法則的書？我覺得我在所有同儕僧侶當中是

特別幸運的一個，因為我在成為僧侶之前有過感情的經歷（多數西藏僧侶在7到12歲之間就出家了），我知道女人是怎麼一回事，我知道感情的喜悅，也知道它有哪些極其痛苦的問題。我自己的父母就走過一段令人心力交瘁的離婚過程，那是一種相愛卻無法相守的可怕糾結。

再者，我想最重要的是，我也曾經有過一段我認為很神聖的感情。在那段感情裡，我得以一窺佛陀和提拉陀瑪、但丁（Dante）和貝緹麗彩（Beatrice）、耶穌和抹大拉的馬利亞（Mary Magdalene）之間的奧妙——我得以一嚐伊甸園的箇中滋味。

在那之後的歲月裡，在西藏12位最偉大的上師數千小時的教誨之下，我強化了那段經歷，甚至獲得了更深刻的體會。我還獲准私下與一位夥伴開始共修這些密法，我也花了許多年翻譯、研讀成千上萬頁有關這些密法的古老文本。

我很誠摯地力圖追隨這些密法，但有時會引來媒體不必要的關注或挑起寺院高層的怒火，因為有些人認為這些知識不宜對大眾公開。但我絕對相信有完美世界的存在，我相信我們可以一起創造出那個世界，而且我相信那個世界始於也終於完美的親密關係——藉由認識愛的業力法則。

所以我很樂於與你分享我的所學，幫助你解決自身的感情問題。許多年來，全球各個角落有無以計數的人捧著他們的感情問題來請教我。我試著選出一百個最常見的問題，藉由我心中上師的珍貴加持，從西藏的古老智慧中為大家提供解答，願能幫助你以及你人生中的完美伴侶。

麥可・羅區格西
2012年感恩節
寫於彩虹屋

PART 1

最重要的問題

The Most Important Question of All

1

問題

我在六年級時交了第一個女朋友，當時我十二歲。我數不清自那之後已有過多少段感情，反正一定很多啦，而且幾乎全都結束得很不愉快，儘管一開始我總是滿懷希望，覺得這次這個不一樣。

我試過聽從各式各樣的建議，也讀過各式各樣的書籍，但我有一種悲傷的預感，覺得一切都沒有用。所以，你可不可以開門見山言簡意賅告訴我，這麼多辦法都沒用，為什麼這個愛的業力法則會有用？

我知道你為了覓得良緣，什麼辦法都試過了，或至少試過很多辦法——你沒試過的，也看別人試過了，而且看到別人試的也沒用。我想我們可以說，如果愛的業力法則這個辦法有用，那它一定有什麼和你聽過的其他辦法不一樣的地方。而它確實如此。

首先，愛的業力法則有用，而且每次都有用。你瞧，幾乎在做人生中的每一件事時，我們都明白我們所做的可能有用，也可能沒用。即使只是為了頭痛吃一顆阿斯匹靈，我們吞下藥錠，坐在那裡等著，希望會有用。然後這藥可能有用，也可能沒用。可惜我們每一個人都已經習慣了事情有時候就是沒用，從來沒人會想到要拿空的藥罐去藥局討回一半的錢，因為有一半的藥錠在頭痛時沒發揮效用。我們已經習慣失敗，或至少有時候我們會預期事情不一定成功。我們內心深處相信這是人生的一個事實，我們無法改變。

但是業力永遠都有用，如果你真的懂得如何運用。要明白箇中真意得需花費好一番工夫。如果你還沒準備好要迎接一些新的概念、要好好思考這些想法，並且付諸實行，那麼這本書在你身上也不會有用。你將第一次學到你身邊的世界究竟從何而來，然後你將運用你所學到的東西，創造出你一直以來夢寐以求的感情關係。所以現在就直接開始吧，你所需要知道的新概念當中，最基本的一個就是「空性」。我舉起手裡的筆問你：「這是什麼？」

「一枝筆。」你很快答道。

「現在如果有一隻小狗走進這個房間，我把這件物品拿到牠鼻子前揮舞，牠會怎麼樣？」

「唔，我不知道，我猜牠很可能會咬它吧。」

「所以，在這隻小狗眼裡，這枝筆是什麼？」

「呃，我們可以說，牠把它當成磨牙玩具。」

這是你認識「空性」的第一步，現在我們再更深入一點。

「好的，那麼，誰是對的？人是對的，還是狗是對的？這東西是一枝筆，還是一個磨牙玩具？」

「嗯，我想兩邊都是對的。對我而言是枝筆，對狗而言是

磨牙玩具。」

「很好，很好，動物也有牠的權利是吧！所以，兩邊都是對的，從不同的觀點觀之，這件物品既是一枝筆，也是一個磨牙玩具。現在再來一個問題。如果我把這件物品放在這裡這張桌子上，你和那隻小狗都離開房間，那麼這件物品是什麼呢？一枝筆，還是一個磨牙玩具？」

「唔，如果雙方都不在這裡從這個或那個觀點去看它，那麼我想我們必須說它什麼也不是——在這個當下，它不是筆也不是磨牙玩具，但它有成為其中一種的潛質，端看是人或是狗走進這個房間。」

好的，現在你懂了；你已經明白「空性」這個莫測高深的概念了。如果你要創造出自己的完美伴侶，這個概念是絕對必要的。試著想想「空性」在這裡的意義。它的意義不在於一切都是黑的，或者沒有就是沒有，又或者什麼都不重要。人和狗離開房間後，放在桌上的物體是「空」，因為它是一片空白的，就像在電影開演前的空白銀幕。我們身邊的一切，我們生命中的所有人，也都一樣是空，是空白，是有待論斷的。你可能覺得上一個和你有感情的人很糟糕，但或許很多人都覺得他人還不錯。他和那枝筆是一樣的，一切端看你怎麼看，端看是誰在看。

「所以，現在，用一隻手舉起一枝筆，把筆舉到你面前，然後用另一隻手示意，告訴我這枝筆是來自於它本身，還是來自於你。如果你認為這枝筆是來自於它本身，就把你的手從筆朝你的眼睛揮。如果你認為它是來自於你，就把你的手從眼睛朝筆揮。」

幾乎所有人都會把手從自己這邊朝筆揮過去：「它取決於我怎麼看它，肯定如此；而磨牙玩具則是來自小狗的觀點。」

「這就對了。如果這枝筆來自於這枝筆本身，那麼小狗就必然會把它當成一枝筆，於是牠就會試著用爪子抓住它，然後說不定會試著寫一首詩給牠的狗女友說：『你的尾巴好美啊！』」

那麼，我們明白了：這枝筆來自於我。就它本身而言，它既不是一枝筆，也不是一個磨牙玩具。它是一片空白的，是有待論斷的。所以，當我看到一枝筆時，筆的概念必然是來自於我自己的心。

那麼，我們能不能閉上眼睛，希望這枝筆是一只大鑽戒？我們不妨現在就試試看——你知道這樣是行不通的。你的心識裡或許有一個超級男友，但這並不意味著你可以閉上眼睛，憑藉意念就讓他真的存在。我們可以想要或希望或祈禱得到一切我們想要得到的，但這樣不會讓美夢成真——世界上每一個孤單的人都「但願」有個伴，但這樣的願望並不會讓那個伴出現。

那麼，我們為什麼看見一枝筆？它是如何從我們的心產生？

我們的心識裡有種子，也就是業力。這些業力深埋在潛意識裡，在心識深處，當時機成熟，就會像一棵樹的種子那般迸裂開來。我將一枝黑色的柱狀物舉到你面前，在那萬分之一秒的時間裡，一個業力在你的心識裡裂開了，冒出一個閃閃發亮的「筆」的概念。在千分之一秒的時間裡，這個「筆」的小小概念跳到那枝黑色柱狀物身上——如此迅雷不及掩耳，迅速到你從來不曾意識到，它就發生了——然後你看到了一枝筆。

而那「真的」是枝筆。心像（mental picture）就是這麼厲害。你可以把那枝筆拿起來寫字。

你看出要如何以此類推下去了嗎？如果你是一個正在找伴的女人，這時有個俊男走進星巴克的大門，朝你這桌走了過來，他就和那枝筆一樣。他來自於你心識裡的一個種子。啊哈！現在我們要做的，無非就是學會怎麼種下那個種子！一言以蔽之，我們只能和另一個人一起種下。無論我們想要的是什麼，都必須先看見別人得到。當我們幫助別人得到他們想要的，這就會在我們的心識裡種下一個種子，讓我們自己日後也能得到一樣的東西——當這個業力像種子般成熟、裂開時。

這意味著你可以「種下」未來的伴侶，或目前的伴侶有任何你想改變之處，你都可以如願——因為一切來自於你。你只需要知道怎麼做。想成為一位好農夫，你需要學會如何正確地播種，並以正確的方式好好照顧種子。然後你要什麼就有什麼。

所以，第一個問題的答案，所有問題當中最重要的一個的答案是：沒錯，你可以擁有任何你想要的伴侶、任何你想要的情感關係，只要你學會如何種下正確的種子，而這正是你在本書將讀到的一百個問題所涵蓋的內容。每次看我們回答別人的問題，你都會學到更多耕耘業力的技巧。所以，我首先要你做的，就是坐下來從頭到尾讀完這整本書，即使某些我們所探討的部分是你目前可能並未面臨的問題。

在這個過程中，你會學到所有關於愛的業力法則的一切。接下來再回到與你切身相關的問題上，屆時你將能把從這本書

找到的答案付諸實行。這是一個來自古西藏的新系統，一個全新的系統。一旦真的參透了這個系統，它便能隨時隨地都發揮作用，而這正是它和其他你試過的辦法不一樣的地方。

順帶一提，幾乎所有你在本書會讀到的問題，主要都和傳統所謂的伴侶關係有關——亦即男女朋友和夫妻——因為來自於世界各地向我提出的問題多半是這樣的。不過，你從本書學到的原則已經被許多人成功應用在其他的人際關係上：家人、朋友、生意夥伴、同事，乃至於同性之間的關係。所以，盡可能將愛的業力法則自由運用在你和其他人的往來互動上吧！

PART 2

眾裡尋他

Finding Them

2 問題 我應該到哪裡去找我的伴？

幾年前，小安來找我，提出一個怪怪的請求。（如同本書其他篇章，這是一個真實的故事，或將幾個真實故事融合起來，並且為了尊重隱私把人名改了。）

小安來自亞洲，所以她以我的傳統頭銜稱呼我：「格西拉（GesheLa），您是一位僧侶。在中國，我們都說佛教僧侶法力無邊，你們特別靈通。我知道很多僧侶會占卜，會為需要知道一些事情的人算命，然後現在有一件事情我需要知道。」

「什麼事？」我問。小安看起來有點不好意思，她說：「唔，我想給自己找個男朋友，但不知從何找起。我在想，如果你可以看一下我的未來，直接告訴我會在哪裡遇到他，我就可以省下很多時間和麻煩。」

我有點錯愕。我預期的是像「這週我應該進行哪一種禪修」之類的問題。我設法拖延一點時間。

「那麼……你覺得你可能會在哪遇到他呢？」

「我在想是要上網找，還是參加舞蹈俱樂部。問題是，我覺得網路上遇到的不管是誰，一定都是宅男——花在電腦上的時間比花在女朋友身上還多的那種。然後呢，我在俱樂部遇到的任何

男孩子就……呃，就是那種會去參加舞蹈俱樂部的男孩子。他們恐怕不會在一份關係裡長久定下來。」

我通常不做這種算命活兒，但在其中一間我住過的西藏僧院——這一間不偏不倚剛好就在紐澤西的中間——有很多從蒙古來的老僧非常在行。我跟在他們身邊看了幾年，所以我知道要怎麼好好演一齣戲，如果能夠幫助人的話。

西藏僧侶算命是用一對骰子，但蒙古僧侶比較擅長只用一顆。他們取羊的關節骨來用，這些關節骨本身就幾乎是方塊狀，然後再煮到變成純白色。僧侶把骨頭往桌上一丟，看看它落定時是什麼樣子，再告訴來人之後會發生什麼事。於是，我就這麼把羊關節骰子

一丟，彎下身去看，一副煞有介事的認真樣。

「唷！」我說。「嗯！」我又說。接著我再額外加點戲，念了兩句經文：「嗡嘛呢叭咪吽，嗡嘛呢叭咪吽！」

這之後則要大喊一聲：「啊！有了！」小安朝關節骨俯身過來，問道：「怎麼樣？格西拉，網路上找得到嗎？」

「找不到，找不到！」我肅穆地說：「不在網路上！網路上不可能！」

「喔！」她高呼：「那一定是舞蹈俱樂部！」我緩緩朝關節骨彎身過去，詳加檢查一番，說：「不對，也不是，你不會在俱樂部找到他。」

「那不然是哪裡？」她問。

我停頓一下，傾身再瞪著關節骨一會兒，接著慢慢坐直，看著她的眼睛。「你必須要去……去養老院找！」

「養老院？」小安瞪大了雙眼，不可置信地看著我，停頓了好一陣子才說：「可是，格西拉，你不懂。」

「我不懂什麼？」我沉聲問道。

「我是說……我的意思是，格西拉，我要一個年輕的男朋友。」她臉都紅了。我笑了。我告訴她：「不是我不懂，是你不懂。告訴我，你為什麼想交男朋友？」

「唔，」她立刻回覆道：「看看我是怎麼過生活的。我在曼哈頓這裡的辦公室，有一份不錯的工作，一天工作很長的時間，我還滿喜歡我的工作的。然後我下班回家，大概花四十五分鐘為自己弄點晚餐。然後我一個人坐下來吃晚餐，大概花五分鐘。然後我把碗洗了，洗個半小時左右。您瞧，晚餐總共花我超過一小時，只是為了讓我一個人坐在那裡吃飯，沒有人坐在餐桌對面和我一起吃、一起享受我的廚藝、問問我今天過得怎麼樣。」

「所以你很孤單。你想要的是有個人和你在一起，你想要某個你愛的人的陪伴。」我說。

「正是。」她彷彿如釋重負地嘆了口氣。

「正是！」我重複道：「這正是為什麼你需要去養老院。你要的是陪伴，所以首先你要在自己的心識裡種下陪伴的業力種子，這個種子會迸裂開來，你會遇到那位男士，無論是在哪裡。種下

陪伴的業力種子的方式，首先就是去給予他人陪伴。而其中一個給予他人陪伴的最佳方式，就是去養老院。

「去養老院探訪老太太，探訪某個老人，某個沒人想見的人，某個一口爛牙嘴巴很臭的人，某個又皺又沒人記得的人，某個會坐在那裡、每次你去就一遍遍告訴你『我有沒有跟你說過我高中時那個男朋友？他可帥了』的人。

「你不用每天都和她黏在一起，只要每隔一段時間去看她一次，例如每週，或者每兩週。送些花給她，偶爾帶她出去吃頓晚餐，幫她填老人年金的表格或整理她的房間。但最重要的是給予她陪伴，聽她說她的人生故事，即使她已說過一百次；同時也和她分享你自己的故事。你會從她的人生學到很多，她也會對你的人生有一些忠告。

「這就會種下一個陪伴的業力種子，當那個業力像種子迸裂開來，你就會遇到你的那位男士。只要這個種子存在，到哪裡去找他就不重要了——在網路上，在俱樂部，或只是坐在自己家裡——他會出現，他勢必要出現。但如果你不種下這個新的業力種子，只是到網路上或俱樂部去找，你可能會找到，也可能不會，因為可能有一個舊的種子存在你的心識裡，也可能沒有。」

這個小安，你瞧，她和幾乎所有我給過建議的人完全不同，因為她回家後還真的照我說的去做了。

幾個月後，她打來一通電話。

「格西拉！天大的消息！」

「怎麼了？」

「唔，探訪老太太的事，我照你說的做了。後來我去舊金山玩，在那裡教了堂瑜伽課。整班學生一個接一個進到教室裡來，我一直在找他，你知道……」

「嗯哼？」

「然後呢，唉……你知道，絕大多數來上瑜伽課的反正都是女生，他也沒有出現！」

我有點迷糊了。「然後呢？」

「然後呢，門打開啦，就在我們已經開始上課五分鐘後，這位先生才站在門口，因為他遲到了。」

「嗯哼？」

「然後，唔，他的視線越過全班看著我，你知道……就像電影演的那樣，就像是，完全就是，一見鍾情！他對我，我對他。我們只是坐在那裡一動也不動，全班彷彿都在等我說些什麼，而我能做的只是看著這位可口的男士。」

六個月後，我又接到一通電話。「格西拉，我是小安。所以……您是一位僧侶，對吧？佛教僧侶？」

「我確實是。」我肯定道。

「唔……佛教僧侶有沒有……他們主不主持婚禮的？」有的，他們有，我就主持過，而且是個很美的婚禮，白色蕾絲、黑色西裝，就在曼哈頓。

你抓到重點了。小安沒有「找到」伴侶，而是「創造」了一個伴侶。當你遵循愛的業力法則，也就是金剛法則（Diamind Cutter Principles），就沒有一件事是意外發生的。顯然，我們決定自己要什麼，接著我們先幫助他人得到一樣的東西，以種下一個業力種子。在那之後，事情便會自然發展。不用擔心，不用猜疑。他出現了，而且他給予我們陪伴，因為我們已經先給予他人陪伴。

所以不要只是坐在那裡試圖決定要去俱樂部、網路，還是瑜伽課。找出那些孤單寂寞的人，一旦開始找，你會發現這些人到處都是。不只是孤單老人，還有父母太忙的孤單孩子，甚至是辦公室裡或公車上就坐在你旁邊的孤單同事或同行者。和他們做朋友，給予他們陪伴，並且持續不懈，把這件事當成你的任務。業力種子將會種下，伴侶將會出現，無論你去到何方。

問題3 我應該找一個什麼樣的伴？

凱倫，一位聽過我許多演講的常客，在某場於西南部舉行、聽眾人數頗具規模、為時一整晚的漫長演講過後，在前往停車場的途中堵我。我實在是筋疲力竭了，但我的助理告訴她，她可以「收買」我們走向車子的那段路。我們稱之為「邊走邊聊」，一路上也幸好有他們護送我倆穿過人潮。

我大概知道她想聊什麼。凱倫和一個滿不錯的男孩子——不錯的工作，和善的個性——感情滿不錯的，但他似乎不想繼續下去了。

於是，她抬頭看著我，臉上的痛苦不只一點點，說：「格西拉，事情沒有結果，我想你已經聽說所有血淋淋的細節了。他走了。現在我又要開始尋尋覓覓。但首先我想請教你，你覺得我這次應該找一個什麼樣的伴，才會比較好呢？」她的聲音越來越微弱，我很同情她。

「聽著，凱倫。」我回覆道：「你知道我是一位僧侶，我也知道你知道，所以我知道你預期我會說什麼——『找個善心的人，挑個好人。不要管他長得怎麼樣、做什麼工作，或頭腦多聰明。』」

她點了點頭，彷彿理當如此，而這或許是她所有問題的一部分。

「唔，你可以拋開這種想法了。」我開始切入正題：「如果你不知道自己在做什麼沒關係——如果你一直在『尋找』對的人，而不是去『創造』對的人。

「如果對的人是你『找來的』，那你就一定要做出一些妥協。如果你必須『找到』一個伴，那你找到的肯定要嘛是個又帥又聰明，但不是那麼穩定、善心的人，要嘛是個穩定而善心、但不是那麼帥、那麼聰明的人。

「接下來你就要傷腦筋了，你要決定自己想不想和一個『只有百分之七十五是你真正想要的樣子』的人共度餘生。」

她什麼都沒說，但我能感覺到凱倫開始有點不自在了——她的整個人生，一直在玩這樣的機率遊戲。

「所以，我有什麼別的選擇嗎？」

「你必須明白金剛法則的系統不是這樣運作的。在這裡，你要『創造』你的伴侶，你要種下正確的業力種子去成就出一個伴侶。

「在你要創造出人生中的其他東西時——無論是一幅畫還是一塊蛋糕——你必須先坐下來決定好你要它是什麼樣子。你仔細想想，擬出一張清單，列明你想要的一切，然後你按照自己要的樣子去把它的各個部分創造出來。

「創造出對的人也是一樣的。列一張你想要什麼的清單，但是要小心！你將百分之百得到自己所想要的一切，所以一定要確定你知道自己想要什麼。喔，你也可以之後再改變他，如果你決定這麼做的話，但為什麼要那麼麻煩呢？」

我停下來，在停車場立定不動，然後轉頭看著凱倫的眼睛，說：「要就要個百分之百的！用業力種子創造出一個完全是你要的樣子的人！你以為我花這些時間都在教你什麼？」

「好啦，好啦！」她嚷嚷道：「告訴我從哪裡開始。」

「好的。姑且說你要的是個具備了我剛剛提到的一切的人：善心、聰明、有份好工作……然後呢，看起來還完全是你夢中情人的樣子，有何不可？

列出你的需求清單

「列出你的清單，為你想要他具備的每一項特質，在你的心識裡種下業力種子。每一項特質都需要一個不同的業力種子，因為每一項特質都和其他特質不一樣。」

這本書從頭到尾將涵蓋差不多所有你會想要你的伴侶具備的特質，但在一開始，我們何不先把凱倫想要的涵蓋進來？

我說：「好的，首先呢，如果想要身邊圍繞著聰明人，你就需要種下聰明的業力種子。那可容易了，因為在這世上最聰明的一件事，就是了悟這個世界究竟是怎麼運作的。而這個世界正是透過在你心識裡那些小小的業力種子運作的，這個世界從那些業力種子冒出來，就像我們看見一枝筆的那個例子一樣。

「切記這一點，常常思考這件事，當你走在街上或開著車時想它一想。只要有人好像有興趣或需要幫助，就和他談談這個道理。這一切都會種下聰明的業力種子，當這些種子迸裂開來，你會發現自己被一個比一個還聰明的人包圍——包括你的伴侶在內。

「懂了嗎？」我問。我們已經站在我的車旁，我滿懷渴望地望著前座座椅。

「懂了。」凱倫微笑道：「接下來呢？」她這下還真的拿出一本小筆記簿，做起筆記來了。每當看到人們這麼做，我就會受到激勵，因為我知道他們很有可能真的按照我的建議去做。

「好。如果你也想要一個有份好工作的伴侶，你顯然必須幫助別人找到他們想找的工作——這是無庸置疑的。你得幫助多少人呢？需要幫多少人就幫多少人。當你遇到對的人、而他有一份好工作時，你就知道你幫的人夠多了。」她一邊點頭，一邊振筆疾書。

那麼，外貌的部分呢？我們之後在問題八會再多談一點，但對凱倫，我說：「姑且這麼說吧，簡而言之，祕訣在於你在緊張或心煩的情況下越能保持冷靜，越能淡然處之，就能種下越多美好的業力種子，讓你遇見一個美好的伴侶。」

「至於善心呢，嗯，基於很好的理由，這真的是一個伴侶所要具備的首要特質了。善心的人隨時隨地都在幫助周遭人們，而這意味著他們隨時隨地都在自己的心識裡種下善業力種子。如果和一個持續不斷種下善種子的人生活在一起，那自然也會澤及於你。」

「善心當中最好的一種，則是一顆明白為什麼要向善的心。否則，當情況變得艱難，在壓力之下的善心或許就不再向善。而為了要遇見明白為什麼要向善的人，你必須盡全力試著讓自己先明白這一點。」

「您可以說得更具體一點嗎？」她問。

「意思是，盡可能常常想著業力種子。想想一切是如何從對待他人的好而來。有一天，你會參透一切從何而來，你會明白是善支撐住你現在所在的這個房間的四面牆，不是木頭、鋼鐵、水泥。善讓世界運轉，因為我們所做的一切都會回到自己身上。」

她大筆一揮，寫完最後一句話，啪一聲合上筆記本。「沒問題！」然後她打開車門把我送走，沒再多說一個字。

那段在停車場的小小交流有個很圓滿的結局。凱倫去耕耘她的種子，創造出一盤不同凡響的天菜——比原本的還更高大，更溫柔體貼，也更忠實專一。當人們得到想要的一切時，我真的覺得很高興。對我而言，感覺起來就像我們值得這一切，所有人都值得。就像一種天賦人權。

3

時間壓力

Time Pressure

4

問題

我先生和我真的很相愛，但我們兩個都忙得不可開交。有些日子裡，我們唯一會碰到彼此的時候，就是跑出門或衝進門的時候。我們要怎麼擠出多一點在一起的時間？

我說，時間這件事對多數人都是一個重大課題，但其實又沒有重要到在本書的一開始這裡就要探討，若不是我們之後要用它來解釋種下業力種子的「技巧」的話。這個技巧，我們稱之為「星巴克四步驟」（Four Starbucks Steps），你必須把這個技巧運用在本書一百個問題的每一個上。所以，讓我們直接進入這四個步驟吧。

其實並不是我本人被問到這個「時間」的問題，而是我的朋友越陽。金剛商業學院在越南的一次巡迴演講由他和太太以利沙帶領，演講地點包括河內和胡志明市。我們一行大約七人圍成一個半圓，坐在舞台上回應觀眾的問題。

只見越陽毫不猶豫地抓過麥克風講了起來，幸虧我們的口譯員就坐在我旁邊，告訴我越陽在說什麼，讓我了解狀況。我的意思是，越南話肯定是世界上最難的語言之一。我努力過了，但我甚至學不會怎麼說「你好」！

越陽像從前的牧師般，身體向前傾對著觀眾說：「所以，如果你想賺更多錢，你該怎麼做？」

「幫助別人賺錢。」觀眾喃喃回應。越陽露出微笑：「而如果你想要有更多時間，那麼你該怎麼做？」觀眾把嘴巴打開又合上，四處張望看別人有沒有答案。一位勇敢的青年有

「幫助別人得到更多時間？」他大聲說。

己所欲，施於人。

「沒錯！」越陽滿臉容光，展露他慣有的陽光笑臉。「這意味著你要給別人一些你的時間。」提問的女士臉有點臭。我不需要翻譯就知道她接下來要說什麼：「可是我沒有任何時間可以給別人，這就是為什麼我一開始會問這個問題啊！」

越陽毫不讓步。

「你不明白嗎？這和金錢是一模一樣的事情。我們以恰當的技巧給予別人金錢，這就種下了讓金錢回到我們手上的業力種子──比我們給出去還多更多的金錢。當我們沒有時間──沒有時間和伴侶共度黃金時光，那麼我們就必須給出時間。」

臭臉女士看起來還是不太開心。越陽說：「聽著，如果你想要以一個新的方式、以金剛法則的辦法來處理你的問題，那麼你就必須考慮種下業力種子，無論你想要從人生得到的是什麼。這麼說來，你要如何種下時間的業力種子，得到更多時間呢？你能給誰一些你的時間？」

臭臉女士看著天花板，一副認真考慮的模樣，然後再把注意力回到越陽身上。

「或許我能幫我姊的忙？」

「你姊？她需要你幫什麼忙？」

「她有兩個小孩，你懂的，除了顧小孩、掃地整理家裡、為家人煮飯什麼的，她還有份全職工作要保住呢！她老是疲憊不堪，從來沒有足夠的時間。」

「好極了！」越陽眉開眼笑道：「那就給她一點時間！說不定可以提議哪天傍晚幫她看小孩，讓她和先生出去約個小會！」

臭臉女士的臉更臭了（如果還有可能更臭的話），她說：「我來這裡問你我和我先生怎樣可以多點時間，結果你要我犧牲僅有的時間去幫我姊看小孩？」

「沒錯！」越陽微笑著說。他倆看來活像一對寶，笑臉配上臭臉剛剛好。「只要幾小時就好！」

現在，這位女士看起來摸不著頭腦了。「給我姊幾個小時，我就可以得回幾個小時？那我何必呢？幹嘛不把那幾小時留給自己就好？」

「啊，」越陽嘆道：「現在我知道你的問題出在哪裡了。聽著，關於業業力種子，有件事你要明白。你把僅有的一點點寶貴時間給你姊，然後你會得回多出十倍的時間！」他停頓一下，也看了看天花板，再補充說：「這是說，如果你有技巧……」

「技巧？」臭臉女士不解地問，但你可以看出來，就像許多提出關於金剛法則的難題的人一樣，她其實很有慧根，而且很想知道答案。這些人正是學習這個新概念的最佳人選。他們在親身嘗試之前，想要確切知道它究竟是怎麼運作的。而當他們真的親身去嘗試時，他們可厲害了，因為他們已經把所有不清楚的問題都釐清了。

「好，」越陽絞盡腦汁要為她解惑：「假設你拿一顆西瓜種子去種，而且是顆很好的種子，那它會長出西瓜來嗎？」

「當然囉！」興味盎然女士說：「如果你把它種下。」越陽朝舞台地板比劃：「種這裡也行？」

「不行啦，」她說：「我的意思是，你要種在對的地方，你要知道自己在做什麼。然後如果你要它長得很好，你還得知道很多別的事情，例如特別針對這種植物而言，多少水算太多或太少；要多少日照；要哪一種肥料，肥料要多少分量。」

越陽一臉招牌陽光表情地點著頭：「那就對了。這在金剛法則的系統裡，我們稱之為『技巧』（technique）。如果你知道正確的耕種技巧，那麼一顆西瓜種子將會為你長出一大籃好西瓜，而且這種子會長得很快。『有技巧地』花幾小時幫你姊帶小孩，你會得回一整天又一整天可以和伴侶共度的自由時間。」

臭臉女士搖身一變成為躍躍欲試女士。她拿出一枝筆和一疊紙，抬起頭來滿臉期待地看著越陽。以他為豪的感覺在我心中油然而生，看著我們金剛商業學院的老師在世界各地工作的模樣時，我常常也有這種感覺。

「好，聽著。」他說：「種下業力種子的技巧叫做星巴克四步驟。」躍躍欲試女士表情困惑。

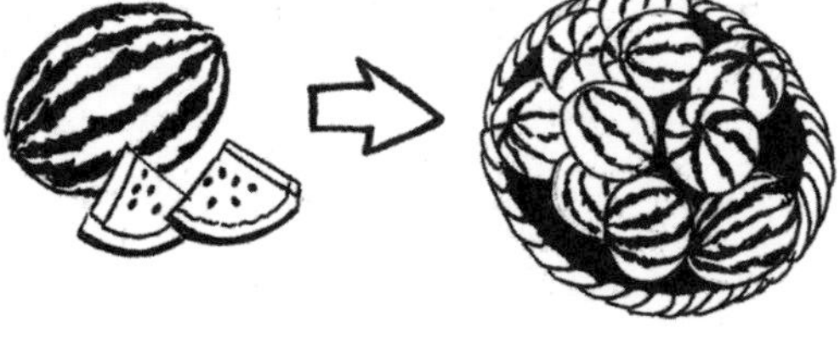

「呃，我們稍後再解釋為什麼扯上星巴克。」越陽說。

「好，星巴克步驟一，我們稱之為『一句話』。言簡意賅一句話說出你要什麼。」

「我要有更多時間和我先生在一起。」她答道。

「很好。現在是星巴克步驟二，我們稱之為『計畫』。計畫有兩個部分，首先你要計畫種下種子的地方，就像當你種下花草樹木的種子時需要選擇一塊土地那樣。

「就種下業力種子而言，你還需要另一個人；其他人就是你種下種子的土地。只在自身種下業力種子幾乎是不可能的，你需要把它種在別的地方、別的人身上。所以，步驟二的一部分，『計畫』的一部分，就是選定這個人。

「那應該是個想要的東西和你一樣的人。」

「但我們已經完成這件事了。」她打斷道：「我們選了我姊，她也迫切需要一點時間。」

「沒錯。」越陽說：「所以現在你的計畫的第二部分，就是決定要在『哪裡』幫忙她。」

「唔，就在她家啊。」她答道：「我可沒有要讓那些小野人在我家跑來跑去，把我家拆掉。」

「當然！」越陽微笑道：「但我說的是，你要在哪裡和她坐下來，一起討論幫她為自己爭取到一點時間的想法，而這就是要扯上星巴克的地方了！

「打個電話給你姊，問她能不能花幾分鐘到星巴克和你喝杯咖啡——先跟她說你有事需要她幫忙，跟她說她可以帶著孩子一起來。」

臭臉女士一臉狐疑：「那些小鬼……好啦，但我不覺得他們會乖乖坐在那裡。上次我和我姊帶他們一起去星巴克，本來是想讓我們兩個可以說說話，結果他們跑去把一袋袋人家要賣的咖啡全部拖下來，堆到地板中間。」

「好的！」越陽說，彷彿這就是計畫似的。「星巴克步驟二完成：我們已經有了計畫，也選好一個人以及一個我們要在那裡幫助她的地方。

「順帶一提，這是為什麼我們要說『去星巴克』，而不是只說『去咖啡館』。如果你要你的業力種子長得又快又壯，你的計畫就要盡可能具體：你要幫她顧小孩的幾小時在接下來一、兩個月之內變成你可以和伴侶共度的幾天時光。

「所以不要只說：『我選擇幫我姊，我會試著找時間聯絡她聊聊這件事。』我比較想聽到你說：『我選擇幫我姊，我會打電話給她，跟她約這週五下午兩點帶她到第四街的星巴克。』」

「了解。」滿懷希望女士說。她從剛剛就一直振筆疾書，這是聰明人聽到星巴克四步驟時的典型表現。他們已經看出這整套方法非常有道理，它讓世上一切事物頓時茅塞頓開。而且這樣「感覺起來」才對——我們一切問題的解決方案，應該要對身邊每個人來說都是雙贏的才對。「步驟三呢？」她問。

越陽皺了一下眉，接著只是反問她：「你覺得呢？」

她已經有答案了：「帶她去星巴克！和她聊幫忙顧小孩的事，然後我要真的幫她顧小孩！」

「完全正確！」越陽滔滔不絕地說下去：「我的意思是，單單只是計畫要去幫助別人也能讓你

種下業力種子，但這些種子不會很強。你必須真的把計畫付諸實行，才能得到你要的結果。而星巴克步驟三很簡單，就是這麼一回事。打電話給她，和她見面聊一聊，看能怎麼樣幫她獲取一些時間，然後真的幫她得到那些時間。」

「至於最後一個步驟，星巴克步驟四，我想……」越陽的視線越過舞台，淘氣地看著我說：「我想麥可格西可以為我們說明！」觀眾讚賞地為他大力鼓掌，接著大夥兒安靜下來看著我。麥克風沿著一個個座位傳了過來。

「啊，好的。」我開始說明：「星巴克步驟四很簡單，那就是『咖啡禪修』！」我看著觀眾聽口譯員翻譯最後那個關鍵詞。越南歷經許多改變，但說到佛教，人們的反應還是很敏銳。他們沒有聽過咖啡禪修，而且這聽起來不像是個能讓大家得到多一點時間和伴侶共度的東西。眼前有無數張懷疑的臉龐。

「好的。」我在椅子上坐好，再繼續說：「我的西藏老師是這樣教我咖啡禪修的。

「他是一位超級嚴格的上師，是在古西藏完成所有訓練的最後一批大喇嘛之一。在我那位老師的年代，西藏完全和外界隔絕。說他沒看過汽車就罷了，他連腳踏車都從來沒騎過。我是說，他的寺院距離最近的城鎮可就不只一英里，如果人們需要什麼東西，他們得要空出大半天，徒步走到那裡再回來。

「後來他必須逃離自己的國家，在印度度過幾年流亡歲月，最終在美國落腳。到美國之後，他有許多年都在教導來向他尋求幫助的人，一切完全免費。他也知道如何放鬆，這是一門我們所有人都要學的重要技能。

「所以呢，我的上師發現了電視，還發現了棒球。然後基於某種原因，他愛上了紐約大都會隊，這支球隊有好幾年的時間都在締造棒球史上最爛的成績。」我沒有要在越南的觀眾面前大肆渲染這件事，但都要多虧我的喇嘛狂熱念咒，一九八六年對上休士頓太空人隊的冠軍爭霸賽第五場，「草莓先生」史卓貝瑞的直球才會奇蹟似地飛越全壘打牆。

「然後呢，我在紐約的辦公室工作了十二小時之類的，再經過兩小時地鐵和公車返回寺院，筋疲力竭終於到家的我會聽到他在樓上，看球賽。

「現在我不是那麼愛看電視或棒球賽了，但或許你們當中有很多人都懂，當你工作一天累爆了回到家，能夠腦袋放空地坐在電視前面，真的還滿舒服的，對吧？」

很多人點頭，很多人微笑——越南是一個充滿笑容的國度。

「於是，我拖著沉重的步伐走進前門，把大衣和公事包一丟，聽見他在樓上他的房間觀賞一場球賽。然後我就暗自在想，要怎樣才能上樓去和他一起看電視？你知道，因為我們這些乳臭未乾的小僧侶是不能看電視的。

「可是我有一個可以用來混進他房間的老招。西藏人愛喝酥油茶，有時一天喝上十五、二十杯，而一個學生若是調製一杯酥油茶送到上師的房間，這麼做絕對錯不了。

「於是我倒了水，把水煮沸，剝下紅茶磚的一角丟進去，加進鹽巴和酥油，用勺子舀起來再倒回去，反覆個五十次，將茶和酥油混和均勻。又或者就把它倒進攪拌器裡，嗖嗖抽打一番，最後全部倒進杯子裡，端著杯子跑上樓敲門。我已經可以聽到我最愛的紐約大都會隊播報員提姆•麥卡佛令人心曠神怡的聲音了。上師聽到敲門聲，應了一聲「欸」，意思大概是「滾進來吧」之類的。我走進去，按照古禮跪下，將酥油茶放在他的安樂椅前方的小桌子上。我往上偷瞄一眼，確認他是不是專注在球賽上——他的確是，右手還一邊焦急地捻著念珠持咒，就像高速運轉的洗衣機。我保持低伏的姿勢，默默移到他椅子後面一點點，坐在地板上他看不見我的地方。有時候，上師可能半小時或更久的時間都不會注意到我——或者至少他看起來似乎沒在注意我。可是那晚上師立刻就開口了，他以他那粗啞低沉的嗓音問道：「你今天禪修了沒？」

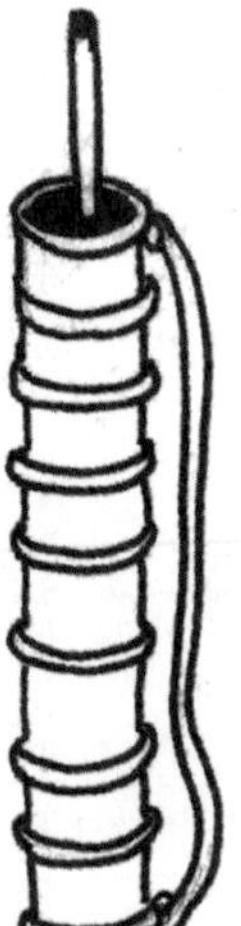

「唔，沒，上師，您知道的，我今天早上五點半就得起床，趕快衝進浴室沖個澡，然後跑去趕公車，從那之後我就沒停下來過，而且我才剛回來。」

「你還是要禪修啊！」他沉聲說，同時目光沒離開過棒球賽。

「現在？」我哀號。

「現在。」我起身，準備回到樓下我的迷你小房間去。他抓住我的手，朝他的金色沙發一揮，又沉聲說：「那裡！」一邊還很明顯地推我一把，免得我擋了下一場球賽的電視畫面。「坐那裡去！」

我說各位看官，關於上師的沙發，有些事您要知道。那是一位很有錢的施主孝敬他的，而且是手工做的，花了整整一年才完成。扶手和椅腳是光滑的深色實木，襯墊是某種很高貴的、淡黃色的、絲綢一般的質料，上頭還繡了金線呢！

沙發擺在他房間那邊好幾年了，從來沒有人坐上去過，甚至是上師自己。只除了一次一位大喇嘛來我們寺廟待了幾小時，唯有他坐上去過。

有時候，上師會故意叫你做一件不對的事，試探看看你會不會真的蠢到照做。當你真的照做了，他們就對你大吼大叫，或者——在寺院裡，如果那真是一件天大的錯事，你就會得到念珠伺候。

你還以為那些佛教念珠只是拿來念咒的嗎？找時間來我們寺院逛逛，見識一下西藏版的「不打不成器」吧。你會聽到使盡全力甩念珠串的咻咻聲，接著就看到一個小和尚慘兮兮地揉著頭走出門來。

所謂念珠伺候，就是你真的太皮的時候，老師用念珠串鞭你腦袋幾下。在你頭上會留下一排玫瑰色的紅點，接下來幾小時所有的朋友都會嘲笑你——「哈！哈！哈！瞧瞧是誰被念珠伺候了！」

我若無其事地搗著頭，就像在搔癢之類的。「沒關係，上師，我可以下樓到我房間去打坐。」

「坐到沙發上去。」他又沉聲說。現在，除了坐下別無他法，如果上

師必須把話講三次，那你反正都要換來念珠伺候。

我坐到沙發上，等上師專心看完一局特別重要的比賽，然後他說：「躺下！」

大事不妙。在亞洲，事情扯上人的雙腳時可不是鬧著玩的。在許多位於這裡的國家，你可不能拿雙腳來對著任何東西。我記得在曼谷參觀玉佛寺，寺裡到處都有告示寫著：「切勿以雙腳對向佛陀！」躺在沙發上意味著我的雙腳必須擱在上師的其中一件物品上，而這是另一個會換得念珠伺候的大逆之舉啊！

「呃，上師，我現在打蓮花座完全沒問題了，我都有練習。」

「躺下！」我躺了下來。上師搖了搖鈴，他的另一個徒弟——一位年輕的西藏僧侶——跑上樓來。

「給麥可一杯咖啡。」上師沉聲說。咖啡馬上來了。

「喝咖啡。」我的手在抖。我努力要躺著喝咖啡，而且我知道萬一滴出一滴來，下場可不是念珠伺候那麼簡單。

「現在開始禪修。」我起身要坐起來，但上師搖搖頭，雙眼還是直盯電視，他說：「躺下。躺著禪修。」從沒碰過這種事。上師向來要我們坐著禪修，而且腰桿要打得超直。

「要禪修什麼？」我躺回去問道。我把頭枕著手臂，眼睛瞪著天花板。還不賴嘛，我想我能習慣，感覺起來真的很舒服也很平靜。

「星巴克。」上師悶聲說：「想星巴克。你今天帶誰去星巴克了？」我知道他是什麼意思——我今天帶誰去喝茶或喝咖啡（或是水果思慕昔當然又更好）？我今天傾聽了誰的問題？我試著幫助誰了？重點在於只要做了星巴克四步驟的前三步，你就在心識裡種下了很多業力種子。

決定你的人生要什麼便足以為你種下一些業力種子，計畫幫助別人又種下更多種子，接下來真的去幫助人則會在這些種子上種下更多。但最重要的是這最後一個步驟：咖啡禪修。

夜裡在床上躺著，想一想你今天為了助人而做的所有事情，這絕對是種下業力種子最強大有力的方式。如果你想知道我用了什麼祕密武器來打造一家億萬公司，答案是咖啡禪修——如此而已。答案看似太簡單了，因為我們總以為必須受苦受難才能達到人生的遠大目標，但真相或許恰恰相反。或許最強大有力的業力種子，是我們透過放鬆以及對我們為他人所做的微小善事感到滿足而種下的。這不是一種驕矜自滿，而只是樂於見到我們能為他人所做的一切。

我們沒有人是百分之百的善，也沒有人是徹徹底底的惡。夜裡就寢時，我們可以選擇是要想想人生中的問題，還是要想想光明的部分。人在疲累時容易有誇大問題的傾向，「禪修」這個字眼意味著我們將油然而生的思緒扭轉成正面的思維，比方在這個例子裡，將入睡前擔心自身問題扭轉為想一想「我今天嘗試去幫助誰了」。這正是禪修的目的：控制思緒的流向。

所以，下班回家，煮飯，洗碗，如果你真的很想看就看點電視，或著收一下電郵、玩一下臉書，然後洗澡，換上睡衣。

坐在床上，或者靠著枕頭半躺下來，或者用手撐起下巴，盯著天花板，讓臉上浮現做白日夢的表情，就像高中時想著男朋友或女朋友、想著下一次約會是什麼時候那樣。

說來或許奇怪，不過做白日夢的狀態和真正的禪修還滿接近的。不要以為你一定得雙腳打結盤腿坐好才能進入意識的深層。

接著就遁入咖啡禪修——星巴克四步驟的最後一步，耕耘心識中業力種子的真正技巧。以這四個步驟種下業力種子，你人生中期待的事物就會水到渠成，而且來得又快又強勁。在之後閱讀本書的過程中，以及在你接下來的人生中，都要謹記這四個步驟。

星巴克四步驟

一、言簡意賅一句話，說出你人生中想要的是什麼。
二、計畫你要幫助誰獲得一樣的東西，以及你要帶對方去哪一家星巴克談這件事。
三、實際採取行動幫助對方。
四、咖啡禪修：上床睡覺時，想想你為了助人所做的善事。

PART 4

承諾

Commitment

5 問題

要找到願意和我約會的男人沒什麼困難的，但他們從來不想進行到下一步，和我保持長久的關係。我要種下什麼業力種子才能換來一點承諾？

有許多我給人們的建議，似乎都是在一場會談過後，一邊穿越人群一邊扭過頭去，對著緊跟我身後的求教者喊出來的。這次是在巴黎，我剛結束一頓晚餐餐敘，參加者是一群商界人士，他們來自四面八方——香港、中東、德國。凱西邁著果斷堅定的步伐朝我走來，彷彿一個正在執行任務的人。我還記得前一年在美國的一場談話中見過她，但不知什麼事急迫到讓她飛過大半個地球，前來尋求後續幫助。之前在美國時，她已經徹底單身一段時間了，迫切想要一個男朋友，任何一個都好，於是我跟她講了小安去養老院的事，我知道她會去試試，她是個很有決心的人。

「好的，格西拉，所以……嗯，您的辦法真的有用，但也太有用了！我不但吸引到異性，還吸引到一大票！有可愛的男孩，也有性感的猛男！」說到這裡，她臉都紅了。

她的抱怨讓我有點錯愕，我挑眉問道：「凱西，我不懂，那所以問題在哪裡？」

「一大票異性，沒有一個要給我承諾。」她哀號：「我是說，我們出去約會幾次，當我開始表達出一點要長久交往的意思，他們就變得很緊張，然後就開始退縮。我要種下什麼業力種子，才能找到一個聽到要定下來會很高興的男人？」

一如往常，我們需要想想你要的東西本質是什麼。我們需要想想「承諾」這個概念。承諾的本質是什麼？我們來問問彌勒菩薩。

我們都知道很久很久以前佛陀生在印度——確切說來，是兩千五百年前——但有很多人不知道，這位佛陀只是許多位應該要降生到世上的佛陀之一。西藏人說下一位轉世佛陀會是個名叫彌勒的人，而且他已經預先發送了一些訊息。在比十六個世紀還更久之前，這些訊息就以經文的形式向一位聖哲顯現了。

這些經文當中的一則教法，說的是某種西藏人稱之為「哈拉克什喃答喀」（hlaksam namdak）的精神。它意味著為事物負起完全的責任，有點類似「責無旁貸❷」的態度，但格局又更宏大許多。它意味著無論我們置於何種處境之中，從早到晚、時時刻刻，都要負起責任讓周遭的人得到他們想要的，並且不要遭逢不想要的。它意味著即使是在知道沒人會幫助我們的時候，也要為他人負起責任。

「凱西，聽著。」我們漫步經過河邊幾間美麗老宅，煤氣燈在一片黑暗中閃閃爍爍。我解釋道：「你必須抱持這種想法，你必須將他人的需要當成自己的責任，有點類似『我會是那個讓事情實現的人』，為你身邊許許多多的人們。這就會種下業力種子，讓你遇見一個願意承諾長久關係的好青年。」

譯註：

❷責無旁貸。此處指杜魯門總統的名言：The buck stop shere. 杜魯門總統將這句話製成牌子，放在自己的辦公桌上。

我說啊，抱持照顧他人需求的想法是很好，但在這裡我們需要一點協助。首先，要長久信守這種承諾並不容易。我們都知道助人是美事、是善行，但正如同許多人都曾向我提出來的一樣，多數人根本無暇他顧，大家都要付帳單、打掃家裡、在上班前把衣服洗好……如果我不為身邊人們的需求負起責任，或許就真的找不到一個願意給我承諾的男人。但我如果光是照顧自己的需求就已經疲於奔命，哪還顧得了別人呢？這個問題的答案非常之美妙。有一個地方是照顧自身需求和照顧他人需求能夠合而為一的地方，有一個地方是這兩件事會成為同一件事的地方。

想一想我們探討過的那枝讓我們對事物改觀的筆。如果我想在我的世界看到一枝筆（而不是一個磨牙玩具），那麼我就需要先提供筆給其他人。如果我自己想要有人陪，那麼我就必須先提供他人陪伴。

凱西和我在左岸邊上一個景色宜人的地點停步，這裡俯瞰塞納河以及對岸沿河散步的人們。

我說明道：「假設，我想要的無非就是得到一個甜甜圈，一個我最愛的口味，一個塗滿楓糖的甜甜圈。表面上看來，好像我是走進甜甜圈店、結帳付錢，得到了甜甜圈。表面上看來，甜甜圈是在店裡後頭烤出來的，是用麵粉、鮮奶和糖做成的。但現在我們知道以上這一切都不是甜甜圈真正的來處。你或許有錢，你或許走進了一家甜甜圈店，但他們說不定賣光了。然而，某個朋友卻可能在這時送你一個免費的甜甜圈。

「如同那枝筆讓我們看到的，甜甜圈真正的來處在於過去我曾經給了某人像甜甜圈這樣的東西。換言之，如果我想吃甜甜圈，那麼我就需要先幫助別人吃到甜甜圈。意思是說，在看見甜甜圈從我的嘴巴吃進去之前，我必須先讓甜甜圈從另一個人的嘴巴被吃進去。如果我不去讓甜甜圈進入你口中，我嘴裡就也得不到甜甜圈。

「我們所有人都很習慣將『我的』嘴巴和『你的』嘴巴看成是不一樣的，因為當你吃進甜甜圈時，並不意味著我也吃進了甜甜圈。但現在我們都明白甜甜圈真正的來處是：讓某人得到一個甜甜圈是讓另一個人也得到甜甜圈的方法。視覺上，你的嘴巴看起來和我的嘴巴不同。但就作用而言，這兩者沒有差別。所以區分這兩者不再有意義，你的嘴巴就是我的嘴巴，因為除非你的嘴巴得到一個甜甜圈，否則我的嘴巴得不到。

你的嘴巴就是我的嘴巴

「針對從男人那裡得到承諾這一點而言，如果你明白承諾真正的來處，要種下對的業力種子就變得容易許多。從伴侶那裡得到承諾的業力種子，在於從早到晚、時時刻刻都將周遭人們視為你個人的責任。某人在趕時間，他需要這個車位，你就確保他得到他要的。餐桌邊有個人的披薩上沒有他要的橄欖，你就是那個起身去找一些橄欖回來的人。高速公路上，某輛卡車掉了一大箱貨品，你就拿出手機打給警察，通報說路上有障礙物。

「如果你想要男人給出一點承諾，你就必須以他人為己任。而現在要這麼做可是易如反掌，因為你已經明白了業力種子是怎麼回事：你知道照顧他人實際上就是在照顧自己。你無法不顧他人而只顧自己，也無法只顧自己而不顧他人。

「因為你就是他人。」凱西停頓了好一會兒來消化這一切。我知道這需要一點時間，所以我保持安靜（有時這對我而言是個挑戰）。然後我從她眼裡看到她反應過來了，我知道她懂了。我知道她準備要問那個最重要的問題了；我已經看到它出現了。

「好吧，格西拉，我懂，但是……就實際層面而言，您究竟建議我怎麼做呢？」好的，我們就實際一點吧。如果事情不夠具體，你也沒辦法著手去做。所以，接下來一到兩週，要為每個與你一起用餐的人的快樂負起責任，確保所有人確實得到自己想要的，如果有什麼不合意，就幫他們解決。你要為每個人負起責任，並且讓自己習慣「為他人負責，其實也是在為自己負責」的想法。讓這種餐桌邊的承諾變成習慣，然後等著看男人給你承諾。

沒錯，結果凱西現在擁有一份我所見過最美好的感情。他們已經在一起好幾年了，這位男士穩定而專一，默默為她付出，每天持續不斷關懷備至、體貼入微地照顧著她的需求與渴望。她也繼續種下相同的業力種子，好讓他對她忠貞不渝、始終如一。

問題 6

我的伴侶老是收到舊情人的電子郵件，而且她和其中某些人似乎有點過從甚密。什麼業力可以讓她對我更專一？

某天夜裡，一個名叫卡爾的年輕人突然問我這個問題。我認識他好幾年了，那晚我們坐在學校教職員宿舍的壁爐前；我們那所大學位於亞利桑那州東南方一隅僻靜的角落。我很驚訝，也很難過，因為（就像常有的情況那樣）我一直以為他和喬安娜感情好得很。

「嗯，」我開口道：「我明白你的問題從何而來。我的意思是，『專一』的業力大概是所有感情裡最基礎的業力之一。因為前提是你們兩個之間要真正有感情，要有專屬於你們兩個獨有的連結，否則你也不需要任何有關你們的關係的建議了。」

他迫不及待地點頭；看得出來他也在想一樣的事情。我也點頭回應：「那好吧，西藏傳統中有一個極其簡單也極其有效的辦法，可以確保伴侶對你專一。那就是你自己要極其專一，不管你的伴侶現在在做什麼。

「伴侶的言行舉止是你自己在過去某個時候種下的負面業力種子所造成，為了擺脫這些業力種子，你必須保持自身高度的忠誠——一種很有自覺的、單方面的忠誠。」

卡爾看來有點困惑。「確切地說，您說『單方面的』是指什麼意思？」

「好的。嗯，這是金剛法則系統裡很令人興奮的一點。如果我們碰到伴侶收到舊情人來信這種問題，一般我們正常的反應是想去找伴侶談談，弄清楚這個問題有多嚴重，並讓他們知道我們有多擔心。」

卡爾點頭。「沒錯。事實上，我今晚就打算去問喬安娜。」我舉起手來。「慢著點！你和我都知道，找她談或許有用，也或許沒用。我要你做的是開始去懷疑那些可能有用也可能沒用的辦法。因為如果它們『可能有用，也可能沒用』，那事實上它們就是沒用的。別白費心機了，找個『每次都有用』的辦法吧。」

找個每次都有用的辦法

「聽著，最棒的是你根本不需要找她談，因為『談』不是一個『每次都能解決問題』的辦法。別談了，別在那邊兜圈子繞來繞去談到三更半夜。這樣是無法種下業力種子的。

「我們要做的是件能夠種下業力種子的事，而且不需要你的伴侶就能做到。因為業力種子是深植在你的心識裡，而且就是你把它種下的。我們需要把這可疑的電子郵件或手機簡訊轉化成絕無二心的業力種子，而種下這個種子的地方在我們的心識，不在伴侶身上。如此一來，就能在不把喬安娜扯進來的情況下改變她的行為。有道理嗎？」他點頭；看得出來他暗自在腦子裡做筆記。

「那麼，以下就是西藏人說的我們必須要做的事。每天從早到晚，無論去到哪裡，無論和誰在一起，務必切記一件事。

「任何當喬安娜就在旁邊看著、聽著時你不會說、做或想的事情，也絕對不要對別人說、做或甚至是想——就連你腦海最深處的意念都要注意。

「有個女的在你工作時朝你走來，或在雜貨店裡走過你身邊，她對你使個微妙的眼色，而你無論如何就是不給她回應。你表現得絕無二心，如同喬安娜就在那裡仔細觀察你的眼神一樣。」卡爾點頭，但點得很慢，我可以看到他腦海裡冒出來的問題。他認為接下來的人生他都要被關進某種心理監獄去了。

「不是那樣的。」我向他保證：「如果你真的讓自己進入這種忠誠的狀態，你會有無比幸福、煥然一新的感覺，你不會覺得負擔沉重，也不會有受到控制或限制的感覺。

「你周遭的女性會很高興，因為她們知道在這個房間裡有個尊重她們、會以高尚的方式對待她們的男人。男人則會對你感到完全的放心與信任，因為他們內心深處感受到你是多麼敬重他們的關係。

「當然，這一切從女性的角度說來也是一樣的。你打造了一整個信任的人際圈，並深深種下了種子。你甚至都沒注意到，喬安娜就突然不一樣了，她變得只想收到你的消息。」

卡爾確實種下了這些業力種子，並且——如你所料——這些種子以出乎意料的方式得到了回報。喬安娜失去了對電子郵件和手機簡訊的興趣，改成到臉書去貼照片和消息與朋友分享，這種公開的方式讓卡爾不只能親眼看到，還能實際參與其中，一天好幾次。他成為存在於她這些訊息中的伴侶，而不再是個有點提心吊膽的旁觀者了。

7 問題 我的伴侶想結婚，但我不確定自己想不想許下這樣一個終生承諾。我們該怎麼辦？

一天晚上，一位名叫爾博的老友問我這個問題。我們正站在亞利桑那州郊外一棟雜亂無章的鄉村農舍外的泥土路上，他和伴侶艾琳即將一起在這裡閉關一小段時間。

我真的很喜歡他們，也很希望看到小倆口永遠在一起。但我個人有個不代替他人做決定的原則，我寧可提供一些很酷的想法讓他們自己去咀嚼，並以他們自己的方式實踐這些想法。就由他們為自己種下業力種子，我知道結局對他們來說會很美滿，也會是一個我樂於見到的結果。

「聽著，爾博。」我開口道：「我們的人生中沒有很多做出這種決定的機會——這種關於我們究竟想不想和一個自己真的很在乎的人共度餘生的決定。我們都知道，我們都感到，人生中有那種我們應該放手一搏的時候。如果不放手一搏，反倒可能鑄成終生大錯。而當你在這裡苦惱要不要放手一搏時，艾琳被晾在那裡太久，可能就會永遠摧毀存在於你倆之間的魔力了。

「另一方面，我們又不想不經過深思熟慮就許下這種承諾。正式立下一個長久誓約之後又毀棄它是一種非常糟糕的業，那樣可能也意味著我們的整個人生都再也找不到一個真心對我們許諾的人。」

爾博是個很有慧根的人，我看得出來他已經懂了。他點點頭，靜靜望著地平線那端荒涼、黑暗的遠處。他贊同道：「正是如此。這就簡單扼要地說明了一切。所以接下來我要怎麼做？」

不是我說，佛教那些和尚真的很愛立誓。他們立無數的誓，而且會在立誓之前認真研究這些誓約牽涉到什麼，然後他們也被訓練要終其一生謹守誓約。我自己就立了不下五百一十八個誓，有二十二個是一進入寺院就得立下的基本誓約，成為出家人之後再立兩百五十三個誓，此外有一百二十個關於照顧他人的誓，最後還有一百二十三個是必須獲得自己的指導上師特准才能立的誓。

關於立誓，我想我的上師告訴我的第一件事，就是謹守誓約是一股很強大的業力。當時我們在討論我要不要立誓不再吃肉。我第一次到寺院去的時候，有個晚上我做了個很奇怪的夢。夢中，我在鄉下的一座農場，那裡有隻母牛正要被宰來做成牛肉。

母牛的脖子被一條繩子牢牢綁住，繩子另一端拴在一根粗木樁上，木樁則釘在地裡。還沒有人拿刀要來割開母牛的喉嚨，但不知怎地母牛知道即將發生什麼事。母牛在慘叫，叫得很大聲，而且那叫聲是人的叫聲，不是牛的叫聲。就連在夢中，我也覺得毛骨悚然，牠叫得我頸背上的寒毛都豎起來了。我在一片漆黑的寺院裡驚醒，周圍分散著躺在地上睡大覺的僧侶。我永遠忘不了那個夢，每次吃下一塊肉，我就會問自己如果在這一餐之前我必須親手殺了那頭動物，我還會不會吃下這塊肉。就在那時，我決定不再吃肉了。

於是我的上師告訴我，如果我要這麼做，那就應該考慮立誓守戒，許下一個不再吃肉的承諾。他說這樣的業會比我單純只是決定

不再吃肉來得強大許多。順帶一提，這個特定的誓約所種下的業力種子，是要讓你自身的生命受到保護而強壯牢固。從我立誓不再吃肉以來的三十年間，我幾乎一直都是身強體壯、健健康康。身體的健康不在於蛋白質本身，就好像一枝筆成為筆不在於它本身；是我們要透過保護身邊的生命來將力量注入蛋白質之中。肉類之所以有那麼多膽固醇，而膽固醇之所以殘害這麼多人，不是沒有原因的。

所以，如果你和伴侶有心相守，那就立下一個正式的誓約。在往後的歲月裡，你們的關係都將因此擁有無窮的力量與喜悅。

上師說，在立下任何這種誓約之前，尤其是像婚姻這麼莊嚴的誓約，我們首先必須知道自己究竟承諾了什麼。所以，在決定要不要立下婚姻的誓約時，你要做的第一件事是和伴侶一起確定這個承諾應允些什麼。

真的是「直到死亡將我們分開」嗎？你們真的不管「是疾病、是健康」都將對彼此不離不棄嗎？這是一個絕對沒有例外的承諾，還是會視情況允許有例外？無數婚姻之所以失敗，是因為雙方到頭來對自己在一開始究竟承諾了什麼想法不一致，或許事先寫下一張你倆都同意的清單會有幫助。

在西藏，信守誓約被認為是一種人際互動的藝術形式。一開始是要先了解誓約的具體內容沒錯，但接下來也需要許多的幫助與支持來讓我們守住諾言。西藏僧侶最常對他們一生中最親近的上師立誓，這位上師了解他們的過去，知道他們的強處與弱點，而且承諾要終其一生留在他們身邊，指導他們度過每一天，尤其是在遇到難題不知如何信守誓約時。

傳統上認為，如果你對某個與你關係已經很密切的人立誓，那麼你會更慎重地謹守諾言，因為如果被他們發現我們毀約，那可不只是難堪而已，還會傷他們的心、讓他們失望。所以，相較於隨便從電話簿上找個牧師、神父或和你一樣的立誓者，我們寧可找一位更能建立長久關係的人——在面臨挑戰時，你能找他幫忙；從一開始，這人就在你身邊。慢慢來，審慎評估這個人是否忠誠正直，是否有智慧。

如果你們雙方有尊重這個誓約的親戚朋友，要信守誓約也會比較容易；這在佛教僧侶之間被認為非常重要。兩千多年來，佛家鼓勵弟子在生活中要有價值觀類似的朋友彼此陪伴。我們必須每月會面兩次，互相切磋在守誓上可能遭遇的任何問題。

這一切早在月曆或時鐘發明之前就開始了，所以如果你在晚上到外面去，看到月亮是滿月或朔月，就知道今晚是會面切磋的日子。倘若你在考慮婚姻大事，那就向尊重這種誓約的朋友——無論何時碰上難題都能找他討論的朋友尋求支持。

但我想對你做這個決定最有幫助的，是一種西藏人稱之為「沛永桑帕」的東西。

「爾博，聽著。」我補充道：「在你給艾琳任何長長久久的承諾之前，我要你看一看自己的內心，問問自己為什麼要立下這個誓約，以及你期望這個誓約為你倆和他人帶來什麼。

「或許你可以試試我們在寺院裡的作法。在正式立誓出家之前，上師會要我們先立下嬰兒期的誓約。」

爾博有個習慣，他對某件事有很嚴肅的問題要問時，整張臉都會皺成一團，所以他出現了那個皺臉的動作，然後問我：「嬰兒期的誓約是什麼？」

「好的。我們剛到寺院時，前輩僧侶會給我們幾個月，嘗試一些比較基本的誓約，看自己合不合適。一旦我們覺得很如魚得水了，就能獲准在之後立下完整的誓約。在這段等待期，我們被鼓勵要每天一個人靜靜地坐在那裡，暗自在心中羅列關於為什麼想立誓出家的清單。如果我們接受所有的誓約，有哪些好事會降臨在我們身上？我們要把自己預期的好事全都列出來。

「聽著，爾博。」我承認道：「我的指導上師不確定一個生活在現代世界的西方人能不能謹守成千上百條古老約定，而他實際上讓我在嬰兒期試煉了八年，才同意讓我成為一位真正的僧侶。

「所以你慢慢來吧，坐下來列一張清單，想清楚婚姻能為你倆、你們的人生以及周遭人們帶來什麼。等到你知道自己已經準備好，能夠信守你決定要立下的任何誓約為止。」

爾博停頓一下，點點頭，表現出他會有的那種沉思的樣子。然後又抬起頭，看看我還有沒有什麼要說。

我補充道（核心關鍵來了）：「還有別忘了，我們在這裡談的一切都只是立意良善的建議而已，你還是需要針對業力種子來努力，那才是具有決定性的重點——那永遠都是最重要的一件事。

「如果你仔細想想，歸根結柢，問題不在於你們兩個應不應該結婚，而在於如何種下做出正確決定的種子。

「你要的是能清清楚楚而且輕而易舉地領悟到什麼才是好的決定。現在想必我們都已充分明白到，要想做出迅速、清楚、正確的決定，在於看看我們周遭，找出本身也面臨了困難抉擇的朋友、家人或同事。

「給他們機會和你坐下來聊一聊，付出一些寶貴時間談他們所面臨的重大決定。如果你種下這些種子，那麼你自身的決定也會自然而然變得清楚，不用再多做什麼。

「你不用焦慮，不需在要或不要向艾琳求婚之間七上八下來回猶豫。」我保證道：「只要種下業力種子，然後就可以坐下來好好放鬆了。正確的決定自會清楚浮現，就像一棵植物從土裡的種子中冒出頭來，你絲毫不用擔心。」

是的沒錯，爾博和艾琳確實決定結為連理。我不會說這件事在第二天或甚至第二個月就發生了，因為一顆種子的成熟是需要時間的，即使你已好好種下了它。但我知道最後會有個圓滿的結局，因為他們一切都做對了。每次看到他倆在一起，知道我幫上了忙，而且知道他倆都切實明白事情為什麼會成，都真的讓我很開心。我太樂於看到他倆手指上的戒指了！

8 問題

每次我們走在街上，我老公都會痴痴地看著每個經過的正妹，實在讓我很火大。我要種下什麼種子，才能讓他光是看我就滿足了？

在中國中部的鄭州，金剛商業學院的一場講座上，我被問到這個問題。那是一次很令人振奮的行程，因為整期課程都在少林寺旁邊舉行。少林寺是功夫的發源地，天一亮，你就可以聽到大約兩萬名的青年男女邊吶喊邊操練。我不喜歡被吵醒，但我很欣賞他們展現的熱血。

無論如何，問這個問題的人是愛萍，她的名字恰巧有個「愛」字。她先生輝志是個成功的生意人，此刻正趁著休息時間到處走動，和人攀談、交換名片。很幸運地，我有一位很好的翻譯。而且如同許多中國人，愛萍對於金剛法則的智慧有很高的領悟力，因為那也是深受喜愛的中國經典。

「這牽涉到兩種不同的業力種子。」我開始說明：「一種讓你看見自己的美，一種讓輝志看見你的美。」愛萍微笑寫下筆記，龍飛鳳舞的中國字從她筆下冒出來。

「因為這完全不同，你瞧。你可以說你只想變美，但沒有這種事。我最愛的一首不朽好歌是尼爾•楊（Neil Young）的……」此時翻譯岔出去一會兒，描述了一下這位搖滾歌手。我等她說完再繼續。

「唔，我有一位要好的朋友稱他是『那個尖叫的太監』……」翻譯再費了番唇舌。「我認為這首歌是傑作，他認為這首歌是災難，我們兩個都是對的。你瞧，狗沒有錯，那根柱狀

物是磨牙玩具；人也沒有錯，那根柱狀物是筆。就它本身而言，它兩者都不是——沒有這回事。」我停下來看看愛萍是否跟得上，她猛點頭，完全跟得上。

「你也是一樣的，愛萍。我們要種下讓你覺得自己很美的業力種子，也要種下讓輝志覺得你很美的業力種子。沒有你們兩個，就沒有美的存在——這又是另一種空性。」

聽到翻譯發出「空性」的音，我笑了——中文裡有一個代表這種「空白螢幕狀態」的完美字眼。

「意思是，如果你想想看，任何人事物都可以是美的，因為情人眼裡出西施。這個道理的證據俯拾即是，無論是臉上有顆大痣的超級名模，還是麵包箱形狀的車子，大眾都為之著迷。順帶一提，如果他『覺得』你很美，那你就真的很美，因為你本來就是這個樣子，既沒有多一分，也沒有少一分。」

「所以要讓人覺得很美的業力種子是什麼？」愛萍問。

美來自於不生氣

我點頭。「就是要避免在那些容易讓你動怒的情況下生氣。比方

說，老闆來到你的辦公室，為了某個不是你犯的錯對你咆哮。你因為別人做的事成了『我所用過最蠢的員工』，但他才是蠢蛋，蠢到連解釋的機會都不給你。」

愛萍抬起頭，眼裡是了然於心的神情。「沒錯，沒錯，我聽過這種說法：生氣有強大的負面能量，會把好的業力耗損掉。古老的經文上說，短短幾分鐘的狂怒足以讓成千上萬的善因化為灰燼。」

「正是如此。憤怒對於讓我們覺得自己很美的業力有奇特的效果。持續對某個人抱著憤怒、怨恨或苦澀的心情，接下來的日子裡，你將可以看到你的臉上長出皺紋，你的頭髮變得灰白。

「就像筆的概念一樣，皺紋和白髮來自於我們自己，而這個過程完全是可以逆轉的。如果我們能學會在幾乎任何人都會生氣的情況下不要動怒，漸漸地，美就會回到我們的容貌和外型上。然後，輝志就會忘了要看街上的其他人。」

聽起來容易，但你我都知道實則不然。在一個很糟糕的狀況中不要生氣簡直不可能，我們需要一些很厲害的幫助。

業本身就提供這種幫助。一旦你明白業力何在，一旦你明白事情真正的根源，你就幾乎不可能對人動怒。我喜歡稱之為「浴室地上的水症候群」。

冬天，你家地板冷冰冰，而你只有一雙厚羊毛襪可以穿著在家裡走來走去，因為只有這一雙沒破洞。你睡眼惺忪地爬下床，半夢半醒地走到浴室刷牙。你站在鏡子前，突然間，你的雙腳被

冷冰冰的水浸濕了。又有人淋浴時沒把浴簾拉上，地上到處是水。這是這個月的第十次了吧。

你聽到家人在樓下圍著餐桌吃早餐，你下樓去找人算帳。你的先生和小孩正在享用穀片圈圈，大家看到你臉上的表情，頓時鴉雀無聲。

「好吧，是誰？」

「什麼東西是誰？」

「是誰沒把浴簾拉上，搞得地板都是水？」你把僅剩的一雙好襪子拎到他們面前，說不定還滴了點水到穀片圈圈裡。

你先生直視你的眼睛：「不是我，親愛的。我今天早上還沒淋浴。」你兒子一臉無辜地抬起頭來，他連嘴巴都還沒張開，你就已經知道他是無辜的了。「媽，不是我。」所有目光集中在你女兒身上，她瞪著地板——這不是個好預兆。「媽咪，有人今天一大早就起來沖澡，不是……你嗎？」

誰把水濺到地上?

然後你想起來了——你忘記今天星期六，一大早就起來準備上班。你沖了澡，忘記拉上浴簾，把水濺到地板上，接著才想到今天是週末，於是倒回床上繼續睡。你給他們三人一個心虛的表情，然後默默溜回房間去。你那位怒吼的老闆也是一樣。並不是他決定要對你咆哮，也不是說你如果對他生氣，他就會決定住口或鬼叫更久。他的行為來自於你，就像筆的概念來自於你。今天稍早你把水濺到地上，現在你自己踩進了那攤水裡。

一旦能夠透徹地明白這件事的道理，你就百分之百不可能對老闆生氣。你不會回到浴室對著鏡中的自己咆哮（像你可能會對你女兒咆哮那樣，如果罪魁禍首是她的話），因為那沒有意義。你知道是自己把水濺出來了，於是你只是平靜地下定決心不要再犯，並且把襪子掛起來晾乾。事情到此為止。

以老闆這個情況來說，你看著他一陣嚷嚷，然後暗自決定以後會小心不要在日常瑣事上生氣（或許是不對孩子生氣），因為一定是這樣才種下了讓他生氣的業力種子。如此一來，下個星期老闆的怒吼就會漸漸銷聲匿跡，就像把浴室的水龍頭關掉，看著最後幾滴水從水龍頭滴出來。

接著，新的業就會改變你的容貌。同樣的，請明白並不是你「真的」看起來怎麼樣，或者因為你心情很好所以看起來很棒。你的容貌完全就是業迫使你呈現的樣子，而且不可能是別的樣子。準備迎接鏡中的美人以及你老公眼中的美人吧！

順帶一提，回到這個問題一開始的地方。以美麗的一面去回應從早到晚的挑戰，將能為你種下覺得自己很美的業力種子，這點我們很容易就能明白。但這個業的作用不只如此，它還能讓你以你老公看你的方式看自己，也於是你就會看見他眼裡的你是很美的。並不是你在老公的心識裡種下了一個業力種子，因為我們每個人都只能種下自己的業力種子。而是同樣的業力種子既讓你看見自己的美，也讓你看見他覺得你很美。

你就這樣變美囉！

PART 5

愛 Love

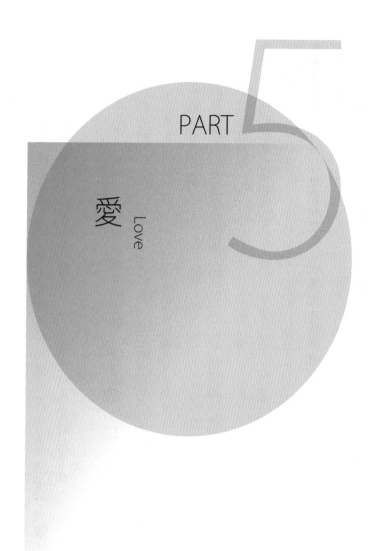

9 問題

當我和我的伴侶在一起，有時感覺就像人在天堂，傍著一個真正的天使。我只想知道要種下什麼業力種子，才能讓這種感覺時刻常在。

我們偶然會有那麼一剎那置身天堂的感覺，這種感覺是千真萬確的，因為它就像其他的一切，來自於我們心識裡的業力種子。如果能想清楚它究竟源自什麼種子，那麼我們就能種下這種種子，讓生命中更常有這樣的時刻——甚或分分秒秒都是。為此，我們需要的種子是對全世界的善念，而且要有善念並不困難。

古西藏人說，這種強大的種子始於家裡的一場災難。幸運的話，這在我們人生的早年就會發生。或許是母親死於乳癌，或許是兄長自我了斷。

像這樣的悲劇迫使我們面對人間百態。如果有生之年一切順遂（這實在不太可能），那麼我們或許可以有份好工作，有個好情人，有棟好房子，有個好家庭。但接下來，這些好東西一個一個被奪走，人世間的法則就是如此。你變老，你們倆都變老。隨著每個逝去的日子，你越來越衰弱，越來越接近終點。

內心深處，我們都知道（甚至是從小就知道），事情就是如此。這讓我們為自己感到悲傷，為世間感到難過，但在其中也自有溫馨。

我還是個青少年時，有一次搭飛機從鳳凰城到華盛頓，我們被安排在芝加哥轉機。那是一趟很平常的航程，機上放了一部大家都抱怨很難看的電影，也發了一小包一小包大家都抱怨很難吃的花生。接近芝加哥時，我們被濃厚的雲層包圍，似乎要很久才會落地。

突然間，飛機像子彈似地直上雲霄，接著又像雲霄飛車般往下俯衝，觸底之後又往上直衝，如此反覆了三、四次。一位空服員從駕駛艙走出來，看起來不太舒服。對講機傳來機長的聲音。

「大家好，本機出了一點小問題。我們試圖放下起落架，但駕駛艙裡顯示機輪放下的燈號沒亮。這可能是燈號問題，也可能是起落架卡住，我們不知道。

「我們從塔台旁飛過幾次，想請他們幫忙看看機輪放下了沒，但雲層太厚，塔台人員無法確定。我們嘗試以高速俯衝的力道讓起落架放下，但燈號仍未亮起。我們似乎只能冒險降落，實際看看機輪能否支撐得住。」

一陣令人神經緊繃的停頓……

「啊，我們要繞場幾圈，讓他們把跑道準備好。我們會隨時報告情況。在那之前，請遵照本機空服員給您的指示。」

他們關掉了電影，沒人在乎電影或花生了。大家看來有點茫然，彷彿納悶著現在該做什麼。坐我旁邊的先生抽出一張紙，在上頭寫了一會兒字，然後小心翼翼地把紙折起來，放到他前面的椅背置物袋裡。

他注意到我在看他。「我讀過一則飛機失事的新聞。」他解釋道：「只有一兩個人生還，但有些死者在生前留了給家人的字條，這些字條後來被發現了。」

機艙裡的緊張氣氛升高，空服員又去了駕駛艙，她再次出現時看起來更糟了。她拿起麥克風，開始廣播。

「各位女士，各位先生，如您所見，我們此刻在芝加哥上空盤旋，這是為了給予地面工作人員在跑道上噴灑泡沫的時間，以防萬一機輪沒有放下，或機輪沒能站穩。我們……我們也試著將機上多餘的燃油耗光，以防落地時發生狀況……」接著她按捺不住啜泣起來。另一位空服員帶她到空著的座椅上，扶她坐下。我們所有人都歷歷在目地想像著燃油濺滿跑道、機身陷入火海的畫面。

大家一陣沉默，接著一件奇妙的事情發生了。走道對面，我前面那排靠左的女士，轉過身來抱了抱她旁邊的女士，另外有個人則起身去抱在哭的空服員。陌生的人們把手伸出來互握，每一排都抱成一團。突然間，暖流像電流流遍整架飛機，機上滿溢人性的善良。而且我們每個人都領悟到，人類靈魂的原始狀態正是如此，我們本來的面貌應該要是這個樣子。

因為在人生中的每一天，飛機永遠在下墜，我們不知道離落地還剩幾分鐘或幾小時。

最後，他們叫我們把身上的珠寶拿下來。如果不幸起火，這些珠寶會引火焚身，燒完了肉再燒骨頭。不適合讓我們從機上跳下或迅速跑開的鞋子，也應該要脫掉。

接著，就在進入終端跑道之前，是最糟的一件事：雙手抱頭，身體前彎，面部朝下，默默想著你的人生，也默默想著你的死亡。

機輪碰觸到地面，而且站穩了。我們就像滑雪的人似地，從柏油路面上的泡沫當中滑了過去，穿過兩排停在兩旁的車輛。左邊是一排救護車，等著載送生還者。右邊是一排黑色靈車，等著清

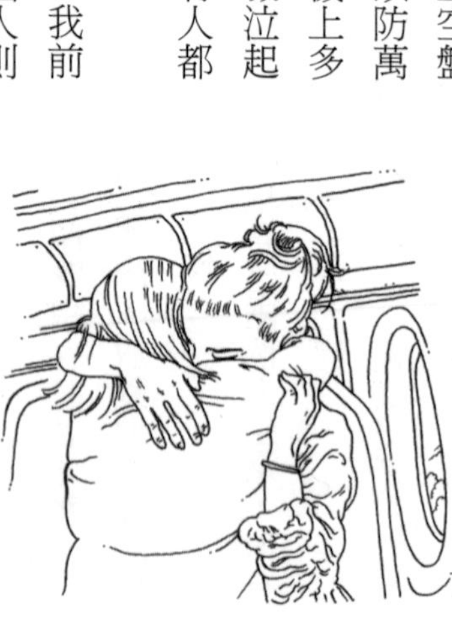

運死者。我們順暢地滑到登機門前，安全帶警示燈隨著一聲「叮」滅掉了。

大家紛紛從座位上跳起來。「我要趕下一班飛機！」一個男的邊推擠邊大叫，手肘還撞了我肋骨一下。人性的溫暖回到它平常躲藏的地方，也就是我們的內心深處；等著下一個讓人大徹大悟的時刻。

飛機永遠在下墜

但我從未忘記在那班飛機上大家心裡的那份溫情，那股在我們之間傳遞的人性之善，而且我認為在場的任何一個人都忘不了。那是一種生命都有盡頭的感覺，我們都會死，而且此刻我們患難與共，無論我們之間有什麼其他事情發生。

這種感覺還醞釀出另一種甚至更深刻的感覺，那就是我們想要彼此扶持。在內心深處，我們都莫名地希望能有機會幫助其他人，尤其是合力對抗這個大家的頭號公敵——讓人生走向死亡的無情力量。在每一個生命體的內心深處，都有一股想要幫助所有其他生命體的熊熊欲火。

每當興起這股甜美的欲望、這份幫助世人的渴盼，我們就在心識裡種下了一個非常特別的業力種子。這種渴望是一個天使時時所抱有的，渴望在心識裡種下讓我們常伴天使身邊並讓自己也成為天使的種子。就是這樣的種子，讓我們的人生中有那些彷彿置身天堂、身邊傍著天使的特別時刻。這種種子不難找到，只要看看這架我們稱之為「人世間」的飛機，然後去愛護那些生命和我們一樣脆弱的人就可以了。

10 問題

我先生從不對我流露任何情感。我回到家，準備迎接一個大大的擁抱，但他只是說聲「嗨」，然後坐下來查看電子郵件。什麼業力能讓他對我溫暖一點？

種什麼種子才能讓先生流露更多情感，你要先懂得欣賞橡樹。我的很多訓練是在紐澤西州正中央一間小小的傳統佛寺完成的，這間佛寺由第二次世界大戰時來自蒙古的難民所建，建築是固有的蒙古風格，屋頂很高，一路往上延伸，頂部是以傳統金色椽梁蓋成的尖塔。佛寺周圍環繞著高大濃密的老橡樹。

某天夜裡颳起強烈暴風，吹倒了佛寺邊的一棵樹。那棵樹倒在屋頂上，離地三十呎左右。第二天早晨，我們那小小一群的僧侶全都跑到人行道上抬頭看。

「我們要把樹頂砍斷。」住持宣布道：「然後把樹幹慢慢移下來，免得它撞破玻璃或穿過牆壁。」

眾僧一致點頭。這是一群奇特的僧侶，他們來自中亞大草原，幾乎全都年逾七十五，就像從十五世紀走出來的人。我們很少看到他踏出禪房半步的隱士蒼古沉靜地說：「當然，這棵樹得要輩分最小的僧侶來砍。」

我嘆了口氣。「輩分最小的僧侶」簡直是我在那裡的別名，我比這群

僧侶當中最小的還要再小上五十歲。這一帶的蒙古青少年可沒有排隊搶著要出家，畢竟只要在週六下午跳上車，不到兩小時車程就是紐約下東城的舞廳。

「我來砍。」我邊說邊伸手去拿那把模樣猙獰的老舊鋸子。我單手扶著梯子爬得老高，停在寺廟屋簷，拉了拉繩索，小心不要把自己發射到外太空。接著我把自己吊上更高的樹枝去，雙腳塞進一根枝椏和樹幹的中間，站起身開始砍。過了大約三分鐘，我就又累又怕，雙腳直抖。我討厭爬高。

「哈哈！」遠在下方地面上的蒼古說：「看看皮克皮克先生。」

我賞他一個白眼。「皮克皮克」是西藏話的「果凍」，他在笑我雙腿發軟，像果凍一樣。

三小時後，大功告成。我們安全地把樹滑下去，我則沿著梯子爬回地面。落地後，我在人行道上看到一顆小小的橡實。我把它撿起來，讓它在我手心裡滾了滾，突然間，我彷彿看到它長成大樹的模樣，或許是距今一百年後，成了一棵高大、聳立的橡樹。

我還看到未來的另一場暴風，看到這棵新長的樹倒在寺廟屋頂，看到我自己，一世紀之後，依然是那個輩分最小的僧侶，爬上梯子砍下它來。我哼了一聲把那棵橡實丟到馬路中央，它在那裡永遠別想生根。

試著感受一下橡實和它有潛力長成的那棵樹兩者間重量的不同：半公克和數百噸的成樹，這結果是那顆作為起點的種子的千萬倍之重。

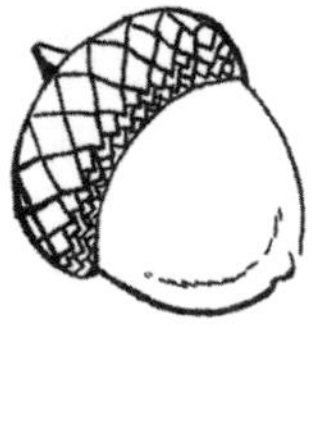

所有的種子都是如此，無論是在我們體內或體外的種子。我們的身體由幾兆幾億的細胞所組成，這些細胞日復一日不斷繁殖個五十年、六十年或七十年，而它們全都來自母親的一顆卵子與父親的一顆精子。

心識的種子也是一樣，事實上，微小的幾顆心識種子產生的結果比任何具體的種子都強大，這可是個好消息了——如果你希望先生對你流露更多情感的話。

因為我們不要他只熱情個一晚或幾天，我們要他終其一生都能如此。每次出門去上班，每次回到家，我們都要一個大大的擁抱，一個真心的、把肋骨都壓碎的、延續好幾分鐘的、滿足而沉默的擁抱。每天從早到晚還要不時地這裡抱一下、那裡抱一下。

關鍵在於我們需要的只是一些微小的、謹慎種下的業力種子。再一次地，請學著去看你想要的東西的本質，並根據這個本質琢磨你的種子。歸根究柢，在這裡我們要的是真誠的溫暖，而為了得到，我們必須先付出。

一天下來，試著更有自覺地對所有你所遭遇的人們友善以待。這不需要花費很大的力氣，只需要多用心一點。工作上，當有人做得很好時拍拍他的肩膀。在店家的結帳櫃台，謝謝收銀員的幫忙。進入大樓時，為走在你後面的人把門扶住。最重要的是，不時對街上或店裡經過你身邊的路人投以微笑。尤其如果你很用心地在做我們在問題四提到的咖啡禪修，這些小小的種子會長成一棵雄偉的大樹：一份延續一生的深情。因為出乎意料的溫暖是最甜美的溫暖，而你先生則會找到新的方法對你流露這份溫暖。

PART 6

同在一個屋簷下

Living Together

11 問題

我們家大部分都是我在下廚，而到了要擦桌子、洗碗盤時，我先生就像變魔術般消失，在客廳的電視機前出現。什麼業力種子能讓他幫忙家務？

這要涉及有關業力種子的另一個重要問題了。當我的指導上師給我一個挑戰，要我到紐約成立一家成功的公司證明自己已領悟業力種子的法則時，我首先去找了一位年長的上師尋求一些建議——這是在海外的一間西藏寺廟。

他說：「創辦公司時，你要同時成立一家慈善機構。這家慈善機構會帶動你的生意，它將是你公司獲利的引擎。」

我點點頭，記下筆記，他又再給我更多其他訣竅，接著我問了那個關係重大的問題。

「所以這要多久？我是說，如果我照您說的種下種子，多久能看到真正的成果？」

他看看我，愉快地笑了笑，滿心歡喜地宣布道：「下輩子！」

我悽慘地搖搖頭，說：「下輩子不行啦！仁波切，聽著，您知道的，我是美國人，我們喜歡既成的速食，我們是全世界到處都有的那些麥當勞。如果一個麥當勞員工炸一批薯條花比兩分半鐘還久，那他就要被炒魷魚了。我得在像是幾個月或甚至幾週之內就

讓這些種子展現成果。」

這對你來說也很重要，瞧，我得讓你看到如何種下業力種子，並且很快看到成效。

如果你去養老院幫助某個人，過了三年真命天子才出現，那我們就會碰到一個很基本的問題：萬一花的時間太久，你就無法確定去養老院是不是為你帶來真命天子的業力種子了。於是你將不會相信這回事，金剛法則便也不會對你往後的人生有幫助。

回到你先生碰到要洗碗時就消失的事情上。單單種下業力種子是不夠的，因為如果不種在對的地方，種子就不會長成對的樣子。我們都看過很慷慨的人，他們幫助很多人，但付出的越多，卻似乎只讓他們益發拮据困窘。在許多情況中，他們種下了正確的種子，但卻種在錯誤的地方。

讓你先生變得會幫忙家務的業力種子，在於花幾週時間專注於讓自己對他人來說更有幫助，而且是很有自覺的幫助法。舉例來說，基於害怕被老闆開除而去幫助同事就是將種子種錯地方，無異於把種子種到石地裡。確實，你幫助了坐你隔壁座位的那個人。確實，你種下了一個種子。但說真的，這人反正是你領取酬勞而去幫助的人。如果能挑一個更有分量的種下業力種子的對象，選一塊更肥沃的土地讓種子快速生長，那才最好不過。

所以，有哪些好地方可以種下幫助的業力種子？

選擇種下種子的好地方

古西藏人說有三種非常肥沃的土地。第一種是任何一個急難當頭迫切需要幫助的人，尤其如果你是他眼前唯一能依靠的對象。他可以是某個在街上跌倒的人，而你是離他最近、能把他扶起來的人。他也可以是你的一個朋友，如果今晚無法多湊一百塊租金，明早可就沒了住處。又或者是在世界另一端某個難民營裡的人，你聽說他們現在就需要一些食物。

第二種肥沃的土地是某個在過去曾經給你很大幫助的人。如果我問你，人生中對你幫助最大的人是誰，應該花不到一秒，母親的影像就會在腦海浮現。無論你現在和她的關係如何，鐵錚錚的事實是她教你走路，教你說話，教你穿衣，教你在這世上的一言一行應當如何。在現今的時代，她通常可以選擇要你或不要你，而最終她決定冒著生命的危險，將你的生命賦予你。父親也幾乎是一樣的，此外還有其他所有到目前為止為你指引人生的老師、家人與朋友。你所給予他們的任何幫助，你所回報他們的任何善意，都是一個種在最好的土壤中的種子。

第三種是那些能夠去幫助很多人的人。還記得有一次朋友給我一萬美金，要我分配給我們其中一個西藏難民營裡的病人。我遠行到印度，抵達那個難民營，找到一個可以當成辦公室的小房間，放出消息說我們第二天會發放藥品和醫療照護的補助金。無論是買藥還是看醫生的花費，你只需要帶一張在過去一個月內的收據來就行。

當然，我們規劃得很縝密。我們沒有給人充分時間就近找個居心不良、願意開收據拿回扣的醫生。我們準備了印章和紅色墨汁，核發過津貼的收據就塗銷報廢。我們甚至在每個領了補助金的人左手上蓋章。

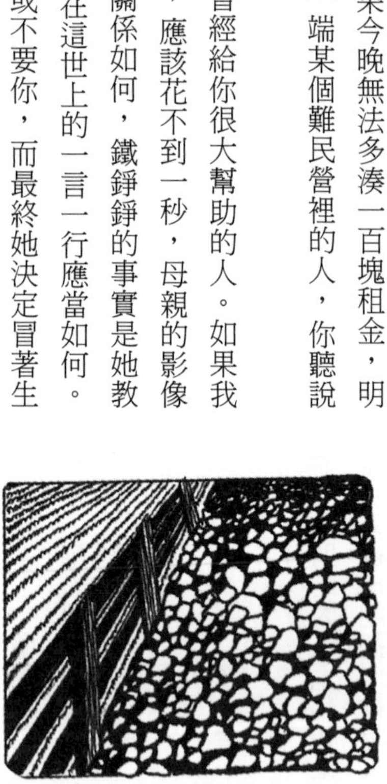

那天可是大排長龍！開門前兩小時就有一列整齊的隊伍，難民沿著營裡的泥土路排了不只一哩長。接下來我們發錢發了足足七小時，當中穿插一些有關買驢子算不算醫療花費之類的激烈爭論。到了太陽低垂在地平線上的時分，我們已經用光了那一萬美金，而隊伍卻像剛開始時那樣長。

我飛回美國，心裡覺得應該有更好的辦法。我們及時找到一位願意來難民營開免費診所的法國護士，診所提供捐贈的西藥，這些藥品已經過期但仍然可用。那次我學到的一課是要去幫助一個能夠幫助很多人的人，而不是試圖照顧到每個有需要的人。西藏人說：用皮革把全世界包起來還不如穿上鞋子。我們將一而再、再而三地回到這個主題。謹慎挑選你要種下的業力種子，以一個能夠迅速獲得豐厚報償的方式種下它，搭配運用我們在問題四提到的星巴克四步驟。透過聰明而有效的方式去幫助他人，你的先生就會突然愛上雙手浸泡在洗碗水裡的滋味了。

12 問題

當我和伴侶搬去住在一起時，他（事先毫無預警地）帶著一隻貓出現。我喜歡寵物，但我自己不養，因為我覺得養寵物就沒法抽身去任何地方了。一切正如所料，現在當我家那位必須回老家拜訪家人時，我為了餵貓哪兒也去不了，而且我還發現我對貓毛過敏。我該怎麼辦？

創辦安鼎國際鑽石時，其中一家給予我們啟發的公司是新力集團（Sony Corporation），以及它的創辦人之一盛田昭夫。我們鑽研他的暢銷書《日本製造》（Made in Japan），亦即新力的成功故事。這本書裡最重要的一個想法可以用來解決你的貓咪困境，乃至於其他任何你和同住者之間可能會有的問題。

盛田先生說，新力創社的其中一個理念，就是要提供顧客他們真正想要但還不知道自己想要的產品或功能。觀察大眾，細心留意他們的需求，如此一來，你才能提供對他們真正有幫助的東西，即使他們連想都還沒想到過。我稱此為「強巴之道」。

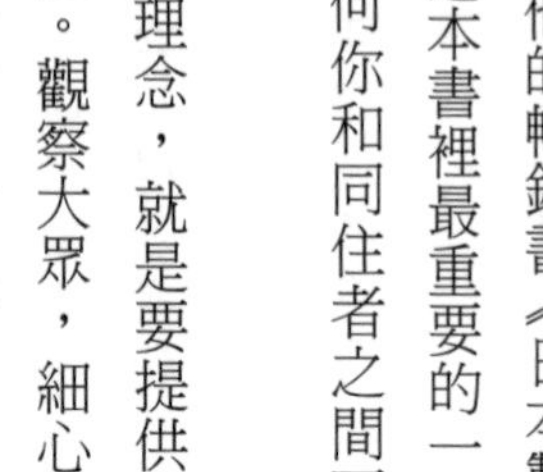

許多年來，跟在我最主要的西藏老師堪仁波切洛桑達欽格西身邊，我的角色包括廚子、洗碗工、司機、洗衣工、傭人和園丁。協助創立鑽石公司之後，我天天出門在外，只得找個人來代替我做這些差事。很幸運地，我找到強巴・隆日。

強巴是個開朗、安靜又相當虔誠的年輕西藏僧侶，扮演起這些角色來是遊刃有餘、適得其所。我們最重要的工作之一是安排好那些上門請求面見上師的人潮，確保每個想見他的人都見得到，同時又不能讓他負擔過重。廟裡的廚房就充當等候室，那裡往往擠滿了想見上師的信徒。我們必須泡茶給他們喝，在有時會很漫長的等待時間裡讓他們不要太無聊。

就是在這樣的時間裡，強巴教我僧院裡的僧侶被訓練出來的殷勤待客之道——這在西藏被認為是很重要的一項技巧。雪域裡，客人真的就是上賓，我家真的就是你家。

強巴說：「客人到來前，就要在廚房餐桌上放滿一盤盤的點心。那裡放餅乾，這裡放水果，桌子那頭或許再放一堆糌粑。

「這裡一壺水，那裡一壺果汁，這裡一壺茶，那裡一壺咖啡；到處都要有很多的杯子。

「門上響起敲門聲時是關鍵時刻。打開門，迎接客人，然後後退一步，請他們進來廚房。當他們走進來時，用心看著他們的眼睛。

「當你迎接客人時，對方會和你有一些眼神接觸。但接著他們的目光會環顧房間，並且落在餐桌上，這才是你真正必須注意的時候。

「我們將點心擺在餐桌上各個不同地方，這樣就能看出客人的目光落在何處。當客人看到自己愛吃的東西時——或許是糌粑——目光就會停在那裡，流連個一下下。

看著人們的眼睛，觀察他們需要什麼。

「這時你要做的是請對方坐下，然後你直接就去拿糌粑，端起盤子送到他面前——『趁還在等的時候，您要來一點嗎？』接著看對方的目光落在哪一種飲料上，就倒一杯給他。

「看看他的糌粑，看看他的杯子，一邊持續觀察他的眼睛，一邊透過交談多認識他一點，了解他為什麼要來見仁波切。杯裡的飲料只剩三分之一時，趕緊再多倒一點。

「持續觀察他的眼睛，預先料中他的需求，這就是殷勤待客之道的精髓。」對待伴侶之道也是如此。你和他之間的問題，本質在於他對你的需求不夠敏感。或許他讓你和一隻掉毛的貓困在一起，或許他在三更半夜邀了吵鬧不休的朋友來家裡，或許他留了一堆髒碗盤在洗碗槽裡。重點在於，如果你希望他察覺到你的需求，那麼你就得喚醒你自己的敏感神經，敏銳地察覺到身邊人們的需求。

就從「看眼色」開始，猜猜看人們可能想要什麼或需要什麼。熟練這件事，並且如同前面所說，挑一塊肥沃的土地來種下這些業力種子。選擇像是你的父母或某個在你的人生中真正幫助過你的人，每天花一點點時間想想他們的需求，想想你能為他們做什麼。不需要是什麼大事，只要是某件用心想出來的事情即可，因為這樣會創造更多的業力種子。選擇一天當中你通常能靜靜獨處的時間來思考這件事，像我就喜歡在吃早餐時為他人計畫安排。在一天終了的咖啡禪修中，「已有具體計畫」是另一件能讓業力種子長得超快的事情。相較於和同住者把話說開，相較於討論、爭吵或提醒，我們這才是針對一開始創造了真正的業力種子在努力——那個讓我們看見一枝筆或一堆髒碗盤的業力種子。一旦學會觀察、照顧他人的微小需求（而這對你自己和他們來說都已經是人生一大樂事），你將發現和你住在一起的人突然變得體貼多了。

也許那隻貓有一天就被送給某個家中小孩很愛寵物的表親，而你連開口請求都不用。

13 問題

我先生完全不知道什麼叫做「個人衛生」，他總是一身發臭的衣服、一臉沒刮乾淨的鬍子，在家裡晃來晃去。我要種下什麼種子才能讓他稍微多注意自己一點？

這問題是美國中西部一對老夫妻提出來的。他們來聽我在底特律的一場講談，那場講談的對象是面臨工廠關閉危機的汽車工。我能理解傑克和克莉絲，他們是一九六〇年代的產物，但在許多方面，當時的反文化風潮中好的部分喪失了，壞的部分卻保留下來擺脫不掉，像是嬉皮的衛生習慣。

「你現在已經知道怎麼實踐金剛法則了。」我對克莉絲說：「首先，你要認清問題的本質，你覺得是什麼呢？」

她想了一下，說：「唔，我想這個問題真正的癥結在於，傑克不會去想『他的外貌』對別人有什麼影響，他活在自己的世界裡。事實上幾乎我們每個人都是這樣，他不會去顧慮我的感受。」

「嗯哼，聽起來就是這樣沒錯。所以，以這個特定的例子而言，你需要種下的業力種子還滿酷的。如果看到某個和我們很親近的人，他忽略個人衛生到一種讓我們日子很難過的地步，那我們就需要種下與此相反的業力種子，事情就會有所改變——不需討論，沒有爭吵。這就要牽涉到西瓜和土撥鼠的主題。」

克莉絲一臉困惑，我正希望看到這種表情，因為那意味著她接下來會注意聽。

「瞧，我們藉由種下同類型的正面種子來抵銷負面種子。比方說，如果覺得孤單，那就去給予他人陪伴。如果想擺脫卡債，那就找出在經濟上需要幫助的人，以一個明智而面面俱到的方式給予他們幫助。」

她點點頭。

「但我要你明白這裡會有一些誤差。就在昨晚，有人問我能讓他在人生中得到更多巧克力脆片冰淇淋的業力種子是什麼。他想知道他是不是得到處去分送這個特定的口味，好在日後得到更多一樣的東西。」

「有道理。」克莉絲說：「每個人有自己偏愛的口味，但有時候我們就是得不到。」

「沒錯。所以，一般而言，業力法則四定律的其中之一說，如果你想要得到某樣東西，就得先給出類似的東西：種瓜得瓜，種豆得豆。

「如果你想一想，這其實是生命中一個未受重視的小小奇蹟。如果你希望你的菜園今年夏天有西瓜，你只需要挑一顆渾圓飽滿的西瓜，從裡面挖出一些種子來。

「這些種子一定會長成西瓜，絕對不會長成芒果或仙人掌。想想看，若非如此，人生會成什麼樣？你能想像餐廳裡一群農夫圍坐在一起，討論今年可能發生什麼狀況嗎？『今年春天我種了玉米種子，希望不會像去年一樣長出竹筍來！』

「所以，讓傑克稍微注重儀表一點的業力種子，在於你也要更加

注重儀表——不過這當中會有點誤差。有一本書叫做《俱舍論》，由大約十七個世紀前的一位世親論師所寫成，他在書中就論及了這個巧克力脆片冰淇淋的問題。

「有人對世親論師說：您瞧，假設我來生應該要投胎當熊，但我剛好在夏天來臨前過世，熊在這個季節是不繁衍下一代的。論師說：沒問題的，你只會稍微有點誤差，投胎成一隻土撥鼠。

「這個答案有爭論，不過你懂它的意思。你決定自己想要得到什麼結果，然後盡可能種下最接近的業力種子，但它不需要絲毫不差地就是相同的東西，只不過，在你心目中將這個種子『獻給』某個特定目的是很重要的——比方說讓你家那口子整潔一點這種目的。」

「所以和這個目的接近的業力種子是什麼？」她問。

「唔，我們來想想。你要你的先生穿著體面，現在他不體面的原因就藏在你身上，我要建議你獻花給世界。」

「什麼意思？」

「意思就是，下個星期有三次，當你出門時，我要你花點時間讓自己看起來美得冒泡。就像一朵花似的，人們都愛看。

「而且你必須這樣想：這不是為了我，不是為了我自己。你要看起來美得冒泡，是為了讓這世界上的人們在街上走的時候，多一件美麗的事物可以欣賞。

「意思是，你做的是一件反正你本來就可能會想為自己做的事情——讓自己走在街上時看起來很美——只不過你現在改變一下動機。你能否有自覺地試著為別人漂亮起來，讓人們看了開心？

「這是看待個人儀表的新概念：做好你的部分，讓世界成為一個他人眼中的美麗所在。『美』變成一件美好的事情，而不是一件自私的事情。『美』變成一抹路人在你臉上看到的微笑。『美』變得乾淨而純粹。一朵花兒走在路上。」

不斷獻出花朵

「持續不斷地向世界獻花，養成——不只是為別人這樣打扮、也要為別人這麼想的習慣。要讓這個業力種子更快成熟，也別忘了就寢前做你的咖啡禪修。有一天，種子就會迸裂開，你的先生會從浴室冒出來，鬍子刮得乾乾淨淨，襯衫又白又挺。」

「很好，我喜歡。」克莉絲笑著說：「而且這整件種下業力種子的事情還有一個我喜歡的地方——聽起來很好玩啊！」

14 問題

我的工作很辛苦，下班回到家都疲憊不堪，而且覺得需要找人談談工作上的問題。但我先生實在沒興趣聽我說那些，更不會幫忙我解決。我要種下什麼業力種子才能換來他的同理心？

這問題也是在中國被問到的，只不過這次沒有少林寺那次那麼有趣。金剛商業學院獲邀到中國哈爾濱的一所大學，在研討會上向專業的心理學家講解金剛法則的概念。

我們說當然了，我們很樂意去一趟，但沒人費事去查一下地圖。結果原來哈爾濱就在西伯利亞旁邊，而且當我們一步出機場時氣溫是零下十五度。三更半夜，人們在雪地裡跑來跑去。對這裡的人來說，所謂的找樂子就是在人行道邊打造三層樓高的冰雕，一整個冬天都不會融化。我真心認為我眼珠裡的水分都要結冰了。

但人情很溫暖，問的問題也很真誠。遺憾的是，佳莉問我的這個問題，我在全世界都聽到過。

「所以，首先，告訴我你覺得這個問題的本質是什麼？」我開始引導她。佳莉想了一想，說：

「我猜主要癥結在於永清就是沒在聽我說話。」

「這樣的話，我們需要種下的業力種子可是再清楚不過了。你需要開始更用心地傾聽他人說話。」

「那要做到這一點，怎麼樣才是最好的方法？」

「根據古書，這完全只是禪修練習的延伸，因為禪修就是傾聽一己內心的聲音，持續讓注意力固著於一件事之上。

「一旦熟練了禪修，感覺就會像是你的思緒沿著任何你試圖要專注於其上的事物滑行，就像溜冰鞋沿著冰面滑行一哩而完全不會脫離冰面。

「一開始會是件苦差事。你隔著桌子坐在某人對面，努力傾聽對方說話而不分心，試著讓思緒扣緊每一個他所發出的音節。

「你的思緒會飄到口袋裡的手機上，或晚餐要煮什麼，或在跟你講話的人背後窗外有什麼動靜。」

「但這樣似乎是很自然的啊，有什麼祕訣可以不要這樣嗎？」佳莉問道。

我點頭。「有的，在腦袋裡裝一個思緒監視器，監看自己的思緒有多專注於傾聽。當思緒飄走時，監視器的警鈴就會響，你再把思緒拉回來。這可能很累，就像要用繩子控制住一隻不配合的大狗。

「但最後你就學會了傾聽，而且能用心地傾聽。你對於對方所說的話的專注力，強到在他挑選遣詞用字時就能感受他話語背後腦袋裡的思緒。你開始能稍稍感覺到置身在他的處境，這代表你

正在變成一個很好的傾聽者——比你之前能做到的都要更好。」

「那麼，這樣究竟要怎麼讓永清聽我說話？」

把種子送到你要它們去的地方

「在傾聽時或傾聽完之後，暫停一下，把你正在種下的種子『送去』給他。有自覺地導引種子的去向，種子的力量就會在你的心識裡強化，並且確保結果會回報在你要它去的地方。

「繼續保持，直到有一天，你打開家門，不需要任何催促，永清就會問你今天的班上得如何。」

順帶一提，關於傾聽的藝術，還有另外一件事。爬著傾聽之梯往上一步，一些美妙的事情就會開始發生。如果你持續去做本書目前為止所談到的功課，你的整個人生故事都會改寫。

這是因為我們總是在製造種子——每一天，每個意念，每一瞬間。截至目前，我們對自己種下的種子尚未有所自覺，所以這些種子種得有點隨意，就像有個人拎著一袋野花種子跑過原野，不小心到處亂撒，結果就住在一片什錦大雜燴裡。這片大雜燴裡的東西多半是不好的，不是因為我們是邪惡的人，而是因為我們隨時都傾向於產生負面想法：房間裡太熱了；我不喜歡她今天這件衣服。不是什麼大事，但顯而易見的事實是：就是這些微小的種子主宰著我們的人生。試著學會分辨蘋果籽和蘋果樹在規模上的差異，要相信人生種種高低起伏都自有很好的原因，就一點兒也不困難了。當我們第一次開始有自覺地種下善因，我們的「善種子比例」就會立刻產生巨大的改變，因為我們通常不會種下很多的善種子。以傾聽來說，這意味著我們立刻就會開始聽到人們說出一些絕妙好事，這些絕妙好事是之前沒有善種子去讓我們聽到的。

持續傾聽，持續用心傾聽，你甚至可能調到以前從來不曾意識到的頻道，就像動物聽見人類聽不見的聲音那樣。或許你會從人們身上學到出乎意料的事情，或許有一天你會和天使說上話呢！

15 問題

我太太真的是一團亂，只是從房間當中走過，她就可以沿途留下各種殘骸：一件毛衣、一只咖啡杯、她的筆電，還有她的手機（之後她又會到處跑來跑去找的東西）。什麼業能讓她整潔一點？

在現今的世界中，「整潔」並不是那麼受歡迎；幾乎不曾聽說過某位電影紅星因為整潔得到很高的評價。然而，在西藏傳統中，整潔因為它對心靈所起的作用而被認為是件大事。

就實務層面而言，保持整潔其實花不了多少時間。我們迴避洗碗和折棉被，但那純粹是因為懶惰。我的意思是，最近我一起床就計時看看自己花多少時間折棉被，結果根本花不到一分鐘。洗碗也是一樣的，即使是一頓茱莉亞・柴爾德（Julia Child）❸豪華大餐吃下來殘留的一整槽碗盤，也花不了五、六分鐘收拾。

養成當東西還在你手中時就把它們收好的習慣。為什麼一回到家要先把大衣脫下丟在沙發上，之後還得再回來把大衣撿起掛好呢？不如就在脫下時直接掛起來。

這麼做還有另一個很大的好處，那就是在你需要時便能立刻找到東西。不要隨手把手機丟在流理台上，等到要打電話時再跑來跑去找翻天。給它一個固定的地方，比方說放在包包裡的皮夾旁邊，每次講完手機就把它放回那裡。

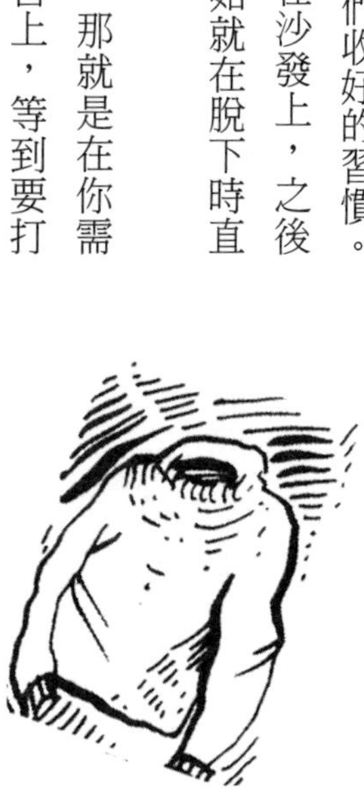

西藏僧侶有個傳統的修行功課，是在早晨起床後巡視屋子一周，把東西收好，把環境整理乾淨。這是以令人愉快的方式讓身體暖活起來，準備好迎接新的一天。僧侶甚至會丟兩塊軟布在腳底，踩著它們把房間地板擦亮，同時活動活動筋骨。

我們不是要一間無菌無毒或一塵不染的客廳，我們要的只是清爽、素雅而不凌亂。當你從像這樣的一個房間中走過，它對你的心靈會有安定的作用，你的思路會更清晰，尤其是關於人

譯註：

③ 美國名廚，生平故事曾被拍成電影《美味關係》（Julie & Julia）。

生中的要事，你會想得更清楚。關於整個人生從何而來的課題，關於業力種子這件事，我們並不是輕而易舉就能領略。它需要一顆明淨的心，而保持生活的整潔有助於守住那份明淨。

要知道，當你切實做好整潔的功課時，縱使只是每天早上做一點，你其實正在以最有效的方式讓你太太變得更整潔。你會發現比起和她長談之類不會有用的方法，這才真的能夠讓她成為一個整潔的人。這是什麼道理呢？我們可能需要一點解釋。

假設你要登機了，這次搭的是以前從未搭過的航空公司。一位自信滿滿的空服員在門前見到你，拿出一塊寫字板。

「先生，不好意思，可以請您在登上今天的飛機前簽一下這張單子嗎？」如果你像我一樣，曾在人生中花過任何一點時間跟生意合約打交道，那你就會彎下腰來，試著閱讀她要拿給你的那張紙。這時，她略微往後退了一點。

「不是什麼大不了的東西，只是一點形式。」她說。

「什麼樣的形式？」

「唔，是棄權書，保險棄權書。」

「保險棄權書？為什麼要我簽保險棄權書？」

「這個嘛……」她一臉高傲的笑容說：「您知道的，我們是一家新的航空公司，很多我們的人員也是新手，他們越來越熟悉怎麼開飛機了，而且多數時候我們都能順利抵達目的地，不出一點兒差錯。」

「多數時候？」你問。

「嗯，您知道的，我們偶爾會出點小意外……唔，您也知道，罹難者的家屬可能很……很囉唆！」

她又把棄權書遞了過來，但你已經回頭朝票務櫃台走去，想找一家「所有時候」都知道怎麼開飛機的航空公司。

這樣懂了嗎？本書一開始時我們談過一點點。以這架你要把性命交託給它的飛機來說，有時候順利飛行和不順利飛行是一樣的。只有傻子才會冒生命危險搭上一架只有某些時候才順利飛行的飛機，但我們所有人每天每時都在冒一樣的風險。我們做可能有用也可能沒用的事，這意味著我們並不真正知道事情如何發揮作用。要是知道的話，我們就會只做有用的事了——這點毫無疑問。

那麼，這一切和你太太的整潔有什麼關係？和太太談她的紊亂，試圖讓她明白她的東西四散在家裡有多麼困擾你，這方法就像那架飛機一樣，而且你知道的，從過去的經驗，你很清楚和太太談可能有用，也可能沒用，而這就意味著那不是一個有用的辦法。

種下業力種子就不同了。每天早晨做這個僧侶打理自家的修行功課，就會種下一個讓她變得整潔的業力種子，尤其如果你還會在上床前做咖啡禪修，那就更加分了。沒有馬拉松式的長談，沒有緊繃的火藥味，而且不會沒有用。這意味著這個方法「所有時候」都會有用。這是業力種子解決法——我們這整本書中稱之為「金剛法則」——厲害的地方。

一旦你嫻熟了箇中道理，人生中就不用再有任何猜測。沒理由你不能得到所有你想得到的東西，沒理由必須讓自己不斷忍受失望。

當某個方法只是有時候有用，那它就不是個有用的方法。

PART 7

性愛 Sex

16 問題

業力有沒有任何辦法能讓我男友做愛時溫柔一點？他為了挑逗我所做的努力，有一半都只讓我覺得很痛。

再一次地，首先我們要看看你男友對你做的事「本質」是什麼，而我想我們都同意，那叫做「無心的傷害」。同樣地，我們也可以請他坐下來，和他談一談，有可能他聽得懂，但也很有可能他無法理解你試圖傳達的意思，於是他可能會不高興（因為所有男人都樂於認為自己的調情技巧前無古人、後無來者），又或者他可能在床上會變得很緊張，這樣甚至更糟了。

所以，我們就別再做可能沒用的事情，直接求助於業力種子吧，因為這才是每次都有用的辦法。

我們最常對別人造成的無心傷害，是我們說出口的話。一般而言，業力種子可以透過三種不同的方式種下：或好或壞的行為、言語或意念。在幾乎所有的情況中（只有少數例外），為了種下業力種子，我們都需要別人將業力反彈回來，有點像是需要一面牆來製造回音，或者需要地板把籃球彈起來。

行為和言語被認為是意念的副產品，我們在「做」或「說」之前會先「想」，所以意念是業的「原料」，是業最基本的層次。存心故意傷人的言語是一條路通到底的惡種子——既包含了一開

始的意念，也包含了動念之後說出口傷害人的話。無心傷人的言語確實會創造一些負面的種子，儘管比起故意傷人的言語來說力量沒那麼強大，而就是這些種子造就出一個想要取悅我們，卻反倒傷害了我們的男友。

接下來幾週，你要很注意自己對人說了什麼。試著敏銳地去察覺自己的話語如何影響他人，和人說話時仔細觀察對方的表情，看看他們對你所說的話有什麼反應。我們很難控制每一句說出口的話，但透過練習與自覺可以讓我們進步很多。我在猜你可能有時候會對人說一些有點小惡毒的話，你自己認為很可愛或很有趣，但或許你會發現有些人因此覺得很受傷。問一問你最要好的朋友——那些你知道會對你坦誠的朋友——你所說的話有些是否傷到人了。我自己也有這種問題，我常常會突然覺得當下處境很諷刺，於是就下一些帶點酸味的註腳，比較是針對這個世界，而不是針對眼前這個人。但就曾有好朋友告訴過我，我往往就是這樣傷到了他人的感受。所以，小心點，試著更和緩地對人說話，並且有意識地將種子導向你的男友，他就會變得更溫柔了。

17 問題

我太太對性愛已經沒興趣了，但是我還有啊！什麼業力能讓我倆打得火熱？

據傳佛陀在兩千五百年前說了不下八萬四千大冊的智慧話語，寫下這每一大冊所用的墨水量要神象才揹得動，一頭神象的尺寸大概就像現今的十八輪卡車。

這每一大冊都長達數千頁，每一本則只針對單單一個負面想法，一個常人腦袋深處各式各樣的負面想法就多達八萬四千種。

佛陀當然明白，我們多數人忙於應付這些負面情緒，已沒有餘裕去注意全部多達八萬四千種的念頭。所以祂幫我們稍微濃縮了一下，列出前十大榜單——非常類似猶太教和基督教傳統上的十誡。那麼，如果你的壞念頭榮登前十大，要知道你並不孤單，就算不是每小時或每一分鐘，我們多數人至少每天都會有這些壞念頭。前十大惡念之一，就是我們人類幸災樂禍的奇怪天性。想想我們有多愛看電影明星和政治人物出事情，或者我們老是有在車禍現場停下來旁觀的癖好。

為了喚回你太太對親密行為的興趣，這是其中一個你可以下工夫的業力種子。問題的癥結在於，你得不到某個你很想得到的東西，而這意味著你心裡希望別人得不到他們想要的東西，就是這種意念形成的業力種子害了你。

這會兒你或許會說，你對別人沒有這樣的念頭啊，你其實對他人的不幸並不特別感到幸災樂禍。但如果你得不到某種滿足，事實是在你的心識裡某個地方一定有著這種種子。既然一點微小的種子就會不可避免地產生強大的後果，也有可能是在過去幾年的某個時候，你惡劣地對別人的災難幸災樂禍了一、兩個小時，現在後果以更強大的力道回應在你身上了。

這類型業力種子裡很常見的一種，是在前一段關係裡和前任所種下的種子。當我們還和前任在一起時，我們對對方有著強烈的感受，無論是什麼導致分手，都可能創造出一些甚至還更強烈的感受。

幾乎所有人都很難對前任保持善意。我們往往在內心深處對他們抱著天崩地裂般的激烈情緒，隱隱約約（或不那麼隱隱約約）希望他們的新人生中有哪裡過得很失敗。所以，聽來或許奇怪，但你若想讓夫妻關係重燃熱情，就要小心注意自己是否有任何的意念，是在希望別人得不到他們想要的東西。

花一點時間在家裡或咖啡館裡安靜度過，一一細想所有你認識的人，前任、同事或家裡其他人。想一想如果你聽說他們中了樂透或丟了飯碗，你會作何感想。檢驗當下你內心深處所湧現的感受。

人生不好過，如果沒有他人的支持還會更難過。不要吝於支持他人，如此一來，他人就不會吝於給你愛與溫情。

18 問題

在卿卿我我的時候，我的伴侶和我對於「如何最能取悅彼此」似乎有溝通上的困難。什麼業力能讓我們更自在地談論這檔事，並且讓彼此都能聽進去？

我們多數人之所以有談論性愛和性需求的困難，甚至連親密愛人之間也是如此，是因為在內心深處我們將性愛視為齷齪或不潔的。不可否認，性衝動是人類的身心靈裡最強大的驅力之一。性欲能讓最理性的人變成最不理性的人，而致欺騙自己也傷害他人。

然而，就像所有強大的力量——例如火的力量既能烹煮食物，也能燒毀房屋——人類的性欲可以被導引上極其美好的方向，被稱之為「金剛法則」的高階佛法便肯定了此一事實。佛法中說，人有個與外在肉體平行存在的內在體系。

微小的內在管道交織成這個內在的體系，而這些微小的管道則是由「光」本身所構成，管道中流通著一股奧妙的能量，這股能量不只為生命提供基礎，也為我們的意念提供基礎。就是在這裡，身與心相遇，如同微風拂上鐵砧[4]。

正常來講，這個體系當中最深層的管道，盡被不斷湧現的八萬四千種負面情緒所堵塞，而處於動彈不得的狀態。由於在這些管道中流通的能量是意念的基礎，所以除非疏通這些管道，否則我們永遠無法產生某些意念。更有甚者，這些意念是最高貴的意念，例如對全世界的愛的感受、對實相的洞察。

在一個常人身上，這些最深層的管道終其一生只有兩種情況下會疏通開來。一是在死亡的那一刻，當全身不由自主放鬆，所有管道洞開——這也是為什麼人在臨終時會大小便失禁。此外，這些最深層的管道在做愛達到高潮時也會遽然頓開。

古西藏經文說，在以上兩種經驗中有幾秒鐘的時間，我們會接近兩種最高貴的意念：慈悲與寬容。如果我們知道要尋找什麼，而且有強烈的意圖要找到，那麼在肉體之愛最深沉的時刻裡，甚至能一窺造物主的存在。

或許這有助於解釋性衝動本身的力量。一旦嚐到性愛的滋味，或許我們就會感受到在這當中有著某種更深刻的東西，某種將人類靈魂提升到最高處的潛能。所以，就像火一樣，我們可以從正反兩面看待性愛：做愛時若無愛與疼惜，性愛就是摧毀與貶低的力量；反之，則性愛是讓人類靈魂昇華的坩堝。性愛，乃至於人世間其他所有的經驗，都像我們談到的那枝筆，可以從兩種截然不同的角度觀之，一切端看我們的心識裡有著什麼樣的種子。所以，我們要種下能讓雙方體驗到昇華的肉體關係的業力種子。如此一來，要與彼此談論最私密的問題時，我們就不會有所遲疑。

要種下這種種子有一個簡單的辦法，就是想想，如果你們兩人的心因為肉體結合而更緊密的話，有沒有什麼你們能夠為他人做的事，是攜手同心去做要比獨力而為做得更好的。

親密行為必然會讓你們關係更緊密，而攜手同心能做到的更多。有所自覺地計畫你們要一起做

譯註：

❹作者以此比喻無形（心／微風）遇上有形（身／鐵砧）。

什麼來幫助他人，種下更多讓你倆如膠似漆的業力種子，比方若能一起去探望我們前面談到的老太太，就是一個很好的例子。此外也別忘了，最後要來點咖啡禪修。這些業力種子一旦成熟，你們要和彼此談論在床上的需求時，就會感到益發輕鬆自在。

攜手同心，做得更多。

19 問題

做愛完大概十秒鐘，正當我想要一點最後的愛撫與擁抱時，我先生卻呼呼大睡。如何能讓這位仁兄醒著？

想知道如何讓先生不要做完就睡，你需要更清楚業力種子是如何種下的，以及這些種子不同的成熟方式。

還記得嗎？每個習題一開始都要辨別一下，我們想要的東西「本質」是什麼。這一次，我們要的是先生更有精神，或者更貼切地說，是要讓我們看見他更有精神。你或許會認為辦法在於給他更多活力，但業力種子不是這樣運作的。

一般而言，我們無法為他人種下業力種子，他們只能靠自己，這是種子的本性。縱使再怎麼想替別人種下種子，我們也無法將自己的種子讓渡出去。古西藏人有個有趣的方式能證明這一點。

只有自己能為自己種下業力種子。

他們說，首先，世上有無數人們已成功種下最高貴的種子，也已成為擁有無窮力量的天使。如同你已體認到的，越懂得如何種下種子就會變得越慈悲——這是一個樂於助人者的天性。所以，天使是最懂得如何種下業力種子的人，也是最善心的人。

由此可以想見，如果有任何辦法能將自己的業力種子讓渡給別人，甚至能從自己的心識裡把種子拔出來種到另一個人的心識裡，這些天使老早就這麼做了。而像你我這樣的人，在一開始就不會和配偶產生任何問題，因為那些大善人早已萬分樂意地在我們心識裡種下讓我們的配偶精神百倍的種子。

所以，要讓你先生精力旺盛似乎是不可能的任務了，除非我們懂得種子成熟的四種方式。這四種方式稱之為「四朵花」。

第一種是我們到目前為止談得最多的，也就是讓事情如我們所願地發生。如果我們給予他人陪伴，我們自己就會得到陪伴。如果我們親切友善，真摯的情誼就會降臨。如果我們幫助他人達到

經濟上的獨立，我們自己也會獲得獨立。

所以，如果我們想要有精神，如果我們想要維持或增進自己的活力，那就要幫助他人也有這樣的成果。其中一件最耗神的東西就是任何一種負面的情緒：憤怒、嫉妒、恨不得別人一敗塗地、為了得到自己想要的而存心傷害別人。如果我們希望更有精神，那就需要努力終結自己的這些負面情緒，並幫助周遭人們也終結他們的負面情緒。

辦法很簡單。只要記得「筆」的概念來自我們自己，任何一句出自別人口中、讓我們聽了難過的話語，也必然源於我們自己，因為我們在過去曾經說過什麼傷人的言語，無論是上個星期、昨天，還是今天早上。而一旦我們停止，他們也會停止。

第二種業力種子成熟的方式在於我們的習慣模式：第一次撒下漫天大謊時，我們或許還會猶豫，但第二次就容易得多。很快地，說謊變成一種習慣。

第四種種子成熟的方式要到之後才會有果報——當我們死的時候。在死亡的過程中，我們終其一生最持之以恆種下的種子會發揮最強大的業力，在前方造成一個新的現實，我們接下來便朝著那個現實邁進。也是與這一樣的業力種子創造出你下五分鐘的人生，以及你將從這本書上讀到的下幾行內容。

當我們死的時候，我們內在某些業力種子的力量增強了千萬倍，強到足以在我們前方創造出一個新的世界，所以這種種子被認為是另一種等級的種子。舉例而言，如果我們持續不斷地對身邊的人們說謊，我們就是在進入一個周遭人們也會持續欺騙我們的世界。

但以你先生而言，我們要把握的是第三種方式，也是前面在問題三已經提到過的，我們可以稱之為業力種子的環境效應。舉例來說，如果我們頻頻對人撒謊，那我們就會開始看到謊言包圍我們。旅行途中，我常常碰到有人想知道何以在他們的國家政府是如此腐敗，而這就是答案。

我們甚至不必將自己的種子讓渡給他，就能改變你先生的精神狀況，方法在此：要讓我們自己更有精神的種子，來自於運用我們對種子的理解，而終止自己的負面情緒，並幫助他人也終止他們的負面情緒。等我們在這方面的努力越來越有進展時，以上所描述的各種種子成熟方式自會開花結果。

你將不再看到自己被越來越多謊言包圍，你將看到身邊的人們越來越有精神——包括你先生。那麼，現在你知道要從何下手了。最後一點小提示。如果我們有可能在另一半的心識裡種下種子，那麼在我們覺得他越來越有精神的同時，他自己也會覺得越來越有精神，因為我們的種子已經改變了我們所生活的世界。而事實上，如果他確實透過幫助他人克服負面情緒，來讓別人也變得更有精神，那麼他自己也會覺得自己更有精神。

但情況也完全有可能是，因為我們在幫助他人，因為你先生是你那個「越來越有精神的世界」的一部分，所以我們看見他越來越有精神了，但他卻覺得自己越來越累。這一切都和筆的概念一樣，而你必須習慣。

四朵花

一、給予什麼就得到什麼回饋。
二、行為變成習慣。
三、你的所作所為，創造出周遭的人們與你的世界。
四、也創造出你接下來要進入的世界。

PART 8

信任

Trust

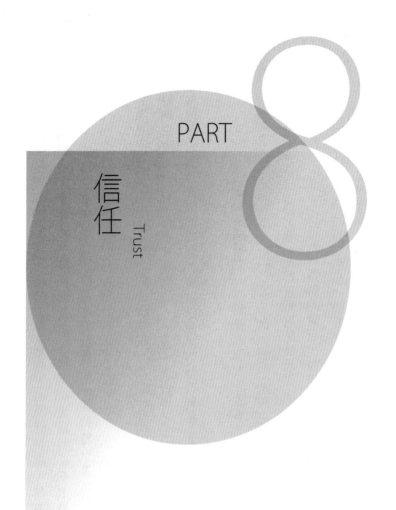

20 問題

剛在一起的時候，我的伴侶不會管我，也很好相處，但不久前他開始變得瘋狂愛吃醋。每當我的手機收到簡訊，他就窮追猛打；而且最近我覺得他偷開我的電子信箱查看郵件。什麼業力能創造出一個始終一直信任我的伴侶？

我不知道你怎麼樣，但我的上師告訴我說，我有一個很糟糕的習慣，就是從早到晚不斷評斷別人。舉例來說，有個工作上接觸到的人，我一直覺得她不喜歡我，因為她老是對我口出惡言。後來我發現她的背有嚴重的問題，導致她幾乎時時刻刻都在背痛，而她心情不好跟我一點兒也沒有關係。

所以，是我自己在腦袋裡編了一個關於這個人的故事，關於她是一個什麼樣的人，關於我們的關係怎麼樣，但這個故事是錯的。並不是我要把她想得很壞，只是腦袋裡一直隱約有個瑣碎地評斷人的背景噪音。這就要談到低劑量輻射的概念了。

有一次去香港出差，我看到一顆新的寶石，很漂亮，有著罕見的天藍色，散發水晶般的異光。我問珠寶商這是什麼，他回答說那是一顆藍色拓帕石。

在此之前，我看過各種色調的拓帕石——棕色、黃色、橘色，有時候還會是某種近乎無色的狀態，像水一樣。但這些寶石都會有點濁濁的，或者霧霧的。我知道有藍色拓帕石的存在——沒錯，它的色調有點濛——但它真的很稀有，因為必須是一顆無色拓帕石還埋在地底時，偶然暴露在輻射源之下數千年，才會形成這種顏色。

珠寶商告訴我，有人發現了把無色拓帕石變成藍色的方法，只要刻意將它們暴露在核子反應爐所製造的輻射之下就可以了。他說處理過程是機密，發現這種方法的人在市場上海削了一筆。所以，很自然地，我們公司決定要想辦法自己做。

接下來是一連串的實驗與失敗。我們找到一家核子工廠，付費請他們幫忙。歷經許多嘗試之後，我們終於能夠做出很漂亮的藍色拓帕石。為了安全起見，每顆寶石出爐時都要經過蓋革計數器的檢測，而且我們必須懂得如何避免讓寶石受到過度輻射——劑量不能高到要花數十年才能讓它的放射性降低到當局認為「合理」的範圍。

我開始質疑，何謂合理範圍的放射性。我打了幾通電話給相關單位的對應窗口。

我說：「聽著，我要搞清楚這個放射性的事情。我是說，我要怎樣確定一顆寶石是安全的？」

技師向我保證：「喔，沒問題的。我是說，應該只有那麼一次，我們碰到的案例是有顆寶石稍微超標，結果戴著那個寶石戒指回家的女士皮膚燙破了一個洞。」

我問：「但那是怎樣發生的？輻射到底怎樣造成傷害？」技師說：「哦，就是輻射擾動了寶石裡的分子，這些分子在很偶然的情況下從寶石裡飛出來。它們非常強大，足以穿過木頭、塑膠或人體，就像穿過空氣一樣輕鬆。有時候，它們在穿過人體的途中撞擊到一個小小的基因鏈裡的某個細胞。基因鏈遭到破壞，細胞開始過度分裂，然後演變成腫瘤，演變成……癌症。」

我問：「所以這些分子有多少是在『合理範圍』內？我是說，我的員工裡有孕婦，公司裡的人有沒有任何危險？」

這位科學家說：「沒有，沒有。我們的意思是是，真的很少量的溢出分子。」

「可是你剛剛才告訴我說寶石裡溢出一個分子就能導致罹癌，如果單單一個就能殺人，怎樣是『合理範圍』內的數量？」

技師惱羞成怒了：「當然我們工廠沒辦法做出任何保證，而且我們不負任何責任。我們反正是按照政府的規定，你知道的。」接下來，他告訴我一包低劑量輻射的寶石，如何變成高劑量的輻射來源，縱使每顆寶石的劑量都在法定範圍內。

當心低劑量輻射

低劑量輻射的概念之所以和你先生的偏執狂之間有所關聯，道理在此：你並不是因為編織了一點點關於一、兩個人的故事，或一大套毀掉某個人的故事，而造就出他吃醋的習慣的。關鍵在於你日復一日、從早到晚不斷對人妄下一些小小的評斷，這些微小的業力種子綜合起來的力量，全部裝進你的潛意識裡變成一整包，造就出你先生的吃醋癌，讓他拒絕信任你。

一如往常，只要做得對，這件事的業力解決法實在很有意思。我要你想三、四位工作上固定會接觸到的人，深入你的思維，揪出你所編造的、關於他們的故事——這裡一點、那裡一點，組成了整部小說的各個虛構情節。

舉例來說，我曾和一位名叫哈薩德的鑽石商合作。他來自伊朗。我把他想成一個無可救藥的物質主義者，他對金錢的追求終將讓他因過勞常會導致的心肌梗塞而住進加護病房，他的家人則會湧進他的公司，瓜分他的生意，賣掉所有他努力得來的成果。

然而，有一天，他問我想不想和他一起去他的清真寺。我有個機會和許多在那裡朝拜的人談話，因而得知這整座清真寺幾乎算是哈薩德蓋的，並且他也負責帶領所有的朝拜。他之所以經營寶石生意，一方面是要為他的同胞打造並保有一個朝拜的場所，一方面是為了達成他在傳統上的職責：定期將一定比例的收入捐獻出來。

他是個偽裝起來的天使，這就帶出下一個主題，我們要來談編造神聖故事的藝術。

那些儘管微小但永不停歇的評斷性思緒，造就出你先生的醋勁。歷經幾世紀的修行，西藏人想出一個將這種思緒轉向的辦法。首先要練習把三、四個工作夥伴的故事收集起來——那些你所編織出來、與他們外在表現吻合的故事。

現在，我要你將這每一個故事改寫，改成史詩或羅曼史，充滿騎士精神和高尚情操，就像資本家哈薩德變成激勵人心的回教領袖暨慈善家。

誰曉得呢？搞不好新版故事才是真的。這便是整個練習的重點所在：向自己承認我們無論如何就是從來不曾真正知道別人心裡想什麼。你需要明白的是：新版的美好故事就像舊版的負面故事一樣，都和那些表面上觀察得到的線索相吻合。

公司裡某個人似乎會酗咖啡，你認為他輸給了自己的緊張情緒，才養成這種壞習慣。現在，把這個故事改寫。這人有個武士道師傅，在家訓練他劍術，好讓他去修理城中治安敗壞的區域裡各種各樣的罪犯。某些夜裡，他和其他的祕密武士練劍練到天亮。某些晚上，他則外出保衛像你和你家人這樣的小老百姓。喝咖啡是讓他撐過二十四小時超級英雄任務的唯一辦法。

別怕你的故事會像我們剛剛編的故事一樣誇張。西藏人有一種修行法叫做「塔克培　耐恩加」，意思是「信以為真的瑜伽」，概念是如果我們編織一套美麗的想法，並且在其中想得夠久，這就會在我們的心識裡種下業力種子。時間一到，種子就會成熟，讓想法成真。

注意，這和前面談到過的「願望」不同——前面談到過，儘管筆的概念來自我們的心，但我們也不能閉上眼睛，願它變成大鑽戒。把一個被我們妄下論斷的人想成史詩英雄時，則切中了業力種子發揮作用的方式：一個成為習慣的想法將為之後真的會發生的事情種下種子，當種子在我們的心識裡成熟的時候。

願望是好的，但只有在種下了必要的種子時才會成真。而為了達到這個目的，我們必須做點什麼來幫助他人，即使只是願他們好，願他們比目前呈現在我們眼前的樣子好。

21 問題

我的伴侶感覺好像有很多事都不會和我分享。有時候我進到房間，他正在用手機傳簡訊，如果我問他傳給誰，他就會變得很防衛。我不是要刺探或控制他的生活，只是希望他能對我更敞開心扉。我需要收集什麼樣的業力？

這個問題是從我一位名叫蜜雪兒的朋友口中冒出來的，當時我們正沿街走向紐約的聯合公園，要去見她那位有情人。

她繼續：「我是說，我們倆都會為工作或朋友傳很多簡訊，但他似乎和某人有曖昧。」我問：「怎麼說？」她說：「唔，就好像……他會直瞪著他的手機，狂按按鍵，臉上掛著大大的傻笑。」

「傻笑還好吧。」我指出。

「是啦，可是……他真的很離譜。像是那天我老闆打來，說他考慮把我開除。我掛掉手機，焦慮得腸子都打結了，然後我望向餐桌那頭，他竟然一臉傻笑在傳簡訊。

「我跟他說，你知道嗎？我快被炒魷魚了，我們會付不出房租，他甚至連聽都沒聽到我說話。沒錯，這真的讓我很火，他看起來那麼快樂，但不是為了我們的事快樂，畢竟作為一對情侶，我們沒有那麼要好。但當我真的很需要他的時候，我的伴侶雖然就坐在

對面，心卻不在這裡，這……讓我死了吧！我真的覺得很需要他給我回應啊！」

我以我一貫的方式開始，也就是星巴克四步驟：「好的，那你用一句話告訴我，你想要什麼？」（你會很驚訝有多少人回答了十句話之類的。）

「我只要他告訴我實話，讓我能做點什麼，我可以接受，我也可以去找別人，但我實在受不了不知道真相。」

「好的，那麼，辦法很簡單。」

「怎麼說？」

「你想要一顆西瓜，就種下一顆西瓜子。你要人們告訴你實話，你自己就必須說實話。」

蜜雪兒看起來鬆了口氣。她說：「好吧，那我就開始對每個人都說實話。」我搖搖頭。啊，要是這麼簡單就好了。我說：「先等一等。你覺得什麼叫做『說實話』？」她說：「呃，你知道的，就是……不要說謊。」我說：「那還不夠。西藏的古書有關於『說實話』的說明。假設有人——比方你那個壞老闆——在工作上對你說了什麼，他的話有點不加修飾。」

「嗯，這不難想像。」她冷笑了一下。

「在那之後，你想告訴辦公室裡另外一個人你剛剛和老闆發生的小摩擦。你在咖啡機那裡攔住那個人，開始告訴她發生了什麼事。每當我們告訴某人某件事時，我們的腦海裡會有個小螢幕播放著事發經過，也就是我們對那件事的記憶。」

蜜雪兒想了一下，說：「是，沒錯。」我說：「好。那當你告訴某人事發經過時，你其實是在描述這個你在自己腦海中看到的畫面。」她說：「是。」

我說：「好，現在，這裡就要談到『說實話』的真諦了。當你在告訴別人老闆做了什麼的時候，對方腦海裡的小螢幕也會開始播放事發經過。」

蜜雪兒再想了一下，說：「是，沒錯，我從來沒想過，但是沒錯，我們之間有兩個平行的小螢幕：一個在我腦海裡，一個在對方腦海裡。」

我說：「這就對了。現在問題來了，她腦海裡的螢幕上和你腦海裡的螢幕上，畫面有多一致？和她聊的時候，你選擇遣詞用字，你的遣詞用字幫助她形成她的畫面，也就是她對事件的印象。『說實話』意味著你謹慎選擇遣詞用字，好讓她腦海裡的畫面和你腦海裡的一模一樣。」我繼續說：「而且，不要以為這沒什麼大不了。這很不得了，因為當你在和人聊某件事，尤其是某件讓你感受強烈的事、某件讓你不開心的事，你就是在為接下來幾週人們將如何對你說話種下業力種子。你種下的種子將決定別人有多在乎你是否知道他們所知道的——你是否知道他們眼中所見的真相。

「包括你的伴侶。」我結語道。然後我就不再多說了，人們需要時間消化箇中道理。

「啊。」她說。我知道她明白了。「如實傳達——設法猜測別人把你的話聽成什麼樣，努力確保他們得到的印象和你腦海裡的一模一樣，這可難了。」

我點點頭，說：「但這才是『實話』，而且如果你接連幾週謹慎種下實話的種子，例如對你工作上接觸到的每個人，那麼當你回到家，他將誠實地對待你。用不著談判，用不著吵架，也用

不著問他。」

蜜雪兒點點頭。這時，她讓我有個感覺——或許她並不真的想聽實話。我們抵達灰狗咖啡館，看見她的伴侶在某張餐桌前，已經點好咖啡在等我們了。我補充道：「順帶一提，你也可以藉由種下業力種子，讓他講的實話是你樂於聽到的話——例如他根本不是在傳簡訊，而是在為你下載音樂，準備下週你生日時要放的。但為了達到這個目的，你需要知道如何種下讓他對你專一的種子……」我把我在問題六所說的告訴她，也就是讓伴侶的心時時刻刻都在你身上的業力種子。

PART 9

外貌

Looks

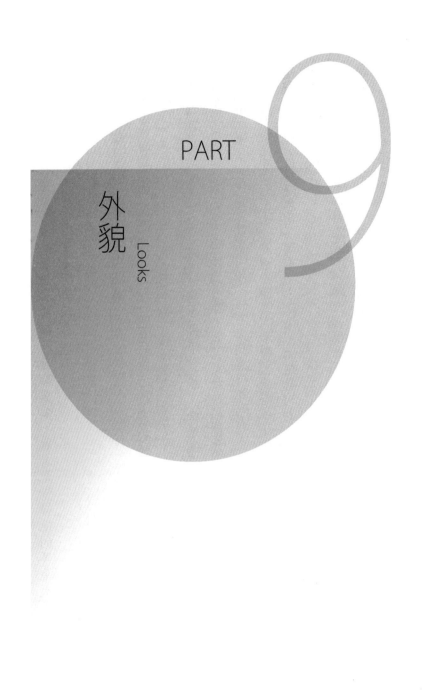

22 問題

我愛我老公，但老實說，我知道有點蠢啦，我老是覺得他的耳朵太大了。我想業力大概不能改變這種事吧？

關於這個問題，我所聽過的最佳（或最糟）版本，是有一天和一位名叫傑夫的朋友在靠近沙灘的海裡涉水時聽到的。那次我受邀到一個度假村，為一大群商界人士演講。

我問：「所以，傑夫，你什麼時候要和瑞塔結為連理啊？我是說，你們都在一起幾年了，而且我知道她想結婚。」他一臉不好意思地說：「啊，她是個很棒的女孩子，可是……呃，我只是一直覺得我會和一個更……」說到這裡，他就支吾其詞含糊帶過。

「更什麼？」我問。就我所知，他不是個會害臊的人。

「唔，你知道的……」他邊說邊望向沙灘，瑞塔正在那兒做日光浴。「我一直覺得會和一個更……就是，你知道的……更能把比基尼撐起來的女孩子。」

我以全新的眼光審視瑞塔。「傑夫，我就直說了，你要放掉這個耀眼又迷人的女孩子，只因為她罩杯的尺寸？」

「唔。」這大概是他唯一能給我的回應。我實在對他很失望。但同時我也突然明白到，在伴侶之間這種問題或許屢見不鮮，只是人們不會跟我聊這個。我是說，和成千上萬對伴侶聊過以後，我發

現要嘛男方、要嘛女方，常會希望對方這裡或那裡長得有那麼點不一樣，即使他們處得很好，即使他們深愛彼此。再一次地，我知道你期望我說什麼。畢竟我是一名佛教僧侶，我們最不應該做的就是以貌取人。除非……你可以隨時任意改變那個容貌。

一切都能改變

我可以聽到你腦袋裡在想什麼：這下子他真的太扯了。要我相信我能讓我老公的耳朵小一點？或者讓我老婆的胸部大一點？

拜託！我們不是談過筆的事情了嗎？你必須明白一點：周遭一切所呈現的樣子都來自於你，而不是它們本身，這也包括了你伴侶的樣子。如果你老公的耳朵來自於它本身，那麼，不，你永遠無法改變它的樣子。但如果你老公的耳朵來自於你心識裡的種子，那麼，你當然就能改變它。事實上，你確實可以。

「傑夫，聽著。」我要開講了。為了他也為了你，這套道理我得好好說一說。

「如果我手中有枝筆，一隻狗進到房間裡來，牠會把它當成一枝筆，還是別的東西？」

傑夫點點頭。這枝筆的事，他已經在我的談話中聽過不下五百次了。「在人的眼裡是枝筆，在狗的眼裡是個磨牙玩具，兩者都是對的。」

「因為……」我說。

「因為人和狗怎麼看它，來自於他們自己。事實上，人和狗把它看成不同的東西就證明了這一點。否則這隻狗會去寫小說，或者這個人會吃了他的筆。」

「這也證明了……」我說。

「證明了你怎麼看某個東西是可以改變的——這個東西是什麼，你可以改變——只要你在心識裡種下不同的業力種子。」我在那裡等著，等他領會過來。傑夫臉上露出大大的笑容，他瞥了一眼沙灘上的瑞塔，說：「不會吧……真的嗎？」

「就像所有一切。」我說。

「好吧，那……我要怎麼種下這個……這個大咪咪的業力種子？」他問。如果你覺得這是一個愚蠢或不可思議的問題，那麼我要辯駁一下。在你周遭的一切真的都來自於你心識裡的種子。一切的一切。而這意味著，一切都能改變。奇蹟絕對是有可能發生的，只要你知道自己在做什麼，只要你知道業力種子是怎麼一回事。不久前，我在網路上看到一段很酷的影片，是一個朋友推薦我看的，這朋友有時會去夜總會表演講笑話。我不記得那段影片中的表演者是誰了，但願他不會因為我在這裡借用他的橋段而來告我。這橋段實在太棒了，我一定要分享一下。

兩位男士搭上一班飛機，因緣際會之下，他倆坐在彼此旁邊。飛機起飛了。飛到空中之後，空服員宣布道：「很榮幸通知各位貴賓，本公司是有史以來第一家在飛行中提供無線上網的航空公司！祝各位上網愉快！」

機上一片「喔」、「啊」的驚歎聲，不出十秒鐘就憑空冒出三十台筆記型電腦。大家紛紛連上網，包括那兩位男士其中一位。另一位呢，則試圖要讀他的報紙。

「靠！」有筆記型電腦的男士說：「我不敢相信，速度也太慢了吧！這樣他們也敢說是無線網路？」

報紙男緩緩抬起頭來。

「我就直說了。天底下沒有第二家航空公司在飛機上提供無線上網，你還抱怨速度太慢？」

「我他媽的就是。」電腦男說。

「所以……上百年來，數不清有多少人搭乘民航機，而你搭到了史上第一架有無線網路的飛機，有辦法和幾乎世界上的任何人即時溝通，這還是免費的，你卻不高興它速度太慢？」

「還真是這樣。」電腦男堅持道。報紙男有點激動了起來。「我是說，我簡直不能相信！聽著！」他揪住電腦男的衣領，指著天空說：「你知不知道那個微小的訊號要傳多遠才能抵達它要去的地方？我們說的是人造衛星，這個人造衛星距離我們頭頂上面一百五十呎，你那封小小的電子郵件要先傳到那裡再彈回來，而你不高興它花了兩秒鐘去做這件事？老兄，你有什麼問題啊？」

電腦男這時驚恐地瞪著報紙男，像是他旁邊坐了個神經病。他什麼都說不出來。

報紙男又說：「再說了，你難道對現在正在發生的、不得了的奇蹟沒有一絲絲的感動嗎？你明不明白你正坐在一張椅子上，這張椅子是用堅硬結實的鐵打造的，但你卻能坐著這張鐵椅飛越稀薄的空氣，像隻鳥兒一樣，還比鳥兒飛得快上一億兆倍？

「你正在做有史以來——兩千五百萬年之類的？——人類所夢想的事情，飛在天空中耶！尊重一下奇蹟這兩個字好嗎？老兄！」然後他不屑地鬆手放開電腦男的衣領，回去讀他的報紙了。

我們就像那位電腦男。實際上，我們沒有意識到周遭幾乎所有一切都已經是奇蹟。水是奇蹟。生命是奇蹟。

奇蹟時時在發生，在我們身邊發生。而業力種子——我們心識裡的種子——讓奇蹟持續。這意味著再來一個奇蹟沒什麼大不了的，只要種下對的種子。

若能善用業力種子，奇蹟可能發生。

好的。那麼，以這個案例來說，它的業力有點出乎意料。到頭來，它是有道理的，但它不是那麼直截了當，你或許無法立刻想到。

你要為你現在不覺得美的地方種下一個美的種子，無論那是耳朵或胸部。而為了得到「美」，你得先把一點「美」給出去。要這麼做，其中一個辦法在於你和人說話的方式。

從早到晚，把握每一個能夠對人說好話的小機會。鼓勵你身邊的每個人，用心找出他們做得好、做得妙的地方，然後讓他們知道；而不要去找缺點、挑毛病。你也不需要造假，既有的奇蹟已經夠多了，只要你開始注意。

讓這個正面肯定他人的行為變成你人生中一個堅定的習慣。讓它變成你的第二本能。不間斷地想著你正在種下的種子，並且持續把它傳送到你想要覺得美的人身上。

他們將會改變。但有件事還滿挫折的。我把以上的一切告訴傑夫，大概隔了六個月之後吧，他打電話給我，問我能不能去參加婚禮。

「什麼婚禮？」我驚呼。

「我和瑞塔啊。」他有點訝異地說：「我的意思是……我們早該結婚啦，誰都看得出來。」

「可是那件事……」我不太知道該如何啟齒，只好迂迴地說：「我是說，你記得今年稍早我們去小小游了個泳嗎？」

「當然記得。」

「那……你還記得……你告訴我瑞塔穿比基尼怎麼樣？」

「當然記得！我從來沒看過穿比基尼這麼美的女孩子！但那只不過是她身上一百萬個我愛的地方之一。」

「是啦，傑夫，好吧。」我嘆了口氣，但我知道這是怎麼回事。當你改變業力種子，當你做對了的時候，不只是伴侶現在在你眼中的樣子會改變，就連他們在你記憶中的樣子也會改變。對傑夫而言，他認為——就某方面來說他是對的——他一直以來，就都覺得瑞塔的身材很完美。改變業力種子的力量強大到就連它過去的樣子也改變了。

我對此唯一的不滿就是從來沒人歸功於我。大家甚至不記得，在我們談改變業力之前他們有過什麼問題。

喔，好吧，這只是一點職業傷害罷了。除此之外，我所從事的仍舊是份愉快的工作——看見人們得到所有他們企盼的東西。

PART 10

忽略溝通

Communicating

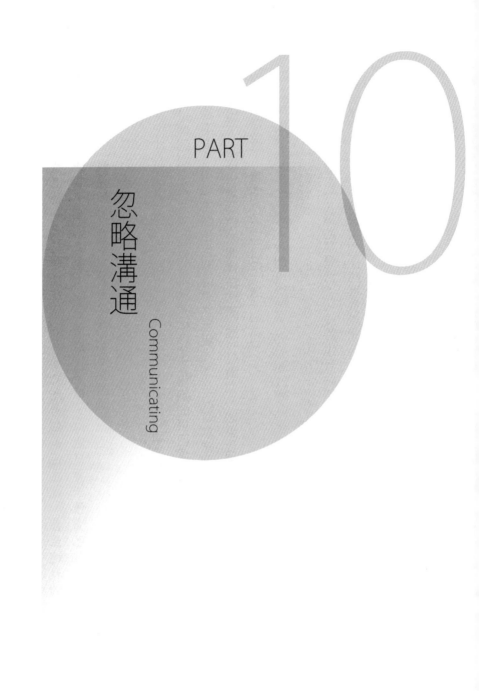

23 問題

每當我老公和我交談的時候，百分之九十都是他在說，甚至連我的百分之十他都要插嘴。我已經多次向他指出這一點，但他只要一張嘴巴就似乎忘得一乾二淨。我要如何從業力著手這件事？

在聖地牙哥探望繼母，也順便上點解剖課（以助我的瑜伽教學）的某一天，一位名叫瑪莉的女士問我這個問題。首先，我當然是試著把她想要得到的東西濃縮成一句話。

「基本上，瑪莉，你先生聊得渾然忘我，甚至沒有意識到都是他在講，也絲毫沒想到或許你有話要說，而這也是為什麼他會在你講話時打斷你。如果我們針對他打斷你這件事來努力，就能起連帶的效應，讓他意識到自己太渾然忘我了。

「所以，一言以蔽之，我們可以說，你想要改變的是你先生打斷你的習慣。」

「是的。」她輕聲說：「我的意思是，你知道我真的很愛他，我也真的很有興趣聽他想說什麼，我只是希望他能敏銳一點地察覺到：我或許也有話想說。」

「好的，那麼，就讓我們從四種食糧開始。」我說。

「食糧？」她問。

「是的！西藏的古書上談到四種不同類別的食糧——四種我們為了健康快樂所不可或缺的養料。」

「而它們是……」她應道。很顯然，她在想這接下來要帶出什麼。

「好的。唔，其中一個版本的四種食糧是這樣的：第一種叫做『可吃的』食物，意思很簡單，就是指實質的食物，任何你能咬能嚼的東西，例如一片蘋果。我們顯然需要實質的食物，作為保持身體運作的燃料。

「第二種養料是睡眠，剝奪掉某個人的睡眠超過一、兩天，他就會開始秀斗。身體和心靈肯定都需要規律的睡眠。

「第三種食糧是希望。古書上是這麼描述希望的：一匹馬困在撒哈拉沙漠當中，幾天下來，牠四處晃蕩尋找水源。就在快要渴死之際，牠聞到了水的味道。牠四膝跪地爬過一座小丘，看到底下是個有著甜美小湖的綠洲。

「重點在於，無論距離有多遠，這匹馬一定會去到水邊。牠不會看著即將拯救牠的水源死去。牠的身體或許承受不住了，但光是希望就足以支撐牠最後這一百碼路。希望支撐牠繼續，也支撐我們所有人繼續。」

瑪莉想了想，點點頭，若有所思地說：「或許我們從未這樣看待過希望，但它確實是一種食糧。」

我說：「現在是第四種食糧，那就是不間斷的專注。我們都樂於忘我地投入某件事，從中得到深沉的平靜與安寧。無論是專注地聆聽一首歌、閱讀一本我們很喜歡的書，或坐在親密愛人的懷抱裡。

「每當這樣的時刻受到阻礙，每當聚精會神的專注力受到攪擾，因為老闆冒出來又派了一件工作要做，或哪個孩子哭了起來，那真的會傷害我們，

身心雙方面皆然。一個老是被打斷的人會變得毛躁易怒，就像幾天沒睡覺的人一樣。

「所以我要說的是，你真的必須「需要」在被你先生打斷前說完你想說的話，這不只是禮貌的問題，也對你的身心健康很重要。」我結論道。

瑪莉又點了點頭。聽起來很有道理，她再度眼裡透著疑問地看著我。我繼續說：「我們都會這樣，我們都會犯打斷別人的錯，可能是工作時讓某個人說不下去，或只是在晚餐中間別過頭去用手機傳簡訊，又或者在一開始就打了太多簡訊或電郵。甚至只是我們從地板上走過時鞋子發出的聲響，或我們把門關上時關得有多輕，還是我們和人交談時某句話的語調和音量。」瑪莉說：「所以我要非常小心別打斷了任何人，因為後果會透過我先生回到我身上。」我點點頭。她繼續說：「即使是在微不足道的小地方，因為我得到的嚴重干擾是這些我造成的小小干擾所導致的……種子會長大！」我同意道：「沒錯，沒錯。而且還有一件事。」

「什麼事？」

「你也需要從積極的面向著手。藉由不打斷他人以停止種下惡種子是一回事，創造和諧與安寧的時刻、讓人全神貫注地投入又是另一回事。

「舉例而言，想一件你每天都能從事的活動，創造出讓你的孩子有機會在靜默中深刻享受某件事的情境。或許是養成習慣一起走出戶外，到某個有草有樹、有湖有水、或有開闊的天空與微風的地方，看能否慢慢地讓孩子靜下來休息一段時間，遠離電視和ＭＰ３，單純地享受片刻安寧。這其實很接近禪修了。」

她沮喪地說：「為此，我也得學會三不五時就讓自己靜下來一會兒。」我贊同道：「就是這樣沒錯。」

24 問題

基於某種原因，我先生有時候就是會進入「忽視」模式，死不回應我說的任何一句話。能讓我們之間溝通流暢的業力種子是什麼？

大概所有和人有過任何一種密切關係的人，都曾發現自己落入這種處境。或許雙方當中有一人前一天晚上沒睡好，第二天早晨在吃早餐時，你就可以感覺到某種「收訊不良」的狀態，彼此之間不太能有什麼愉快的交談。

到了中午，你們可能已經互相口出惡言起來，下午則吵得更久、更兇。接下來，其中一方就生氣或沮喪到不肯講話。「我不想再說任何可能傷害你的話了。」但事實上，我們知道，不講話往往是另一種傷人的方式。

如果我們真正地開始去了解眼前狀況的前因後果，就能疏通我們和伴侶間的溝通障礙。表面看來，睡眠不足造成了吃早餐時第一次的溝通不良，接著戰火升溫，演變成下午的脣槍舌戰，乃至於傍晚時的冷戰。所以為了停戰，我只需要更多的睡眠，對嗎？

不盡然。看看前因後果是如何在一棵樹身上作用的。一棵樹按照各個階段拔地而起，循序長成。首先，種子在土壤中迸裂開來。接著，樹芽冒出頭，再來是一根小樹幹，以及最底下的幾根樹枝，然後是比較高的樹枝，最終是葉子和果實。

想想看，在一棵樹上，低處和高處的樹枝之間有什麼關聯。確實，高處的樹枝在低處的樹枝之後長成，兩者與同樣一根樹幹相連——就像在同一天裡，下午的爭執先於傍晚時的惡意沉默。

但就一棵樹的生長而言，我們不能說低處的樹枝導致或長成了高處的樹枝。是有一連串一個接一個的事件沒錯，但低處的樹枝長它自己的，高處的樹枝也長它自己的。它們彼此相連，但這當中還透過了樹幹，而樹幹本身是來自於「最開始」的那顆種子。我要說的是，當我們的伴侶在傍晚拒絕交談時，我們必須跨越我們對於「怎麼會這樣」的猜想。也許原因不在於下午的爭執或早上的詞不達意，也不在於前一晚的睡眠障礙。

也許一切都來自於某個埋在深處的種子

也許這所有的事件——也許這所有的樹枝——實際上都來自於一個在它們底下、最主要的大種子。也許早上發生的事情並未引發傍晚發生的事情。也許這兩者都源於某一件舊事。

而這就是愛的業力法則的重點。有某種更大、更久遠的業力種子，引發了如今一天下來所發生的每一件事。不要怪你先生，也不要怪你的床墊，它們都來自於某個更深處的東西，某個你自己之前種下的東西。

現在呢，你大可針對讓你睡飽的種子去努力，又或者你可以針對導致某人拒絕與你交談的種子下工夫。學著區分所有這些促成某個情況的種子，逐一著手解決，不要試著一口氣對付全部，這當中有太多因素了。養成習慣挑出一個來處理，處理妥當再繼續下一個。

到頭來，所有這些種子都是相連接的，它們都源於一個原始障礙，那就是我們不明白這一切的事件從何而來。而這又意味著，消滅其中一個問題的種子，便已削弱了所有其他種子的力量。

你現在已經知道怎麼著手進行了。我們先來處理冷戰的部分吧，因為就某方面而言，這比沒睡飽還嚴重。（而且現在我們知道，不見得是沒睡飽造成了其他的後果，你是否曾有徹夜未眠和好友廝混通宵，到了第二天早晨還是吃著可頌、配著咖啡、聊得很愉快的美妙經驗？）

西藏的古書極力強調要給人立即而周全的答案，無論這人的問題是晚餐要吃什麼，或宇宙從何而來。接下來幾週，就把「無論何時，都要仔細聆聽任何人，關於任何事的問題，並且給對方一個深思熟慮的答案」。當成你要努力的重點。我們會迴避掉某些問題（包括電郵或簡訊當中的），因為那些問題太難回答或太強人所難。也有些問題是因為在我們看來太愚蠢或沒意思，所以我們不予理會。但我可以肯定地告訴你，對於提出問題的人來說，他的問題很重要，而且值得好好答覆。

然後還要記得，晚上回家之後針對這些你新種下的種子做咖啡禪修。

一旦肯花時間去傾聽，你將發現幾乎在任何人拿來問你的每一個問題背後，都有一些有價值的訊息存在。好好地給予答覆，你先生就會停止惡意的冷戰——不用要求，而且沒有任何壓力。

25 問題

女友無視於我所提的每一項意見，無論是個真的很好的意見，或只是個小小的意見。我要種下什麼業力種子才能讓我的意見被當成一回事？

就算你不認識我的朋友東尼，你也一定認識像他那樣的人。你不需要是天才就能看出他的種子哪裡出了問題——你可以從早到晚一直講，但他就是沒在聽。而當然了，這意味著我也沒在聽。

「嗯，或許你沒好好去聽別人的意見。」我開始發表看法。

「像是什麼意見？」他不假思索、語帶責備地反問。

我嘆了口氣。好吧，我們姑且試試看。我暗自提醒自己，今天要以更開放的態度面對所有意見，或許這樣能為我種下讓他稍微打開耳朵一點的種子。

「聽著，東尼，你知道這整套關於業力種子的事情，對吧？」我知道他知道，他來聽我的講座都十多年了。

「是啊。」他承認道。

「所以，為了讓某個人開始去聽你的意見，你必須種下什麼種子？」

「我猜是我自己必須停止忽視他人的意見吧。」他答道。嗯哼，我嚐過足夠的教訓，知道不能就這樣丟下他。我們必須要有一個計畫，一些具體的細節，而且動手做點事比起什麼都不做要有意思多了。

「你在你工作的部門是個主管，對吧？」我開始引導他。

「我是。」他說。

「好的，那我們要採取三個步驟。有什麼重大計畫是你們現在正在進行的嗎？」我問。

「有。我們正在做宣傳影片，關於要用哪種軟體來剪輯，大家吵得可凶了！」他答道。

「好的，步驟一來了。我不會叫你別再忽視他人的意見。我要你一一去詢問你的組員，對於可能有幫助的軟體，他們有沒有任何想法。」

「好啊，沒問題。」東尼說。但他回答得太爽快了，聽起來像是他的上司已經請他去徵求過組員的意見，說不定都跟他講一百次了；而我大概猜得到他徵求來的意見下場如何。

我繼續說：「下個星期，我們要在星巴克碰面，你要告訴我三個你覺得相當不錯的意見。這是步驟二。」

「好啊。」他說。他的前額隱約皺了一下，我看得出來，他不太有認真考慮組員意見的習慣。

我補充道：「然後是步驟三。再下個星期，你就要開始執行這些意見當中的一個。」

我看得出來，這樣已經太超過了。該是重新確認一下的時候了。

「我是說，你真的希望女友能聽一聽你的意見，對吧？」這招似乎奏效了。他說：「好啦。」說完他拱起肩膀，彷彿比較有決心地再說了一次：「好！」他以為我們談完了，但我們還沒。

「至於功勞嘛……」我繼續補充。

「什麼功勞？」

「我是說，你想在這裡種下一個很強大的種子，你真的想讓女友開始用心去聽你的意見，所以你還有最後一件必須要做的事。不要只是向他人徵求意見，不要只是審慎考慮他們的意見，也不要只是採納這當中最好的意見。

「當你真的嘗試了某個人的意見，而且結果很有用，那麼我要你確保功勞會落在這人身上——所有的功勞。」

因為，我們所有人都會自然而然地抗拒這整個過程。首先，對於在我們的人生中要怎麼做，對於決定要做什麼或不做什麼，每個人都有自己的一套邏輯。很有可能，別人給我們的意見，我們已經考慮了很多，也已經判定這些意見不管用，基於這樣或那樣的原因。

但也有一些意見，我們之所以迴避，只是因為不想費事去處理，或不想費神去考慮。如果我們真的想讓他人更開放地採納我們的意見，那麼我們就要向自己承認，過去曾經有些別人給予我們的意見，在我們的實際嘗試之下，結果是非常有用的。

至少，我們還是可以體貼地試一試別人某個意見的第一步，或者看看要如何把別人的意見融入我們原本的計畫當中。開始去尋找你和別人合作的方式，尤其是那些為你工作的人——那些照理說要被你管理的人。

並且不要害怕把全部的功勞都歸給意見奏效了的人，這是一個讓你的功勞受到上司認可的善種子——所謂「上司」，也包括你的女友。

PART 11

緊張

Tension

26 問題

我似乎和每個交往對象都會重複這種模式，就好像感情勢必會自然腐壞或衰老那樣。起初雙方都很熱烈，彷彿終於遇到完美對象了。然後漸漸地，我們開始在對方身上看到一些問題，這狀況越來越嚴重。一陣子之後開始吵架，最後終於發自內心地彼此討厭。有沒有什麼業力可以停止這種不斷重複的向下循環？

這個問題，一開始並不是由別人向我提出來的。看著父母的婚姻破裂，然後又在高中和大學歷經了對感情初步的嘗試，這是一個我曾一次又一次問我自己的問題。感情好像就是有一個自然而然、在所難免的老化現象，一如我們周遭的一切都會老去，無論是一棵樹、一輛新車，或人的身體。

唯一的不同在於以感情而言，這個過程往往格外痛苦。結果並不只是感情走下坡了，也不只是事情變得沒有意思了，或我們對彼此不再感興趣了。你和我一樣清楚：很多時候，我們會對曾經愛過的人由愛生恨，而且比對什麼都還恨。

這個不斷重複的向下循環始終深深困擾著我。事實上，這是其中一個讓我決定出家的原因。有些人由衷相信所有感情都注定要消逝、一直都很甜蜜的感情只發生在電影裡，當時的我已經變成這些人的一份子了。某部分的我甚至認為——如同某部分的你可能也這麼認為——我一定有什麼問題，或許在內心深處我就是不具備維繫一段感情的能力。

一旦真的明白金剛法則之後，你就可以把這些包袱都丟掉。感情的消逝並非在所難免，你也不是一個有問題的人。讓感情腐壞的不是你，而是業力種子。一旦疏於照料，任何感情的業力種子都會衰老，以致於感情本身勢必要衰老，就像樹木或人體的老化那樣。

生即是死

西藏的古書說得很直率：生即是死。你可以把一個剛從子宮裡生出來的孩子直接鎖進銀行的地底金庫當中，終其一生都餵他有機蔬菜和維他命。他的年齡還是會增長，外貌還是會一天一天變老，最終他也還是會死。讓他死亡的正是他的誕生。

但這整件事是有一條出路的，這條出路叫做「重新灌溉業業力種子」，我這裡就有一個活生生的例子。

我們現在已經知道，有一個非常成功的辦法可以讓我們得到一份感情。由於我們不想再孤孤單單，我們想要有人陪伴，所以我們必須先為他人提供陪伴。在問題二，我們已經看到這個辦法奏效了。小安去探望老太太，為新戀情種下業力種子，也創造出她未來的老公。小安的故事停在曼哈頓的婚禮上。

但事情還沒完。

我朝正在接待客人的小安走去。我們在她父母家的客廳，典

禮結束後，大家都在用點心。我低頭看看我的蔬果雞尾酒，說：「所以，小安，探望老太太，也就是泰勒太太，真的有用，對吧？」她不假思索地說：「喔，太有用了，格西拉，我太感謝你了。」

我給她我一貫的回應：「嗯，讓我們感謝代代相傳的每一位上師吧，是他們在過去幾千年將智慧傳承下來。」小安環顧一下婚禮上的賓客，心滿意足地點點頭。是時候提點她一下了，我要在這段婚姻一開始就先確保它不會過個一、兩年就玩完。

我若無其事地說：「那，泰勒太太最近好嗎？」

小安頓了一下，看起來有點羞愧。「唔，格西拉，您知道的……要忙婚禮什麼的，我有一陣子沒機會去看她，而且……」

我問：「而且什麼？」她有點心虛地說：「而且，呃，你知道的……我的意思是，到頭來您的辦法確實有用，現在我有了約翰。」我聽明白了，而且我料到會是這樣：現在我有了約翰，我已經有一個和我共度人生的人，一個陪伴我的人。所以我沒有時間，而且也不再有必要去看那位老太太。

我直言道：「天大的錯誤。沒錯，和泰勒太太共度的時光為你種下遇見約翰的種子。但你和約翰共度的每一刻鐘都會把這些種子用掉一點。就好像和泰勒太太共度的時光將你的感情儲值卡儲滿了點數，現在，當種子成熟而造成約翰站在你身邊的結果時，你就把點數用光了。

「如果你任由事情發展下去，這些種子將會一個一個消耗殆盡。然後就會有一天，約翰一早起來忘記要親親你；有一天，約翰沒有回家吃晚餐；有一天，你們第一次吵架；有一天，你們最後一次吵架。小安，我們不希望發生這種事。」

現在我得到她的注意力了。她憂心忡忡地看著我。「你是說業力種子會耗盡？而且是一定會耗盡？」

我答道：「是會耗盡，但不是一定。如果你重新灌溉種子，就不會那樣。」小安問：「重新灌溉？」我說：「沒錯。」接下來，我越說越急，越說越激動，因為你也知道，我花了好長時間把這部分弄明白，而且它對我們所有人來說都很重要。「我們舉個不同的例子吧。你想為自己的人生謀求經濟上的保障，那你就得種下種子，先投資一些時間幫助他人得到保障，之後你的財源就會滾滾而來，甚至想擋都擋不住。

「但是要明白，種子是會耗盡的，每一份工作、每一家新的公司、每一個扶搖直上的事業都會歸於塵土，除非……」

「……除非重新灌溉種子。」小安說。從她的表情，我看得出來她聽懂了。

「把你所獲得的財富拿一些出來，再幫助一些不同的人得到保障。創造出一個向上的循環，在舊的種子耗盡時，才有新的種子取而代之。」

我說：「正是如此。而且這就是讓你和約翰的感情不要衰老、不要消逝的辦法，你要用你的種子再去創造新的種子……」我等著，讓她自己接下去想清楚。

小安想了一想，說：「好，我懂了。藉由陪伴泰勒太太，我為

自己創造出約翰的種子。現在我和約翰要讓這些種子延續，這次要我們兩個人一起。如果不想看見這份愛耗盡，我們需要種下一些新的種子，而且要持續地種。」我等著靈光在她腦海乍現，結果還等不到一秒鐘。

「在接下來的人生中，我都必須持續拜訪泰勒太太。」她輕聲說。我點點頭。

「而且約翰要和我一起去。」

她答對了。

重新灌溉你的種子

27 問題

情況是這樣的：我們在雜貨店裡排隊，我太太對結帳小姐說了不禮貌的話，結帳小姐惡狠狠地瞪著我倆。我不能開口道歉，否則我太太會對我不高興。但我如果什麼都不說，就會被歸類為和我太太同一類的奧客，即使我不願意。

這種場面天天上演，一次又一次，我越發都更加覺得自己像是關在一個小監獄裡，就好像我在自己的人生中再也沒有置喙的餘地。我要如何種下讓我重新擁有自我的業力？

咖啡館裡，我看著桌子對面我的朋友安東尼。我對他的處境感同身受。我也是過來人。事實上，我看我什麼處境都經歷過了。但我想，這也正是我為什麼會寫這本書。

我開始回答：「安東尼，告訴我『反其道而行』是什麼意思。」他說：「唔，比方說你碰到一個問題，有人給你解決問題的建議，而那或許是一個和你本來預期的完全相反的辦法，這時候你就會說這個辦法是『反其道而行』。」

我說：「沒錯。所以，基本上，你的感覺是——我懂那種感覺——你太太剝奪了你的獨立人格，抹煞了你身為一個個體的存在。無論去到哪裡，你和她都是一體的。無論她做了什麼好事壞事，你都變成她的同夥。你覺得幾乎沒有自我了。」

「就是這樣。」他輕輕地說，表情充滿那種終於碰到有人懂得他的問題的感激。

我繼續說：「並不是說你要當老大，你很樂於身為她的『另一半』，和她同進同出也不成問題。但你希望你們共同出現時，你仍舊是個個體，以你本來的樣子，有你自己的希望和需求。」

「你說對了。」他一邊感激地說，一邊還傾身向我靠近一點，想聽聽要怎麼解決這個問題。

「好的。」我吸了口氣，再說：「接下來是反其道而行的部分。為了拿回部分的自我，變得更有主控權，你必須放棄一些你已經擁有的權力。我想……」這時我突然記起一件事，那是在中國南部某一場演講當中發生的。

「聽著，安東尼，去年我在廣州。」

「嗯……」看他的樣子顯然不確定廣州是不是芝加哥西邊某家新開的多國料理餐廳。

「廣州是中國的一座城市，就在香港的另一邊。香港的有錢人創立公司，製造出世界上大多數的產品，而他們生產這些產品的工廠呢，在廣州到處都是，因為那裡的一切都比較便宜。你可以跳上香港市中心的地鐵，在一小時內直達廣州巡視你的工廠。」

「嗯……」他重複道，語氣有點不解。

「我們到廣州為一大群大企業的老闆辦一個大型的商業講座，我向他們說明，何以如果他們想賺更多錢就得先幫助他人賺更多錢。這個座談會進行了兩天，每個人都開始懂得箇中奧妙了，每個人都很興奮，這時有位女士舉手發問了。」

安東尼又說：「嗯……」

「她說：『格西拉，我不是來這裡學怎麼幫別人賺錢的，我是來這裡學怎麼為自己賺錢的。』」

安東尼和我都笑了。

你舊有的直覺想法是錯的

我繼續說：「這就是反其道而行的地方了。如果你想得到某樣東西，那麼你必須先把一樣的東西給別人。即使這東西你自己有的也不多……尤其如果這東西你自己有的也不多。

「所以，以你的狀況而言，你必須賦予他人權力：給別人一個機會，表現一下他們能做什麼；給別人一個做自己的機會，然後你太太就會讓你做自己。

「聽著，你在工作上的壓力很大——我知道，因為你無時無刻不在說。反正就是有做不完的事情，例如每天都有三百封郵件要回，還有一堆財務報表要核對。我也知道你有一些很厲害的下屬，而且他們當中有些人其實覺得有點無聊，因為每天都在做一樣的勞務活。

「所以，試試看反過來，給他們一個挑戰，也從你自己身上卸下一些重擔。劃分出你的下屬可以主導的小小責任區：其中一人負責代替你回覆關於產品諮詢的郵件，另外兩人各自獨立地幫你檢查財務報表，然後你再看看他倆會不會在這些數字裡抓出一樣的錯誤。」

安東尼清了清喉嚨，說：「這有兩個問題。我的意思是，首先，這些郵件和財務報表之所以到我這裡來，就是因為我是唯一一個能夠妥善處理的人。」

我微笑道：「安東尼，老兄，這是一種我稱之為『事必躬親症候群』的症頭——沒人像我做得那麼好，別人只會把事情搞砸，之後我還得替他們收拾。「聽著，沒有人是不可取代的，你所做的每一件事都可以交由別人來做。如果你今天辭職了，不出一個星期就會有別人坐在你那張椅子上，讀著一樣的郵件，檢查著一樣的報表，而且他們有可能會做得很好。」

安東尼做了個鬼臉，說：「唔，嗯，事實上……這就是第二個問題。」

「什麼問題？」

「唔，有某些我在做的工作，如果我把真正的責任交給別人，要不了多久，管理階層就會發現他們不是真的需要我。」

我笑了笑。又一個事必躬親症候群的症頭。

「聽著，安東尼，假設公司是你的，假設你有一位資深員工，他很顯然總是在為公司好，例如他會去訓練其他人做好他們的工作，讓公司更有實力與資本，也因而讓公司賺更多錢。突然有一天，副總裁的缺空出來了，你想你會把這個位置給誰？有誰身邊有充足的後備人員，而他本人則可以更上一層樓了？」安東尼望向閃著希望之光的前景，笑著說：「我！」我說：「正是。所以，在公司或在家裡，把權力授予給身邊的人，給他們機會做自己，然後……」

「然後……」他從桌前站起來說：「在雜貨店排隊結帳的時候，或許我就不用活在太太的陰影裡。」

28 問題

我太太要求我隨時都要在家，不能離她太遠，而且不要和別人多交談，我和別人交談好像會讓她很沒有安全感。我要怎麼改變這種讓我在自己家，卻感覺更像是困在一個箱子裡的業力？

我們有很多創傷都是自找的。我在一家披薩店裡，試圖要和我的朋友查爾斯聊他這個箱子的問題，但我很難得到他的注意力。他時不時就埋頭玩手機，飢渴地搜尋著網頁，但奇怪地始終沒有找到任何能滿足他超過幾分鐘的東西。我抓住他的手臂。

「查爾斯，聽我說。你可以掙脫這種處境，你不需要不快樂地度過一天又一天。」我的另一隻手則把他的手機推到桌子底下。「你知道業力種子這檔事，對吧？」他點頭。他終於回神一點了。

「那麼，幾乎是時時刻刻沒有例外，我們都需要藉由幫助別人來種下心識的種子。」我開始說明。我們提到過，在問題十六，我們將種子與回音或籃球相比擬：你需要一面牆壁或一塊地板將它反彈。「把你周遭的人們想成土壤，想成你用來種下種子的沃土。西藏人說你不能把一顆種子種在稀薄的空氣裡，必須是土裡才行。」

查爾斯點頭，儘管我敢說他終其一生搞不好從來沒在土裡種過一次東西。

「但還是有例外。」我繼續。

「什麼例外？」

「古書上再再強調，你的身體和心靈就像一座聖殿——一座彌足珍貴的聖殿，一個讓你攀升到人類靈魂最崇高的境地的媒介。沒有一副強健的體魄，沒有一顆清楚的心，我們無法在世間行走，我們無法去做那些『為了昇華成一個真正的好人，而需要去做的事』。」

「所以？」

「所以如果我們傷害了那個身體和那顆心——尤其如果是故意的——那麼我們實際上就是在傷害他人，傷害那些有機會被好人幫助的人。」

「所以？」

「所以，你可以透過傷害自己的心，而在自己的心識裡種下一個種子。我想這就是你太太這個狀況的關鍵所在，你那種困在箱子裡的感覺源自於此。」

「那所以我是怎麼傷害自己的心了？」我瞄了一眼他的手機，這玩意兒又神奇地回到桌面上了，就在幾塊殘存的披薩餅皮旁邊。簡直像是這支手機有自己的意志。但處理棘手的事情時，態度溫和一點總是比較好的。

我說：「聽著，你接受過一些禪修的訓練，對吧？」查爾斯點頭。在我們的商業講座裡，有一門課是教導經理人如何運用禪修圖培養更深刻的專注力，這張禪修圖上畫滿猴子和大象。

「那麼，猴子代表什麼？」

「猴子是你的心，當它太過分心的時候；當你試圖要專心，但有太多東西分散你的注意力時。」

「例如什麼？」查爾斯低頭看桌面。桌面上，他的手機就依偎在一塊黏呼呼的披薩邊。他心疼地把它拿起來，擦掉上面的番茄醬。

「例如當你想要專心傳個簡訊給老闆，朋友卻把一塊披薩推到你鼻子底下。」他對我笑了笑，說：「於是你試著忽視其他一切，你奮力抵抗，想把注意力拉回你正在打的簡訊上。」他朝桌面彎下身來，對著他的手機，邊說邊示範。

我點頭。「這就對了。專注可以是一個好的狀態，也可以是一個不那麼好的狀態。在好的狀態裡，感覺會是歡喜又快活，例如當你在看一部真的很棒的電影或聽你最愛的音樂時。

「但如果太勉強……」我停下來，伸出手指戳戳他兩道眉毛

之間的深溝，說：「就會落入不那麼好的狀態。這並不是說你從所專注的事情上脫身了——你還是在那裡看著你的手機，沒有看著披薩——而是你花了很大的力氣要投入其中，搞得你的心疲憊不堪。

「而因為你的心累了，它進入某種關在箱子裡的狀態，並且停在那裡，半死不活似的。你可能只是一直盯著螢幕，你可能逛了二十個不同的網站，卻沒有達成任何目標。

「而這種粗淺的、含糊的專注會傷害你的心，因為你變得習慣於不那麼深刻地投入，也不真的享受當下你所在之處，即使你的視線還停留在螢幕上。」

「所以這和我太太有什麼關係？」查爾斯問。

「這個嘛……」我說：「你一直努力要把你的心擠進一個小箱子裡，你過度地勉強要專注，過程中弄得自己心力交瘁又一無所獲。到頭來不是你傷害別人而種下壞的種子，相反地，你傷害的是自己，而重點在於，你一樣還是種下了壞的種子。

「然後，你太太就……」我停下來，讓他自己接下去。

「然後，我太太就把我關進箱子裡，逼迫我待在那裡。」查爾斯點點頭說。

我看得出來，他現在看手機的眼光不同了，彷彿它不再是他以往認為的好夥伴。

「所以要怎麼辦？」他抬起頭說。我回覆道：「你需要種下相反的種子。你需要給你的心一點空間，讓它更寬敞、更遼闊。」我又說：「我曾經為一位大喇嘛的醫生擔任過一陣子翻譯，一天，他給某個人開了一帖最巧妙的處方。對方的問題跟你一樣：在一個太狹隘的地方花了太多時間。他等著醫生開個什麼藥給他，但醫生只是翻了翻一本以木頭刻字、印在藏紙

[5]上的醫學古書，直到翻到某一頁。

「然後他說：『我要你服用的處方，就是每天夜裡走出戶外，抬頭看看天空。看看天空多麼寬大，看看有多少星星在那兒。站定不動五分鐘，除了有多少星星、在宇宙裡可能有多少別的星球之外，什麼都別想。』親愛的查爾斯，我想你可以試試一樣的處方。」

事實上，事情最後的結果是除了抬頭看著天空，查爾斯還需要更多一點的刺激。我們弄了個不太貴但很不賴的小型望遠鏡給他，還弄來一張夜光天體圖。他也確實養成習慣，幾乎每晚都會走出戶外，單純地欣賞夜空的宏大。他太太也徹底改頭換面了；現在，在他們之間取得了美妙的平衡，一方面既能享受彼此密切的陪伴，另方面又能獨自外出，和他們各自的親朋好友共度好時光。

譯註：

[5] Tibetan paper, 西藏特有紙品，已有一千三百年歷史，以狼毒草、樹皮纖維、石灰等材料製成，質地堅韌，不怕蟲蛀鼠咬，普遍用於典籍的印刷。

PART 12

抑鬱 Depression

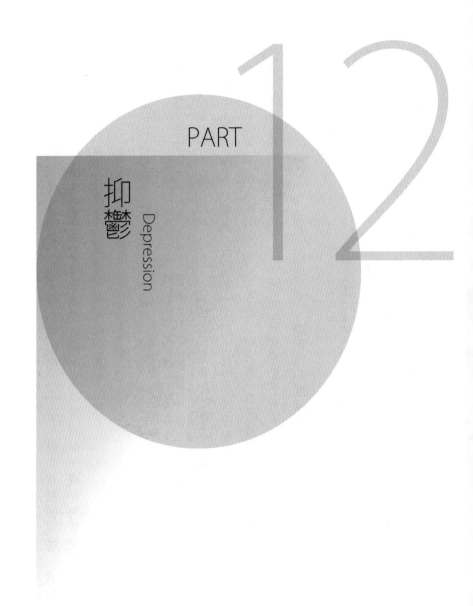

29

問題

有時我就是會沒來由地覺得感傷或陷入憂鬱，發生這種情況時，我的伴侶就會很不高興，好像我故意要這樣似的！在這種時候，我如何能夠獲得一點支持？又到底是什麼業力藏在這種難過情緒的背後？

回到問題二十三，我們談過為了活下去所需要的四種食糧，或養料，而其中之一是希望。我們對希望的需求就像我們對進食的需求一樣大。憂鬱的人失去了希望，他們的靈魂在挨餓。

琳達是世界上最有錢的人之一。我和她已是多年的朋友，我們一起進行了一些幫助窮人的計畫。我去過她家成千上萬次，但她家大到還是有很多我沒看過的房間。她先生法蘭克也是一個很好的朋友，他們夫妻倆看起來感情好得很，然後有一天她突然對我拋出這個問題。

她靜靜地說：「我是指，有時候我甚至整天都不下床。我的情緒糟到我不知道起床有什麼意義。這樣已經夠糟了，他還要到房裡來，鬼吼鬼叫地說我怎麼什麼事都不做，這只會讓我更憂鬱而已啊！」

在我這個位置上——有點像是牧師的角色，只不過教區是全世界——你會習慣各種出乎意料的自白，你已經聽過這麼多掏心挖肺的故事，多到這些故事已經開始重複出現了。所以，很幸運地，我的心靈工具百寶箱裡也已經有答案準備好了。

「你知道業力種子吧……」我起頭道。琳達露出堅定的微笑，猛力地點點頭。你不可能在我們的朋友圈中混上個幾天，卻還沒聽過關於業力種子或深刻或熱烈的討論，有時甚至一天好幾次呢。

我繼續說：「那是讓憂鬱成為最棘手的問題的原因。為了種下種子，你首先要做什麼事？」

她很快地說：「唔，首先你要對自己想要什麼有個清楚的想法，因為，為了種下業力種子，你必須先給別人一樣的東西。」

這不是我打算要引導她去的方向，不過我順著她的話頭。我說：「對，從一句話開始，這是星巴克四步驟的第一步。你必須要能用一句話來表達你要尋找的是什麼。」

琳達頓了一下，然後她反應過來了。她說：「我猜這裡有兩個不同的問題，所以需要兩句話。」

我認同地點點頭，等她給我那兩句話。她說：「一來，我要種下對抗憂鬱的種子。二來，我要種下讓我先生在我正處於風暴中心時，對我的感受表示一點關懷的種子。」我說：「對，那麼我們一個一個來。憂鬱的反面是什麼？」

「希望。」琳達想都沒想，立刻脫口而出。

「所以我們需要把希望……」

「送給別人。」她把我的話說完。

「是，但問題來了。」我說：「之所以那麼難種下對抗憂鬱的種子，是因為憂鬱的人完全徹底沉浸在自身的需求和負面感受裡。除非他們真的明白怎麼會這樣，除非他們把金剛法則學得很好，否則他們不可能對別人的需求產生一絲興趣。

「所以，你首先要克服這個障礙：這種甚至連想到別人都不願意的抗拒。要做到這一點，有個很簡單的辦法，就是切記星巴克四步驟的第二步：計畫要和誰、在哪裡種下你的種子。」

琳達看起來有點不太確定。「呃，提醒我一下，這個步驟二是怎麼樣？」我點頭。「你知道為了種下種子，你需要別人。別人是我們種下種子的土壤。

想不藉由為他人做點事來種下種子，就像想在半空中種下西瓜的種子一樣瘋狂。」

「了解。」

「所以，當有人請我給予他們的人生某種協助，我喜歡告訴他們說，他們應該為自己想要的東西種下種子。然後我會請他們帶人去星巴克，因為這是確保他們有塊土壤可以種下種子的簡單方法——藉由和另一個人合作。

「了解。」

「很好。所以我們也會要你帶人去星巴克，那你要和對方做什麼呢？」

「我不知道，給他某種協助吧，幫他克服憂鬱的情緒，我猜。」

我別開目光一下，再回來看著她說：「這樣也無不可，但如果我們能正面一點，我覺得比較好。」琳達頓了一下。她也是我所認識的聰明人之一。「要正面一點的話，那就是幫他找到希望囉。」

「很好。說希望還太客氣了，我會說『夢想』。讓我們找個需要夢想的人。」她又停頓了一下，才說：「我有個姪子。我們家族裡的人傾向於有個問題，就是我們都有足夠的錢去做任何想做的事，或得到任何想得到的東西，甚至是在年紀還很小的時候。即使我們決定要工作，其實也是不必工作的，所以我們通常對工作沒有太強的動力——心裡沒有一個大的目標。」

我附和道：「沒有夢想。那所以，就這樣囉，當你陷入憂鬱時，這些就是我會去進行的步驟。首先，排除萬難撥開情緒的迷霧，讓自己可以去看見別人的需求，試著想出一個你可以幫助的人，挑一個似乎不知道要拿自己的人生怎麼辦的人。和他聊一聊，幫他釐清自己的夢想是什麼，即使是個連他自己都還不知道的夢想——尤其是連他自己都還不知道的話。

「你不需要解決他所有的問題。只要和他聊聊，給他一點支持，一週一次或幾週一次。小種子會長成大樹。」我已經能看見了，琳達種下的種子如此強大，之後她甚至不會記得自己曾經憂鬱過。琳達清了清喉嚨，拉回我的注意力。

「那法蘭克呢？」她問。

「用一句話來說。」

「我要他注意到我的感受。當我感覺那麼糟的時候，我要他體貼一點，而不是在那邊批評我。」

「基本上，你是要他讓你感覺好過一點。」

「沒錯。」

「好，所以這裡需要的種子是你要養成讓別人感覺好受的習慣，日復一日，每一刻鐘。」我想了一想，又接著說：「聽著，那天我把我的車送修，修車師傅太棒了。他和我一起坐下來，一步一步地講解問題所在，確定我清楚知道車子出了什麼差錯。然後他再以不會太複雜的方式告訴我，為了修好車他所要做的每一件事。

「他真的很在乎我感覺好不好受、能不能讓我放心。要讓人感覺好受，其中一個最好的辦法就是告訴他們『我們要做什麼』，在

任何有機會的時候，事先說清楚。

「這就種下了『感覺好過一點』的業力種子——這種子讓別人會來在乎我們的感受，而不是斥責我們怎麼沒心情配合他們那天的計畫。」

「了解。」她說。在我看來，光是想著要幫助他人，她心中的烏雲就已經撥開了一點。

PART 13

酒精與毒品

Alcohol & Drugs

30 問題

有時候我先生和我會在晚上喝杯小酒，這樣好像真能讓我們倆放鬆一點，尤其是在親熱之前。但我看過酒精摧毀這麼多的感情和家庭，有時真的讓我很害怕。您對此的看法是？

這個問題對我個人來講意義重大。我在酒精的陰影底下長大，它摧毀了我父母雙方的人生和健康，也摧毀了我們的家。有一次佛陀和弟子坐在草地上對他們講道，弟子問及酒精的問題。他拔了一根草，指著草尖說：「任何人若是喝下這一截草尖所能容納的酒量，或是將這樣的酒量倒給別人喝，便不能說自己是我的弟子。」

這是因為就連很少量的酒都會讓人上癮，其力量之強大，遠超過我們對用餐時小酌一杯的想像。而且這很合情合理，酒精確實會讓我們感覺比較好過，它似乎能將一天下來的疼痛與苦楚都帶走，它似乎能卸下人和人之間的隔閡，讓我們很快建立起感情。人們喜歡在晚餐時配上一杯酒是有原因的。

現在呢，我可以在這裡嘮叨一堆喝酒的壞處。它不只讓人上癮，而且不健康。你可以開玩笑說酒精對你的肝做了什麼，但當損害真的造成，你每天行走坐臥時內臟都持續疼痛，每週還要花一大筆醫藥費，笑話就沒那麼有趣了。

酒精不只對人體造成負擔，也對荷包造成負擔。就像那些名牌時裝，酒精也有人為炒作出來的迷思，靠酒精賺錢——也是靠別人的不幸賺錢——的人賦予酒精莫須有的價值。一卡車一卡車腐爛的穀物就這樣裝進昂貴的瓶子裡，又請來身價昂貴的電影明星打廣告，再到昂貴的高級餐廳裡供應給民眾。

所以，如果有什麼辦法讓我們不靠酒精也得到一樣的放鬆效果，那就真的太好了。或許我們可以從我有一次和一位大喇嘛的談話中得到一點靈感。

那時我還在念大學，剛聽說家母得了乳癌，行將就木。她的乳癌是抽菸、喝酒所致，這兩件事湊在一起，完全就是致命的組合。我向學校請了假，出發到印度旅行，想尋求有關人類處境的智慧。結果我跑到喜馬拉雅山腳下去和西藏僧侶一起修行。一天，我收到家母一封信。她是一位充滿熱忱的教師，信中她說病情已經嚴重到上課時會痙攣發作的地步。學校請她不要再回去教課，我和她都知道，這對她而言就跟死了沒兩樣。

我的其中一位上師鼓勵我帶她來印度，一位大喇嘛的醫生可以治療她（我一開始就是這樣認識他的），如果病情嚴重到沒得救，那麼大喇嘛也可以指點她如何度脫生死，達到一個更好的境地。我寫信給家母，她很快就同意了，儘管她從未出國過。

我南下到新德里的機場和她碰頭。航警不讓我進入行李區協助她，但我找到一個可以透過窗戶看著我媽的地方。我看見她掙扎地拖著地上的行李，站都站不穩，在一堆吵吵嚷嚷的典型印度乘客當中推來擠去。她走出來，跌進我懷裡，我把她扶上計程車後座，然後把我身上剩餘的錢花掉一大半，請司機日夜不休地直奔達蘭薩拉——大喇嘛所居住的喜馬拉雅小村莊。她花了幾星期才從旅途的勞累恢復過來，我們也真的去看了那位醫生，醫生出來告訴我，她已經病入膏肓了，我們應該去看一位前輩僧侶，他可以教她如何好好上路。於是，家母就在一個小房間裡，靠牆而坐，展開一段異常勇敢的每日修行課程。到了下午，我們會將她的床鋪移到太陽底下，不多久就聚集了一群每天都來跟她學畫畫的小朋友。她當然帶了一大袋的蠟筆和紙張，她知道難民營裡滿滿都是小朋友，她的教室可以重新開張。

到了最後，我最親近的上師鼓勵我們去見一位大喇嘛，聆聽他的訓示。早期他還不像現在是個名人，你可以直接走到他家，他會出來前廊和你談話。能和我在這世上最愛、但從沒想過他們會謀面的兩個人一起坐下來，這對我實在是個奇蹟。但家母立刻讓我吃了一驚，她從包包裡拿出一個十字架送給大喇嘛。我羞愧萬分，但他只是神態自若地收下十字架，彷彿那是一件他每天都用得到的物品。接下來，輪到我讓家母大吃一驚了。

大喇嘛頓時轉向我，他的第一個問題是：「那麼，你吸過毒嗎？」我偷瞄我媽一眼。我沒有毒癮，但當然在大學裡和朋友一起試過大麻。另外也有一次，我靠一種叫做「梅斯卡靈」的美國本土迷幻藥尋求心靈的解脫。所以，基本上，我處於一種要嘛就對大喇嘛說謊、要嘛就在他面前讓家母蒙羞的處境。我決定誠實為上策。

「吸過。」我承認道。家母射來銳利的目光。

「哦。」他以他一貫的慈愛語調說道：「感覺如何？你看到什麼？」我分享了一些嗑藥後續反應的經驗，從微微的興奮感，到在亞利桑那州（我在那裡長大）沙漠裡一個隱密峽谷中的一些美妙時光。他大嘆道：「很好！很好！現在你應該繼續走在這條道路上，學習禪修！這樣你不必嗑藥就能到達一樣的境地！」家母點頭贊同，大喇嘛推薦了一位特別適任的上師給我，我和這位上師共度了接下來的二十五年。

這個故事的重點在於，我們可以享有和喝酒、嗑藥一樣興致高昂的感覺與特殊的體驗，卻沒有上癮的不良後果，身體和荷包也不用蒙受損失，更不必摧毀我們和伴侶、家人的關係。現在，我知道你期待我告訴你：只要學習禪修，禪修就像喝酒一樣美妙，但事情可沒有那麼簡單，我們要更深入一點。讓我們從一個關鍵的想法開始：你從一杯酒所得到的美妙感受，並非來自這杯酒這杯酒裡面沒有能讓你快樂的東西；這需要一點解釋。

美妙的感受並非來自這杯酒

我們舉另外一種藥品當例子可能更清楚——阿斯匹靈。我喜歡用「甲星球」和「乙星球」的說法來談這件事。

現在，聽著，我實際上是來自於一個叫做「甲星球」的地方。很久以前，我們的星際航行技術就已臻於完美。我們有效能絕佳的望遠鏡，而且我們對銀河系裡的其他居民深感好奇。我們將你們的星球命名為「乙星球」，一直以來，我們都在觀察你們。貴星球的「母親」此一族類所表現出來的某些行為，格外引起敝星球人類學者的興趣。他們還沒能研究清楚，於是派我親自來一探究竟，但願你們不介意。

透過我們的望遠鏡（可以穿透貴星球房屋的屋頂，但別擔心，有人在更衣時，我們從不窺看），某個特定的場面在我們眼前上演。一名母親和她的兩個小孩在房間裡，突然間，小孩開始鬼吼鬼叫，彼此打鬧起來，很像你們稱之為「土狼」的那種生物。

那名婦女對他們說了一些話，看起來是要試著跟他們講道理。他們安靜了一會兒（尤其是坐在一個裡面滿是會動的圖片的大箱子前時），但通常又會開始像土狼那樣鬼吼鬼叫。而當母親的往往就會扶著額頭，發出奇怪的抽抽噎噎的聲音。

情況就從這裡變得匪夷所思。母親接下來會溜進一個小房間裡，就我們所知，這個小房間平常是用來排泄穢物及清洗身體的。她打開鏡子後面的櫃子，拿出一個瓶子，瓶子裡裝滿白色的圓形片狀物。

她拿出一片那種白色物體，配一口水吞下去。然後，她坐在那個人們坐上去排泄穢物的椅子上，不過她沒有把上面的蓋子打開，而是直接坐在蓋子上，坐了一會兒。我們不確定為什麼。有時，一會兒過後，她額頭上的皺紋漸漸舒展開來，她不再抽抽噎噎，也不再按住她的額頭。接著她站起來，振作一下精神，走出去再度面對兩隻小土狼，這時的她平靜多了。但也有些時候，她還是持續不斷揉著額頭。然後她站起來，再次打開鏡櫃，拿出同一瓶白色的圓形片狀物，又拿一片或兩片出來。接著她又坐到那個椅子上等著，有時她似乎放鬆下來了，有時又似乎並沒有。

我們的科學家很想知道這是怎麼回事，我們可以聊聊嗎？

「那些白色的圓形片狀物是什麼？」

「是藥。」

「在你們的星球上，『藥』這個字是什麼意思？」

「藥就是用來治病或止痛的東西。」

「所以那些白色的圓形片狀物是什麼藥？」

「是頭痛藥，我們頭痛時就吃來止痛。」

「這種藥要坐在馬桶上才能發揮作用嗎？」

「不用，不用。她只是坐在那裡等藥效發揮，直到頭不再痛了為止，然後她就可以心情不那麼糟地面對她的小孩。」

「那……為什麼有時候她坐在那裡一次，有時又變成兩次？」

「有時候第一顆阿斯匹靈把頭痛止住了，有時候則沒能止住。如果沒能止住，你就再吃更多片。」

「那又為什麼有時候她回去面對鬼叫的小孩時，還是扶著她的頭？」

「唔，有時候阿斯匹靈一點用都沒有。」來自甲星球的使者停頓了好一會兒。

「我不懂。你是說有時候這藥一點用都沒有？」

「沒錯。」

「所以，這些藥有的一定有缺陷，對吧？我是說，在製藥廠，他們沒把藥做好，他們漏了某些成分？可是，從我們的望遠鏡看出去，我們從來沒看過任何人因為吃了沒效，而把那瓶藥拿回藥房，要求退費。」

「不，不。」你笑了笑，說：「我們的政府有相關單位負責檢查。所有的藥片都是做成一模一樣的，它們全都有相同分量的活性成分。」

「活性成分？你說活性成分是什麼意思？」

你又笑了。你拿出一瓶阿斯匹靈，塞到我面前來。「瞧，就在瓶子的這裡，上面寫著：阿斯匹靈，三百二十五毫克。這個就是活性成分。」

「然後這種藥每一片都有這個活性成分，含量也都一樣？」

「是。」甲星球的人又停頓了一下，再說：「所以……這個成分是怎麼個『活性』法？」現在你對我好像有點不耐煩了。「活性成分就是發揮作用的成分，也就是把頭痛止住的成分。『活性』是指『有效』或『起作用』的意思。你不需要一整片的活性成分，所以那一片裡面還有一些反正不會傷身的中性成分，這部分等於只是填料而已，然後他們把完全一樣劑量的活性成分放進每一片藥錠中。他們是很嚴謹的。」

「所以……有時候這個活性成分是有效的，有時候又不是？我是說，有時候這種藥會起作用，有時候又不會？」

你臉上那抹得意的微笑似乎收斂了一點。「唔，你知道的，還有很多其他可能的因素……」

「但基本上，我們是不是能說阿斯匹靈有時有效，有時無效？」

「是能這麼說。」你承認道。

「你這是在告訴我，阿斯匹靈沒效的時候，接下來一整天，那位可憐的女士都要頭痛欲裂地面對那兩個吼叫的小孩？」

「沒錯。」

「所以你這是在告訴我，貴星球的人不知道怎樣才真能止住頭痛，我是說，確實可以不再頭痛，而且每一次都可以。」

「是啦。」你說。接著，你責備起貴星球整體的進化程度：「我是說，沒有什麼是永遠都行得通的。阿斯匹靈、汽車、飛機、經營策略或一段感情，都不盡然。」

這讓甲星球的人目瞪口呆。「你的意思是，貴星球還搞不清楚活性成分是怎麼個活性法？」情況越來越混淆了。「不是啦，活性成分就只是……它本身是活性的而已。」

阿斯匹靈裏沒有任何有效的東西

現在輪到甲星球的人失笑了。「喔，我懂了。你以為阿斯匹靈裡包含止住頭痛的東西。」

「呃，當然啦，就是那個活性成分啊。」

甲星球的人難過地搖搖頭。這麼多的人，這麼多的痛，不必要的痛——一整個星球、全星球有史以來不必要的痛，從最開始一路到現在。在這裡，我們要繞回那杯酒上。想想看，如果阿斯匹靈裡包含了止痛的作用，那麼阿斯匹靈就應該每一次都有效。你每一次服用阿斯匹靈，你的頭痛就應該消散於無形。而如果一杯酒裡包含了讓我們放鬆的作用，那麼每當我們喝下一杯酒，就一定會放鬆下來才對。

但並非如此。事實上，有時候喝酒也會讓我們頭痛。一定有什麼別的關鍵存在。這一切就要追溯到業力種子上頭。這一切就要追溯到我們在問題一討論過的那枝筆。我們看見一枝筆，是因為我們的心識裡有讓我們看見一枝筆的種子。看著同樣的一件物品，一隻狗看見的則是一個磨牙玩具，因為牠們的心識裡有那樣的種子。有些人服下阿斯匹靈，頭痛便止住了，因為他們的心識裡有讓這件事發生的種子。其他人則不然，因為他們沒有這樣的種子。酒也是一樣的道理。

現在，問題只在於如何種下讓酒有用的種子。然後我們或許就不一定要喝酒，也不一定要因為喝酒而對健康和荷包造成負擔了。我需要種下什麼種子，才能感覺放鬆一點？我和伴侶間才不會覺得有隔閡，尤其是在親熱的時候？

找個活在壓力底下的人，一個基於某種原因壓力很大的人。這是何以我舉了有兩個小孩的母親為例，在工作、子女和配偶間疲於奔命，幾乎每位父母都覺得有很多壓力。用心找尋你能幫忙有子女的人減輕壓力的機會；越用心，種子就越強大。

當你自己要去購物時，提議說順便幫他們買些東西。拜訪他們時帶一袋水果，這麼做到頭來可以幫他們省一點錢。此外也帶一本漫畫書（內容健康的那種），讓你有藉口陪孩子靜靜坐下來，讓媽媽休息個半小時。

結果會怎樣？因為你種下了消除壓力的種子，因為你種下了放輕鬆、放寬心的種子，除了酒之外，你將開始從更多地方找到開闊與平靜。一杯好咖啡將給你一樣的陶醉感。種下更多種子之後，一杯花草茶也能發揮一模一樣的功效。再之後，只要花幾分鐘安靜地坐在一棵美麗的樹下就行了。

PART 14

群眾

Community

31 問題

我太太和我關係緊密、感情很好，但有時我覺得我們家好像自成一座小小的堡壘，我們變得遠離人群、與世隔絕。如何能夠與外界多接觸一點？對於要做這種嘗試，我們趕到有點緊張。

這個問題在我其中一位摯友和他太太剛結婚的初期浮現。雙親離婚後，我們兄弟兩邊跑，家父住在聖地牙哥，所以我們都在很小的時候就開始玩衝浪。我這位朋友吉姆和我曾經很愛在工作後一起浪裡來浪裡去。

這是直到他結婚為止。然後，突然間，一切都變了。沒錯，他們家的確變得像一座堡壘。她不贊成他每天耗幾小時坐在沙灘上等我們，等到天色越來越黑，短短的時間裡，天氣也會很快變冷。吉姆和我漸行漸遠。

當我們和另一個人建立起緊密的關係時，兩人世界和外界之間似乎會築起一道牆。我注意到當我獨自出國旅行時，人們很可能會來接近我，協助我搭火車或學習當地語言之類的。但當我和另一個與我來自同一個國家的人一起旅行時，我們和其他人之間就會形成某種無形的牆，人們傾向於和我們保持距離。一樣的狀況發生在兩個人變成一對伴侶之後，那感覺就彷彿我們失去了什麼，失去某種與周遭其他人的接觸。

運用業力種子來處理事情時，其中一個基本的人生真相是沒有什麼必須是它「通常」的樣子；我們都認識一些進入一段感情，但反而還更加擁抱周遭世界的人。我們只需明白一旦我們和某人結為一體的時候，有什麼種子能卸下隔開兩人世界和外界的那道牆。關於金剛法則，最美好的一件事或許是它必然會讓我們卸下隔閡。一天，吉姆和我坐在他家後院，而不是到我們以往一起鬼混的沙灘上，把事情推敲清楚。

「所以……」吉姆說：「你想我能怎麼解決這個堡壘的問題？這件事真的開始困擾我了。不只是我無法出門去見老朋友，大家似乎也越來越少登門拜訪了。」

我想了一會兒，開口道：「好吧，讓我問你一個問題。」

「什麼問題？」

「這個嘛……在最開始，你還在尋尋覓覓、還沒遇到艾咪的時候，我們針對業力種子的事情費了好一番工夫。」

「是沒錯啦。我要澄清一下，不要認為我對這一切毫不感激，一個人獨自坐在家裡要糟糕多了，現在我都覺得沒有她活不下去了呢！只不過……唔……關於針對種子下工夫，整個的重點在於我們不只要用種子來創造出一位伴侶，在得到那位伴侶之後，我們還要能持續用種子來讓對方更完美，讓這份感情成為我們所想望的一切，我說的對吧？」

「對，完全正確。」我說：「一旦懂得運用種子讓事情按照我們的心意發生，那麼我們再也不用降低標準，接受不夠稱心如意的東西。」

「所以卸下隔閡的種子是什麼？」

「唔，這就是為什麼我要去回顧最初幾個月，當我們先把你送去拜訪米勒太太，種下讓艾咪出現的種子時。我想問你一件事，是關於在咖啡館的第一天，我們在談種子的事。」

「好。」

「是這樣的，我要你回頭想一想，當我第一次提出藉由陪伴一位長者來為自己種下受到陪伴的種子時，這個主意有沒有任何讓你覺得不對勁的地方？」

吉姆不假思索就說：「喔，有啊，而且，老實說，我現在有時候還會想起來。」

「所以那是……」

「老實說，是這整個系統似乎有一個很嚴重的瑕疵。我的意思是，從小我的父母師長都說要做善事，但他們也總是強調做善事應該要不求回報，最純粹的付出就是你不期望自己能從中得到任何好處。然而，整套金剛法則似乎就是以得到回報為目標，就某方面而言，這套法則好像真的很自私。」

「沒錯。」我點頭道：「它確實看似很自私，助人好像淪為某種交易：我會去拜訪你，你就不會孤單，但我這麼做全是為了討個老婆。」

吉姆狂點頭，他看起來簡直鬆了口氣，因為我自己提出來了，而且他不是唯一這樣想的。世界各地的人都來問我一樣的問題，就某方面而言，這還滿令人欣慰的。世界各地的人都認為他們的付出應該要純粹，而不應該是另一種自私的行為。

「好的。」我說：「讓我按照這條思路繼續問你一些問題。」他點頭同意。

「你去養老院，拜訪米勒太太，讓她覺得不孤單。

「這在你的心識裡種下了種子。如果你以正確的方式去種——如果你懂得如何以正確的方式去種——接下來，在某一次逛書店的時候……」

「艾咪出現在我身旁，開始在同一個書櫃上瀏覽一樣的書，就好像我為自己創造了一個和我一樣熱愛美國歷史的伴侶，是不是很神奇？」

「是。」我笑著說。很高興他懂得讚賞種子的發芽茁壯是多麼神奇。「接著，三個月之後……」

「我們準備結婚了，而你是我的伴郎！」

「沒錯。」我又笑了。「但後來發生一件事，史帝夫……」在兩方面，史帝夫是我倆共同的朋友：我們三人（以前）常常一起玩衝浪，也喜歡窩在一起玩吉他。

「嗯，是啊，在婚禮上，史帝夫來找我，他想知道我的祕訣，像是我怎麼找到這麼棒的女孩子——我在哪裡買衣服？我做哪一種運動練體格？還是我發現了哪一款新的古龍水，在酒吧搭訕時的效果比別種古龍水都好？」

「然後呢？」

「然後，嗯哼，你知道的，我把種子的事情教給他，於是呢……」吉姆露出一臉賊笑，就好像接下來要描述某個男的在電影院排隊買爆米花時怎麼搭訕他老婆一樣。「於是呢，他居然跑去拜訪米勒太太，而不是自己找一位老太太去陪伴！」

「然後……」

「然後他種下了種子，這就是他怎麼會遇到法蘭希絲的。」他下結論道。

「是。」我說：「但你不知道……」我尷尬地猶豫了一下，就好像我即將告訴我最好的朋友他老婆紅杏出牆一樣。「他找了詹姆士　強森去照料她的花圃，還找了艾瑞克・席特曼幫她做日常採買。」吉姆看起來有點吃驚，但他還是平復過來，只說了一聲：「唷！」我可以想見，米勒太太這週會比上週得到他更多關注。我問：「但你看到發生什麼事了嗎？你有勇氣去嘗試全新的東西、找到你想要的對象，你一舉得分，然後我們所有人的反應是：哇！這傢伙怎麼了？我的意思是……」

「是啦，我知道。」吉姆說：「你們大概都很納悶，這個遜咖三年來都找不到一個像樣的女孩子跟他約會，突然就討了一個長得漂亮、心思細膩、又有頭腦的老婆。」

該是改變話題的時候了。「呃，是啦，但……吉姆，你明不明白？因為你有開放的態度，因為你願意嘗試種子，所以我們有大概六位朋友現在都擁有很棒的感情。你是帶頭的那一個，你是大家的榜樣，其他人都如法炮製！」

吉姆抬頭挺胸了起來，一副驕傲的模樣——顯然他還沒這樣想過。我趕緊把握良機說：「而且，聽著，任何運用種子讓好事在生命裡發生的人都是這樣的榜樣，他們成為周遭人們的某種模範。你運用種子，於是某件妙不可言的好事發生在你身上，其他所有人都看到了，便也開始來嘗試種子。

「你自己都還渾然不覺，就已經成為一場幸福大爆炸的震央。你的朋友效法你，他們的朋友又效法他們，要不了多久……」

「要不了多久……」吉姆沉聲道：「看望米勒太太就像要搶購熱賣的冰淇淋，他們會按照時段發號碼牌，分半小時給你種下自己的種子。一個人照料她的花園，一個人買她的日用品，一個人負責安排她看醫生，還有一個人處理送她去看電影的種種事宜。」他一副徹底被打敗的模樣，恐怕沒人猜得到這個讓他爭風吃醋的主角是位八十五歲的老太太。

我抓住他的肩膀，說：「是，你可以這樣想，但這只是讓你種下嫉妒的種子，然後每一次你只要對任何異性說『你好』，艾咪就會找你麻煩。吉姆，你必須明白一件事。你說你厭倦了困在堡壘中的感覺，但你其實已經有一個種下相反的種子的辦法。

「每天只要一次，花幾分種想一想自己所掀起的革命——我會建議是在一天終了、準備上床的時候。這種做法，我們稱之為『咖啡禪修』。我是說，這件事影響甚鉅。你都不知道一個絕佳的成功案例將新的想法散播開來的速度有多快。

「你不需要到處苦口婆心地宣揚種子的道理，試圖說服人們去對孤單的長者付出更多關心。艾咪就是活生生的鐵證，見證著你那套新的世界觀，亦即世界來自於你心識裡的種子——你刻意種下的種子。

「單單是用種子去達成你的夢想，單單是嘗試一個最終必然有用、每一次都會有用的辦法，就能改變你身邊無數人的生命。他們也會去嘗試看看，而他們的嘗試會有用，這個辦法會帶給他們幸福快樂。

「你要這樣去想，試著這樣去想。如此一來，幫助一位老太太的舉動同時就會是幫助身邊無數人的舉動。

「而這並不自私，反倒是自私的相反。這是你所能做的最不自私的事情了。你為了幫助這個世界而採取的行動同時也讓你找到自身的幸福快樂，這感覺起來有任何的不對勁嗎？你一直以來不都認為應該要這樣嗎？」

吉姆若有所思地點點頭。拯救世界的感覺是很好的。卸下隔閡的種子就在那裡，一直都在。

只要對人人皆有助益，便不是自私的行爲。

PART 15

安全感

Security

32 問題

我的感情很圓滿，但我不覺得幸福，有時反而還極度不安，彷彿這整件事太順利了，注定隨時會破滅似的。如果我想要有安全感，而且是恆常都有安全感，我需要種下什麼種子？

我在溫哥華的朋友安迪和妮娜在一起六年了。他們來碼頭接我時，妮娜問了這個問題。碼頭的事，容我說明一下。

我其他的一些朋友在進行一次為期三年的禁語禪修，當時正進行到六個月左右。他們請我來指導他們如何更深入（我們在他們避居的小木屋中，坐下來靠紙筆交談完成這件事）。禪修的地點在溫哥華外海一座太平洋小島上，他們說我可以搭飛機過去，於是我就答應了。

他們沒告訴我要搭的是哪一種飛機，只說安迪和妮娜會開車載我去溫哥華國際機場。但他們沒有右轉開向機場的停車場，卻是左轉開到河邊一處破舊的碼頭附近。

「好嘍，他們馬上就到，我們可以在車上等。」妮娜愉快地說。

「唔，什麼意思？『他們』是誰？」我四處張望，困惑地說。

安迪指了指天空，我看到一架迷你飛機在河那邊兜圈子。突然間，它俯衝而下降落在河面上。現在我知道了，它是那種底部有浮筒而沒有輪子

的水上飛機。

很快地，飛機朝碼頭滑行過來，我們就在螺旋槳的轟隆聲中扯開嗓子說話。

「你回來之後，我可以問你一個問題嗎？」妮娜嘶吼道。

「當然！」我盡量不流露一絲擔憂地回覆道。我搖搖晃晃地邁出步伐，把自己擠進座艙。駕駛是一名瘋狂的德國老嬉皮，喜歡表演放開雙手開飛機。當我們航向對岸的海灣時，他要求我和他一起唱路易斯・阿姆斯壯（Louis Armstrong）的「多麼美好的世界」（What a Wonderful World）。就在天快黑前，我「飛」回來了。妮娜正在等我，我們坐到他們的車上聊。我的雙手還因為那趟飛行顫抖不已——我只好把手藏進大衣口袋裡。她說：「是啊，就……就是都很棒。我們的感情很好，但正因為很好，才冒出另一個問題。我擔心萬一我們分手會怎麼樣，擔心到我都不能享受在一起的時光了。」

我望向西邊的窗外，渾然忘我地深深讚歎著水面灑滿金色陽光的美景，近海的陸地上還有一座座被深綠色樹林覆蓋的蒼翠山峰。但我還是頗為了朋友把我送上驚魂飛機的事惱火，現在那可算得上我的一次瀕死經驗了。

一如往常，我從星巴克四步驟的第一步開始：「所以，用一句話說。」

「我要安全感。我想讓自己知道安迪明年以及之後的每一年都還會跟我在一起。我不想要因為執著於『萬一他離開了，我會有多麼不幸』，而毀了我們已經擁有的幸福。」好像有點超過一句話了，但還是可以接受啦。

因為那就是問題所在。即使我們奇蹟似地得到了一份圓滿的感情，也還是無從得知一年後我們的伴侶還在不在。我們永遠不會知道。而在內心深處，這就造成了終其一生的焦慮不安，因為我們也無從得知其他任何事將會如何。要知道世上還有七十億人口和你一樣，活在這種不確定的狀態中，這樣或許你會覺得比較寬慰。

如此看來，我們都是山頂洞人。好的，所以農作物的栽種已有遠遠超過一萬年的歷史，但請試著欣賞當史上第一批農作物種下時是一個多麼突破性的發展。飛機或電燈的發明也很厲害，但農耕的發明要了不起多了，而這件事是這樣發生的……

有史以來最偉大的發明

一天早晨，山頂洞人沃克洛克在他們的山洞洞口和妻子布克杜克吻別，出發去工作。當然，對沃克洛克而言，「工作」意味著在森林裡遍尋他找得到的任何食物——他是一百個世紀以後的歷史學家稱之為「狩獵採集者」的那種工作者。

如果你認為自己工作壓力很大，試著想像一下沃克洛克的壓力。除了太太對他施加的壓力（這點從古到今沒有絲毫改變），基本上，光是想要不餓死，他就有很多壓力了。每天他在森林裡徘徊，試著在所有植物當中找出偶然的一株野生稻。如果他從這裡那裡找到足夠的稻子，他和他的家庭就能再多活一天。如果沒有，他們都要餓死。在這特別的一天——後來，這天也成為人類史上最重要的日子之一——

沃克洛克很幸運。他捧了滿手的稻子要回家，但接下來，災難發生了。在離山洞不遠的小徑轉彎處，他迎面撞見一隻恐龍。恐龍也是個狩獵採集者，現在，他要追獵沃克洛克。

沃克洛克丟下稻子，為他寶貴的性命與恐龍對戰。最後，恐龍決定這麼一小口浮浮躁躁的食物不值得牠這麼麻煩。問題是，恐龍離開後，沃克洛克找不到被他丟掉的稻子了。因為剛才戰況激烈，激起的塵土掩蓋了稻子。

當然，他得被老婆修理了。她不想聽恐龍的故事。在她認為，他就是回家途中跑去酒吧，拿所有要給兒子們吃的稻子去換了啤酒。

五個月後，沃克洛克沿著同一條小徑，出發去工作，眼前迎面就是他在一塊土裡所見過最大的一片稻子叢。他彎身摘下稻穀，然後他想起來了，這正是他上次和恐龍對戰的地方啊！他在稻子旁蹲了下來，沉思了一番，然後腦袋裡一個靈光乍現。那天，結束狩獵採集返家之後，他在山洞外撞見了老婆大人。

「你看這個！我剛剛發現一大片稻子，就在我上次海扁恐龍、把稻子弄掉的地方！」他興奮得喋喋不休。

布克杜克翻了個白眼，說：「恐龍的事，你可以省省了。之前我不信，現在我也不信。」

沃克洛克只得作罷。他舉起今天的收穫喊道：「好啦，可是你看！」眼前又是滿手的稻子。

布克杜克點點頭，說：「嗯哼，所以這有什麼大不了的？」

「你看我！」沃克洛克驕傲地說。他把稻子丟到地上，踢了一些土蓋過去。

「你瘋了嗎？」老婆大人海扁他一頓，差點沒要了他的命。那晚直到睡覺前，她只賞他一截冷掉的香蕉吃。

我說呢，嘗試新事物的人必須持之以恆。他們得要有膽識，還得要有點頑固。沃克洛克等了五個月，然後帶他太太出去看那片已長滿整個前院的好稻子。

他得意洋洋地說：「看！成功了！現在我們自己有米了，要多少有多少，什麼時候要都行，只要我們去種它！」

「我就跟你說吧！」他太太說。如此這般，男人鋤禾日當午、女人把米煮成飯、雙方再互相爭執誰該洗碗的歷史，於焉展開。

這故事的啟示，你明白的。農耕真的是在某個時間點發明出來的，而且它徹底改變了地球人的生活。試著體會一下在森林裡徘迴、希望能夠找到一些野生稻、知道萬一找不到一家子都要餓死的焦慮。接著，史上第一位農夫沃克洛克大人出現了。突然間，我們變得可以預知明年能有多少食物。要多少，去種就對了。

更有甚者，除了不再挨餓，擔憂也免了。「不知道明年會怎樣」的疑慮一掃而空。

有了金剛法則的智慧，我們生命中其他各方面的憂慮，也可

以免了。我們的收入來自種子，我們的健康來自種子，我們的感情來自種子——全都準時報到，就像稻子五個月之後收成、寶寶九個月之後出生。如今，我們每天早上進城去，就像沃克洛克離開他的山洞去找野生稻。或許我們找到一些，或許我們找不到。或許老闆給我們加薪，或許公司經營不善。或許安迪還在，或許安迪跟別人跑了。孩提時候，我們就學會與這份不確定共存。隨著年紀漸長，最能順應這一點的人被認為是我們當中調適得最好的。但或許這裡面有錯誤存在。或許我們被制約要接受偶然的失敗，或許我們被洗腦要相信預知人生將會如何是不可能的。

這意味著我們對任何事永遠也不會有一絲安全感。難怪妮娜無法享受和安迪在一起的大好時光，因為她內心深處知道一切隨時可能分崩離析。

「所以我們需要種下一些安全感。」我告訴她。

「怎麼種？」

「你知道我們的實際演練法——決定你要什麼，整理成一句話，再來是星巴克步驟二：打開你的雷達，偵測一下你認識的人當中有誰需要跟你一樣的東西。你要錢，就幫別人得到錢。你要健康，就幫別人得到健康。你要安全感……」

「我就得找到一個需要安全感的人，一個和我一樣覺得沒有安全感的人。」

「沒錯。然後是星巴克步驟三——幫那個人找到安全感。聽著，這要從單純傾聽開始。只要找到某個人去傾聽，等你朋友覺得你還滿可靠的、覺得你們的友誼還滿可靠的，你再告訴他怎麼和他認識的某個人一起種下安全感的種子。」

我們停頓下來。妮娜朝夕陽望去——在地平線上方，還剩一點點隱約可見——然後她發動車子啟程回家。上路之後，我又再補充了一些。

「如果你普遍來說都很靠得住，如果大家都能倚靠你，也會對這件事有幫助。接下來的三星期內注意一下：不論你應該出現在哪裡，都要準時赴約。如果你跟某人說要和他共進午餐，那你就要確實做到。如果你要送生日賀卡或節日賀禮給人，那你就要確保他們準時收到。一旦你承諾會回信，那你就務必在承諾會回的時間回信。你要幫助別人讓他們的生活更可預測一點。」

「了解。」妮娜說。而我有一種微妙的感受，這種感受幾乎隨時隨地都會出現——就好像她刻意編造出這整段對話，好讓我面對自己對水上飛機的恐懼，並釐清這份恐懼從何而來。

回程的一路上，我們各自默默地沉澱下來。

PART 16

愛巢

A Home

33

問題

我認為我先生和我是時候買房子了，但他很怕要擔負一個這麼大的責任。什麼業力能讓他對和我共築愛巢多一點興趣？

這個問題有各種不同的版本，我從世界各地的人們口中都聽到過，尤其因為這裡面有許多人對於精神生活的追尋很感興趣。這不只是一個關於買不買房子的問題，也是一個關於財產在我們人生中扮演什麼角色、物慾代表什麼意義的問題。

在其中一次遠赴越南的教學之旅中，我們正在享受難得的片刻寧靜，凱伊問了這個問題。她和她先生艾力克斯是這一趟的工作人員，我們三人坐在一間小小的咖啡館裡，咖啡館則坐落在一片濃密森林當中一座美麗的湖畔。我們看著當地人把他們的小孩送到這些家庭租來玩一天的小帆船上。

我轉頭面向艾力克斯，想聽聽他的說法。

他開口道：「不是我不想負責，而是我對擁有這麼大的一個東西有嚴重的質疑。我是說，麥可格西，是您教導我們，佛陀對於睡覺的地方和諸如此類的東西是怎麼想的。」

我點頭。佛教發展的早期，在印度，佛陀相當堅持人應該過得簡樸，尤其是僧侶。你之所以會看到西藏僧侶穿紅袍，是因為袍子在夜裡也可以充當睡袋。經文中規定僧侶應該「到了要睡覺

時，就在任何一棵他剛好經過的樹底下安歇」。艾力克斯又說：「還有記憶體的那件事，以及要把任何你已經六個月沒用到的東西丟掉的事。」

這是我試圖要引起大家興趣的一個簡樸生活練習。如果我問你，你有多少雙鞋子？你的心思會飄回家裡的衣櫥，尤其是衣櫥的深處。在你腦海裡，一雙雙鞋子浮現出來——顏色、款式、新舊——即使你已經很久沒穿過。而它們之所以會這樣浮現出來，是因為在你心裡有一張所有鞋子以及其他物品的存貨清單，就彷彿這張清單存在電腦的記憶體中。

你的記憶體並非沒有上限

而心靈的記憶體就像電腦的記憶體一樣是有上限的。可以儲存的空間就只有這麼多。這是為什麼我喜歡和朋友分享「拋棄六個月沒用到的物品」的主意，不然的話，你的心也沒有足夠的空間容納我們許多人都在追尋的開悟。

至少，在第一階是如此。我答覆艾力克斯：「這

一切都從戒律而來，也就是佛陀為和尚和尼姑訂下的規矩。」我停頓一下，又說：「許多試了這個拋棄練習的人都帶著一樣的問題回來找我。」

「這問題是？」

「我的意思是，他們可能無意間發現什麼已經六個月沒用到的東西，但他們覺得遲早有一天會用到，所以就還是放在家裡。」

「比方什麼東西？」

「比方說……我也不曉得，像是只有在一年當中最冷的那三天你才會圍的羊毛圍巾之類的吧。當這些日子真的到來時，你會很慶幸自己沒有把它丟掉。

「聽著，讓我們回到戒律上——於是乎，僧侶只准有兩件袍子，不能再多。但除此之外，還有附加條款。僧侶有超過兩百五十條戒律，每一條都有附加條款。這意味著在一開始並沒有哪一條戒律規範某件事，但接著發生了某個狀況，他們就必須再附加條款上去。

「比方說，如果你只准有兩件袍子，但其中一件已經穿到都要散了，這時有人給你足夠的布料去做一件新的，你怎麼辦？你應該要物盡其用，也就是把袍子穿到真的散了再說。我的意思是，既然知道袍子可能在一、兩個月內會散掉，你可以把布料保留到你需要做新袍子的時候嗎？」

「唔，佛陀決定怎麼樣呢？」

「佛陀的定奪是：如果准許和尚和尼姑開始儲藏日後可能需要的物品，恐怕太危險了。所以，正常來講，你必須等到真的需要一件新袍子的時候，到時候你則必須在十天之內把布料縫製成袍子。不然，你就應該把布料送給某個有需要的人。否則你會開始習慣囤積物品，保留你認為你想要或你認為你可能需要的東西，然後這些東西就會占據你的心思，也占據你的家。」

「是嘛！」艾力克斯說著朝凱伊挑挑眉毛。「而且，光是擁有一間房子本身就是心裡最大的負擔了。」

在寺院修行時，我們每天有長達四小時會待在外頭的一座園子裡，這座園子叫做「辯論場」，我們在那裡又吼又叫地對彼此提出質疑，動作簡直像練武。事實上，有一天我在辯論場時，就有一位路過的農夫報警說僧侶暴動了。不管怎樣，反正我們學會迎接有挑戰性的問題。

我靜靜地說：「啊，可是永遠都有第二階。」我對凱伊使個狡猾的眼色，要她安心。

「第二階叫做『行菩薩道』，行菩薩道以利樂眾生為首要之務。這件事往往是在俗世人間實踐，而不只在閉關禪修中進行——儘管閉關禪修是很重要的，因為它能支持、輔助在俗世的工作。

「行菩薩道的人有另一套戒律——依據出家人的戒律另外再建立一套。在這些戒律當中，有一條規定菩薩不能拒絕接受可用來利他的物質贈禮。和尚或尼姑不准留著一小塊布超過十天而不用來做成自己的袍子，但受戒要行菩薩道的任何人則必須接受一整個倉庫的布料，如有必要就囤積個幾年，直到他們能將這些布料用在窮人身上。」

「所以我們應該買房子！」凱伊歡呼道。

「是也不是。」我回應道：「房子可以是心靈和精神的沉重負擔，這一點艾力克斯絕對是正確的，除非這房子獻給了一個更崇高的目標。在買房子時，你們兩人若能立下要將房子用來幫助他人的宏願，整個情況就會扭轉過來了。當菩薩坐擁整個倉庫打算要用在別人身上的布料時，每天每天，大量的善種子都會在菩薩的心識裡種下，即使還沒實際拿布料來做任何事。」

「立下幫助他人的宏願？」凱伊看起來有點遲疑。我猜她以為我要他們把新家弄成一個救濟站或庇護所之類的。

「第三階。大概是像願景那樣的東西。」我簡短地說。

「願景？」

「這叫做『行金剛道』——所有道行之中最高深的一種。你從戒律開始，學習過簡樸的生活。這為你打下基礎去行菩薩道，也就是訓練自己利益眾生。練成之後，則進入金剛道。」

「那金剛道和買房子的關係是？」艾力克斯問。

「行金剛道時，房子變成一個總部。」

「什麼東西的總部？」凱伊問。

「超級英雄的總部——超人、神力女超人、鋼鐵人、蜘蛛人……還有女神。」我答覆道。

「女神？」他們異口同聲說。

「行金剛道的女人可以把那塊布料裁一部分下來，做成美麗的衣裳穿上，在家裡走來走去，假裝自己是天使。」

「這……這樣也能幫助別人？」艾力克斯問。

「有點像是以目標為途徑。她第一次走進新房子時……」

（凱伊笑了。）

「……慢慢地在屋裡四處走來走去，心裡懷著她和老公已經把屋

子當成服務據點的願景，這個據點是眾人溫暖而和樂的家。」

「我想，這意味著為鄰近地區的街友煮一頓晚餐，每週一次之類的。這是天使與他們的房子能做的事。」凱伊輕柔地說，她看起來已經散發出女神的光芒了。

艾力克斯點點頭。看來，大局已經底定了。

PART 17

志趣相符

Doing Things Together

34 問題

我對瑜伽產生了興趣，而且我覺得如果能過更長壽、更有活力的生活，對我和我老公真的會很有幫助。但他就是不感興趣，連跟我去體驗一堂課都不肯。我需要種下什麼業力種子來提起他的興趣？

伊莉莎白在她家客廳問我這個問題。我去拜訪她和她先生傑若米，他倆都已超過六十歲了。事實上，拜訪他倆多半拜訪到的是伊莉莎白，因為傑若米只會在你剛踏進他們家時揮手說聲「嗨」，然後就繼續回到電視機前了——近年來，他在那裡可悲地度過大半光陰。要傑若米做個十分鐘的瑜伽都會是極大的挑戰。我想了一下要怎麼迎接這項挑戰，也回顧了一下以往當我認識的人感情出問題時，我在判斷哪一方有錯這上頭犯過天大的錯誤。我想到尼克和譚美，我們都知道尼克的脾氣很差，有時他就是會徹底失控。譚美離開了他，後來有大約一年的時間，他無一刻不暴怒，胡言亂語說她背叛了他。我們沒看見任何突然冒出來的男人，所以我們假設他只是懷恨在心罷了。但大概過了兩年左右吧，譚美向我坦承說她確實背著她的伴侶出軌，而我則學到了關於如何評斷他人感情關係的一課。

這堂課給我的教訓：電視機前的傑若米可能不是危害這段關係的罪魁禍首。

或許錯永遠都不在表面有錯的那人身上。

我帶著伊莉莎白朝星巴克出發。我問她：「所以，總結一句話。用一句話告訴我，你想要什麼？」

「我要他態度更開放地嘗試新事物，尤其是我們能夠一起從事的活動。我要怎麼讓他聽話？我應該對他強硬一點，例如叫他站到浴室的體重計上，對他吼說他吃得很不健康？還是我應該賄賂他，跟他說如果他肯跟我去上瑜伽，就帶他去吃冰淇淋？」

我暗自笑了笑。典型的鑽石交易。這需要一點解釋——關於鑽石產業中的投機分子。

全美鑽石產業的中心在紐約市的第四十七街，多半是在第五大道和第六大道之間。沿街有各種名牌精品店，例如薩克斯百貨、蒂芬尼、波道夫．古德曼百貨。大部分進入美國的鑽石交易，都會經由第五大道五八〇號上面的樓層。這棟樓位在第五大道西北方一角，底下一樓的店面就是那些投機分子。

投機分子靠「這條街以樓上的大宗鑽石交易著稱」來取巧。他們會站在人行道上，堵住沒有防備的遊客，讓他們在這個全世界最大的鑽石交易中心貿然拿出大把鈔票。

當一對年輕情侶走進店家，想買訂婚戒指，鑽石交易的把戲就上場了。銷售員給他們看一顆明顯偏黃的鑽石。準新郎眼神呆滯，沿著整條街看了兩百個訂婚戒指之後，此刻的他正受男性購物症候群發作之苦。他根本沒認真看一下，立刻就說這顆鑽石是好貨。

新娘向來是稍微嚴謹一點的顧客。她立刻注意到那偏黃的色澤。銷售員笑著說：「喔，你要一顆白色的鑽石。」

「沒錯。」她正氣凜然地說。銷售員遞給她另外一顆鑽石，這顆雖然是白的，裡面卻有一粒一粒粗大的黑點。她看到這些黑點了，但還來不及開口，銷售員就高聲說道：「所以你要哪一個？顏色比較白的還是比較沒有雜質的？」

不要上鑽石交易的當

這次她成功把嘴巴張開，但也還來不及說話，銷售員就塞給她另一項抉擇：「你要付現金還是信用卡？」緊接著又問：「你要裝在紅色的盒子裡，還是藍色的盒子裡？」

瞬間面臨一堆抉擇，多數人只會一頭栽進去，勉強做出決定，問都不問一下自己是否真的必須下決定。切記一件事：在金剛法則的系統裡，幾乎每個我們所做的抉擇都涉及兩個不好的選項。

於是，我問：「伊莉莎白，當你指責傑若米時，每次都會得到你要的結果嗎？」

「唔，不是每次，不過有時候有用。」

「那如果你給他一點甜頭，賄賂他去做你要他做的事，每次都會有用嗎？」

「不是每次，但也一樣是有時候有用。」這個議題我就留待之後再談。

「所以，聽著，這兩種選項在我看來都不是很好。我們何不直攻問題的根源？」

「傑若米的電視癮？」

「就某方面而言，是的。」我說：「你覺得他為什麼會這樣？為什麼你必須把生命耗在某個寧可看新聞也不願問你今天過得如何的人身邊？」

「我不知道。」她誠實地說：「剛認識他時，我們在一起有很多好玩的事。我們常常出遊，多數時候他都笑得很開心。」

「那你覺得你的心識裡可能有什麼種子，導致你身邊這個人對和他共處一室的任何人都提不起一絲絲興趣？我是說，你可能做了什麼讓他表現出這個樣子？」

伊莉莎白想了一想，說：「嗯，有一件事是肯定的。那就是我這輩子從來不曾在電視機前坐上一整天。」

我笑了笑，說：「一顆西瓜比它的種子要大上許多。在你的生活中，有沒有任何你做的瑣碎小事可能和忽略周遭的人有關？」伊莉莎白又停頓了一下，這一下還滿久的。她說：「老實說，一天下來，我在很多微不足道的地方都忽略了周遭的人。

「比方某個同事跟我講她老公的事情講很久，我就開始精神恍惚了。我是說，我很注意禮貌，我不會在她第一百遍跟我講她老公從來不洗碗的事情時立刻走人。我會坐下來，看著她，努力專心要聽她講話。」

「可是？」

「可是……我是說，幾分鐘過後，我就是不想再聽別人的問題了，我自己的問題就夠多的了。所以，我會坐在那裡，我也會聽，但有時候注意力就飄走了……或者，我可能會開始想下班回家途中要順便買什麼。」

我在心裡偷笑。我們在問題十四談過一點點。要專心聽別人說話真的很難，因為他們通常是在談他們想要的東西，而我們對自己想要的東西比較感興趣。伊莉莎白這席話不自覺地點到了兩個禪修時最大的障礙：一是分心——在努力要專注於某件事（朋友的問題）上時，分心去想別件事（買東西）；二是恍惚——開始覺得無聊、昏昏欲睡，完全喪失對關注對象的注意力。要對抗這兩個障礙有一個好辦法，藏語稱之為「達克什．嘉瓦」，我們來看看能不能讓伊莉莎白試一試。

我說：「伊莉莎白，聽著。種下種子的關鍵，在於我們想要什麼就得先把一樣的東西給別人。為了這麼做，我們則要找出別人要的是什麼。為了知道別人要什麼，我們就需要傾聽別人的心聲，而且是認真仔細地聽。

「當你剛開始嘗試種子這個辦法——當你剛開始帶人到咖啡廳傾聽他們的需求——你會很明顯地對傾聽他人的問題感到抗拒，這是很自然的。而西藏人有個聰明的辦法，可以對付這種抗拒感。」

「什麼辦法？」她問。

「把它變成某種遊戲。你那位想要談她老公的同事叫什麼名字？」

「瑪莉。」

「好，她叫瑪莉。現在，聽著，我們對自己都比對別人感興趣得多。這是個幾乎無法破除的習慣。所以，連試都別試了。

「你就繼續把焦點放在伊莉莎白要什麼，只不過要先和瑪莉交換名字一下。」

「交換名字？」

「是，交換名字。現在，伊莉莎白是瑪莉，瑪莉是伊莉莎白。換了名字之後，你只要把焦點放在伊莉莎白要什麼就好了，這會讓坐在那裡仔細聽同事說話變得輕而易舉。」

「嗯……感覺滿怪的。」伊莉莎白挑了挑眉毛說。

「很怪但有效，試試看吧。」我說。

「那……如果我很認真很專心地聽……聽『伊莉莎白』說話，也就是上班時間和我坐在咖啡館裡、講她和老公的問題的那個人，這樣怎麼種下讓傑若米突然想和我去上瑜伽課的種子？」

「就是這樣種沒錯。換言之，最後他就會聽你的。因為你藉由聽別人說話，種下了讓他聽話的種子。」

伊莉莎白點點頭，彷彿這一切很有道理。這一切也確實很有道理。接著，她的表情閃過一抹烏雲。

「但如果我能藉由改變自己的行為來改變傑若米對我的態度……」她停頓一下。

她吞了口口水，才接著說完：「那就表示他的行為，他成天坐在電視機前的表現，一直以來都是因我而起。」

「是。這就是說，任何時候，我們身邊的所有人事物都源自於我們：一切都是我們自己的錯。但這也意味著，一切好事也都源自於我們。這又更進一步意味著，我們每個人都有改變全世界的力量。」

PART 18

睡眠問題

Sleep Problems

35 問題

我先生和我喜歡睡同一張床，但我們常常無法整夜好眠。他需要起床上廁所，或（根據他的說法）我會搶走他的被子，又或者我們其中一人會鼾聲大作。業力種子能改變這件事嗎？

種子能改變一切，而且除了種子之外，沒有什麼能改變任何事。

到了這個節骨眼，有一個道理你真的需要掌握到，而那並不容易。種子能改變一切，而且除了種子之外，沒有什麼能改變任何事。這是說，除非有種子讓它發揮作用，否則沒有任何東西造就得了任何事情。而如果我們沒有讓它發揮作用的種子，就沒有任何東西造就得了任何事情。這是一定的，一切的一切皆如此。這意味著我們當然能讓你們兩個在同一張床上獲得一夜好眠。沒問題的，只要種下必要的種子。接下來則要從針對問題的本質、用一句話說出來開始。這是我給菲莉絲的挑戰。她和她先生傑西和我在法國中部布里夫的一家小咖啡館會面。他們剛從法國鄉間度假回來，在幾乎三週無法好好睡上一覺之後，這對暴躁的夫妻再也受不了彼此，這次假期因此提早結束了。

如果你有過一樣的處境，就知道在當時你甚至看不清情況有多糟，

因為睡眠不足讓你連自己的頭腦有多混沌都不知道。在一段感情當中，睡眠不足不只麻煩，還會在雙方都沒有察覺的情況下，危害你們的整個伴侶關係。

菲莉絲停下吃巧克力酥皮麵包的動作，傑西則禮貌地盯著自己的可頌，但他的耳朵顯然豎了起來——他肯定希望問題能解決，最好就從今晚開始。

她開口了：「我猜，你可以說我想好好睡一整晚，不要被打斷。但說真的，重點無非在於『不要被打斷』。」

問題二十三已經談過何以我們都需要一些不被打斷的時間。我們說，一段時間不間斷的專注就像健康的食糧一樣重要，它能維持內心狀態的快樂與平衡。但現在讓我們特別針對談話的進行來探討這一點。

我說：「睡眠一直被打斷是很嚴重的。長此以往，誰都會不高興，誰都會變得不講理。」傑西立刻抬起頭來，但他有把話吞回去的智慧。

「是。」菲莉絲回應道。

「所以，讓我們來找出原因：某件比較輕微的……」我引導她。

「某件比夜復一夜被吵醒還要輕微很多的小事。」她附和道。

「對。」當一個人停下來，眼神放空出神地找某件事真正的原因，接著他想到自己可能就是原因，臉上因而出現心虛的表情時，你就知道他開始明白業力種子是怎麼回事了。菲莉絲瞄了傑西一眼。

「我常常打斷別人。」她說。

「事實上，我們倆都會。」我看到她腦海裡又閃過一線靈光。

「兩個人能一起種下種子嗎？」她問。

「能也不能。我是說，沒有人能為別人種下種子。如果那是可能的，我上星期就不用讓牙醫鑽我的牙齒了。」

「怎麼說？」傑西問。我看得出來，他越來越投入這個話題了。

「我是說，截至目前為止，世界上有過很多好人，對吧？」

「嗯，當然。」

「我是說，在這個世界上，一定有一些很好的人，已經參透了業力種子的道理，比方很久很久以前就有人說：己所不欲，勿施於人；種瓜得瓜，種豆得豆；諸如此類的。

「而如果有可能把自己的種子給別人——從你的心識裡挖出一個種子，交到別人手裡——那這些好人早就這麼做了，對吧？」

「似乎是這樣沒錯。」

「而如果這些活在過去、或者現在活在我們周遭、心地真的很好的好人，從我們的心識裡把『被牙醫鑽牙齒』的種子挖出來，或者把『健康牙齒不需要被鑽』的種子種到我們的心識裡，那我上週就不用去看牙了，對吧？」

「對。」

「但我確實得去看牙，這就證明了他們不能那麼做，誰都不能，種子不能共用。」我下結論道。

「但事實上我們倆的睡眠都被打斷了，這難道不意味著我們共有一樣的種子嗎？」菲莉絲問。

「你們可以雙方都有一樣的種子，但那並不表示你們共有同一個種子。我的意思是，假設有個朋友來家裡和你們吃晚餐，想要告訴你們她上次度假的事，但你們倆都一直打斷她。最後她終於放棄了，而且被迫要聽你們想談的任何東西。

「我是說，假設你們甚至沒有注意到她有話想說，而且是沒有一起注意到。

「那你們就都各自在心識裡種下了類似的種子，之後這個『受到嚴重干擾』的種子成熟了，接下來……」

「接下來，他就半夜爬起來上廁所，或者我就把他的被子搶走。我們在同一時間各自種下的種子，讓我們各自發生被打斷的情況。」

「沒錯。」我停頓一下，再說：「所以，你們或許可以從和別人交談時全神貫注地注意對方表情開始。不要放過任何他們可能試著要說什麼的線索，並且在他們很顯然已經把想說的話都說完之後，你再開口講自己的事。如果你們很有自覺地種下這個種子，這個新的『不被打斷』的種子將深植在心識裡，讓導致睡眠被打斷的種子發生短路。」

他們雙雙沉默下來，我看得出來菲莉絲和傑西都受夠睡眠不足的疲累了，他們很願意有自覺地努力不要在別人講話時打斷對方。看起來，他們也像是準備好可以做感恩禪修了——那是西藏一種古老的修行法，是治療失眠的妙藥。

於是，我說：「還有一個祕訣能讓你們晚上睡得非常之好。」

「什麼祕訣？」他們異口同聲問。我指著他們面前的兩張空盤子，剛剛那兩種銷魂的法式點心現在只剩碎屑。

「只要想想這兩種點心花了哪些工夫。你們知道，幾個月前，我聽人說巴黎有一家叫做『聖母磨坊』的甜點店，他們有世界上風味最佳的可頌食譜，而且他們剛剛出了本法式烘培食譜書，裡面就有介紹。做可頌似乎太難了，連茱莉亞・柴爾德的食譜都不敢嘗試去教。

「於是，我搭上一輛計程車，把地址給司機，我們開了將近一小時才抵達這個地方。我問他能不能等我一下，他說好。進到甜點店，他們把那本書賣給我。我把書塞進我的肩背包裡，順手外帶了兩個可頌。

「回到計程車上，我本來想把其中一個可頌給司機，但他給我一個很不高興的眼神。他拒絕收下可頌，開始長途跋涉開回去，還嗤之以鼻地說：「你知道巴黎還有其他甜點店，你把我一路弄到這裡只為兩個可頌？」

傑西笑了，他說：「講得好像巴黎每個轉角都有一家甜點店。」

「是啊。於是呢，我回到家，很想試試這個可頌食譜。但首先我必須把那上面的法文一句句打進谷歌翻譯器，變成英文我才看得懂。然後我坐下來，為我的早餐做一個可頌。

「只不過，它變成了我的晚餐。」我轉頭面向傑西，說：「我的意思是，你知道你剛剛花五分鐘解決掉的可頌要多久才做得出來嗎？我們說的是花一小時在雜貨店買齊所有材料。你回到家，把麵團揉出來，坐著等它發酵，等兩個小時。然後，你把麵團移到冰箱裡，再等半小時。

「把奶油攤平，弄成一大片扁平的方塊狀（喂，我們這裡說的是超過四分之一磅的奶油，一爐的可頌就要用掉這麼多）；把麵糰桿開，沿著剛剛攤平的奶油捲起來，折成一個特殊的樣子——再放回冰箱裡，等半小時。

「再把麵糰桿開，切成三角形，揉出可頌來，刷上一層蛋汁，坐下來再等一小時，讓它再發酵一點。

「坐在那裡等可頌烤好，因為你要看它們是否變成不對的顏色，若是如此，你就得試著調一下溫度。出爐之後，坐在那裡等它們冷卻。我和這些可頌搏鬥了六小時之久！」

「哇！」傑西說。他看起來有點為自己那麼快就吃掉而害臊。

「所以，這家店裡有個人……」我伸出手朝四周概略地一揮說：「天還沒亮就起床烤你這個可頌。有個人到店裡去把新鮮的材料買齊。有個人把這些材料從送貨車上卸下來；有個人負責把送貨車從倉庫開過來；有個人在倉庫那裡把貨搬上車子。

「有個人開了一輛卡車把小麥從磨坊運到倉庫，在那之前則是農場；有個人在烈日或大雨之下收割小麥；有個人把小麥種下；有個人犁田；有個人澆水施肥。

「而這只是麵粉的部分而已，其他所有食材也是如此。我是說，你剛剛狼吞虎嚥吃掉了其他人一年的苦工，想都沒想過他們。」

傑西歪著頭。

「所以這跟禪修有什麼關係？」菲莉絲問。我點點頭，說：「所以，例如在上床睡覺前，你一屁股坐到一張躺椅上，或直接坐到床上，心裡想一件你今天吃過或用過的東西：可頌啦，車子啦，房子啦，都可以。

「然後一個個去回溯所有花了苦工把這個東西帶給你的人。在你心裡，感謝一下銷售員，站在車行外頭的太陽底下展示車子給你看。感謝一下駕駛員，開那種很危險的、載運汽車的大貨車，把這輛車送到車行。感謝一下作業員，成天站在車廠生產線前，把汽車的每一個零件拼湊起來。感謝一下做出那些零件的人。

感謝一下鐵工，看著各個零件賴以鑄造的鐵鎔化。感謝一下礦工，冒著生命的危險把鐵礦挖出來。」

「可是他們都領了薪水啊……」傑西開口說。我不耐煩地打斷他。

「他們都付出了一小時又一小時的生命，做出你需要的這個東西。」我輕聲說：「不管是誰，不管多少錢，都不能把這些時間還給他們。他們為我們貢獻自己的生命，我們才能過生活，才能坐在這裡享受一塊麵包。

「所以這是一種禪修，而且是真正的禪修。就這個禪修而言，你不需要盤腿坐在那裡瞪著牆壁。只要在床上放鬆地慢慢回想，幾乎是很奢侈地回想，一個個貢獻生命讓你今天能過日子的人。感謝他們每一位。

「當你熟練以後，這條人物鍊會越變越長。要做出這個可頌，相關的人不只一打，而有成千上萬：有工人鋪路，送貨車才有路可行駛；貨車的引擎要有人維修；一開始要有人買下這台車。

「而心懷感激的態度除了是人類最高貴的情操之外，它本身也能帶來很大的平安。每一次你停下來謝謝某個人，你的心就會變得更柔和，更充滿平安。

「接下來就把頭靠上枕頭吧。你甚至可以在枕頭上繼續感恩禪修，但想不了太久，你就會平靜地沉沉睡去，一覺到天亮，醒來時覺得內心安寧、思緒清晰。」

「所以一共有兩種種子。」菲莉絲看出來了。「一個是睡眠不被打斷的種子，一個是讓你睡得安穩的種子。」她瞄傑西一眼，傑西已經滿面笑容了。我們點了更多點心，好讓他們有更多人可以感謝。

感恩的心讓我們非常、非常快樂

問題 36

我先生和我睡同一張床，但我們的睡眠週期不同，所以常常很麻煩。我喜歡晚睡晚起，他喜歡早點上床、日出即起。他不想吵醒我，但在我想起床之前，我很難不聽到他在用電腦或在家裡走動的聲音。就業力而言，我們要怎樣讓雙方的睡眠時間更一致？

如果這是一本一般的兩性關係建議書，我要嘛會告訴你，你應該塞耳塞而他高興什麼時候起床就什麼時候起床；要嘛就是他醒來後應該在床上乖乖躺著，直到你想起床為止，他甚至可以利用這段時間禪修一下，例如我們剛剛談到的感恩禪修。

但這樣無非又是一筆鑽石交易：兩個不好的選項。我要你習慣從一個全新的角度看待問題。不要假設問題在那裡，而你們倆必須做出艱難的決定，看是誰能按照自己的意思，誰又要好心一點對另一個人讓步。

愛的業力法則完全不是這種愛人法。

話說回來，幾乎每星期，全球各地都有人問我這個問題。我猜很多人真的很喜歡晚上睡覺時旁邊有個溫暖、深情的伴侶，即使兩人的睡眠不同調。我們含糊應付這個問題，因為夜裡隨時有人可以抱抱值得犧牲掉一、兩小時我們真的很想要的睡眠。

「但為什麼不兩者兼得呢？」我問克莉絲。我看得出來她麻煩大了，她的黑眼圈又深又濃。

「什麼意思？」

「意思是既有湯姆整夜睡在你身旁，又能好好睡上一整夜。」

「可是，我是說，睡眠週期的問題……他喜歡早起，我喜歡晚睡。」

「所以我們要讓你們倆接近一點。」我說：「我們想讓他晚點起床；我們想讓你早點上床。」

「可是我不想啊！」他們異口同聲說。我們三人都笑了。我很高興他們笑得出來，因為這代表

問題還沒嚴重到他們開始互相怨懟的地步。他們只想解決問題。

「但如果有什麼辦法能讓你們倆的作息合作無間，問題不就解決了嗎？」我堅持道。

克莉絲和湯姆看看彼此，點了點頭。

「好的。所以如果必須用一句話說……」

「我們要作息互相搭配，就這麼簡單。」湯姆把我的話接完。

「好的，所以這是一個時間的問題，對吧？」我回覆道。

「是的。」克莉絲說。

「所以你們兩個必須種下讓時間更剛好的業力種子。而由於正常來講，我們唯一能夠種下種子的地方就是藉由和別人合作，所以你們兩個都要更注意你們和別人的時間。」

「了解。不過，可以給我幾個例子嗎？」湯姆說。

「我喜歡稱之為『把你的天線立起來』。你們倆都要去注意，就時間上而言，有什麼可以幫助別人的地方。某個同事今天需要準時回家，因為他的小孩要打一場重要的棒球賽，你就在老闆要他加班時提議幫他代班。

把你的天線立起來

「和人約見面時，要讓對方知道你什麼時候到；要準時，一

坐下來之後，則要試著找出對對方來說什麼時候離開最好，這樣他才能去做今天接下來要做的事。準時或提早一點繳帳單。為你所做的每一件事或每一趟車程多留一點時間，這樣如果別人需要趕在你前面，你就可以讓他們先走，或如果有人在路途上碰到問題，你就可以停下來幫個忙。

「和人談話當中，也要很注意時機。如果有什麼他們現在就需要知道的事，你就現在說。如果有什麼事他們晚點知道比較不會受傷，那你就先等一等。」

我停下來，想了一下，再說：「說到底，這一切都和古西藏一種很酷的禪修脫不了關係。這種禪修叫做『吉密丘，達密蘇』（Je Michu, Dun Misu），意思是『活在當下』。」

「那是怎樣的禪修？」克莉絲問。

「好的。一開始，就像所有的禪修活動一樣，你要先讓心靜下來，注意自己的呼吸一會兒。有點像是你要從車道上倒車出來，剛把車打到倒車檔，在換到前進檔之前，需要讓它暫時停在空檔至少一秒鐘，否則……」

「否則就會熄火。」湯姆哈哈大笑說：「我弟有一次開我媽的車就出這種包。我們開在高速公路上，他猛地一推排檔桿，車子就動彈不得了。場面可不太好看。」

「沒錯。」我說：「如果你想改變方向，就要先把車打到空檔。如果你要轉向內在、進入禪修，就要先把心思放空。所以，首先你要數息，這只是暖身，它本身不是目的。」

「為什麼不是？」克莉絲問。

「這裡我們談的是『內容』。禪修的重點在於無論你的腦海浮現什麼人事物，都是在心之鏡很平靜的狀態下映照出來的。畫面在那裡顯現，就像你把相機拿穩時，鏡頭打開把畫面捕捉下來。

「把心思放在呼吸上，有助於讓念頭慢下來、漸漸放空，但目的並不是要把呼吸的畫面捕捉下來，終其一生留在心裡。你讓心思慢下來，然後再轉移到別的地方，別的更強而有力的地方。」

「像是什麼？」湯姆想要知道。

「心思隨著呼吸平靜下來之後，就轉換到另一個甚至更有幫助的禪修活動上。為了這麼做，你要把心思分一小部分出來。就個人而言，為了有助於這麼做，我會想像這一小部分的心思往後退幾吋，退到腦袋後面一點，這一小部分的心思就可以開始觀察大部分主要的心思。」

「觀察什麼？」

「以目前而言，你只要學會退開來觀察你的心在想些什麼。就像看著兩個人對話，其中一人正在聽另一人說話。這時，你不用對自己的心思做任何事。不下論斷，也不試著以任何方式改變它。只是看著你的心在想些什麼。

「進入狀況之後，就開始做問卷調查——類似在街上擋住路人，問他們要投票給共和黨還是民主黨。只不過在這裡我們要調查的是心裡浮現的念頭，看看我們的心在想之前已經發生的事，還是之後即將發生的事。

「你會發現——至少我發現是這樣——任何時刻，我們很大一部分的心思不是飄到過去，就是飄到未來。如果前一晚我們看了部電影，那麼我們會看見自己很大一部分的心思都在那部電影上，也就是都在過去。如果今天下午上班時我們要和老闆開個麻煩的會，那麼我們會看見自己很大一部分的心思都在未來。

「就彷彿我們持續不斷地活在對未來的預期或對過去的傷懷裡，我們很少活在此時此地。」

「所以這和讓湯姆晚點上床有什麼關係？」克莉絲問。

「繼續聽我說下去。我們看著自己的心思幾分鐘，看看哪邊贏得選舉：關於過去的念頭比較多，還是關於未來的念頭比較多。讓我們試著釐清自己哪一邊的問題比較嚴重，是困在過去，還是憂慮未來？

「然後我們就知道要先解決哪一個。如果今天——而且這是每天都在變的——我們擔心下午、下週或明年比較多，那麼我們就需要練習斬斷關於未來的念頭。要做到這一點，有一個辦法是來點小小的觀想。

「把注意力放在前額，想像用迷你磚塊在額頭前方蓋一堵牆。磚塊是透明的，就像你有時會看到有些辦公大樓用的那種玻璃帷幕。如果你用的是泥土或水泥，擋在牆壁後面的心思就會一片漆黑，你也會開始覺得有點灰暗。讓這堵牆可以透光，讓一些光線從前方照進來。

「這堵牆擋住所有在此時此刻之後才會發生的事情。任何時候，只要關於下午與老闆開會的念頭試圖冒出來，你就到牆的這一邊躲好，把念頭丟在另一邊，擋住。現在，當你那一小部分的心思在看大部分主要的心思時，只會看到它想著當下或者過去。

「現在，把關於過去的念頭擋住——對很多人而言，這些念頭往往是卡在很久很久以前某人對我們造成的傷害。我們一樣要蓋一堵透明的牆，就蓋在腦袋後方。

「如此一來，你只留下關於當下的念頭。你在這裡，在這個房間，只意識到現在這個當下。接著，一件很奇妙的事情發生了。」

「什麼事？」湯姆問。

「這件事就是：你會突然發現『當下』是一個我們幾乎從來不會待在那裡的地方，儘管實際上我們一直都在那裡——至少人在那裡。我們總是在苦惱之前某個人對我們做的某件事，或擔心未來的某件事會不會發生。

「一旦把前面、後面都擋住，我們突然就可以只在此時此地了，而且這是一個很令人放鬆的地方。突然間，我們從期待與憂慮中被釋放出來。突然間，我們可以只沉浸在此刻眼前的愛與美當中。

「這個禪修一樣只是暖身，我們需要把它再帶到別的東西上，和一些真正的內容結合起來。以你們的情況來說，我們要把它和時間結合起來。因為一個百分之百活在當下的人，肯定能更敏銳地察覺在他眼前的人需要什麼，乃至於什麼時候需要——什麼時候需要我們開口，什麼時候需要我們安靜，什麼時候想與我們碰面聊一聊，聊完之後什麼時候想回家。

「很奇妙的是，一個真正活在當下的人，也更能真正地活在過去與未來。他對別人的時間更敏感，更能配合那個時間來讓別人覺得自在。而這就是讓你們的時間互相搭配的種子，你們會看到睡眠周期的問題自動獲得解決。」

克莉絲問：「我們到底會看到什麼？種子成熟時的情況究竟怎麼樣？」我微微一笑，說：「這就是最酷的部分了。不用去猜種子要怎麼成熟、時間要怎樣突然之間搭配得天衣無縫，你們大可把這些都忘掉。我是說，我知道我們談過改變你們各自的作息——克莉絲早一點，湯姆晚一點——但事情不需要這樣解決。

「關於這些種子，其中最令人振奮的一點就在於：一個種子成熟時，會在其他無數種子所織就的脈絡中開花結果。這些種子都早已等在那裡，一旦成熟就會奇蹟似地完美配合在一起。這是種子的本性。當這個時間的種子成熟時，過去無數時刻產生的無數條線，將會織就出嶄新的、截然不同的克莉絲與湯姆。

「所以，只要放輕鬆，不用試著猜測或預測新種下的種子要怎麼解決你們的問題。只要知道它會解決就可以了，什麼都阻止不了。種子通常會在你們的關係中長出一個盡善盡美又出乎意料的篇章。不用知道奇蹟將如何來到，享受這種蒙在鼓裡的狀態。只要等著看它顯露出來——它一定會顯露出來。」

學著跳開來看你的心在想什麼

PART 19

控制

Control

37

問題

我太太是個十足的控制狂。我們在外面吃飯時，她甚至會把菜單從我手裡搶過去，堅持由她來點菜，我要吃什麼也由她決定。什麼業力能讓她鬆綁一點？

這真的是一個令人無奈的經典問題。經常有人問，但我記憶最深刻的是山姆和唐恩。我的意思是，情況嚴重到山姆和我根本沒辦法私下約去咖啡館聊一聊，唐恩想要「加入」我們的談話，「給一點建議」。而我們都知道，結果會演變成山姆咬牙切齒地保持沉默，唐恩則在一邊解釋這何以沒什麼大不了的。一如往常，我先讓他進入星巴克步驟一。

「山姆，用一句話說。」

「唔，她就是想要控制……一切。每一件小事。而我也不是要把她控制回來，只是想讓我們兩個可以……你知道的，民主一點，各自為政一點，雙方都有機會表達自己的意見。我是說，就拿菜單的事來說好了，我甚至不記得點我自己想吃的菜是什麼感覺——很久很久以前，我就投降了。現在我都自動讓她去點我的菜，但同時我從頭到尾一肚子怨氣。然後一天當中有很多時間，我都在消化那股怨氣，盡力不要對她發作。」

「你想和一個不會試圖控制一切的人在一起。」

「正是。」

「好的。那麼，我們要來找出你為自己種下了什麼種子，導致這種情況發生。就某種程度而言，我們要來當一下偵探，因為讓她這麼做的種子會是比她的行為微小很多的事情。

「所以，告訴我，在你的人生中，有沒有試過要在任何方面控制任何人？」山姆出神地思忖起來，停頓了好一陣子，這通常代表已經想到了什麼。

「有，有啊。」他點頭道：「我是指在工作上。我會很頻繁地叫人向我回報狀況，當他們在幫我執行計畫的時候。老實說，我只是覺得有點受到威脅，如果他們做得很好而我沒怎麼參與到的話。

「所以接下來要怎麼做？」山姆接著問：「比方說，我要去跟唐恩懺悔說我自己也有一模一樣的行為嗎？」

「你可以這麼做，但沒有必要。」我說：「金剛法則的系統很棒的一點就是我們不需要和對方正面交鋒，便能解決我們和對方的問題。

運用第三人迴圈

「相反地，你可以運用我們稱之為『第三人迴圈』的概念。唐恩是個超級控制狂，讓我很傷腦筋，於是我對自己的人生稍事調查一番，看看我對別人──也就是除了我和唐恩之外的第三人──而言，是不是個小小控制狂。我很努力地改變我和這個第三人的互動，業力就會迴向到唐恩身上，改變她對待我的方式。

「這最好的是不用和她正面交鋒。你不需要和她談，因為她對待你的方式根源不在她身上，和她談不會有幫助。我是說，你也可以試試和她討論她想控制冰箱門架上要擺什麼的問題，但這恐怕只是白忙一場。

「不只如此，你也不需要選擇任何其他種做法。意思是，說不定你想其他辦法已經想了好幾年，比方你該不該從她手中把菜單搶過來，大叫說你完全有能力自己點一個蔬菜漢堡；或者默默地傳送一波波惡毒的念力給她，希望她突然就能察覺到你的感受。

「在金剛法則的系統裡，我們不理會另外的兩種選項：兩種都不好，因為兩種都不一定有用。我們只管藉由小心不要去控制我們身邊的其他人，來為自己想要的結果種下種子。好好種下，悉心照料，這個種子勢必會長成一個平等對待我們的唐恩。

「很酷的一點是，針對她的過度控制，我們本來要在兩種可能的應對方式間苦思，現在可以省掉那份情緒拉扯與精神折磨，把我們的時間和心裡的空間留給更有建設性的念頭。」

「例如想想我的午餐要吃什麼。」山姆滿臉笑容地伸手拿菜單。

38 問題

我真的很喜歡大概每星期都跟我的姊妹淘出去玩一晚，但我先生好像真的很不喜歡自己一個人被丟在家。有什麼業力解決之道嗎？

在鳳凰城，我們和一些穆斯林朋友舉行的一個敬拜活動上，凱莉問了我這個問題。不用說，她費了好一番唇舌和她先生亞瑟商量，才爭取到來這裡的機會。亞瑟現在則站在點心桌那邊。

回到問題十七，我們談過人的負面情緒大概有八萬四千種之多。我們也提到佛陀把這些情緒濃縮成前十大榜單，以便我們關注這當中最嚴重也最普遍的問題。凱莉的問題排名第八。

「什麼意思？第八名是什麼？」凱莉問。

「是我們所有人都有的一個奇怪習慣。古西藏人說，第八名的情緒問題嚴重到在多數人身上一天到晚都會以某種形式出現。

「比方說，你聽說一個朋友剛獲得升遷，這下子他有更多錢可以負擔自己和家人想要的東西。他們可以把汽車貸款付一付，還可以不時到外面餐廳享用一頓晚餐。

「然而，你非但不為他們高興，反倒還覺得不太高興呢！」我停頓一下，出神地想了一想，輕聲說出我心裡的疑惑：「為什麼會這樣呢？」

「為什麼看到別人發生好事會讓我們不高興嗎？」凱莉問。

「是啊。」我說：「我是說……為什麼會這樣呢？當別人有辦法在這個苦海無邊的世界上找到一點點幸福時，為什麼我們不為他們高興就好了？」

凱莉聳聳肩，開口道：「我猜我們嫉妒吧。」她的聲音越說越微弱，然後她又想了一想，再說：「就某方面而言，這牽涉到一個更根本的問題。我是說，如果我們因為自己得不到而別人得到了就不高興，那一定是因為我們覺得別人和我們沒有關係。」

「怎麼說？」我問。她沉思地說：「我的意思是，如果我在根本上把你當成『外人』，我才會不高興你得到了某個東西。如果我把你當成自己人，甚至如果我覺得我們是一體的，那麼我不認為我還會產生排名第八的情緒。

「也就是說，我和你關係越密切，或者越把你當成我，那麼每當有好事降臨在你身上時，我就會越為你高興。如果情況反過來，我不高興你發生好事，那就代表我把你視為和我切割開來的人。」

我點點頭。我自己都還沒想到這一點。而這又讓我想到十二個世紀以前的一個古老概念——一個關於公敵的概念。

我說：「古時候有個來自印度的佛教聖者，名叫寂天菩薩。他說我們和別人關係越緊密，就越會將世間之苦視為公敵。如此一來，任何時候，在這個世界上若有任何人能多出一絲絲的生之喜悅，對折磨著所有人的苦難而言都是一記重擊。

「能這樣想真的很好——隨時隨地，我們都在和傷害著所有人的那個大大的『苦』字搏鬥。」

凱莉玩味著說：「而以『敵人』來稱呼它，也暗示著有一天可以擊倒它。為每一個人。」

「正是。」我點頭道。

「所以這要怎麼讓我和姊妹淘出去混一晚，回家又不用看到一個鬧彆扭的老公？」她問。

「你知道要做什麼功課。」我答道：「無論你想得到什麼，都要透過先為別人提供一樣的東西來種下種子。無論你不想得到什麼，都要透過停止對別人做一樣的事情來消除種子，而且這指的是一件比表面上細微很多的小事，因為無論在你身上發生了什麼情況，那都源自於你在過去種下的一個小小的種子。」

凱莉想了一下，才說：「所以，一定是在一些很小的事情上，有時候我會因為別人得到他們想要的東西而不高興。於是，亞瑟會因為我得到我想要的東西而不高興，也就是『和姊妹淘出去玩一晚』。」

「沒錯。」

「所以我得好好注意平常的生活，看看我自己有沒有在什麼時間、什麼地方也做了這種事。」

我贊同地說：「你可以試試，但我認為如果能從正面一點的角度著手，事情往往有趣得多，也有效得多。在西藏那邊，他們有一種叫做『慶祝禪修』的東西，我想那正是你需要的。」凱莉皺皺鼻子說：「禪修──在冷冰冰的地板上放一個蒲團，盤腿坐在上面，搞得膝蓋又痠又痲。照理說應該要靜下來，但卻更加攪動你的罪惡感：喔！我是個壞人！我今天早上沒有乖乖禪修！」

我笑出聲來；她說的太對了！「這種每天嚴格執行的禪修自有它的好處，就像規律運動一樣。事情是，如果是你熱愛的運動，就比較有可能乖乖去做。或許你可以強迫自己每天做五十個伏地挺身和五十個仰臥起坐，但你會覺得一直重複動作很無聊。也或者你可以和好友到一條美麗的鄉間小路上騎單車，得到的是一樣的運動量，而又有趣得多；『慶祝禪修』就像這樣。

「上床睡覺之前，有很多種真的很美妙的禪修活動可以做，這就是其中之一。所以，沒錯，我們常會因為別人得到了什麼我們沒有的東西而不高興，但這只是一種習慣，一種舊的、習慣性的思維，我們可以扭轉它。

「所以，把蒲團和冷冰冰的地板忘掉吧。下班回到家，好好吃頓晚餐，洗個澡，接下來如果你願意，也可以看點電視。準備要上床睡覺時，坐在床墊邊緣或乾脆靠坐在床上，盯著天花板，讓思緒漫遊。

「只不過，這趟漫遊要漫遊到最近幾天發生在別人身上的好事上。你很高興安妮有一次很棒的約會、尼克在他的職訓課程上表現不俗，還有假期將至，全國人民都可以放一天假。

慶祝他人的成功

「只要一週撥幾天做一點慶祝禪修，你會發現為他人高興變成一個新的習慣了。你會逮到自己在雜貨店裡衝著一個和媽媽逛得很開心的小孩微笑。你會很享受聽到便利商店店員和買啤酒的工人噓寒問暖。你會變成一個比較快樂的人。

「你會睡得很好，因為當你進入夢鄉時，你的心處在一個快樂的境地。起床的時候，你也會覺得內心很安寧。在入睡之際，我們的心格外脆弱而易感。現在，當我們把頭靠上枕頭時，我們有意識地在為他人的好運高興，而

不是在為今天哪裡不順利煩憂。

「這會種下一個讓別人為我們的好運高興的強大種子。亞瑟……」我們看到他離開點心桌，走了過來。「……會開始欣賞姊妹淘之夜所帶給你的快樂。如此一來，等你回家之後還會更開心呢！」

凱莉對亞瑟露出笑容。看來，睡前禪修會比我們預計的更值得慶祝囉！

39 問題

我知道這聽起來很怪，但我太太看我陶醉在某件事情上時，似乎會變得很嫉妒，不管我是在讀書，還是在用電腦。然後她就會想辦法來干擾我，搞得我實在很煩。當我沉浸在某件我很享受的事情上時，要怎麼藉由業力讓她為我高興？

和剛剛凱莉的問題非常類似，但這給我們一個機會更深入一點探討如何耕耘這一類的種子。如你所能想見，這個問題相當普遍，逛街的時候也會發生——伴侶之一想去美食街吃午餐，另一個卻想再花半小時書店看看書或逛窗簾。事實上，就是在一次金剛商業學院的日本行程中，我和提姆正坐在一家百貨公司裡的長椅上，他的伴侶克萊兒則專心在附近一桌花車商品中挑選手套，他問了我這個問題。

「做過任何禪修嗎？」我問他。這時我們靠牆而坐，後面鋪天蓋地都是Hello Kitty的俗氣裝飾。

「很久以前學過一點超覺靜坐（TM），現在偶爾也會做，幫助我讓思緒平靜下來。也接觸過一點禪（Zen），這確實教我坐得很定。最近則嘗試了一點內觀，這讓我在心情開始沮喪時能夠緩一緩，例如在工作的時候。」

「好的。」我說：「這些都是好的開始。根據我的觀察，有過諸如此類經驗的人，要銜接到傳統的禪修時絕對會做得比較好；傳統的禪修更著重在內容上。

「所以，我建議種下讓克萊兒知道你正陶醉於某件事時會由衷為你高興的種子——即使當下令你陶醉的不是她或她正在做的事。你可以藉由一種很傳統的西藏禪修來種下這個種子，這種禪修叫做『施與受』。」

「好……」提姆說。但他慢吞吞的說話方式告訴我，他是那些對禪修不太起勁的人之一。我覺得很可惜——我是說，一開始，我們西方人徹底沒有禪修這種東西，接著有一些關於禪修的教學傳到我們國家，但不知怎地，禪修只是變成我們異常忙碌的生活中另一件要忙的事。在這個節骨眼上，我覺得需要向提姆澄清一些事情。

我說：「但首先請了解一件事，關於所謂的禪修，不要把它和燃香、坐在地板上、努力忽視膝蓋痛聯想在一起。我們要做的是營造一種對你來說很享受的氛圍，讓你可以把思緒放掉——讓它翱翔。

「說到『禪修』，我要你去想當你背靠枕頭坐在床上，讀你所讀

過最好的一本書中最好的部分時是什麼感覺。又或者是在電影院裡，看到你最愛的電影中最棒的一幕，你整個人投入得都坐到椅子邊緣去了。喂，所以你最愛的電影中最棒的一幕到底是什麼？」

「喔，這簡單了。」提姆說：「有一部劇情離奇的電影，叫做《天使之約》。某一幕當中，男主角在森林裡昏倒，被這個天使救起來，當他在醫院醒來的時候……」

提姆突然停住，一臉傻笑盯著天花板，回味他看過最棒的電影片段。

「就是這樣！」我大叫道。克萊兒瞄過來一眼，看看我們是否沒事，然後又繼續埋首在那堆手套當中。

「什麼就是這樣？」提姆問。

「禪修就是這樣！」我熱血沸騰地說：「你是這麼樂在其中，你的心深深地投入進去，讓你甚至忘了自己前一秒在說什麼。」

盯著天花板就可以是禪修

「我們剛剛在說什麼？」提姆問。他瞬間回到 Hello Kitty 的粉紅世界來。

「在說要怎麼讓克萊兒樂於見到你很投入某件事，而不會想從中作梗。」

「好的，是啦，某種禪修……」

「沒錯，『施與受』。其中『施』的部分能幫助你種下改變克萊兒所需要的種子。

「所以，話說回來，讓我們在你家弄一個舒服的地點。你下班回到家，換上輕鬆的衣服，吃過一點東西，白天的壓力一一卸下，你坐到你最愛的躺椅上。

「往後靠著，以任何你喜歡的方式把腳縮起來，頭枕著手，盯著天花板——管他的，反正放鬆就好，讓腦袋天馬行空一下。

「一一把你的朋友或同事想一遍，直到想到某個迫切需要某種東西的人。」

我停下來，讓提姆可以想一下。

「好，想到了。」他說。

「你介意我問一下是誰嗎？」

「沒關係，我不介意。是我認識的一個正在待業、感情也暫時空白的人。他似乎真的不知道該拿自己怎麼辦。他變得很厭倦、很毛躁不安，然後開始擔心一些沒必要擔心的事情。」

「好的。很好。那麼你認為他的人生需要什麼？」

「他需要有目標的感覺——一個能讓他忙得很快樂的目標，一件能利益他人的事情。」

「好的。讓我們針對他做一點『施』的禪修：把他需要的給他。」

提姆在長椅上坐挺，我趁他翹起腳來之前抓住他的手臂。我說：「睡覺時間到了，你要讓頭腦放鬆，淡淡地想起這個人。不需要像在喜馬拉雅山上洞穴中打坐的人那樣正經八百。」

提姆露出微笑。他懂了。他把手肘放在長椅的扶手上，身體微微歪靠著，凝視天花板的方向。

我說：「腦海中浮現你朋友的畫面，那位需要活著的理由的朋友。他在臥室裡，準備上床睡覺。他坐在床鋪邊緣，輕輕望著天花板，想著自己的人生。

「你也在那個房間，坐在他對面的椅子上，但你是隱形的，他看不見你。

「現在想像一下，在你的胸腔內、心臟裡，有顆迷你小鑽石散發著柔和的白光。每次你呼出一口氣，這團光球的一道光芒就會上升到喉嚨，跟著你的氣息經由鼻子呼出去。專心呼出長長的氣息，這會讓心思平靜下來，進入禪修。」

提姆點點頭，閉上眼睛。他的呼吸明顯慢了下來。我說：「專注在胸腔裡那團柔和的鑽石光上頭。」有一會兒，他很安靜，接著點點頭。

「現在想像看看，在那道光裡面，有一份你要給這位朋友的靈感——一個關於他的人生要何去何從、又要如何去到那裡的美好想法。」

提姆安靜了好一會兒，然後再點點頭。

「現在，只要呼吸就好，長長的、放鬆的呼吸。那道融入了人生靈感的鑽石光，隨著你呼出的氣息上升到喉嚨。專心想著它從你的鼻腔離開。」

提姆無視於百貨公司裡的人聲嘈雜，跟隨我的指示完成步驟。我說：「好的，現在呼出長一點的氣息。在呼吸的時候，我們通常會想像空氣在鼻腔與肺臟之間進出，但不太會想像空氣離開身體、重新回到我們大家都一起呼吸著的外在空氣中。

「現在我要你專注在那上頭。注意那道鑽石光從鼻腔出去，進入你面前的空間中。試著呼氣呼得更深、更沉。如果能想像著每次呼氣時那道光就在面前慢慢往前延伸一點，你自然而然會呼得更深、更沉。那道光帶著能助你朋友脫困的靈感——過程中，記得時時保有這個念頭。」

提姆甚至更安靜了；我很為他過去試過的所有禪修高興。

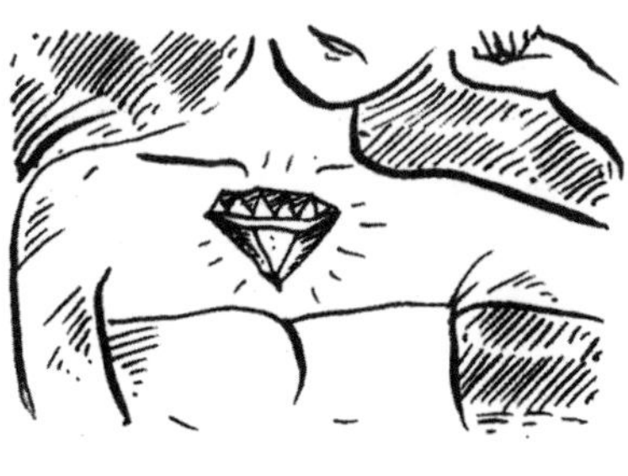

「現在，最酷的部分來了。想像那道光隨著氣息從你的鼻腔呼出去，一路穿過房間，慢慢延伸到你朋友的鼻頭前。就在那個瞬間，當那道光觸及他的鼻子時，他剛好吸了一口氣。於是，這口具有療效的氣息進入他的肺部。

「從那裡，這道柔和的光芒散開，包住他的心臟。突然間，他知道自己究竟想要什麼，又該拿自己的人生怎麼辦了。這就是『施與受』的禪修中『施』的部分。

「現在，眼睛保持閉上，試著體會他的感覺。這麼久以來第一次，他感受到知道要拿自己的人生怎麼辦、知道能做什麼來利益他人的喜悅。

「而就是這個部分將有助於讓克萊兒樂於看到你陶醉在你很享受的事情中。這就是：花一點時間由衷地樂在為朋友帶來喜悅，再很安靜地為他們的幸福高興一會兒。就這樣。」

我盡可能安靜地坐著。我能感覺到提姆更進一步地沉靜下來。我幾乎能看見種子正在他的心識裡種下。克萊兒好奇地看過來，她的眼神不知怎地已經透露出贊許的意味了。

PART 20

姻親

In-Laws

40

問題

我太太常拖我去家族活動，我被迫要和她的父母、兄弟坐在一起，東扯西聊好幾個小時。什麼業力能讓她明白這對我來說有多累，並且偶爾可以讓我待在家就好？

十七號公路上介於鳳凰城和旗竿鎮之間，某個荒涼的地點有家小小的墨西哥餐廳，我在那裡被問到這個問題。山謬和他的伴侶薇芙從芬蘭來參觀大峽谷，幾年前他聽過我在歐洲的一場講座。餐廳老闆是我的一位老友，來自瓜地馬拉，名叫荷西，他對著我的耳朵講悄悄話：「這兩位阿米哥❻不是本地人，對吧？」我微微一笑。

我對山謬說：「有幾個不同的辦法可以用在這裡。比方說，你可以單純種下體貼的種子——讓某個人能體貼你的感受，每當你們在一起做任何事的時候。

「但我覺得如果我們試試另一種角度會更有意思。你知道種子的概念，對吧？」

山謬點頭。一如常有的情形，薇芙一聽到居然會有這個問題，就顯得有點不太高興。但我知道一旦我們的談話進入狀況，她會發現她一樣也能運用種子。這件事美妙的地方在於：如果雙方都明白如何種下和照料種子，那麼他們就會奇蹟似地得到各自想要的東西，即使他們想要的東西看似互相牴觸。

我說：「那麼，讓我們以『美』為例。美的種子是什麼？什麼種子讓我們看見周遭的美，也讓我們在他人眼中是美的？」

山謬說：「嗯，就我的理解，一般而言共有兩大類不同的種子。當你想要某件事在你的人生中發生時，多數時候你要種下的種子道理很明顯。你想賺錢，就先幫別人賺錢。

「然後還有另外一種道理不那麼明顯的種子。以『美』來說，它的種子就很出乎意料：要看見美並且被視為美，我們需要注意自己的脾氣。在一般人容易生氣的處境中，我們越能按捺得住，美的種子就會越強大。」

我點頭說：「對。還有，要記住，美是透過種子回到我們身上的——我們在說的不只是一個人少生氣一點，臉上就少一點皺紋。而是圍繞著我們的整個現實世界實際上都跟著改觀了，之前不美的現在都變得真的很美。」

薇芙點點頭，從她的表情看得出來，她已經掌握到其中的差異了。山謬不太確定，但他會跟上來的。

我繼續說：「所以，現在告訴我，想要『聽見』話語的美和意義，你們猜得到種子是什麼嗎？」

「我不知道你在說什麼。嘴巴中說出來的話要嘛很重要，要嘛就是鬼扯淡。哪個是哪個，界線很清楚。」山謬氣呼呼地說。顯然，他很怕我試圖要說服他好好享受和親戚閒聊的樂趣。

我什麼也沒說，只是從口袋拿出一枝筆，在他面前晃了晃。

「這是關於種子一個很酷的部分，也是我真的很喜歡的部分。」薇芙突然插進來說：「我是指，那意味著每一件事物在我們眼裡的樣子完全來自於我們自己。

譯註：

❻ Amigo，西班牙文的「朋友」。

一切的一切都來自我們自己

「我們倆可能在聽同一個人講話，我身邊的人可能覺得那個人講的話沒營養又沒意義。於此同時，那個人說出的每一個字在我聽來卻可能很深奧、很深刻。很酷的一點在於——也就是『空性』，我想你可以這麼稱呼它，這些話語本身只是一些聲音，既不是有意義的，也不是沒意義的。」她突然打住，一臉敬仰的表情。

她慢慢地說：「也就是說，甚至沒有什麼東西是……它本身，或只以它本身存在。你甚至可以更進一步說一枝筆不是一枝筆。」她望著我，看看我覺得如何。我點點頭，但點得很小心——你可能會產生很多的誤解，這些誤解則可能導致很多有欠考慮的行為，如果你沒能把最後這部分參透的話。

我補充道：「讓我們不要產生偏差的重點在於：直到我們的種子讓它成其為一枝筆之前，一枝筆還不是一枝筆。而種子永遠都是來自與他人分享、對別人好。」

回到山謬——從他的表情看得出來他跟上了我們。他微微一笑，說：「我試試看對不對喔——照這樣推下去，如果我平常注意好好跟人說話，我在生活中聽到的其他話語和聲音就會是美好的、有意義的。每次覺得親戚的閒聊快讓我窒息時，都是我的錯。

「如果想要改善情況，我需要注意自己每天的生活中有沒有什麼地方可以對周遭的人說好話，說話當中多一點鼓勵、多一點體貼。」我感到我們這桌的氣氛整個都變了，變得充滿正面能量。當伴侶們真正明白了種子的道理時，就會發生這種狀況——大家開始為自己的人生負起責任，也有了將人生導上嶄新而美好的軌道的能力。就連在此刻，那份智慧是如此強大，我們這桌的種子每一瞬間都在改變，變得越來越甜美、越來越溫馨。

荷西從櫃檯後面走過來，砰一聲放下一大盤油炸蜜糕，這是一種淋滿蜂蜜的墨西哥甜點，吃它的人沒一個不滴得到處黏答答。

「本店招待！」荷西笑得可甜了。

41 問題

我花了很多工夫讓公婆滿意我和我們的關係，但我先生從來不懂回報。尤其是對我媽，他從來不會表現一點尊重和關心。我需要什麼業力才能讓他看見我們雙方都有自己在乎的家人？

你或許已經注意到這些問題有很多是在餐廳裡提出來的，但我不希望你對我有錯誤的印象，我可不是成天都在吃。我只是覺得當有人需要談自己的感情問題時，配上一杯熱可可或一碗好沙拉往往會比較放鬆。而且在外面可以接觸到人群，我們可以欣賞並感謝一下生命中有他們的存在。

無論如何，我是在烏克蘭的基輔一家很棒的戶外陽台咖啡廳，被米娜問了這個問題。我們到基輔去舉辦金剛商業學院的課程。我把兩位助理趕到另一桌，好讓我們可以坦白地聊一聊。米娜的先生羅柏則和地面工作人員外出，去找那晚講座上的音響系統需要的一種怪電線。我的視線越過米娜，享受著戶外風光。

「那麼，米娜，聽著。關於業力種子，寫得最好的書是哪一本？」

她露出笑容。米娜有個特質，就是她知道自己的專業——她真的下苦功自學，把事情學好、做對。

她迅速答道：「世親菩薩的《俱舍論》。而我們談的主要是第四章的內容。」我點點頭，說：「那麼，在心識裡種下種子有哪兩種最明顯的方式——一個讓我們看見羅柏對令堂多尊重一點的種子？」

「我們所說的任何話或所做的任何事，這是種下種子最明顯的兩種方式。」她倒背如流地一口氣說出來。

我說：「是。而在這裡，我們想種下的種子是……」

「讓他表現出一點尊重的種子。當然，這就意味著，我自己要先表現出一點尊重。」

「對誰呢？」

「唔，可以是對任何人。不一定是對某人的父母，或特別是對羅柏的父母。舉例而言，如果我在工作上注意對主管表現出尊重，那就會種下讓我看見羅柏對我媽尊重一點的種子。」

我點點頭。基本概念她都懂了。但我們還能更進一步。

「是，所以你想一些對他人表示尊重的話來說，或者想一些對他人表示尊重的事來做。但是什麼讓你會去這麼想呢？」

米娜眼珠子往上轉，盯著罩住我們和桌子的戶外大陽傘。她說：「這個嘛，我猜就像世親菩薩書裡說的。我們所說的話、所做的事，都會在心識裡種下種子，讓我們之後看到一樣的事物在身邊發生。

「但在做某件事或說某些話之前，總是先有某種思維狀態：我們『想』怎麼說，或者我們『想』怎麼做。有點像是一個意圖，或者一個動機。」

「而這個『想』的動作種下的種子……」我提示她。

「……是最強大的。」她把話接完。她看著我，眼裡帶有疑問。「所以您是什麼意思？您要我怎麼……『想』？」

我望向外面街上，看著基輔市中心的建築──蘇維埃政權冷戰時期不成樣的建築，混雜著現今新冒出來的一些酷地方，和那些真的很老的古典建築完美融合在一起。

我說：「你說對了。做某些事、說某些話，種下的都是次要的業力種子，但它們很容易執行。我們可以立定目標，每天至少一次，當主管要求我們做事時給予熱情的回應。我們也可以打包票說在接下來兩週，每天上班都早到十五分鐘，並且主動詢問主管當天有沒有特別需要我們做什麼。

「這些都是我們看得見的事或聽得到的話，很容易就能注意自己有沒有做到。而且，確實，如果你說那些話、做那些事，你漸漸就會看到羅柏對待令堂的態度不一樣。」

米娜歪著頭，問道：「那有沒有……任何方式……可以比『漸漸』快一點？」我點點頭，說：

「你剛剛說的沒錯。認真想一下就會發現，任何時候，當我們做任何事、說任何話，都會種下兩個層面的業力種子。因為首先我們要『決定』做什麼或說什麼，而這個決定的動作本身就種下了強大的種子，即使我們甚至沒有機會真的按照自己的決定去做、去說。

「意思是，如果我們先有個意圖，然後按照那份心意來行動，這樣的種子當然強大得多——就某方面而言可以說是加倍的。但當我們修正行動的意圖時，這個動作本身就是一個發生在心識深處的行動。所謂的『心識深處』是一個很接近意念核心的地方，種子本身都存放在那裡。」米娜指指她的頭，但我指指我的心。「西藏人說種子的倉庫、意念的核心，在這裡，在心裡，就在脊椎前面、沿著脊椎而行的一條通道裡。在那地方的深處有一個小小的宇宙，一個不比針頭大的小圓點，佛家稱之為『不壞明點』，裡面存放著所有我們已經種下但還沒開花結果的種子。

「每一年，你大概會在那個迷你空間裡創造出二十億個種子。而在有機會開花結果之前，每一個你所創造的種子每二十四小時力量都會加倍。所以，在那裡有成千上百億的種子，就存放在核心裡。當你『決定』要說某些話或做某些事時，在採取行動之前的瞬間，無數新的種子就會直接注入那個迷你倉庫當中。

「所以，你何以採取某種行動的『理由』實際上比你的行動更強而有力。」米娜點點頭，說：「有道理，而且這也解釋了其他許多事情。表面上看來，人們做了正確的事，但我們不知道他們內心是怎麼想的——為什麼他們會做自己正在做的事，即使他們做的是正確的事。」我點點頭，

等著她繼續推敲下去。她開口道：「所以我……我必須想清楚，每當我表現出尊重的時候，是什麼『引發』了我的尊敬，這才是讓我在身邊看到尊重的根本種子。」

我補充道：「至於比『漸漸』快一點，現在讓我們回到這個特定的種子，這個能讓我們看到羅柏對令堂多一點尊重的種子。你對他的父母表現出尊重會是一個好的種子嗎？」

米娜點頭，但她已經體會到更深一層了。她的眼神亮起來，我知道她明白了。

「對他們表現出尊重是很好，比方說，在他們生日時送個很不錯的禮物。在跟他們說話時表現出尊重也很好，比方每次見面都很親暱地以『爸』、『媽』來稱呼他們。但我怎麼『想』他們……」她張口結舌地停在那裡。

「可是我不尊敬他們啊。」她脫口而出道：「我想要表現得很尊重他們，我想要看起來像是尊重他們的樣子，但內心深處我並不真的尊敬他們。」

她出神地望向陽台後方的一排樹，輕聲下結論道：「而這是羅柏不尊重我媽真正的原因。」

我說，認清真相是好事，但如果我們不加以運用，真相的意義就不大。

我問：「為什麼你不尊敬他們？」

「呃……我猜……我猜我沒認真想過。」米娜招認道：「我是說，如果我認真想一想，他們其實有很多值得尊敬的地方。但我想最主要的一件事是他們有多慈愛——我很讚賞他們對每一個人的慈愛。」

這就是了，我們終於找到了。尊敬的根源就在於愛。「所以，米娜，你有什麼行動計畫？」

她微笑道：「什麼計畫呢？嗯……我猜我要繼續去想他們令我尊敬的原因——真正由衷的尊

敬，出於對他們的愛而產生的尊敬。我必須『愛』我公婆，真心的愛，不只是口頭上或行動上的愛，而是在我最私密的念頭裡，在種子的針頭型迷你倉庫裡。

「我必須像愛我媽一樣地愛他們……然後羅柏就也會愛她，而我就會看到他尊重她。」

我們把拿鐵喝完。我把助理集合起來，大夥兒一起朝基輔的市中心廣場走去。我要買點特別的小東西，回家後獻給那位讓我種下種子的老太太。

PART 21

平等

Equality

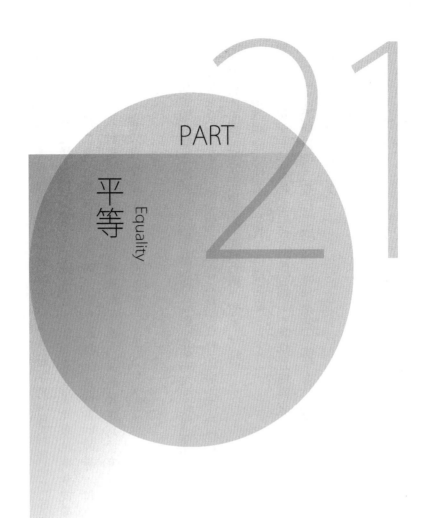

42
問題

我覺得我和我伴侶的關係完全是不對等的。就財務面而言，他可以問都不問我，就這樣出門去買了一臺汽艇。但如果我沒先跟他商量就帶一件新衣回家，他會很生氣。我瞄都不能瞄一眼餐廳裡坐在鄰桌的帥哥，但他隨時都能叫我看走在人行道上的某個迷你裙女郎。在一段關係裡想要有對等的權利，需要的是什麼業力種子？

在金剛商業學院的一次拉丁美洲之旅中，胡安娜問我這個問題。我們坐在墨西哥瓜達拉哈拉一個半開放式禮堂的等候室裡，工作人員正在外面排一千張座椅……我們歷來最盛大的講座之一。我看著外面開滿紫色花朵的巴西紫葳，想了一會兒。

「讓我問你一件事。」我先這樣開場。

「好啊。」她看起來已經有點防備了。我姑且慢慢來。

「你們倆最近去旅行了嗎？」她抬起頭來算了算，說：「差不多在過去兩年內旅行過三次。」

「你們去了哪裡？」

「一次去墨西哥城，然後是哥倫比亞海邊，上次是跑去巴亞爾塔港。」

「為什麼特別是這些地方？」

「墨西哥城是為了看那些古典殖民風格的圍牆花園，門廊有拱門和門柱的那種。我很愛這些地方，也愛通常會在那裡出沒的街頭樂隊。至於哥倫比亞，我們在靠加勒比海的那一邊，參加了一個瑜伽體驗營。再來是巴亞爾塔港，我們出城往北，開到其中一個小型海灘，坐著發呆，游游泳，在那種有戶外廚房的小屋煮了很多東西吃。」

「所以……你們是怎麼找到這些地方的？」

「這個嘛……墨西哥城是因為我姊在那裡。哥倫比亞是因為我有一次去紐約，認識了那位瑜伽老師。巴亞爾塔港純粹是因為我在網路上看到。」

「然後是你做了所有去這些地方的安排？」

「我安排的啊！」她有點驕傲地說：「有時候很花工夫呢！」我點點頭，順水推舟地切入我真正要問的問題：「所以，這些地方都是你挑選的，對吧？」

「當然！向來都是我挑的。」她不假思索地答道。我沉默了一會兒。大致上來說，讓人自己意識到問題所在是比較好的做法。胡安娜突然有點不好意思的樣子。「你的意思是，度假地點、餐廳等諸如此類的地方都由我挑選，種下了某種業力種子，導致……」

「導致你看到古斯塔沃有權決定你們兩人當中誰花錢，以及誰可以看街上某個賞心悅目的路人。」

胡安娜停下來想了一想，又問：「但已經好幾年都是由我決定度假地點，這樣是多少種子？這些種子的效力會持續多久？」

她真的很聰明，而且有副好心腸，所以我就直言不諱了：「好吧，聽著。一回，有個人問佛陀本人，在一定的時間裡，我們種下了多少種子。二十五個世紀以前可沒有時鐘之類的東西，所以一個彈指大概就是你能輕易向人展示的最短的時間。

「佛陀彈了一下他的手指，說：『像我這樣彈一下手指，大概花了六十五個極其短暫的瞬間。每當你做任何事或說任何話時，每一瞬間就種下六十五個種子。』

「所以，想想看，在過去幾年，你或許花了三到四個整整八小時的時段，在古斯塔沃沒得發表意見的狀況下，決定度假的細節。我猜你種了大概……」我停下來，心算了一番，再說：「超過十萬個種子吧。」

「這些種子會結成……？」她挑起一邊眉毛。

「結成不用問過你、由他決定怎麼花錢的業果。」我清了清喉嚨，補充道：「但這樣不一定就結束了。」

「什麼意思？」

「意思是，心識種子很像地裡的種子。種下去之後，假設有水和其他需要的東西，種子就開始發芽、滋長、擴張。西藏經文說，一個種子在種下去到結成你生命中的經歷（例如古斯塔沃怎麼對你！）為止，期間的每二十四小時，它的力量就會增加一倍。」

「所以我會怎麼樣？」胡安娜焦急地問。

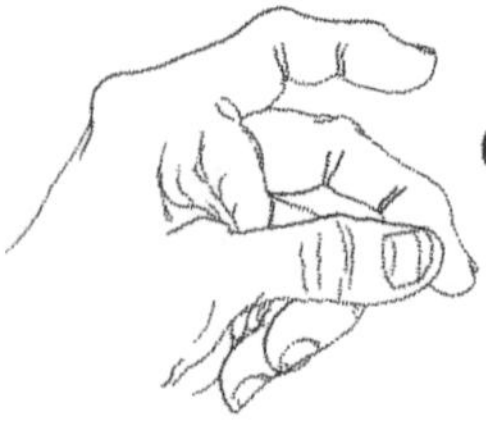

65

心識種子的力量每二十四小時就會加倍

我和緩地說：「唔，這意思是……從過去的幾次假期，你的心識裡現在大概有一億個種子游來游去，讓古斯塔沃在接下來的數十年左右都能決定你生活中發生的事。」

胡安娜有點目瞪口呆，接著她問了我一直在等著的問題。

「呃，所以有沒有任何辦法可以……像是……取消這些種子？把它們從我的心識裡拔除之類的？」

我搖搖頭說：「佛陀很堅持沒人能夠取消心識裡的種子。金剛法則的系統是公平的——完全公平，也徹底正義——不論好壞，你得到的永遠都是你應得的。」

我停下來讓她消化一下，再靜靜地補充道：「除非……」

「除非什麼？」胡安娜迫不及待地追問。

「除非有個辦法可以……有點像是擾亂你的種子，讓它短路那樣。我的意思是，它還是會爆發，但威力沒有本來那麼強大。」

胡安娜搖搖頭，彷彿在說：好吧，說來聽聽。我滔滔不絕起來：「典出一本叫做《開示四法經》的古書，二十五個世紀以前由佛陀親自口授。佛陀的教誨中有四個步驟——所謂的『四力懺悔』，你可以用來對付舊有的惡種子。

「第一力叫做『回顧力』。你只要回顧一下你所知關於種子的一切——種子如何發揮作用？如何創造出你周遭的世界和人們？如果再注入一點堅定的意念，第一力甚至還會更強大。要這麼做很簡單，你只要想著：『如果我想出能用什麼正面的方式來改變古斯塔沃，那我所有的朋友都會從中得到啟發，學我用種子來改變他們的伴侶。最後的結果，就是我會活在一個所有伴侶都平等對待彼此的世界！』

「第二力叫做『追悔力』。你已經具備這種力了！」我開心地向她宣布。

「怎麼說？」

「意思是，一旦意識到心識裡根植著像癌細胞一般增生擴散的惡種子，你馬上就會後悔——希望自己當初沒有種下它。

「但這種後悔並非某種罪惡感情結：『喔，我真是一個糟糕的人！』而是一種很明智的後悔：『我搞砸了，我在心識裡種了這些惡種子，現在我要冷靜地做任何能讓它們短路的事情。』

「這就接續到第三力：『遮止力』。對於打擊惡種子而言，這是作用最大的一股力，所以務必好好記住。而且這只是要你暗自下一點決心，向自己保證今後都不會再種下這種種子。也就是說，你承諾自己下一次在規畫假期時不會遺漏古斯塔沃的意見。」

「嗯……」胡安娜思忖道：「以後所有假期都要這樣嗎？」

「最好是。」我點頭道：「但並不是所有你想削弱的種子都能以此類推。比方說，如果你時不時就會對古斯塔沃生氣，這種下的種子當然一點兒也不好。但如果你針對這個種子立下太超過的誓——如果你發誓從此再也不會對他生氣……」

「那你只會種下另一個惡種子，因為你遲早一定會違背誓言。」胡安娜苦笑道。

「沒錯。」我說：「所以，歷史上的偉大修行者們——那些將四力懺悔的教誨代代相傳下來的修行者——總是告訴我們要設定時限，立下比較實際可行的誓言，例如：『接下來的二十四小時，無論古斯塔沃做了什麼，我都不會對他生氣。』

「而這又讓我們來到第四力，也是最後一力：『彌補力』。」我想了一下，再繼續說：「胡安娜，我不知道墨西哥這邊的規矩怎麼樣，但在美國，我們的小學有一種制度叫做『留校察看』。」

胡安娜搖搖頭，說：「沒有，那是什麼？」

「嗯，這樣啊……我整個初等教育階段碰到的老師都好得不得了，只除了一位：雷利先生。

「雷利先生是我念十二年級時的老師，他是最糟的老師了！他教美國史，我們必須每天聽他上無聊透頂的課，聽他說美國如何發明了世上從沒發明的一切，還有我們國家何以在有史以來每一場戰爭中都完全是正義的一方，諸如此類的。

「我很受不了，所以他講話的時候，我就在書桌底下折紙飛機。」我拿出一張紙，動手把它折成一架飛機的樣子。

「他嗡嗡嗡地說個沒完，而我在想我摺出來的小小噴射機好酷啊！我忘記自己還在上他的課，只是自我陶醉地想：我打賭它真的會飛！

「突然，就在南北戰爭打得如火如荼時，我站起來把紙飛機朝教室前方射過去，正中雷利先生的胸膛。他頓時目瞪口呆，下巴都掉下來了，全班同學的下巴也掉下來了。

「現場一片鴉雀無聲。然後雷利先生怒氣沖沖瞪著我，說了四

個字：『留校察看。』

「意思是，放學後，我必須到雷利先生的辦公室報到，像犯人被拘留一樣，待在那裡一、兩小時，做一些他叫我做的蠢事。

「以那次來說，他罰我在黑板上寫『我再也不會在課堂上射紙飛機』兩百次。然後他要檢查寫得好不好，檢查完之後擦掉再寫兩百次，一遍又一遍，直到我的手都快斷掉了。」

胡安娜點點頭，說：「我們在瓜達拉哈拉這裡也有類似的做法，但這跟讓古斯塔沃對我公平一點有什麼關係？」

「啊，是了。」我努力回到主題，有時這對我而言要繞一段長路。「你需要做一點事後彌補的動作，做一些把已經種下的負面種子給平衡過來的事情。

「請注意第三力是要立誓不再做某件事，我們決心將來會約束或控制自己不再做這種事。

「第四力則是要立誓去做某件事，把惡種子給平衡過來。你已經決心下次假期不再忽視古斯塔沃的意願。現在你必須想一件正面的事，來將你之前的作為平衡過來。

「還有別忘了『第三人』——你用來將惡種子平衡過來的事情，不一定要對古斯塔沃本人做，而可以是對任何人。因為好的種子一樣會迴向到你和古斯塔沃的關係上，只要你懷著將它導向過去的意念。所以……有什麼想法嗎？」

胡安娜想了想，眼神就像禪修或發呆時那樣凝定地放空。

「有了，我想到了。」她果決地說：「我每週會去看我媽兩次，通常會帶點我煮的東西給她。但仔細想想，通常都是我決定煮什麼。不如這樣吧，接下來三個星期，我先在前一天打電話給她，問她要我煮什麼。」

「好極了。」我說。我瞥了瞥窗外，看到外面的空間正在迅速填滿。很快我就要站在一千名西班牙聽眾前，試著談一些會對他們人生有所幫助的東西。我不由得緊張起來。「還要記得把這個種子傳送給古斯塔沃，你才會看到他開始對你公平一點。

「還有什麼問題嗎？」我問。胡安娜微微一笑。她看得出來我的心思已經飄到外面了。她說：「祝你好運！」

我知道這是給我們雙方的祝福，我們倆都有份，很公平。

終止惡種子的四種力

一、想一想筆的概念。回顧一下一切從何而來。
二、下定決心趁種子在心識裡增生之前阻止它。
三、立誓不再犯一樣的過錯。
四、採取一些正面的行動來把種子平衡掉。

PART 22

親密關係

Sex

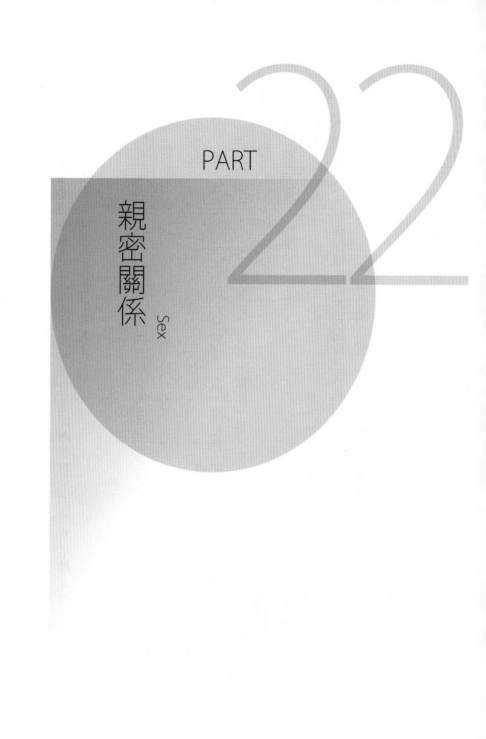

43 問題

我男友真的很喜歡口交，但有時我會覺得那很髒，而且我不確定口交到底好不好。從業力的角度怎麼看這件事？

羅蘋是來自內華達州的一位護士，她來參加我們在北亞利桑那州森林裡的十日密集僻靜會。通常我沒時間一對一和每個參加者會面，但我會試著顧及任何認為自己人生遭遇重大挑戰、現在就迫切需要談一談的人。聽完她的這個重大挑戰，我微微一笑，開始說道：「如果我們聊一聊西藏傳統中的是非觀念，或許會有幫助。接下來，我們可以試著把它應用到你這個特定的問題上。」

「聽起來很合理。」羅蘋贊同道。

「好的。所以你知道業力種子，對吧？任何我們做過的事、說過的話、動過的念頭，都會以種子的方式記錄在我們的心識裡。」

「這點我還滿清楚的。」羅蘋是個直截了當、頭腦清楚的醫護人員，下次有需要時你會想指名她的那一種。

「好極了。西藏人斷定是非好壞的方式很有趣。如果你做的事種下的種子之後會結成傷害你的業果，那做這件事就是錯的。如果你做的事種下的種子之後會結出讓你幸福快樂的業果，那做這件事就是對的。

「所以，一個決定是否合乎道德，直接關係到幸福本身。如果某種作為到頭來會帶給你幸福，那它就是道德的。如果某個舉動不可避免會為你帶來痛苦，那它就是不道德的。」

羅蘋的額頭皺了起來，她試著體會這當中的奧妙。「很有趣。」她開口道：「一般而言，你會認為當某種行為傷害到別人時就是不道德或有違倫常的。但現在你說的是，如果我受到傷害，那才是不道德的。」

「沒錯。」我點點頭說：「但當然這兩者間是彼此相關的。根據金剛法則，做了任何傷害別人的事都會種下傷害你自己的種子。幫助他人也是一樣的。我猜重點在於，如果你知道做不道德的事——傷害別人——只是在傷害你自己，要做合乎道德的事就會比較容易。」

「有道理。」她點點頭，停頓了一下，我可以看到她腦中浮現的問題：「所以這怎麼應用到口交上頭？」

「好的。」我說：「所以，要判斷和男友口交到底好不好，端看口交會不會種下一個將為你帶來傷害的種子。」

「這很難說。」她立刻推敲出來：「要看這個種子種下時有沒有傷害到別人。」羅蘋坐在那裡想了一會兒，然後直接切入諸如此類的討論中最重要的要點之一：「我不認為我男友覺得口交會為他帶來傷害——這一點很清楚。他覺得口交很美妙，他真的很享受這件事。但有很多事情，像是喝酒啦、暴飲暴食啦，做的人雖然感覺很好，但同時也在傷害自己。

「所以，我猜我真正要問的是：我男友很愛的這檔事有沒有什麼壞處？如果沒有，那我很樂意配合，只為了讓他高興，即使我自己沒有很高興。」

我想了一會兒。在接受格西訓練的許多年中，我有機會從我親愛的老師那裡學習成千上萬頁古籍。人們往往會假設，如果在西藏傳統中有超過十萬冊的精采古書，那你所能想到的每一個問題一定都包含在內了。但要從古書上找出對口交的看法有點困難，有時你需要自行把背後的大原則套用在特定的案例上，或者仔細想想你自己的老師可能會怎麼解答這個問題。我決定結合這兩者。

「我想是有好處的。」我開始說明：「同時我也認為可能有壞處。意思是，我認為在某種情況下為你伴侶口交——只因他喜歡——能種下善種子，並且在之後為你帶來更多幸福。但我也能想像在別種情況下，一樣的行為能種下惡種子，並且在之後為你帶來痛苦。

「這是指，經文上說我們要小心會讓人上癮的活動——而性愛讓人上癮的威力很強大。這不是說它是錯的，只是說它威力強大。我們必須小心注意自己做這件事的動機。它的考驗在於，我們會不會因為強烈想要某種形式的性愛而不惜傷害別人，只為了得到它。

「所以，讓你男友高興可以是件好事，但如果你加強他的慾望，讓他變得對口交上癮，那就是壞事了。到頭來，你可能要注意讓他在想要時能保持風度和體貼，並且幫他保持這樣——協助他不要為自己帶來傷害。」

我想了一下，覺得羅蘋已經準備好更進一步了。「但再讓我問你最後一個問題。你知道業力種子，也知道出現在你生命中的人和遭遇都是種子創造出來的。」

她點頭。

「所以，要想看見你男友以尊重而享受的方式看待口交，要種下的種子是什麼？又是什麼種子會讓你看見他上癮，並且很不客氣地向你索求？

我看見她眼裡閃現明白了的光芒。「如果我看見在我生命中有某個人對某件事上癮，那是因為我自己也有這樣的跡象。而如果我看見他們只是很單純地真心享受某件事，那也是基於同樣的原因。」

我說：「意思是，如果有必要，你可以透過改變自己要求別人的方式，來改變他要求你的方式。也就是說，在你要別人滿足你的希望和需求時，要注意自己和他們的互動。要確定你不是單方面地在利用他們，要確定你們為了彼此著想。」

「現在，給我個例子吧。」我看了看手表。「然後我們就該去上課了！」羅蘋想了一下，說：「我辦公室有位女同事，我是她的主管，所以她當然應該要完成任何我交辦給她的工作。但我想有時我逼她逼得有點太超過了——超過為她好的程度，也超過她應該負責的範圍——只因我想在我自己的老闆面前有好的表現。

「所以，就某方面而言，有時我讓她置身在不愉快的處境中……正如同我男友讓我置身在不愉快的處境中。」她了然於心地微笑道。我點點頭。我們開始朝教室飛奔。她已經知道接下來要怎麼做了。

44 問題 從業力的角度來看，最好的節育方式是什麼？

毫不令人驚訝的，這是世界各地的人們最常問我的問題之一。西藏喇嘛——至少訓練我的那幾位——以一種純粹務實的角度看待這個課題。在我看來，他們的觀點也頗為合乎邏輯。這一次，問我這個問題的是一位名叫史帝夫的朋友。我們正行駛在瑞士鄉間的彎道上，要前往蘇黎世一場為銀行家舉辦的講座。他和蘇珊已經結婚了。我知道孩子不在他們的計畫當中，至少接下來幾年是如此。

我開始回答：「我要告訴你我自己的上師是怎麼回答這個問題的。我想這是一個很個人的問題，每個人都必須為自己做決定，而這樣的決定很大一部分取決於你的文化養成和宗教背景；每個人的答案或許各不相同。但我可以告訴你西藏人是怎麼看的，我也確實認為那能給你一些想法。」

「成交。」他點頭道。

「首先，我的上師說避孕沒有錯——預防孩子的形成沒什麼不對。西藏人相信我們在輪迴中活過無數世，每次死亡，我們就進入一個他們稱之為『中有』的靈界，或『中間地帶』。

「我們死後可以在這個情況待上四十九天，接著，如果我們要轉世為人，靈魂就會進入媽媽的子宮，就在受孕的當下進入，當父親的精子與母親的卵子相遇時。」

史帝夫想了一下，說：「根據這種觀點，生命就是在受孕的當下開始。」我點頭說：「對。所以如果你要採取什麼節育措施，那你就必須避孕。在已經受孕之後做任何終止妊娠的動作，都是在扼殺一條生命。」（我們會在問題七十四有更多的討論。）

「所以，讓我們來看看有哪些選項。保險套？」

史帝夫笑了出來。「就避孕而言，一開始就不要懷孕的話，我想保險套是可以考慮的。」

我點頭，等他說下去。

「但不是很可靠。」史帝夫繼續說：「我的意思是，保險套在實際使用上的失敗率大約是兩成，無論是男方使用，還是女方使用。順帶一提，所謂『失敗率』是指使用一年之後，兩成的女性會懷孕，往往是因為用這個方式用得有點馬虎。

如果保險套破裂或鬆脫——這在性交過程中一般會有百分之五的發生機率——那你同時也會暴露在罹患愛滋病或其他性傳染病的風險之下。我是說，值得為幾分鐘的快感賠上性命嗎？

「而如果保險套避孕失敗，真的出了什麼事的話，你就得面臨到是要扼殺一條新生命還是組一個家庭的抉擇。」

「這是一個很重大的抉擇。」我贊同道：「養小孩——照顧一個人二十年左右的時間——可能是所有靈修形式當中最深刻的體驗之一。但顯然那不是你想選擇的方式，尤其不想意外走上那條路。還有別的選項嗎？」

「口服避孕藥呢？」史帝夫問。

「也可以。」我答道：「就避孕而言，一開始就不要懷孕的話。至於失敗率，如果蘇珊願意選擇規律服藥（你也有義務先確認她願意），失敗率只有百分之三那麼低。

「但避孕藥對女性的影響甚鉅，而我認為男性有責任了解這一點，並做出對的事情。避孕藥首先會影響她的荷爾蒙，她會因此情緒不穩，而且對她而言，生命就比較沒那麼舒坦。

「許多女性會因為避孕藥增加體重，這在許多方面則會影響她的自信心。但最重要的，是避孕藥和某些癌症互有關連，也關係到血栓。

「有些女性反映說有胸痛和頭痛的現象；此外，當然，這個方式無法預防像愛滋病之類的問題。

「所以，一樣的，就避孕藥而言，你必須考慮值不值得讓蘇珊承擔這些壞處——你必須為你們雙方著想。」史蒂夫點點頭。「子宮內避孕器呢？我聽過這種東西，但我不是很清楚那是什麼、要怎麼用。」好的。所以你大概在想我怎麼會懂這些東西。我覺得自己還滿幸運的，在出家之前，我過的是一般美國人的生活，一路直到高中和大學。所以除了有 Google 的幫忙（而且我在這裡提供的答案經過了審慎的研究），我自己也並非毫無個人經驗。

於是，我答道：「這樣啊，子宮內避孕器通常多半是一種繞上銅線的小小T形桿，由專業醫療人員置入女性的子宮。科學家不是完全清楚它怎麼作用，但它似乎能殺精，並且徹底預防受精。子宮內避孕器的失敗率大約是百分之一。

「依照西藏人對受孕的觀點，子宮內避孕器是在事前阻止懷孕，所以用這個不會傷害小生命。

但還是會有得愛滋病之類的機會。還有別的方案嗎？」

史帝夫看來有點不太確定。「安全期避孕法？試著非常小心地計算做愛的時間？」

「即使真的很小心，失敗率也有一成或甚至更高。」我做了個鬼臉，說：「成功率不是很理想。但肯定能預防受孕，因為有幾週的時間她是不會受孕的。」

「體外射精？」史帝夫試探地問。

「典型的失敗率是大約兩成五——一年內，用這個方法的人當中，每四人有一人會懷孕。此外，這也無法預防愛滋病和其他性傳染病。」

「事後避孕藥？」他又問。

「這個嘛，醫生建議在事後盡快服用。它們通常是一組兩顆的藥丸，裡面含有高劑量的避孕藥成分，在發生不安全性行為或像是保險套破裂的狀況之後，預防不願發生的懷孕。如果正確服用，八個本來可能懷孕的女性當中，有七人不會懷孕。科學家不太確定，但它們的作用似乎是擾亂排卵，在還沒受精之前，這樣是可以避孕的。也有可能它們的作用是拒絕讓受精卵著床。」

史帝夫開始顯得有點洩氣了。「體外性愛？」

「那是什麼？沒聽過耶。」我問。

「你知道的，就是在外面磨蹭。」他說：「不是真正的性交，所以沒有機會懷孕。」

「任何接觸到陰道外面的精子，即使隔著衣服滲透過去，只有微乎其微的機會進入子宮、導致受孕……所以，要這樣做的話，小心點就是了。」

「當然，你知道的，永遠都有乾脆禁慾這個辦法。」我憶起一次和我在鑽石公司的老老闆的對

話。我們在飛機上，正要飛往日本去和一些客戶合作，他突然轉過頭來對我說：「麥可，我可以問個隱私問題嗎？」

「當然。」我說。我們已經密切合作有個十年了吧，但他向來很周到地不多加過問我的私生活。

「唔，你知道的，在珠寶製作部門有個很漂亮的女孩子——安妮，我知道她一直想設法約你出去……」他起了這個頭。

我轉轉眼珠子。

「是啦，嗯，你好像一點兒興趣也沒有。」他繼續追問：「我只是在想……就是……你是不是同性戀

之類的？」

「老闆啊，只不過不和某個美女出去不代表就是同性戀。」我答道：「我是說，人生還有別的選擇，你知道的。」

他停了好一陣子，然後眼睛一亮，說：「喔！所以是……比方說……你選擇不要有性愛？」

「沒錯。」我微微一笑。如果你能發現禁慾的美妙，這也是一種選項。我說的不是因為異性讓你吃過苦頭，所以你很挫折、很辛酸地拒絕接受異性。我說的是有自覺地選擇清心寡慾一段時間——或許一週，或許一、兩個月——你有機會做愛，但選擇不要。這能成為精神和體力上

不可思議的泉源，也可以是一段從內心整頓自己、在內心找到安寧的時間。禁慾不是唯一的選擇，但只要做得對，它肯定是相當具有啟發性、成果會很豐碩的一個選擇。這是我個人何以這麼有精神去做我向來想做的事的其中一個原因。

所以我在這個主題上稍微逗留久一點，溫和地向史帝夫推銷了一下禁慾，指出這也可以是一個選項。我想，如同多數人一般，他已經開始欣賞禁慾能讓他一陣子不要消耗內在力量的好處，以及如果他可以有一、兩個月不必去想性愛這檔事，他的注意力就能集中得多。

所以，這些就是我對節育的看法——沒有顯而易見、輕而易舉的答案，但關於什麼可能會或可能不會傷害另一份生命，有一些很清楚的指導方針。我們正要停在蘇黎世市中心一間溫馨的餐館前，我要在這裡對銀行家演講。我丟給他最後一點我的上師愛用的想法，作為這場談話的結尾。

「仁波切說過，節育沒有錯，只要你是在受孕前就避免它發生，而不是扼殺一個已經形成的寶寶。」我補充道：「但他也說了別的。」

「他說了什麼？」史帝夫問。

「他說雖然防止一份生命的形成沒有錯，但那仍舊是否決掉某個靈魂獲得生命的機會。他說生命無比可貴，這個機會是無價的。身為一對伴侶，如果準備好要有小孩了，那麼迎接另一份生命來到世上是最大的善行之一。」

史帝夫點點頭，微笑道：「蘇珊和我會對這個選項抱持開放態度。」

45 問題

每次和我先生做愛，他都只顧滿足自己，幾分鐘就射了，彷彿無視於我需要多一點時間的事實。什麼業力能讓他也稍微注意一下我的需求？

我在鳳凰城每月一次的講座中，珊蒂趁中場休息問我這個問題。我們認識很久了，我和她先生史提夫也很熟。他們雙方都不介意和我談，而同樣的問題，我已經被不同的人問過上千次了。

我開始娓娓道來：「還記得我人生第一次去印度，那時印度的環境很艱苦，貧窮到了極點，處處都在挨餓，什麼都不能用。我和一些西藏難民住在喜馬拉雅山腳下，冷得要命又沒有燃料，沒有木頭，沒有煤炭，沒有油，而且到處的交通運輸系統都行不通，有物資也送不來。

「你找不到一片麵包或任何諸如此類的東西。但你能買到未經加工的天然麵粉，西藏人每天早上教我揉麵團、蒸麵包，用的是一個錫罐和幾枝木柴。

「我就這樣過了大概三個月，學習什麼都沒有地過生活，直到回美國的飛機到期前一天，我才趕去新德里，搭乘人力車到機場。我記得登上飛機之後，優雅的空服員送來豐盛的餐點，一切顯得好不真實。

「一回到鳳凰城我媽家，我就去雜貨店買東西。還記得我慢慢走在貨架間的走道上，各種牌子的麵包、數百條的除臭劑，看得我目瞪口呆。

「我走回家，到我媽的房間，她在看電視。怪異的事情發生了，我透過最出乎意料的方式得到了天啟。我媽那時生病，得了癌症，我坐在她床鋪旁邊的地板上陪她。

「電視上有位基督教傳道人，通常我看到這個就會把音量關掉，但那天我偶然捕捉到他在說的話，而他的話聽在我耳裡彷彿天啟，他說：『神不在乎你的心情。神只要你做正確的事』。」

珊蒂很有耐心地看著我，但我看得出來她希望我講重點。我試著加快速度。

我說：「我想，你這個問題的底線是幾乎所有問題的底線。從某方面來說，史提夫在利用你。如同世上每一個活著的人類，他想滿足自己的渴望，而和你做愛滿足了他的渴望。

「我們和別人一起做的每一件事幾乎都是這樣，幾乎所有的人類互動目的都是要從別人那裡為自己得到什麼。

喜歡某件事物並沒有錯，想要得到你喜歡的事物也沒有錯。

「為自己獲取想要的東西並沒有錯。就像享受站在海邊的時光或欣賞一朵向日葵一樣，從伴侶身上享受到片刻強烈的快感並沒有錯。重點是我們『如何』享受。」

「怎麼說？」她問。

「兩個人可以感受到一樣的快感，但對它卻有兩種截然不同的體會。這些對快感的體會決定了快感能持續多久，以及它有多令人滿足。」

蘇珊哀怨地微笑道：「對我來講通常並不很久——從未久到令我滿足。」

「是。」我同意道：「所以，情況是史提夫很享受和你在一起的時光，而且老實說，他可能某種程度地意識到自己應該試著讓你達到和他一樣的高潮。但做著做著，他忘記了，結果變成他單方面為了自己的享受而利用你。這就牽涉到那位基督教傳道人在電視上說的話。」

「怎麼說？」

「你覺得受到取悅的業力種子是什麼？你要種下什麼業力種子才能讓你受到取悅？」珊蒂皺眉道：「這就是整個問題所在。您知道的，我來聽您的講座很久了。我覺得我還滿清楚星巴克四步驟的。我知道我需要為自己想要得到的東西種下種子，我也知道當中的技巧——四步驟讓種子長得更快、威力更強。

「反省一下我的人生，說實在的，我敢說我很樂於照顧他人的需求。我一向很樂意。我知道如果我照顧他人的需求，我自己的需求就會得到滿足。我也確實會去照顧我的父母、朋友，以及與我共事的人。但好像就是沒有回報到我身上啊，這讓我開始懷疑種子的整套觀念。」

我想了想，說：「或者，我們能不能說業果回到你身上了，只是不夠徹底？我的意思是，以史提夫這件事而言，你確實享受和他在一起的時光，是吧？只是從來不足夠，沒有到滿足你的地步。」

「完全正確。」

「所以，我認為答案就在傳道人所說的話當中。你說你樂於照顧他人的需求，但你總是很樂意嗎？」

珊蒂想了想，說：「這個嘛，不是耶。我的意思是，我也不過是個平凡人。就拿我媽來說好了，多數時候我確實樂於照顧她，但有些日子裡，起床之後我可能有點累，就不太想去她家了。」

「這種時候，接下來會怎麼樣？」

「唔，我會打電話給她，編一些委婉的藉口，告訴她我得幫某位同事跑跑腿之類的。」

「那她的感受如何？」

「呃，她當然會覺得失望嘍。我的意思是，整體而言，我們感情很好，而且我知道她對自己的女兒很滿意，她很滿意我這麼照顧她。但只是有時候，她不能得到自己想要的一切……」珊蒂的聲音微弱下來，瞪著天花板沉思起來。

「真的嗎？」她接著問。我點點頭，說：「好啦，這就是關鍵。你想到了一個你只稍微取悅某個人的小例子——你持續地滿足她的需求，但這種持續性時而會中斷。中斷的情況不嚴重，但確實會中斷。

「然後呢，你知道的，種子會增長。你給某人一些小小的中斷，你自己就得到大大的中斷——和史提夫上床永遠得不到徹底的滿足。而為了改變這一點，我認為你需要想一想那位傳道人說的話。」

她引述道：「『神不在乎你的心情。神只要你做正確的事。』我不太懂這要怎麼套用到我和史提夫的事情上。」

「重點在於，服務他人是好事，而且一定會將我們所希求的回報給我們，但如果想要得到徹底的滿足，我們就必須注意自己『為什麼』去為他人服務，否則可能變成會被……」

「被中斷。」她把話接完。「所以如果想要有徹底的滿足回報到我身上，我應該如何服務他人？」

「你說你樂在服務，但有時又不太樂意。而當你不樂意的時候，你就不做了。這讓令堂覺得如何？」

「不曉得。我猜她應該滿失望的吧。」

「那你希望她覺得如何？」

「這個嘛，我當然希望她快樂囉。」

「那你希望她快樂，就像你希望自己快樂一樣嗎？」一陣長長的沉默……我幾乎能聽到她心裡的排檔桿在轉向。

「老實說，不一樣。」她承認道。接著又是一陣長長的沉默。

「我高興的時候就去她家，讓她開心一下。」她慢慢說：「我有心情的時候才去。也就是說，這是一件好事，這是一個善種子，但我只有自己想去的時候才去——當我有心情，以及當我去看她能帶給我好心情的時候。」現在我看到她腦袋裡靈光大現。

我點點頭，坦承道：「一直以來，我都在想這件事，想了很多，因為我自己也有一樣的問題。我到世界各地去，教導大家如何得到快樂，如何得到成功。但三不五時，我需要自我檢查一下。我需要確認我是在為他們服務，而不是因為我當下剛好想要這麼做。

「我的意思是，做你想做的事沒有錯，只不過有時候可能在你不想的時候，別人卻需要你為他做某件事。而你無論如何就應該去做，因為我們有責任讓別人快樂。

「所以就是這種為別人好的感覺，做別人需要或想要你去做的事（基本上，只要是件好事就行），因為這麼做是正確的，無論你自己當下想不想。

「有時候，當你獨處時，當生活靜下來時，好好想一想。想想身邊的人想要麼，想想滿足他人需求的喜悅。考慮把取悅他人當成你的任務，並且為此負起責任，無論你現在是不是『有心情』讓他人快樂。做正確的事，不管你的心情怎麼樣。」

「然後史提夫就會跳脫出他自己，在床上不只是關注自己的需求而已。」珊蒂微笑道。

「我會試試看。」

做正確的事，不管你的心情怎麼樣。

PART 23

自尊

Self-Esteem

46 問題

我男友和我大致上處得真的很好，但他時不時會對我說一些很諷刺的話，像是如果我掉了一個盤子在地上，他就會說：「喔，還真行啊你！」短短的一個瞬間，他就讓我掉進自我懷疑和自信心低落的深淵。我如何能終止這種業力？

我在保加利亞共和國首都索菲亞的一間室外咖啡館，寫這本書的這個部分。前一晚，金剛商業學院的教師群和我在城裡一家大戲院舉辦講座。這天下午，我們則要動身前往烏克蘭。在忙著簽書和回答保加利亞經濟問題的短暫空檔，一位名叫米蘭娜的小姐問了我這個問題。

我開始娓娓道來：「本來我也有一樣的問題。缺乏自信，深怕在眾人面前出錯，旁人隨便一句評語就能讓我接下來一整天過不下去。

「有一次，我接到一通電台的來電，結果導致我自信低落的症狀大爆發。那段時間，我們在當地小學進行一個教學計畫，內容是把西藏寺院裡一種叫做『促帕』的有趣習俗教給小朋友。

「促帕是一種問答活動，西藏僧侶藉以迅速而透徹地學會一件事。對小朋友來說，這種教法比較好玩，因為當你提問和回答的時候要拍著手，前後跳來跳去。

看起來幾乎像功夫，只不過不會打起來。

「我覺得如果能在一所現代的美國學校試試看，那就太好了。而且我們從政府那裡得到補助，可以試行幾個月。」一家電台聽說了，一個談話節目的主持人沒有事先告知，就突然打來給我。

「羅區先生，您現在正在 KSBU 節目線上！跟我們談談您把古西藏教學法引進紐澤西一所公立小學的計畫吧！」

我的下巴掉了下來，我的嘴巴一開一合，卻怎麼也說不出話。

「羅區先生，您在線上嗎？談談您的計畫吧！」嘴巴還在一開一合，還是沒有一個字吐出來。

「好的，各位鄉親父老，看來我們收訊不太好，稍後再回來聽這個故事！」電話喀嗒一聲掛上。

我深受重創，在床上坐了好一會兒，覺得自己什麼也做不了。米蘭娜點點頭，說：「就是這種感覺，連地點也一樣。我會去我們的臥房，坐在那裡。一坐說不定就是一小時，內心充滿絕望，覺得自己什麼也做不好，甚至試都不想試了。」

當場，我真的能感受到那股絕望，一波又一波地從米蘭娜身上散發出來。「所以，是啊，最後我站起來，爬到樓上，跟我的上師說剛剛發生什麼事。我以為他會對我不高興，因為我們很努力地推動這個計畫，而且

還試著要募集一些款項，把孩子們寫的東西印成書。但上師沒有不高興，他帶我做星巴克四步驟……」

我上上下下地挑動眉毛，試圖提示米蘭娜。她振作起來，喊道：「喔！就是你剛剛在台上講的。步驟一是……呃，我猜你想要更多的自信、更高的自我價值，所以這就是你的一句話。」

「是。那步驟二呢？」

「你要在心裡把家人、親戚、朋友、同事統統想一遍，從中找出尋求的東西和你一樣的人，也就是想要讓自己更有自信的人。」

「完全正確。步驟三？」

「帶他們到星巴克！」說完她就笑了，因為前一晚聽眾中有人問了一個老問題——問我是不是持有星巴克的股份。我說沒有，但依照金剛商業學院在這麼多城市活躍的情況看來，我考慮不久的將來要買一點。

米蘭娜繼續說：「帶他們到星巴克，幫助他們解決問題，提供一點建議。」

這時，她停頓了一下，接著說：「可是這樣不會有用，還記得昨天晚上另一個人問的問題嗎？」

我記得，因為是個很好的問題。聽眾中有位小姐想知道我為什麼說帶人到星巴克去、給對方一些關於找伴的建議，就能為她自己種下找到一個伴的種子——因為如果她知道怎麼找到一個伴，她就應該已經有個伴了啊。而直到她有伴之前，她怎麼有資格給別人建議、幫別人找伴？

「那所以……」我慢慢地說：「筆有用嗎？」米蘭娜點頭表示肯定。

「即使你不明白它為什麼有用，它還是有用嗎？如果你甚至從來不曾聽過業力種子？」

米蘭娜想了一下，說：「當然。世上到處都是不知道筆來自於自己心識裡的一個種子，但照樣在使用筆的人。」

「所以，如果你帶朋友到星巴克，給他們一些關於如何更有自信的建議，這些建議會有用嗎？」

米蘭娜認真想了一想，說：「我不確定，但我想答案會是：如果他們有對的種子，那麼我的建議在他們身上就會有用。如果他們沒有，那就不會有用。」

「是。」我贊同道。這就是昨晚聽眾中那位小姐碰觸到的癥結：好吧，假設我不是業力種子這門學問的專家，但我還是盡力在星巴克給我的朋友一些支持。我提出建議，但這些建議不一定有用，因為它們不一定有業力種子當作基礎。而假設接下來我的朋友沒能得到他們所希求的，以這個例子來說，也就是沒能得到一個伴侶，那我自己的種子會怎麼樣？

「無論如何，你的種子都是善種子。種子有九成的力量在意念上，如果你盡最大的努力幫助另一個人更有自信，那你自己就無可避免地會開始覺得更有自信。

「這一點很重要，必須記得。否則我們可能會大失所望，或者不再相信這一套。我們試著幫助別人，因為那不只助人也助己，這是一種雙贏的局面。但如果別人拒絕接受幫助，甚至如果因為我們試圖伸出援手而惹惱了他們，又或者因為他們自己的惡種子而讓我們的幫助起不了作用，那麼我們應該放鬆下來，心裡知道自己已經盡力了就好。我們已經為自己種下了種子，總還會有其他我們幫得上忙的人——需要幫助的人無止無盡。」我們在這裡打住，看著彼此。

「步驟四……」我們不約而同脫口而出，但我感覺這個步驟她不會有問題——步驟四：欣賞自己。

星巴克四步驟，又來了！

一、言簡意賅一句話，說出你人生中想要的是什麼。

二、計畫一下你要幫誰得到一樣的東西，以及你要帶他去哪一家星巴克聊這件事。

三、實際採取行動幫助他。

四、咖啡禪修：上床睡覺時，想想你為了助人所做的善事。

PART 24

樂趣 Fun

47

問題

在我們的感情生活中，我和伴侶以前會有很多火花，但最近一切都顯得索然無味、一成不變。什麼業力能把火花找回來？

金剛商業學院的週末密集課程中，有很多時間是花在分組討論，由我們的資深教師帶領每個小組。一間小小的旅館房間裡，可能要塞進十到十五名我們的工作人員，大家一起籌畫這些小組討論。而教師群的最高指導原則就是：如果你不確定怎麼回答學員的問題，只要說「種子」就對了。

任何問題的答案都可以是：「業力種子！」

所以，當我在法國一座叫做蒙彼利埃的小城，被一位名叫克勞德的朋友問到這個問題時，我就說：「業力種子！」那次，我們受邀去為一千多名年輕企業家演講。

克勞德皺眉道：「但要讓一段關係產生火花的種子是什麼？」之前在問題二十六，我們談過種子如何變老、變舊。「首先，你或者約瑟芬都不必為激情退去感到難過。這不是因為你有問題，或者她有問題，或者你們倆在一起有問題。

「一棵樹長大後，長出它來的種子就沒了。你們剛在一起前幾年的火

花燃燒起來後，製造出這份火花的種子就沒了。很不幸地，這是有史以來每一份感情自然的發展過程。置之不理的話，每一段關係都一定會變老，一定會變得無趣。

沒有任何事物是來自於它本身

「但也別忘了，這種狀況並非來自於它本身，就像一枝筆並非來自於它本身。

而這又意味著，你們的狀況不必如此。如果你知道自己在做什麼，那麼一段關係可以一年比一年更有趣，而不是更貧乏。有可能約瑟芬還是能令你悸動，而你也還是能令她悸動，甚至是在一起十年之後還比第一年更有火花。只不過，你需要種下對的種子。」

克勞德看著我，臉上的表情很有耐心但禮貌地向我暗示著：他很清楚種子和星巴克四步驟的一整套道理。他需要知道的是關聯性。我們之前在問題四十談到過，只不過沒有用「關聯性」這個字眼。它的意思是我們需要釐清什麼種子可以帶來我們想要的東西，當這個種子不是那麼明顯的時候。這讓我想到奧斯陸。

金剛商業學院的工作小組到漢堡的民俗藝術館演講，我們的朋友約翰和力揚從挪威打電話來，問我們能不能抽出一天飛到挪威，出席一場晚間的講座活動。

那天晚上，我們講了星巴克四步驟，然後讓大家問問題。

一個年輕人問：「我要親子！什麼種子可以？」我歪著頭，試圖理解他說的「親子❼」是什麼意思。

「你是說孩子？你想知道什麼種子能讓你有孩子？」我問。在中國，很多人問這個問題，但在歐洲沒那麼多。我開始構思我的答案，想著我要怎麼幫他區分生小孩的有形種子（這比較沒那麼複雜）和無形種子（這讓有形的種子發揮作用）。

「不！不是孩子。是親子！我要親子！」

「那是什麼樣子？」我問。

「親子！你知道的，女生的嘴唇貼在我的嘴唇上，然後……」

「好，好，我懂了。」我急忙說：「你想知道怎樣能讓女生『親吻』你。」

「對啦！」他頓時眉開眼笑。他還以為這是過去幾千年每一本佛教經書上常會見到的問題。我開始絞盡腦汁要想出一個答案。

「有了！管它的，我知道答案！」他咧嘴大笑，說：「我去卡紐漢斯街上的大飯店，走進他們的餐廳，看到女生就親！這樣我就種下很多親親的種子，我的女朋友就會親我了！」聽眾一片歡呼大表讚賞。

「呃，恐怕不是那個樣子。」我說。至於對克勞德，我則說：「你要想想你所尋求的東西本質是什麼。你和約瑟芬之間先前有的火花，本質上是『樂趣』。說穿了，你要的就是樂趣。為了種下這樣的種子，你則需要為別人帶來樂趣——隨時隨地，為你周遭的人。」

克勞德看起來半信半疑。「我是覺得這有道理，但要怎麼做？」

「聽著。」我說：「我們多數人的周遭隨時都有人。不論是朋友、父母、孩子，還是商店裡工作的人，或者我們去了什麼地方接觸到的人，而我們和他們會有互動。

「以到商店裡買東西來說，我們和收銀員有淡淡的互動。我們從推車裡拿出商品來，放在櫃台上，收銀員照理說會抬起頭來問候一聲：『你好！』等我們付完錢之後，收銀員則應該會說：『謝謝光臨！』

「但這樣的互動中談不上有什麼『樂趣』。我看不如你告訴我好了，在這種情況下，你要怎麼給收銀員一點樂趣，為你和約瑟芬種下樂趣的種子？」

趁克勞德在想的時候，容我提一下一件事。我們一直在談星巴克四步驟，當你嘗試用這套辦法達到人生中某個目標時，最好是針對特定一個目標，在特定的某一家星巴克，和特定的某個人合作。

然而，有時你也可以試試不同的策略：隨時隨地和許多人種下許多小種子。一天當中，讓自己不斷、不斷地回到「種下善種子」這個功課上。

「有了，我想到了。」克勞德突然冒出一句。

譯註：

⑦這裡是呈現挪威人英文說得不標準產生的誤會。

「說來聽聽。」

「收銀員在刷我買的東西時，我靠在櫃檯上，告訴她今天晚上我想帶老婆去看電影，我想知道她最近看過什麼好電影，可以推薦給我們。不管她推薦哪部電影，我都說：不行，不行，我們要的是一部無聊的片子，因為我們要在電影院裡面親熱，不想被任何東西分散注意力。」

「啊，我猜可以吧。我想這樣對收銀員來說會比較有趣，可以讓她的日子有點意思。」我迅速回覆道。不曉得為什麼我這週要聽這麼多親來親去的事情。

「然後我可以問她我要挑哪一排的座位，如果我想……」

接下來的談話內容就不必逼你聽完，你已經知道重點了。一段感情漸漸失去火花是人之常情……我的意思是，一旦熟悉了伴侶的一切，而對方也都聽過了你那些故事和笑話，你們的對話可能就會變得有點乏善可陳，更別提親密關係了。

如同許多精神層面的事情，這個問題的解決之道在於讓這件事本身就有樂趣。如果你想讓感情重新燃起火花，只要種下對的種子，永遠不嫌遲。從早到晚隨時隨地，每一次你和任何人有所互動，都要努力讓你們雙方有點樂趣。

接下來，在上床之前，別忘了做咖啡禪修，回顧一下你今天散播的樂趣的所有細節。或許你甚至可以拉你的伴侶一起，到處散播一樣的樂趣。更何況，無論是想種下什麼種子，趁著夜裡的咖啡禪修，提醒彼此你們在這一、兩天內看到對方做了什麼好事，都能讓你們雙方獲益良多。

這是說，如果你們沒在忙著做別的事的話。

48 問題

我很喜歡出門去——去看看新奇的人事物，尤其是到新奇的地方旅遊。但我的伴侶只覺得很麻煩、很干擾。我要怎麼讓我家的懶鬼更有冒險的精神？

佛教有一種很酷的東西，叫做「善巧之道」。基本上，它的意思是拐人去做好事，而當安娜問我這個問題時，我腦海裡浮現的就是這個。那天，我們在布宜諾斯艾利斯現代美術館的等候室裡，趁我演講前，她和電視工作人員剛拍完我的訪談，她還逗留在那裡，想問我她私人的問題。這種狀況似乎常常發生。

「我要怎麼在他身上種下讓他想出門的業力種子？」她問。我開始回答：「關於種子有一件事，就是你無法在別人身上種下種子。所以，就某方面來說，你無法讓任何人做任何事，他必須種下自己的種子。」

安娜皺眉道：「可是我以為他來自於我。如果他來自於我，那麼我就能種下讓我看到他更積極好動的種子。」這次換我皺眉了。「你可以改變自己怎麼看他，但當你說要在路易士身上種下種子時，我們說的是他要怎麼看自己。」

「這兩件事不是一件事嗎？這兩件事不是相輔相成的嗎？」

「一點兒也不是。某位電影明星或政治人物在我們眼裡可能從容不迫得很，但在他們眼裡卻覺得自己整天都在恐慌發作。」

「所以他覺得自己有多積極好動是我改變不了的？」

「我沒這麼說。你不能為他種下種子，但你可以教他如何為自己種下種子。」安娜大力搖頭。

「這種事永遠也不會發生。我試過好幾次要讓他對業力種子產生興趣，但他就是不吃這一套。」

「那就拐他啊。」

「拐他？」

「是。前陣子我碰到一個類似的狀況。有位太太的兒子智能不足，她想知道怎麼幫助他，但當我告訴她，他必須自己種下種子，她臉上就浮現絕望的表情。

「我跟她說，沒問題的，他只要去幫助其他有一樣問題的小孩就行了。說不定可以收集一些玩具，帶到醫院，分給其他小朋友。

「她說他連自己去醫院都辦不到，更別提分玩具了。我告訴她，只要帶他到醫院，讓他坐在別的小朋友面前，用她的手去抓住他的手，一起拿著玩具交到那位小朋友手中。接下來，再換另一位小朋友。

「他會種下一些種子。不是出於他自己的意念，之後也沒有咖啡禪修來讓他回顧一下自己的善行。但卻有實際上的行動，而這在種下種子上占有一大部分。

「每一個透過這種方式種下的種子，都讓他的心、心智和生活能力起一點點變化。這些種子不斷累積，每一次的醫院之行都變得更有覺知、更有目的。等時候到了，他的心智就會有進展了。」

安娜點頭說：「對路易士，我也用一樣的做法？用我的手抓住他的手，拐他去做好事？那他應該做什麼事呢？」

「他是個電腦高手，對吧？」

「是，這也是問題的一部分，他幾乎整天都掛在網路上。」

「好的。那就找出一個要和家人去度假的朋友，告訴路易士，這朋友是個電腦白癡，而你答應要幫忙她。然後你就開始用電腦，用一會兒之後，你開始發一些牢騷，表現出很挫折的樣子。

「要不了多久，路易士就會坐到你旁邊，和你一起瀏覽一頁又一頁加勒比海浪漫假期和夏威夷潛水之旅的網頁。」

「你的意思是，瀏覽一些吸引他注意的網頁，然後他就會求我帶他去玩？」安娜懷疑地問。

「不是這樣的。」我說：「就種子而言，把表面上正在發生的事和實際上正在發生的事區分清楚是很重要的。如果他對度假沒興趣，拐他和你一起看網路上的度假資訊不會有太大幫助。這不會影響種子，但主要是種子在主宰一切。

「不，我們要的是路易士自己開始種下一些新的種子，就藉由幫助別人計畫他們的小冒險。同樣的道理，事前不是出於他自己的意念，事後他也不會為自己做的事高興。但他確實在種下種子，而這會開始一個向上循環：一個接一個的種子會不斷累積上去。

「要不了多久，你就會看到他上網查資料，安排他自己的巴西假期。」安娜抬起頭來，一臉驚訝地說：「可是我想去的是巴黎！」

49 問題

大約每週一次，我先生的一票朋友就會來我們家，癱坐在電視機前面三、四個小時，一起看足球、喝啤酒。這真的讓我覺得被冷落，因為我不喜歡啤酒，也不喜歡運動，何況我根本看不懂那些球賽是怎麼回事。業力能改變這種狀況嗎？我也不希望他們喪失樂趣。

我在烏克蘭被問到這個問題。我們在基輔城外一個叫做伊爾平的地方辦僻靜營。而當娜塔莎說「足球[8]」時，她指的當然不是橄欖球，但在美國要這樣說反正也行得通。

「歐洲盃進入決賽的那段時間情況更糟。」她補充道：「到了那個節骨眼，安德魯基本上希望球賽開打時我不要在家。」

「那麼，你知道種子的事。」我開始引導她。

「知道。」

「你也知道星巴克四步驟。」我補充道。

「知道。」她答道：「對美國經濟很有幫助！」這是一個我在鼓勵大家帶人到星巴克時偶而會說的笑話，而我們所造訪的地點附近幾乎全都有家星巴克。

「好的。所以，步驟一，首先用一句話告訴我你要的是什麼。這能幫助我們釐清問題的本質，釐清本質則能幫助我們釐清該怎麼做。」

「我想，簡單來說就是我不想要被冷落。」

「步驟二。」

「你是指，我認識的人中誰想要一樣的東西？」我點頭。

娜塔莎想了一下。

「有了。有個同事。我常常和辦公室裡固定的兩、三位女同事一起去吃午餐，我們有位名叫奧爾嘉的同事，有時會在附近晃來晃去，希望我們開口邀她似的。但我的朋友塔妮雅——她有點像是我們這群的頭頭——不喜歡她，所以我們從來不曾邀她一起，但我知道她很想參加。」

「那就行啦，你知道你想靠著幫助誰來種下種子了。步驟三呢？」

「接下來嘛，或許是時候告訴塔妮雅我要帶奧爾嘉一起，如果她不同意，我就自己帶奧爾嘉出去囉！」

「非常好。你要帶她去哪呢？」

「我們那棟樓的一樓有家義大利餐廳。」

「那你們什麼時候要去呢？」

「嗯，今天是星期五，不如星期二如何？這樣我星期一可以問她，她也有時間想一下要穿什麼。」

譯註：

❽ 娜塔莎說的是football，在美式英語裡，football可以指足球，也可以指橄欖球，作者故此特別說明。

「好的。所以要怎麼做都計畫了，如果要種下善種子，我們需要這些具體細節。那你的願景呢？」

娜塔莎猶豫了一下。「唔，可以再講給我聽一次嗎？昨天晚上的講座，我好像沒聽到這個部分。」

「沒問題。奧爾嘉和你一起去吃午餐時，你心裡要有一個特定的願景，這很重要。你想處理的問題是世界上千千萬萬的人都有的問題：他們的伴侶熱愛足球或某個電視節目，球賽或節目開播時，他們覺得自己被冷落、被晾在一邊。但又如同你說的，他們也不想剝奪伴侶的樂趣。

「如果世界是表面上那個樣子，如果萬事萬物不是來自於種子，那這個問題就無解。我的意思是，情況永遠不可能是安德魯繼續和他的朋友一起享受球賽和啤酒，同時你又不覺得被冷落。

「但事實上，世界就是來自於種子，萬事萬物都來自於我們在過去怎麼對待別人。而如果你把種子搞定，事情自然會獲得解決；它自己就會解決。

「帶奧爾嘉出去，而且今後都要持續讓她融入，這就會在你的心識裡種下讓你永遠不會被排除在外的種子，即使是在足球賽期間。」

娜塔莎苦笑道：「你是說突然之間我會變得愛喝啤酒，而且愛在我們那隊得分時吼到把腦袋都轟掉？」

我搖搖頭。「沒那麼簡單。你還是卡在『問題來自於它本身』的思維裡，所以你以為解決之道也來自於它本身。在你眼裡，情況非此即彼：要嘛我喝啤酒，要嘛我不喝；要嘛我和他們一起坐在電視機前，要嘛我不和他們一起。

「但你的種子會順應所有相關人等的種子，你的種子和他們的種子都綁在一張巨大的、錯綜複雜得超乎想像的種子之網裡。就在你和奧爾嘉一起步出公司大樓的當下，世界上的千千萬萬種子便隨之起了變化。

「我不可能具體說出你和安德魯雙方要如何都能得到自己想要的，但我完全可以告訴你這真的會發生。你甚至無法想像事情將是什麼景況，但它真的會發生。安德魯會繼續和朋友一起，從足球和啤酒中獲得最大的樂趣。而你又能以某種很神奇的、出乎意料的方式，完全融入他們之中。一點兒都不用擔心，只要種下種子，然後翹起腳來放鬆心情，等著看奇蹟自己發生。」

「聽起來還不賴。」她說。

50 問題

我們倆在一起會有一些隨興所至的歡樂時光，我知道這種樂趣就該是隨興的，但有沒有什麼業力能讓它更常發生？

我們都知道，大多數的感情並非時時刻刻都像被施了魔法。問題是，如同其他許多事情，「我們都知道」的事可能是完全錯誤的。

如果坐下來好好想一想，每個人都能想起一些出乎意料、妙趣橫生的神奇時刻，那種出其不意地降臨、讓我們倒在彼此懷中捧腹大笑、笑得眼淚都流出來的開懷時光。

像是或許在剛認識時，你們一起去加州南部的濱海小鎮拜訪一位遠親。你們穿著半休閒的正式服裝，因為梅寶阿姨喜歡你們穿那樣和她喝茶。你們開車經過一家賣衝浪用品的小店，你的小甜心突然對你說：「親愛的，我們能不能在這裡停一下，逛一下那家小店？不知道為什麼，它很吸引我。」你猛然一個右轉，剛好有人很神奇地從一個車位退出來，平常在海水浴場簡直不可能找到停車的空位。你把握機會趕緊開過去。你們倆下車走向小店。有兩個傻小子在看店，他們說服你們現在就租兩片衝浪板，穿他們店裡剛好有的T恤和短褲，下水玩一玩。

很快地，你們倆就到水裡了。水溫比這個季節該有的溫度要暖一點。海浪恰到好處，不會太大，也不會太小。而就像車位的奇蹟一般，水裡還有另一個奇蹟：現在剛好完全沒有其他衝浪客。正在西下的太陽演出一場紅通通的光影秀。你們倆踩在衝浪板上，一下子站起來，一下子又跌下去。就是這樣的時光。你們把自己從水裡拖出來，無法控制地笑鬧著。夕陽只剩最後一絲光線，你們濕漉漉地抱著彼此擁吻起來。

最棒的是，回到小店之後，那兩個傻小子算不出要收多少錢，他們笑笑說：「嘿，大哥，不如我們這次就算了。」你們換回本來的襯衫，開回公路上，朝旅館駛去。

問題是，為什麼我們不能一直擁有這種不在計畫中的魔幻時

刻？答案是，只要想清楚夕陽衝浪時光為什麼會發生就知道了。如同西藏人所言：「明白一個道理就能貫通一切事理。」

我跟黛比和她的伴侶大衛說著以上這席話。他倆都是我的老朋友，但最近才彼此看對眼——那種讓我和周遭朋友覺得怎麼幾年來都沒想過把他們湊成對的奇妙緣分。如果你不介意我打個比方，這兩人碰在一起就像天雷勾動地火，比《鐵達尼號》還浪漫。總而言之，我們坐在聖多娜鎮上一家三明治小舖外面聊，他倆都來自西岸，很能欣賞衝浪這個例子。

大衛說：「是，我們一樣也有這種時光，但大概一個月只會發生一次吧。我們就是想請教你，怎樣可以讓它更常發生？」

我答道：「我個人認為你們不應該滿足於『更常』發生。如果能明白為什麼會有任何一個這種神奇時刻，那麼就應該能重複它。而且我認為應該要能隨你們高興盡情重複它，就像……或許整個人生都可以是長長的一段在計畫之外的神奇時刻，如果你們真的明白是什麼讓某一個神奇時刻發生的話。

「好啊，這我可以接受。」黛比笑著說。我開始娓娓道來：「所以我們要尋找讓某個時刻變得不可思議的種子。針對這一點，古西藏經文裡有一種特定的修行法，叫做『假裝路途即目標』。

「在西藏，所謂目標就是指成佛，成為一個能同時身在許多地方、幫助許多人的佛陀。當我們還走在前往這個目標的路途上時，我們試著假裝身邊每一個人都是已經開悟的佛陀，他們對我們做的每一件事、說的每一句話，都是要引導我們在這段旅程上更進一步。

「所以，你們要怎麼開始這樣做？」我問他們倆。

大衛抬頭看看人行道那頭——有位穿著深綠色連身褲的老先生東修修、西剪剪，充滿愛憐地彎身照料一叢玫瑰。大衛說：「好吧。那邊那位先生就是偽裝起來的悟道者。他知道我們在談什麼，而且他試著要給我們一些美麗的啟示，指引我們走在正道上。」我們全都定睛在那位老園丁身上。突然間，他伸手折下一枝長長的玫瑰莖，頂端有著一朵盛開的玫瑰。他抬頭一看，注意到我們的目光。接著，他緩緩朝我們這桌走來。

他大動作地把玫瑰獻給黛比。「我今天要把這些花叢都修好。」他朝一整排的玫瑰花叢揮揮手，生澀地說：「丟掉就浪費了。」他拖著步伐蹣回去，繼續他的修剪任務。

黛比微笑地看著大衛。他說：「所以只要假想當下是個神奇時刻，這就是讓接下來的時刻變得神奇的種子，這不難嘛。」

看見神奇，就能播種神奇。

我點點頭。「挑戰在於當事情並不順利的時候。你和同事鬧不愉快，他在老闆面前說你壞話。「這裡面的啟示是什麼？他試著要告訴你的是什麼？你可能一下子無法立刻想出來，而且這說真的也沒有正確答案。但只要假想有件特別的事情正在發生，就能種下種子讓你……」

「在夕陽下衝浪。」黛比又笑了，她靠向大衛，攬住他的手臂。

PART 25

窺看未來

A Look Into the Future

如果能認識「壇城」（Mandala）——完美世界的願景，這整本書對你來講更能發揮作用。所以，就在本書的中間這裡，讓我們暫停一下，先把海邊那對完美伴侶留給他們的衝浪板。

任何時候，即使是做最微不足道的事情，只要心懷願景，你所創造的種子就可謂是無窮無盡，而這是因為你希望自己的作為影響無數人的生命。任何時候，在運用星巴克四步驟來得到任何想要的東西時，都不妨謹記這個願景，事情的進展就會加快許多。事實上，任何時候，當你藉由星巴克四步驟來讓美夢成真時，冥冥中也是在幫助每一個人美夢成真。

如果你對這當中的道理保持覺知，你人生中的每一部分都會是一位超級英雄拯救無數生命的故事。而如果你仔細想一想，這無異是至高無上的愛。

所以，讓我們舉個實際的例子吧。距你上一次交男朋友至今已經五年了，喔，偶然也有一些約會，但並不深刻，談不上真正的溫暖，談不上是真愛。然後你拿起這本書來讀，決定要種下一個男朋友，而不是去尋尋覓覓。

你在社區裡查詢了一番，找到一小間吸引你的養老院。你克服害羞，走了進去，和接待櫃檯的人談話。你提議每週來這裡一小時，陪伴一位沒有家人來看她的老太太——一位格外孤單的老太太。你持續了幾個月，為自己種下遇見新男友的種子。每天夜裡上床之前，你也不忘進行咖啡禪修。當然，結果奏效了，你交了一個無與倫比的新男友。現在，是超級英雄出動的時候了——為了拯救全世界。打電話給你的三、四位姊妹淘，告訴她們你要給她們一個驚喜，問她們能不能在明晚七點到一家餐廳和你碰面。接著，打電話給你的新男友，問他能不能在明晚七點到你家接你。他抵達你家的時候，倒滿三大杯水，請他馬上喝掉。如果他有任何疑問，就說你之後再解釋，然後一起去餐廳。當然，你們大概會遲到半小時左右，但這也是計畫的一部分。你的姊妹淘已經都在桌旁坐好，納悶著是什麼絆住了你。當你勾著新男友的手臂從大門走進來時，她們全都看著你。

「這小帥哥是誰？」其中一人問另一人。

「不知道，但我看不是男朋友吧。畢竟她都多久沒認真談戀愛了，五年嗎？」

「說不定是她表弟啦。」另一位姊妹淘追加道。和他一起走到桌邊，停下腳步，在坐下來之前，一把將他拉過來激吻一番。

我們說的是正牌的法式熱吻，要伸舌頭，還要流口水。

「肯定不是表弟。」其中一位姊妹淘目瞪口呆地耳語道。你知道接下來會怎麼樣。你們坐下來，彼此介紹一番，菜單傳來傳去，每個人考慮著自己要點什麼。與平常不同的是，這次會有很多目光偷偷從菜單後面飄過來，飄到你的新男友身上。

差不多就在餐點要送上桌時，你男友向大家告辭去了廁所——這是那三大杯水的用意。趁他不在的時候，你要迎接一票嗆辣的問題和花枝亂顫的竊笑。

「你是在地球上的哪裡找到他的？」其中一位姊妹淘尖叫道。

「對啊，你參加了什麼社團？舞蹈社嗎？」另一位問。

「不對，一定是交友網站吧！」另一位大喊。餐巾紙丟到你面前。「把網址寫給我們，快！」

你冷靜地寫下「養老院」三個大字，把餐巾紙傳下去。

「蛤？這什麼意思？」她們異口同聲地問。接著，你把種種子的事娓娓道來、細說分明。絕對不能漏掉星巴克四步驟，好嗎？

現在，桌旁的姊妹淘不是每一位都相信你，相信你的也不是各個都願意試一試，但其中一、兩位真的會。

當然，她們都會為自己找到一個無與倫比的新男友，因為種子總是有用。接下來呢？嗯哼，不需要是天才也猜得到。她們會帶新男友去別的餐廳見她們的其他朋友，這些新男友們會告辭去廁所，養老院的事情會在她們的朋友圈傳開，再傳到她們的朋友的朋友圈。

很快的，年輕男女在養老院外大排長龍，爭相進去陪伴老先生或老太太。說不定有好些男女就這樣在隊伍裡認識了彼此。

不多久，每個人都有了夢想中的伴侶。伴侶們一起探訪養老院，讓種子歷久不衰。不多久，世界上再也沒有落單的人。到處都沒有。

每次你用種子來得到想要的東西時，試著明白這當中是怎麼回事。你會成功，其他人會看到你的成功，然後也來嘗試種子。而他們也會成功，更多人將起而效法。你將改變世界。單單是決定要運用種子，就已經改變了世界。未來將有一個完美的世界，一個壇城，而你會是起點。

所以，有時候讓自己暫停一下，窺看一下未來——一個你為每個人所創造出的未來。

PART 26

家庭暴力

Abuse

51 問題

我有一位朋友的先生好像會對她家暴。你覺得我應該鼓勵她離開他嗎？還是要叫她堅持到底？

在中國南部的深圳，一位名叫麗芳的朋友問我這個問題——但我從世界各地其他國家的女性口中都聽過，而且令人難過的是，她們老說是幫一個「好像」被家暴的「朋友」問的。

我說：「只要是任何稍微與暴力沾上邊的狀況，她首先第一要做的就是立刻脫離這種處境——去和她的媽媽、姊妹或者朋友住在一起。」我又繼續說：「至於永久解決這個問題，你需要停止做決定。」

停止做決定

這個概念，我們在問題七已經談過一些，但現在是時候更深入一點了。

「怎麼說？」

「你讓自己面臨了一個……我是說，『她』讓自己面臨了一個抉擇：該走還是該留？」

「嗯，不然還有什麼選擇？」麗芳問。我想了一下，說：「聽著，你猜她覺得自己的處境怎麼樣？當她想到要做這種決定時，她的感受如何？」

「她一定覺得很糟糕。他們在一起都超過二十年了，她依然愛他，而且他們還有個女兒在家。她的離開會讓他們心碎，但又好像不可能留下。她面臨的是一個很糟糕的抉擇。」

「而且在做出抉擇之前，她的處境也一樣很糟糕。」我附和道：「光是那種不確定感可能就是最大的痛苦——不知道怎麼做的不確定感。」

「沒錯。」麗芳嘆氣道。

「所以，你也看到了，問題就在於抉擇本身。」我說：「如果根本沒有選擇呢？」

「可是確實是有選擇的啊。」

「再描述一次那個選擇。」

「她留下，冒著被她先生打的風險。她離開，然後她的女兒失去雙親。」

「但如果她知道事情會怎麼樣呢？如果決定已經做出來了呢？」

「仍舊是一場悲劇。總有人要受傷。」麗芳說。

「我是說，如果她知道會有一個決定——一個不會傷害任何人的決定。」

「如果這是有可能的，那當然很好囉。」她說：「她就可以放心了。恐懼不再，焦慮停止。」

「好的，那就讓我們營造出一個不會傷害任何人的決定吧。用星巴克四步驟說說看。」我知道她知道星巴克四步驟，我們才剛在深圳一棟時髦、簇新的摩天大樓三十樓的金融服務辦事處，和一群女性企業家談完。我也知道她知道星巴克，上週我們的工作人員才在上海的一家星巴克開過會，就在附近的上海證券交易所演講完之後。

她引述道：「步驟一，她要的是再也不必面對這種不可能的選擇，也就是關於去留的抉擇。」

「步驟二？」我問。

「她要從周遭找出一個人，這人也面臨了不可能的抉擇，說不定還是一樣的抉擇。」

「好。還有呢？」麗芳皺了一下眉，然後突然一個大躍進，頓時有了另一層領悟。我常在中國見識到這種驚人的領悟力。

「但她的問題不只是抉擇的問題。」她深思熟慮地說：「這個抉擇是她要面對的一件很糟糕、很煎熬的事情，但在它背後是暴力。針對抉擇下工夫的同時，她也要針對暴力。」

「很好。」我說：「我們先繼續處理抉擇的部分，接著再來處理暴力。」

「那所以……步驟二，她找到一個面臨類似的困難抉擇的人，接下來呢？」

「步驟三向來是到星巴克去。她會和另外那個人坐下來聊，試著幫她解決她的難題。」

「她必須成功解決嗎？」我問。麗芳想了想，說：「她或許會成功，或許不會，那要看她朋友的種子。但無論如何，只要提供任何她能給予的建議，她都種下了讓自己做出抉擇的種子。」

「又或者是讓她要做的抉擇消失的種子。」我說：「如果根本沒有暴力的存在呢？」

「喔，那就再好不過了。若是如此，那麼，是的，她就不必抉擇了。」

「這樣的話，要如何終止暴力呢？暴力從何而來？」我轉著手中的一枝筆，但麗芳不太需要這種暗示。

「就像筆一樣。」她說：「她丈夫、她女兒、她的整個人生，一切都來自她自己的心，來自在她心識裡的種子。」

這裡先暫停一下，讓我說幾句話。家暴是一個很敏感的課題，人們最不想聽到的就是：從某種角度而言，這是受暴者的錯。如果想要保持政治正確，我寧可徹底迴避這個問題；但那就不是真相了。

真相是，我們周遭的一切，或好或壞，都來自於我們，都來自於我們在過去如何對待他人。你就是不能說人生中發生的事某些比例來自於我們，某些比例則來自於他人。我們需要謹記這一點：在我人生中的一切都是我的責任，甚至包括家暴在內。而這同時也意味著我是有力量終止它的，只要藉由改變我自己，藉由改變我的種子。負起責任同時也帶來了改變事情的力量。

「所以，如果就像筆一樣，那要如何改變它呢？」我說。

「從我心識裡移除讓我看見它的種子。」她輕而易舉就答了出來。「如果我想要某件事物，例如一個自動獲得解決的抉擇，那我就必須先給別人一樣的東西。如果我不想要某件事物，那我就必須停止把一樣的東西加諸在別人身上。」

「一模一樣的東西？」我問。麗芳明白我要說什麼。她說：「不盡然。持續發生的家暴可能來自於——或者應該說，必然來自於——我自己犯下的一些較輕微的暴力行為。而為了遏止這種種子，我必須回顧一下自己的人生，試著找出我對別人做了什麼比較不起眼的小事。

「完全正確。」我說：「這是雙管齊下的招數。創造新的善種子，讓我們可以看到必須要做的抉擇甚至在浮現之前就已經拍板定案了；移除舊的惡種子，讓我們不會再在人生中看見暴力。接下來會怎麼樣呢？」

「打鬥停止。」她說：「在此同時，必須要做的抉擇和伴隨著這個抉擇而來的嚴重焦慮也消散於無形。」

「加油吧！」我簡單說道。

52 問題

和妻子多年的相處下來，我體認到虐待不只是肢體上的，也可以是精神上的。我變得很怕做自己，因為她可能會不喜歡。現在我覺得自己越來越渺小，小到縮進角落裡去。我要如何終止這種微妙的虐待，找回我的人生？

非常多人都問我這個問題，版本包羅萬象。此時我人在台拉維夫⑨城外的一個週末商務僻靜會，這次是摩西在問這個問題。他是一位好好先生，你也知道這種人，他會為你做任何事。而且他努力為伊莉特做盡一切，她則似乎得了便宜還賣乖。這是一種如同肢體暴力一般確實存在的虐待，也如同肢體暴力一般會讓人變得軟弱退縮。這裡，一百個問題大概進行到一半的地方，是時候在回答的過程中正式介紹另外三種四個一組的法寶了。

「所以你也會做一樣的事情嗎？」

「什麼一樣的事情？」他反問。

「你會讓自己占上風，居於支配地位，慢慢侵蝕掉別人的自我嗎？」

我們都知道答案。這是摩西最不可能對人做出的事情。他是我所認識最謙卑、最委曲求全的人之一。如果金剛法則是這個宇宙完美正義的展現，如果我們總是得到與自己給出去的一模一樣的東西，那麼摩西最不該得到的就是被擺佈。

抑或不然？我決定挑戰他看看。

「摩西，你知道四定律，對吧？」

業力法則四定律

一、種什麼因，得什麼果。種下西瓜籽，就得到西瓜。

二、得到的果一向比種下的種子大出很多、很多。

三、不種因，不得果。

四、種因必得果。

他點點頭，說：「業力法則。是，我知道。」

譯註：

❾ Tel Aviv，以色列第二大城。

「那好，讓我們倒過來複習一下。四定律的最後一條是什麼？」
「如果你沒有種下種子，就什麼也不會發生。」
「第三條？」
「如果你種下了種子，就一定會有事發生。」
「好。現在告訴我，有事發生了嗎？」
「有！」他答道：「摩西正在消失！他一點一點被伊莉特蠶食鯨吞，很慢，但很有進展！他以前擁有的特質：考慮周到、認真負責、體貼入微，全都慢慢消失了。現在他只做她要他做的，即使違反了本來的他很好的一面。」
「那麼，第四條說……」
「事出必有因。」
「而第三條說……」
「我一定做了什麼才得到這種果。」
「那第一條說……」摩西想了一下，我看得出來他費了一番工夫把這四條融會貫通，因為他都答得相當肯定。他說：「一定是一樣的。發生在我身上的事情一定和我自己做過的事情一樣。」
但接著他一臉困惑，他也應該要困惑。霸道絕非他的個性，恰恰相反，而我們都知道這一點。
「沒道理啊！」他大聲說了出來：「我不是那種人呀！我不會到處去在精神上欺壓別人，直到他們沒了自我而只有我。」
「但種子的第二定律？」我靜靜地問。

「種子會增長。」他說：「種子一在心識裡種下就會開始以倍數生長。當它靜候在心識深處時，每一天它的力量都會加倍。」

我點點頭，說：「你在上班，你的小組必須做出一個決定。你真的很希望能按照你的意思，所以你稍稍施壓了一下，這不過是幾分鐘的事情。」

摩西從這裡接了下去，說：「在那迫使同事接受我的看法的三分鐘裡，我種下了……多少？大概兩百個種子？假設那是星期一的事，到了兩週後的發薪日，這兩百個種子已經變成……」「他拿出手機來幫忙計算，然後倒抽一口冷氣，說：「超過一百萬個種子。」他又再計算了一番。「上百萬的種子持續以每秒六十五個的速度，長成眼前的伊莉特，把我牢牢控制住。這意味著上班時控制某位組員三分鐘，演變成伊莉特不讓我做自己三或四小時。」

他結論道：「重點不在於我是否經常強迫他人按照我的意思，只要一週發生一、兩次，即使是在很小的事情上，那麼根據種子的第二定律……以及第四……第一和第三……」他看起來有點不知所措。「我會有一個隨時隨地都不讓我做自己的太太，只要是我倆在彼此身邊的時候。」

我看著他的眼睛，很是以他為豪。就在那裡，我看得出來他已經整個想通了。業力法則的第二條定律說，即使一天當中只有三分鐘不讓別人做自己，也足以構成讓他太太全面控制他的種子。第四條定律則說，如果他上班時沒有去控制他的組員，這一切都不會發生。

業力法則的第一條定律說，受到控制一定來自於相同的行為，也就是控制別人。而第三條定律則保證只要他不停止抹滅工作上每一位組員的個體性，這種事就會持續發生。

「所以，會是誰呢？」我問。摩西點點頭。他知道我現在從業力法則跳到星巴克四步驟了，這個部分我們在前面五十個左右的問題裡已經一再談到。四步驟的步驟二是要摩西想一個工作上受到他支配的組員。他想了一會兒，這一會兒就算得上是禪修了，因為他有目標地掌握住自己的意念，強迫它考慮某一個特定的想法：在工作上，有誰因為摩西的行為而把自己壓抑住了？

「有一位席蒙先生。」他點著頭說：「一直提到他想從事這個產業當中比較偏創意發想的部分，但他很擅長會計，而且如果把他留在那個崗位比較符合我的需求。所以，某種程度而言，我逼迫他扮演一個他很不感興趣的角色，因為這才合我心意。」

現在，摩西已經明白來龍去脈了，讓我們看看解決之道為何。之前在問題三十四，我們談到和別人交換名字，以便學會像重視自身需求般地關注他人需求。這是說，如果你名叫約翰、我名叫麥克，而我想要學習當一個更好的人，我只要把我的名字黏在你身上、把你的名字黏在我身上，然後就從這裡開始，依照我往常對麥克的想法照顧麥克的需求，只不過現在你才是麥克，所以你從我這裡得到比以往多出很多的關注。

這個特定的修持法要歸功於一位我們前不久才打過照面的上師——生在十三個世紀以前的寂天菩薩。他稱之為「自他交換」。他也說，為了準備做這種修持法，我們可以先練習「自他平等」。

這意思只是要我們試著很民主地對待別人。我們承認他們有權在工作上與組員的互動當中保有自我，就如同我們有權在與伴侶的互動中保有自我一樣。

所以，我說：「這就對了。你確保席蒙在工作上能按照自己的意

思，接下來，到你下班回家時，你就已經種下一些新的種子，讓你能看到伊莉特尊重你做自己的權利。這不是說你就不從伊莉特身上學到一點東西；從彼此身上學習是任何一段關係中最重要的目標之一。但你的個性和做事方法確實得到了平等的權利，包括當你和她一起從事某件事的時候在內。」

摩西解脫地輕嘆一口氣。我們站起來，走回大禮堂。即使是個害羞的人，也會想要做自己。

PART 27

同甘共苦

Emotional Support

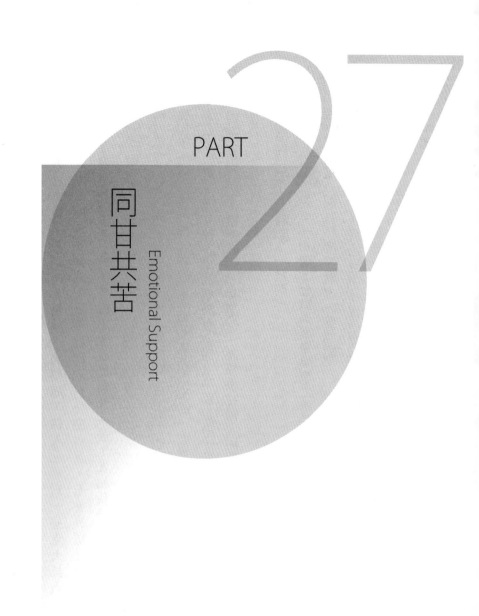

53 問題

今年我在工作上碰到一些很嚴重的問題，個人也碰到一些重大挑戰。每當我向太太尋求幫助與支持時，似乎都得不到什麼回應，而要我獨自面對又很難。我需要種下什麼業力種子才能感覺我們同甘共苦、互相扶持？

我從一位名叫泰瑞的朋友那裡得來這個問題。最近，他和他太太小黎跟團去玩時參加了一個自費行程，參觀了亞利桑那州南部的一些景點。這趟行程中，泰瑞接到公司來電，通知他不幸的壞消息。他立刻就告訴小黎，希望得到一些安慰，但她正忙著用手機傳簡訊，甚至似乎聽都沒在聽。顯然，這種情況已經好一陣子了。

「你知道四朵花，對吧？」我問。

泰瑞想了一下，說：「知道。金剛商業學院第二級的課程有教。」

「告訴我學這一課有什麼好處。」泰瑞說：「對我來講，這是訓練課程中最重要的部分之一。在成長過程中，我們被灌輸某種關於『業』的概念：『小子，連隻蟲都不要踩死，不然有一天就有人會傷害你。』聖經上甚至也有類似的東西：『要怎麼收穫，先那麼栽。』

「但我們多數人不會真的照做，因為不清楚『業』或者『栽種』究竟是怎麼一回事。我做的事到底記錄在哪裡？對太太吼感覺好像是件壞事，但它是怎麼個壞法？又怎麼回到我身上？

「我對她說的話像迴力鏢一樣飛到空中，飛到冥王星繞一圈，過幾個月之後又飛回來打中我

的腦袋嗎？還是聖彼得的傳說是真的？他真的守在天國之門，記錄我有生之年每天所做的每一件事？然後到最後他給我看那本冊子，再來決定要把我怎麼樣？

「迴力鏢也好，聖彼得也罷，要怎麼想任君選擇。但對我而言，四朵花的要義和其他我所被教導的一切相符——在我聽來有道理。」

四朵花小複習

一、給出什麼就得回什麼。
二、行為變成習慣。
三、你的所作所為創造出周遭的人們與你的世界。
四、也創造出你接下來要進入的世界。

「你覺得為什麼我們要稱它為四朵花？」我問。

「我確實花了點工夫搞懂這件事。依我看，四朵花要講的其實是業怎麼回到我們身上，亦即種子怎麼開花結果。就我舉的例子：對伴侶吼叫而言，當我看到、聽到、感覺到自己大動肝火時，當那些關於我的言行舉止的印象透過眼睛、耳朵和知覺傳來時，種子就種下了。

「這些印象印在我的心識裡，印在潛意識深處，潛伏在我有意識的思維底下，就像種子埋藏在土裡。莫名地，種子在那裡成熟了。種子是怎麼醞釀的實在是個謎，但接下來，當時機和條件對了，種子就會裂開，冒出芽來。

「只不過，從心識裡長出來的芽是光做的——不是反射出來的光，而是它本身就是光，像是燈泡裡面或蠟燭的火焰那樣。它是一個小小的、由光形成的影像。它沒有尺寸，我們不能說它這麼大或這麼小，但一個非常敏感而潛心禪修的人真的能夠看見種子打開，讓影像從中出來。這影像在他們的感覺裡大約有半吋高，而且感覺起來像漂浮在靠近後腦的某個地方。

「然後，關於四朵花，我最喜歡的部分來了：那個發光的小小影像從我的眼睛跑出來，黏在我眼前的色彩和形狀上。」

「為什麼是色彩和形狀？為什麼不是一件物品或一個人？」

「這部分很酷。」泰瑞說：「想想看。你的肉眼——你的『眼球』——只能察覺到顏色的深淺和形狀的輪廓。眼睛後面有一些很敏感的組織，由一些柱狀體和圓錐體組成，它們會隨著眼前的影像改變，就像老式相機的底片。

「一個紅色的圓形在我眼前出現，在這個圓形裡面還有另一個一開一合的圓形。第一個圓形是我老闆對著我吼叫的臉，第二個圓形是他吼叫時在動的嘴。但並不是我的眼睛把這兩個圓形解讀成生氣的老闆。眼球後面的柱狀體和圓錐體無法做出這種判斷；它們沒有那種功能。

「真正發生的事情是種子在我的心識裡綻開，光影飛出來，跑到那兩個圓形上，蓋住它們，賦予它們意義。被這些影像蓋住的形狀——無論我是看到老闆對我吼，還是看到老闆說我做得很好——都來自我心識裡的種子，而這樣的種子在一週前我對太太吼時就種下了。

「所以，就某方面來說，種子和那些小小的光影完美解釋了何以我所做的事會回到我身上。」

泰瑞總結道：「我不必盲目地相信這一套，我只需要去領會箇中奧妙。一旦明白過來了，要當一個好人——要在對小黎吼之前阻止自己——就變得容易得多。

「種子和光影——四朵花的實質內容——恰恰解釋了宇宙間何以有完美正義的存在。而對我來說，這真是令人欣慰得要命啊！」

我疼惜地對泰瑞笑笑，高呼道：「就是如此！」史上最有名的佛經《心經》裡有個地方寫到，佛陀聽一名弟子闡述筆的事情，弟子說得很好時，佛陀基本上會脫口而出說：「善哉！」我真的很喜歡這個部分。

「好。」我深吸一口氣。「讓我們來解答你的問題吧。心識裡的種子有四種開花之道，第三種是什麼？」

泰瑞默數了一下，答道：「周遭世界——每天的生活中，我們在周遭看到的人事物。在家對太太吼不只會創造出一個在公司對我吼的老闆，我在商店裡、電視上，還有走在路上的時候，都會看到對彼此吼叫的人們。」

他想了一下，問：「你是說如果從第三朵花著手，我就能看到一個不同的小黎？她是周遭世界的一部分，如果我改變自己的種子，她和其他每一個我遇見的人都會隨著改變？」

「沒錯。」我肯定道。「但我想的其實是其他這些人。我是說，我把它想成一個業力迴圈，就像你用麥克風講話的時候站的地方不對，你所說的每一個字都音量加倍地從擴音器又回到麥克風，一遍又一遍，而且速度非常快，結果就弄出那種超尖銳的雜音。

「依我看，近來我們的文化有了很大的轉變。每個人都有手機，而且每當接到電話或收到簡訊時，我們就把手機拿出來，即使眼前正在和某人面對面交談，我們也會立刻忽視正在交談的人，轉而迎接手機上想要跟我們聯絡的人。至於桌子對面那個正在跟我們談話的人，就默默地自動退位，靜候一、兩分鐘，因為他們知道自己必須等。

「根據第三朵花，像這樣突然忽視正在和你交談的人，將會在你身邊創造出很多彼此忽視的人。聽著，最近我到中國中部的杭州，在一家咖啡廳裡，有四名少女圍坐一張桌子，她們全都在傳手機簡訊，徹底忽視彼此長達四十五分鐘之久吧。

「離開咖啡廳時，我的中國老師拿她們誰也不理誰的情況來揶揄，但她們卻全體笑了起來，告訴她說她們就是在傳簡訊給彼此呢。你想像一下吧！

「無論如何，針對這種業力迴圈，佛教有一個專門用詞，叫做『輪迴』（sansara）。基本上，它是指一種巨大的、不斷自我重複的、無止境的向下循環。你對太太吼，老闆就對你吼。你對老闆吼回去，種下了讓他日後再對你吼很多次的種子，然後這整個輪迴又重來一遍。我們這些聽過種子的人都很熟悉這種輪迴的道理。

「但還有其他很多種輪迴在發生，第三朵花則真的能幫助我們對付其中一種。所以，假設你把筆電帶去度假，某時某刻，你坐到旅館房間的床上，埋頭用筆電，忽略小黎的存在……」

種下種子，打破輪迴。

泰瑞立刻就懂了；他的臉色開始有點泛紅。

「然後你看到公司寄來的電子郵件，裡面寫了一些壞消息。現在，我們都知道忽略小黎去查看電子郵件的時間大可種下讓她忽略你幾星期的種子。在這段時間裡，你試圖為自己遭遇的困難爭取她的同理心，但她不理你。

「更有甚者，第三朵花說一樣的種子也會創造出你周遭那些彼此忽視的人，像是那幾個在咖啡廳裡圍成一桌的女孩。而這又是另一種業力迴圈，你看其他人在談話當中岔出去讀剛傳來的簡訊，於是你開始認為這樣沒關係，然後你也對小黎和其他很多人這麼做。

「每一次這麼做，都會再創造出讓你看見周遭人們彼此忽略的種子。而或許對他們而言，你也是他們的種子創造出來的，於是你也在他們面前忽略別人。然後這又讓他們認為在社交方面這麼做沒關係，很快的全體人類社會都彼此忽視，進而創造出保證會讓『可接受的忽略』持續存在很久的種子，乃至於形成一整個忽略文化。

「不過，你可以逆向操作第三朵花，這也是我想請你用來處理你和小黎的狀況的辦法。不要因為看到身邊其他人都彼此忽視，就接受了這種忽視。相反地，當你看到周遭人們彼此忽視時，你要去接近他們，溫和而有技巧地鼓勵他們彼此互動，讓他們的互動更有溫度，也更能彼此傾聽、彼此著想。

「這種嘗試會創造出另一種輪迴，而這種輪迴是正面的。它會種下讓你在周遭看見一個不同的世界的種子，在這個世界裡，人們在和別人面對面交流時收到簡訊或接到電話會先等一等，等到他們『真正的』談話順利結束時才去查看。」

「然後當我真的有需要時，小黎就會在身邊支持我。」泰瑞微笑道。然而，他的雙眼還是忍不住飄到他的電腦包上，我知道他的電郵癮又犯了。喔，慢慢來吧，這恐怕需要一點時間。

問題 54

我向來很健康，和伴侶的關係也是活力充沛——無論是在床上，還是一起出去騎單車。但最近我病了幾週，他非但沒有表現出擔憂，還一副好像我很礙事的樣子，真的讓我感覺很糟。什麼種子能讓伴侶更懂得為我著想？

一天，我在我們位於美國西南部的免費大學「鑽石山」被問到這個問題。我從山姆（她是女生）的臉上看得出來，情況真的很令她擔憂——甚至可以說痛苦。這或許是人生中會遭遇到的最痛苦的處境之一，伴侶在我們生病時非但不伸出援手，甚至問都不問我們覺得怎麼樣。

「那麼，山姆，你知道筆的事情，對吧？」（順帶一提，我們在問題一就談過了，因為……嗯哼……它是最重要的一件事。）

「我知道。」她說：「你舉起一枝筆，在人眼中它是筆，在狗眼中它是磨牙玩具。這證明了筆一定來自於我，也證明了一切都來自於我。」

「很好。然後，你也聽過『五道』嗎？」她又點點頭。「聽過，而且我很喜歡這套想法，它們是修道者在修道之路上賴以依循的里程碑。當你從鳳凰城開車到洛杉磯時，幾乎一整路都有標誌告訴你還要走多少哩路。

「精神層面的東西則沒有那麼簡單。你舊有的嗔怨還殘存多少百分比？在一到十的量表上，你量出來的慈悲有多少？還要多久才能開悟？我喜歡這五道，因為它們讓你知道自己已經走了多遠，又還有多遠要走。」

「好的，那接下來讓我們看看五道和筆的事情有什麼關聯。」我說：「五道的第一道是什麼？」

山姆想了一下，說：「它叫做『資糧道』。基本上，在這個修行的階段，我們為之後的大突破收集足夠的善種子；大突破則發生在第三道。」

「很好。但在一開始，是什麼促使你走上第一道？」山姆苦澀地笑了笑，說：「我也喜歡五道的這個部分，因為簡直完全說中我。根據古西藏人，讓你走上第一道的是人生中某個天崩地裂的苦難——心愛的人命喪黃泉、和交往了很久的情人分手、醫生說你得了絕症，諸如此類的。這讓你開始去想人生真正的目標是什麼，又要如何達成目標。」

我們靜靜地坐在那裡，因為我們都想起了山姆怎麼會踏上修行之路。多年前，她母親自殺了。她努力回過神來。我們繼續下去。

「第二道呢？」我問。

「加行道。」山姆回答：「第二個里程碑。你的人生中出現某個人，他向你展示筆的事情——

筆是怎麼來自於你，來自你的心識，而非來自它本身。某方面而言，這代表著沒有任何東西是它本身，或至少不是我們向來認為的它。

「哈！」她突然說：「我從沒想到過，但我想你可以說，就是在第一道努力種下許多善種子，這指的是比之前更去照顧別人，創造了那個出現在你人生中、向你解釋筆的事情的人。」

我點點頭，試著裝出一副很有智慧的樣子。但老實說，我之前也從沒想到過。嘗試解答別人的疑難雜症所種下的種子，有時會開花結果變成別人解開了一些你的疑惑。

「那麼，『加行道』是怎麼個加行法？」我問。

「你需要這一道去銜接到下一道，也就是第三道。在第三道的大突破中，你『見』到某種終極的現實，或甚至可以說是上帝，也所以第三道被稱為『見道』。」

「對。」我同意道。「不過，我認為你也可以用一般的語彙去表達它，無須帶有宗教意味——雖然這樣也很好，只要你覺得合適的話。我是說，整個的『見道』為時不超過一天，儘管你可能要花幾年通過前兩道，來到這一道。

「再者，見道有兩個部分。第一部分是你剛剛談到的：與一個崇高境地的某種交流。而這部分只會占個二十分鐘之類的，儘管當你置身其中時可能不會很確切地意識到經過了多少時間。

「如果更深入地探討，筆的事情重點不在於狗看見某種東西而你看見另一種東西，而在於筆本身有多麼成其為筆。我的意思是，當廚房裡只有身為人類的我坐在椅子上看著一枝筆時，我可以說當下它是一枝筆——一枝來自於我的筆。

「但當有狗走進門來，來到桌前，事情就變得比較複雜了。那一小根柱狀物必然同時既是筆也是磨牙玩具，技術上來說……

「你真的想聽完全部嗎？」我問山姆。我突然想到她可能不想。

「麥可格西，別這麼客氣。」她咧嘴一笑。「大家就想聽那些囉嗦的細節。這樣才能融會貫通，也對把這一切運用到真實人生很有幫助。」

我受教了，不禁低了一下頭。「好吧，那麼，技術上來說，在同一時間、同一間廚房裡，當下有兩種現實共同存在。那隻狗正確無誤地經驗到一個在人類手裡有個磨牙玩具的世界，牠的經驗是真實的，因為只要想像嘴裡啃著它，牠就會流口水，而牠也確實能啃它。

「在另一種現實裡——在我的現實裡，在人類的現實裡——那根柱狀物也真的是枝筆，因為我能拿起它來寫字。

「但假設現在我帶狗去散步，我們把那根柱狀物獨自留在餐桌上，這個時候，它是什麼？是筆還是磨牙玩具？」

山姆笑了。「我知道這題的答案。我聽你說過好多遍了。這個時候，它不是筆，也不是磨牙玩具。它什麼也不是。它有待成為某種東西。它可以成為某種東西。佛家所說的『空性』，又或者說是『潛質』比較好。如果那隻狗走回廚房，它就變成磨牙玩具。如果人類走回去，它就變成筆。但就它本身而言，單單只有它的話，它還什麼都不是。」

「好。」我微笑道：「現在謹記這個想法。在五道的第二道，我們漸漸習慣筆來自於我們的概念。筆來自於從心識裡的種子蹦出來的小小光影之一，或許是上週，藉由對某人好、借某人一枝筆，我們種下了這個業力種子。

「但在第三道，也就是見道，這個概念要無限擴張到極致了。我是說，山姆，現在，就在此刻，請你在這個房間裡，指出一個不是來自於你，而是來自於它本身的東西。」

山姆舉起手來，伸出她的食指，掃視整個房間，突然笑了出來，聳聳肩說：「沒有。一件也沒有。」

「好。現在抓住這個想法，讓思緒停留在我們兩人的周遭此刻『什麼也沒有』。這就是在見道見到的道理，只不過要比這又更深入許多。這就是所謂『終極的現實』，就某方面而言，它或許也就是上帝。任何人事物的本身都什麼也不是，而這又意味著，運用正確的業力種子，它們可以是任何東西。這世界可以變成天堂，如同廚房裡那柱狀物可以變成一枝筆一樣。」

我可以看見山姆眼裡的興奮，但接著她稍稍皺了皺眉。「所以……這要怎麼讓菲爾（她老公）在我人不太舒服的時候給我一點溫柔的關懷？」

「喔……對……」我結巴了一下，強迫自己回到主題上：「嗯，好的，這只是見道的第一部分──終極現實的部分。二十分鐘過後，在接下來的一整天，你開始看到其他一切驚人的事實。其中一件你看到的事實，就是自己一直以來有多麼自私──我們全都多麼自私，無時無刻不自私。我們所思、所言、所做的一切，都是出於利己的目的。即使是在禱告時，即使是在幫助他人時，即使是在向人解釋業力法則時，總是帶有利己的成分：我能從這當中得到什麼？」

一生當中至少要有二十分鐘看見終極的現實

我停下來，山姆抬頭看著天花板苦思。「所以，我想你也可以把這個部分和前面的那個部分結合在一起。我是說，看見上帝——或不管你怎麼稱呼它——或許也讓你看見自己真實的樣貌。」

這層見解讓我啞口無言。我們又沉默了一會兒，山姆才催促我道：「所以關於菲爾……」

「關於菲爾，當他自私得甚至體認不到你生病了、更別提幫助你的時候，你要明白這背後究竟怎麼回事。你要反觀自己的內心，找出是什麼業力種子在這個充滿人類的星球上創造出此等程度的自私——不只是菲爾的自私，也是你自己的、我們全部人的。為什麼我們都這麼只為自己想？」

山姆一步一步慢慢推敲。「如果我們剛剛說的正確無誤，那麼唯有在第三道——見道——我們才終於徹底覺悟到我們所做的每一件事有多自私。而第三道的本質，就是我們不能在周遭指出任何一件不是來自於我們的東西。」

她的眼睛亮了起來。「知道世界來自於哪裡的認知，將我們從全球性的自私病當中搖醒。不知道世界來自於哪裡的無知，則種下了自私及看見自私的種子。

「菲爾在我生病時沒給我我需要的關注，因為……」她的眼睛睜得老大。「因為我沒有完全體認到他來自於我，而且只來自於我。」

「這怎麼辦呢？」我趕緊問道。

「唔，我想很簡單。下次他又顯得很自私的時候，我可以……比方說，去浴室待個一、兩分鐘，想一想我的人生中是不是有任何其他事，看看我是不是做了什麼創造出他的自私，並且延續了他的自私。因為儘管『不去想』的本身並不自私，但它卻是自私的根源，也是我何以會在周遭看到自私的原因。」

我好好看了山姆一眼，然後決定再推她一把。「好極了，我們有個計畫了！但如果想要更進一步地處理這件事……」

「準備好了。」她欣然說道。

「我是指，運用業力法則解決菲爾的自私是一回事，但根據我們剛剛說的，問題似乎比這更龐大。全世界都很自私。全世界的所作所為幾乎時時刻刻都是出於利己的目的。這我們怎麼處理呢？」

山姆想了想，說：「我猜可以發起大型的教育推廣運動……我是指，到全世界巡迴，教導人們明白一切事物真正的來源何在。那麼，自私就會絕跡了。因為大家都會明白，一切的一切來自於自己。如果想要好事發生，就要種下相對的業力種子。種下種子的唯一辦法，則是藉由把你所想要的東西一模一樣地提供給別人。而這就是自私的徹底消失。」

我陶醉地微笑著，因為我們倆都知道，我有大半生就花在這種推廣教育上。

「另一方面……」她淘氣地笑著說：「若能想想第三朵花——業力種子是如何創造出周遭人們——你的教育推廣運動效果會好得多。把第三朵花的道理套用到這裡的話，要在周遭世界中看到自私被消滅，你自己就要先做好榜樣——以身作則運用業力法則處理人生中的每一個問題，如此一來的影響會擴及身邊每一個人。」她意味深長地看著我。

「我會試試。」我說。我們起身朝門口走去。她說：「啊，你是不是忘了什麼？」我回頭看看自己是否忘了什麼東西沒拿。

「不是啦！」她笑了出來。「我們沒談到第四道和第五道。」

「喔，對。」我邊走邊說：「第四道叫做『修道』，這是指你習於這種對於種子本質的新領悟，並且運用這份領悟永遠地去除你最後的一絲負面情緒——憤怒、嫉妒、慾望和任何諸如此類的東西。」

「這麼說來，那些情緒就某方面而言必然是基於無知的自私。至於第五道，我假設它根本算不上一道吧，因為它就是當你完全不自私時所達到的境界。到了這時，你完全沒有不用種子的時候。」山姆很快就能觸類旁通，我真的越來越欣賞她了。

我點點頭，說：「他們就稱它為『無學道』，或者有時也稱它為『涅槃』。」

山姆點頭說：「在我聽來還不賴。」

55 問題

回顧我倆的關係，我感覺我太太似乎一向對我很挑剔——總是在抱怨，幾乎從來體認不到我的好。什麼業力能讓人對你多一點欣賞？

好的，這個問題也是在巴黎被問到的。先澄清一下，我是個巴黎迷，但不是巴黎的常客。我們會編一些藉口到巴黎辦金剛商業學院的課程，即使不甚合乎經濟效益。我只是想要沾染一點高貴優雅的氣息。

所以反正呢，我在蒙馬特區，和瑪莉－艾莉絲以及她的老公喬治坐在露臺上，看著西下的太陽發出暗紅色的金光，襯著那片獨一無二的淺藍色天空。艾菲爾鐵塔在我們左下方——完美呈現的城市風情猶如好萊塢電影裡的一幕。

我開始娓娓道來：「一如往常，一切都和那枝筆有關，也跟鑽石有關。我們就從鑽石說起吧。」喬治對我投來懷疑的眼神，但耐住性子聽我說。

「當我們的鑽石公司在紐約做起來的時候，生意很旺的日子裡，一天大概要做三千件首飾。我們處理的多半是很小顆的鑽石，所以平均一件首飾裡大概會有十顆。

「這意味著我們要買進三萬顆鑽石來完成當日訂單。這些鑽石是一袋一袋買賣的，這又意味著如果要買三萬顆符合需求尺寸的鑽石，連帶也要帶回兩萬顆尺寸不符當天所需的鑽石。

「好的，所以今天你要買五萬顆鑽石。為了買這五萬顆，你可能需要從五個不同的供應商那裡，各買一袋（事實上，我們稱之為一個『混合包』）一萬顆的鑽石。

「只不過，沒有人的混合包裡會是一萬顆顏色一模一樣的鑽石。一批用在同一顆戒指上的鑽石必須顏色一致，所以為了最後能有一萬顆鑽石，一般典型的做法是採購一袋一萬兩千顆的混和包。

「這一萬兩千顆鑽石當中很多會有裂痕或斑點，所以除了這一萬兩千顆，我們還得再多拿三千顆，也就是總共要五個每袋有一萬五千顆鑽石的混合包。然後要有人坐在那裡挑出每一顆小小的

鑽石——一顆接著一顆——檢查它們的顏色和純度對不對。

「所以，為了完成當天訂單，摩天大樓裡有一整層的人要一手拿著鑷子、一手拿著切工鏡，挑出將近七萬五千顆碎鑽來檢驗。」

聽到這裡，瑪莉－艾莉絲脫口說了句「Mon Dieu」（法文：我的天啊）。

「那麼，姑且說每一個混合包裡不合格的鑽石約占三分之一，和供應商交涉的採購人員從中採樣，並決定買方能夠退回多少不合格的比例。接著，採購人員去找篩檢單位的主管，請他們告訴負責篩檢的員工說要拿出三分之一的鑽石，剔掉那些顏色偏黃的、有斑點的，或有裂痕的。

「一大群的篩檢員在那堆七萬五千顆的鑽石前坐上大半天，一顆一顆挑出來，剔掉兩萬五千顆。這兩萬五千顆鑽石分別再用包裝紙包起來，退回去給供應商。而五萬顆精挑細選的鑽石也包了起來，送去庫存，再從倉庫送到樓下的珠寶加工廠。

「只不過有時候可能有人在連續幾小時瞪著成千上萬顆鑽石之後，眼花撩亂地把一包合格的鑽石一不小心丟回待驗箱，篩檢單位的主管又誤把這包純白無瑕的鑽石再交給同一組篩檢員，並指示他們從中剔除三分之一顏色偏黃或有瑕疵的鑽石。

「你們知道接下來會怎麼樣嗎？」我最後問道。喬治揮揮手，說：「那還用說！篩檢員看了幾顆就立刻發現品質都很好啊，然後他們通報主管說搞錯了。」

「不是耶。」我說：「篩檢員會把他們剛剛檢驗合格的五

萬顆鑽石再檢查一遍，再挑出三分之一顏色偏黃或有瑕疵的鑽石。而如果你又把這些鑽石再給他們一次，他們也還是會從中剔掉三分之一。」

瑪莉－艾莉絲有點不耐煩了——或許我們可以說，她已經在心裡抱怨了起來。「所以這和喬治認為的問題有什麼關係？」

「好的，在鑽石公司，我們為這種現象起了一個名字，叫做『相對作用』。在古西藏的經文裡也能發現一樣的概念。」

「那是怎樣？」喬治問。

「神聖的典籍上說，如果有個人走進一間有十個人在裡面的房間，在一小時內，他會喜歡其中三人、討厭其中三人，剩下的四人則不喜歡也不討厭。

你所遇見的人當中永遠都有十分之三會被你討厭，所以問題不在他們身上。

「但接著，你把他喜歡的十個人集中到另一間房間，同一個人再進入這第二間房間，在這十個他之前喜歡的人當中，他一樣也會喜歡三個、討厭三個，不喜歡也不討厭四個。」

瑪莉－艾莉絲先反應過來了，她說：「有道理，無論哪個房間，如果實際上是你的意念決定了你會怎麼看待房間裡那十個人的話。這就像那些鑽石篩檢員，不是一袋鑽石裡有三分之一劣質品，而是在篩檢員的腦袋裡有某種意念要他們看見任何一袋鑽石裡都有三分之一劣質品，即使他們剛剛才檢驗確認這些鑽石沒問題。」

「很好。」我緊接著說：「我們和伴侶的相處也是如此。如果我們的心識裡有從他們身上挑出三分之一毛病的種子，那麼我們就會這麼做——我們會抱怨他們，而且抱怨得有憑有據、頭頭是道。如果突然間他們同意要改了，那麼第二天我們又會挑出另外三分之一的毛病。而且我們抱怨得沒錯，因為我們確實從他們身上看到百分之三十三值得抱怨的地方。」

瑪莉－艾莉絲洋洋得意地看喬治一眼，但他可沒有要買帳。「可是為什麼她老是從我身上看到百分之三十三的毛病？」

「啊。」我露出微笑。「這很簡單。對另外某個人來說，她的一言一行也有某些比例，比方說百分之五之類的？讓那個人看不慣。這種下的種子就演變成你的一言一行在她眼裡總有百分之三十三令她看不慣。」這次換喬治看他太太一眼。我必須立刻導正他們這種思考的方向，不然我們就要發生焗烤料理的僵局了。焗烤料理的僵局要追溯到我從一位年輕同事那裡聽來的故事。她出生時，她母親是某個新時代團體的一分子——聽她這麼說，我真的覺得自己老了，因為我在當時也知道那個團體，而當時還是個小丫頭的她現在可是亭亭玉立地站在我眼前。

無論如何，在來自印度的大師的屋子裡，母親大人曾經幫忙煮東西。如同常有的狀況一般，學員之間彼此有點競爭心理，每個人都想負責煮大師最愛的一道菜。

於是，母親大人走下樓梯，手裡端著一盤大師要的焗烤料理，那盤料理還熱騰騰地冒著煙。走到最後一階時，她絆了一跤，整盤料理全都倒在地上。

「這是你的業！」一位懷著競爭心理的學員得意地說。大師走到那位學員身邊，抬起腳來往她的大腳趾踩下去，微微一笑說：「這是你的業！」所以，這裡要提出一個小小的警告。當你開始學習業力種子時，不要讓它帶你掉進業力遊戲裡。所謂「業力遊戲」，就是當喬治告訴他太太，無論是用言傳，還是用意會，因為她在他身上看到的一切其實來自於她，所以一切都是她的問題，他不必聽取任何她要他改進的建議。瑪莉－艾莉絲也可以玩一樣的遊戲，她可以反過來說是喬治的問題，因為無論在任何時候，都有百分之三十三的比例是他自己造成了她的抱怨。

於是，我趕緊帶到筆的概念。「現在我們要怎樣終止這個循環——這個特定的小型業力迴圈？喬治並非百分之三十三、百分之九十或百分之十有毛病，就像那袋純白的鑽石沒有什麼顏色偏黃的劣質品。我們要找到一個實際可行的辦法，讓瑪莉－艾莉絲停止種下那『百分之三十三有毛病』的業力種子。

「我們不妨從四朵花的第一朵下手。」我提議道。

「意思是……」她說：「我可以停止對其他人做『喬治對我做的事』。也就是說，我可以很小心讓自己的一言一行不要惹惱他人，這就會斷絕讓我在喬治身上看到令我惱怒之處的種子。」

「是。這是其中一個選項。」我贊同道。「還有別的選項嗎？四朵花的第二朵呢？」

「這是指習慣的部分。」喬治提高音量說。「一旦開始看見任何人事物都有百分之三十三的毛病，接下來就會持續地看見百分之三十三的毛病，無論這些人事物是不是真的有毛病。」

聽到「真的」二字，瑪莉－艾莉絲和我都對喬治翻了個白眼。但究竟怎樣叫「真的」，你可以有自己的判斷。

「很好。」我肯定地說。「我是說，一旦我們明白，是自己的意念迫使我們看見一切的一切都有百分之三十三的毛病，我們可以試著用另一種習慣來對付這種習慣。」

「怎麼說?」她問。

「很簡單。」我說:「我小時候加入過合唱團,指揮是個慈祥和藹老爺爺型的人,他會挑出一些很古老的歌要我們學,像是一整首韓德爾的《彌賽亞》。但也有一首歌,茱蒂・嘉蘭(Judy Garland)把它唱紅的……」

「你是指《綠野仙蹤》裡面那個小女孩。」瑪莉—艾莉絲笑著說。

「對。總而言之呢,這首歌名叫〈尋找銀光閃閃的雲邊〉(Look For The Silver Lining),超老套的,但寓意很深,主要的歌詞是這樣的:

我發現了一種看事情的角度可以撫平每天的磨難;
所以在我心裡,
我會不斷重複:
「尋找銀光閃閃的雲邊。」」

看著兩雙茫然的眼睛,我明白到必須解釋一下,讓法國人也聽得懂。「意思是你可能會碰到暴風雨,天上可能布滿不祥的烏雲,但如果仔細看,你總能看到某一朵烏雲的邊緣閃著動人的金光或銀光,代表太陽還在背後閃耀,只等破雲而出。

「在喬治身上或在任何情況中,總有真的極其美好的地方。我們只需養成習慣專注於那百分之六十七的純白鑽石,而不看那百分之三十三顏色偏黃的。」

「聽起來不像種種子思考法。」喬治埋怨道：「比較像正面思考法。我還以為我們不是要學習如何因應困境，而是要確保困境一開始就不會存在。」

我想了一下，說：「是，我承認，聽起來確實滿像的，但我談的是第二朵花。在伴侶的種種言行裡，我們已經看到一定比例的毛病。即使他們不再有那些毛病，到了明天，我們又會在他們身上看到一樣比例的毛病，因為在我們的心識裡就是有那麼多比例的惡種子。

「但即使是在伴侶令我們很不高興的一天，他們身上還是有一些相當吸引我們的美好特質，這也是我們一開始之所以會選他們為伴的原因。」

喬治和瑪莉－艾莉絲互換深情的一眼，只有法國人知道怎麼使出這種眼神。看來情況已經撥雲見日了。

「所以，我們就得抓住自己的思緒——就很像抓住一頭野生大象和它搏鬥一番，強迫它專注在伴侶的美好之處，而不要專注在我們此刻覺得很受不了的毛病上。事實上，這種搏鬥就是禪修的要義：學會將我們的意念導引到我們要它去的地方，而不是讓它任意遊走，把我們帶到它想去的地方。

「在剛開始幾天，這會是一個很勉強的練習。伴侶身上那三分之一的毛病實在很強大，不斷呼喚著我們。但每當看到負面的東西，就把它當成一個提醒，提醒自己要去想想正面的東西——想想銀光閃閃的雲邊；而且正面的東西真的很多。

「每當看到伴侶令我們喜愛之處，我們的心識裡就會種下一個

種子，即使它和生起不健康的惱怒時種下的種子比起來是既小又弱。

「第二朵花說，就算是顆弱小的善種子，也能綻放成習慣。不出幾天，每一個關於伴侶的惱怒念頭都會引發第二個念頭，也就是尋找他們值得欣賞之處。每一個善種子都促成種下更多善種子的習慣。很快地，我們就會回到相識之初，當我們真的只看到對方的好的時候。」

這時，喬治的手臂已經攬住瑪莉－艾莉絲的肩頭了，而且他倆一臉夢幻的神情。但她還有最後一個問題。

「好，但惱怒的種子難道不會也創造出更強大的惱怒習慣嗎？為什麼弱小的欣賞種子比強大的惱怒種子更能造就習慣？」

「因為它們奠定在真理的基礎之上。」我說著站起來，但喬治抓住我的手臂，把我拉回去。

「究竟是什麼道理？」他問。我點點頭。

「好。唔……那是西藏寺院僧侶生涯其中一個最動人的時刻了。我們花了大概二十五年密集地學習、打坐、思辯，最後要歷經幾週相當嚴格的口試，口試在全寺院的所有僧侶面前進行，而當時在我的寺院有超過一千名僧侶。

「如果通過這最後一關，你就能領到那種很大一頂的黃色格西帽，看起來就像古希臘戰士的頭盔。事實上，在結業口試那天，他們會發給每個人一頂，連寺院裡最年幼的小沙彌都有。

「每個人都戴上帽子，接著有個人站起來，問你在這二十五年的修行裡最後、最後的一道考題，而題目永遠都是同一個。」

「哦？什麼題目？」瑪莉－艾莉絲問道。

「他們問你：『人世間的苦有沒有盡頭？』」
「那答案是什麼？」喬治問。
「答案是『有』！
「接著他們又問：『為什麼？』而答案永遠是：『因為真理大過謊言。』也就是說，在人世間，每一個人遲早都會明白，要得到自己想要的東西，唯一的辦法就是先幫助別人得到。接著，『自私』這個從來不會有用的謊言就會破滅。
「接下來，每個人都抓起頭上的格西帽丟到空中，像丟飛盤似地，然後發自肺腑地歡呼。場面超酷的！」
「真的很酷！」他們贊同道。

56 問題

我們的關係已經勉強維持好一陣子了，每個月都越來越辛苦。但我們真的深愛彼此，很希望能一起走下去。我在想或許專業的諮商會有幫助，您認為呢？

這個問題是在祕魯首都利馬沿著山崖散步時聊到的。我的一邊是艾絲特拉，另一邊是她的伴侶卡洛斯，我們一起走著。艾絲特拉說話時，我感覺到卡洛斯緊張起來。如同這個問題常有的情況，我看得出來這成為他們之間的痛處已經有段時間了。

「但問題是……」卡洛斯立刻反駁道：「我們要怎麼知道一個諮商師是好還是不好？我認識的所有諮商師最近一個個都離婚了。我們怎麼知道他們會不會拿了錢，然後把事情搞得更糟糕？」

這牽涉到某種我稱之為「空殼老師的魔法」的東西，而且這又是一次談談第三朵花的好機會；這朵花真的很重要。

我開始回答：「所以，你們去找婚姻諮商師，從網路上找，或者四處打聽。只不過……真的找到了嗎？」

卡洛斯和艾絲特拉在附近的太平洋大學（Universidad del Pacifico）已經上了夠多我教的課，他們知道答案。艾絲特拉說：「不盡然，因為其實是沒有人可以。」

「怎麼說？」

卡洛斯接口道：「他們來自於你，來自你心識裡的種子。事情並不是有個婚姻諮商師站在他辦公室門口，而你們走上前開始和他談話。在他辦公室外的走道盡頭，有一幅小小的諮商師的影像從你的心識裡蹦了出來。等你沿著走道走去站在他門前時，就有一幅大大的諮商師的影像從你的心識裡蹦出來了。

「這當中有一個沿著走道走去的錯覺，但你的心識是真的在送出越來越大的諮商師，直到你站在他面前，和他握手。

「所以，我們能不能說你不是『找到』一個婚姻諮商師，而是『創造出』一個婚姻諮商師，就像創造出一個伴侶一樣？」

「能。」他們一致回應道。

「所以，你創造出這個人，但你是否也創造出他所說的話？」

「我想是吧。」艾絲特拉說。她顯然很認真在想，但接著她的額頭皺了一下。

「你去找婚姻諮商師，讓他來幫助你解決婚姻問題。」她說。

「是。」

「如果他要為我們倆『諮商』，按照這個詞的定義，他應該要知道一些我們還不知道的事情吧。」

「那倒是。」卡洛斯也看出問題了。「所以……如果他來自於我，我要怎麼創造出一個知道的比我多的諮商師或顧問？」

「業力法則的第二條。」我答道。艾絲特拉回想道：「等到開花結果時，種子總是已經膨脹了無數倍。」

「正確。所以，假設我教公司裡的同事某種技能，比方如何使用某個電腦程式或手機 app，藉此我種下了得到一個顧問的種子。我種下的種子在我心識深處以倍數增長，直到最後它迸裂開來，發芽開花結成一個顧問，或婚姻諮商師。」

「所以我們就需要去找婚姻諮商師。」艾絲特拉滿面笑容地下結論道。但卡洛斯想得更進一步。「我看不出來為什麼我是說，如果和人分享我們的知識所種下的種子夠強大，它難道不能直接從我們的心識裡開出頓悟的花朵，讓我們只靠自己就知道需要做什麼才能把感情維繫好？為什麼必須透過一位婚姻諮商師來讓業回報到我們身上？」

我點頭。「非常好的問題。這要談到『模式』和『媒介』的概念。和別人分享一件我們知道要怎麼做的事情所種下的種子，確實能——而且比我們想像的更常——以一份頓悟回報到我們身上，讓我們自己就對如何與伴侶相處有新的洞見。

「但這個來自分享的種子種下去時所用的方式，卻往往意味著它開花結果的方式有一定的模式。以得知某件我們需要知道的事情來講，它的模式往往要透過另一個人回報到我們身上，也就是要透過一位指導者。

「這位指導者確實是我們創造出來的，而原來的種子膨脹了無數倍，創造出他分享給我們的想法，這些想法是我們自己本來怎麼也想不到的。這個特定的模式是一個很典型的模式，所以我們的所學所知絕大部分都要透過一個媒介來回報到我們身上，也就是『指導者』這個媒介。

「不妨把這個媒介想成一種運送系統，類似將上網購買的東西從店家送到我們門前的那一套系統。」

卡洛斯微笑道：「但這個媒介——種子藉以開花結果的那位指導者——也來自於某個種子。」

「沒錯。」我贊同道。「這就要談到第三朵花了。我們不只要一位婚姻諮商師，還要一位言之有物的婚姻諮商師。我們要在周遭世界中創造出這個人——這是第三朵花。但第三朵花的另一部分是我們也創造出他對我們說的話，也就是從外在世界進入我們耳朵的話語。

「所以，這位婚姻諮商師是否真的有幫助，也取決於我們的業力種子，這是車子和額外配備的道理。」

一陣沉默。最後艾絲特拉說：「呃，我不記得您講過這個部分。」

我搜索枯腸，想找個例子。我問：「如果你沒伴，根據金剛法則的系統，你要怎麼找到一個伴？」

「這個嘛，你不是用找的，而是創造出一個。」卡洛斯說。

「對。」我更正道：「你怎麼創造出一個？」

「這個嘛，你可以透過到養老院『認領』一位長者來種下種子——每隔一兩週，固定去探望他。在那邊給予他陪伴，就會種下讓伴侶出現在你身邊、帶給你陪伴的種子。」

「對。所以，你瞧，這就像訂購一輛新車。但接著，你要想清楚這輛車要有什麼配備。你要它漆成紅色或藍色？你要哪一種音響？你要有免手持電話，還是不要？

「你的伴侶也一樣。你用第三朵花創造出你希望他有的特質：專情、敏感、對你有幫助。每一個特質都有它的種子，這些種子不同於那個創造出一位基本款伴侶的種子；基本款伴侶就是單單只有車子，沒有你要的配備。

卡洛斯把這套用到他們的婚姻問題上：「所以，創造出一位給我們建議的諮商師是一回事，創造出一位『給我們好建議』的諮商師又是另一回事。」

「對。和別人分享你的知識──把你會的事情教給同事，即使將來他們可能和你競爭──是創造出一位指導者的種子。確保同事知道怎麼做得和你一樣好，則是創造出一位配備齊全的婚姻諮商師的種子，這位諮商師會給你好的建議。

「那麼……」我結束道：「現在你們告訴我，你們兩位應不應該去找婚姻諮商師？」

他們一起回答道：「如果他是我們種下的諮商師，那就應該。如果不是，那就不應該。」

非常好。

PART 28

忠貞

Fidelity

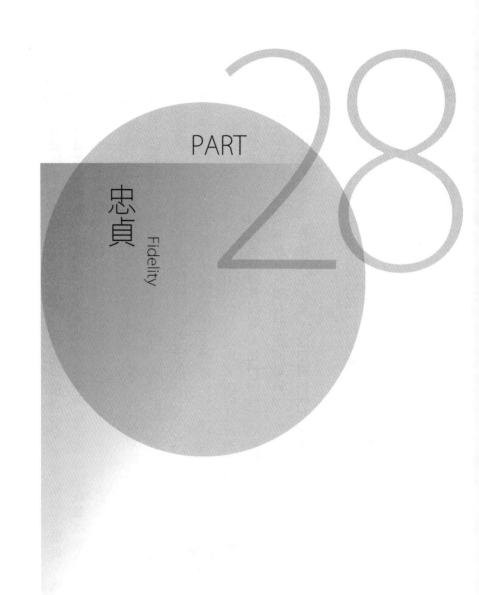

57 問題

我最近發現伴侶背著我偷吃。我覺得很崩潰，不確定該怎麼做。他說他愛我，而且不會再犯，我該離開他或相信他？兩種選擇都讓我難以取捨。

很遺憾地，這個問題或各種版本的類似問題，是我最常被問到的問題。它牽涉到很多層面，但既然我們在談四朵花，那就先用四朵花來看，尤其我們還沒機會談到的第四朵花。

我正在穿越一座小型度假村的綠草地。度假村位於馬拉西亞一個叫做「新山」的地方附近，新山則位於從馬來西亞往新加坡的路線上。新加坡人常常到這裡度海灘假期，我們則是在這裡舉辦關於尋找人生熱情的週末僻靜會。問我問題的是依玲；我們能看到附近戶外餐廳的桌旁坐著她先生小李，他知道我們在試著解決這個問題。

我開始回答：「所以，人生當中有一些關鍵時刻。你有兩條路可走，而往後的人生都取決於這個決定性的時刻。」

「現在感覺確實像這種時刻。」依玲同意道。

「但甚至還有更關鍵的時刻，像是在此生終了時。」我補充道：「我想，如果我們能看一看這些關鍵時刻，就能對你和小李接下來該選哪條路有一番領悟。」

「聽起來有點奇怪。」依玲說：「但我走投無路了，所以，好吧，就這麼辦吧。」

「好。你知道四朵花，對吧？」

「知道。」她說：「去年你在新加坡談到過。一個業力種子有四種在我們的人生中開花結果的方式。」

「對。所以我想和你複習一遍四朵花，看看怎麼用它來決定你和小李在這個分岔路口要往哪走。」

「太好了，感謝你。」

「好。四朵花可能是最難真正理解的了，讓我們從頭開始。現在，當我們走過這片草地時，種下任何種子了嗎？」

「我想是吧。」依玲說：「我們正試著要解決一個還滿嚴重的問題。如果成功了，這對兩個人接下來幾年的人生意義重大。肯定有一些很強大的種子種下去了，而且是好的種子。」

「好。現在，剛剛在草地上走的十步裡，已經在談這個問題的我們種下了多少種子？」

「唔，我知道每秒有六十五個種子，假設每步一秒，我們已經種下超過六百個種子了。」

「好，那麼，業力法則的第二條說，這些種子在我們心識的土壤裡多久，就會不斷以倍數增長，直到發芽成熟為止。每二十四小時，它們就會增加一倍。」

「了解。」依玲說。

「那等到它們準備好要開花結果的時候，每一瞬間會有多少個冒出芽來？」我問。

「也是六十五個。」她答：「我們的人生就像一齣電影，種子以每秒六十五個鏡頭的速度綻放，所以我們會有周遭世界和時間在運轉的錯覺。」

「那麼……你覺得這種算法有沒有任何問題？」

「有問題！」她點頭道：「如果種子以每秒六十五個的速度形成，已經形成的種子又持續不斷地增長，直到在我的生命中成熟，而我的生命又在每秒六十五個種子當中度過，那我生命中的每一天都會堆積出成千上萬個多餘的種子。」

「完全正確。」我贊同道。「那這些多餘的種子會怎麼樣？」

「唔……」依玲說：「業力法則的第四條說，種子一旦種下，絕對不會消失無蹤。我們所種下的每一個種子都不可思議地存放在心識裡，有必要的話，它會在那裡待上好多年，直到結成我們生命中的某種經驗，但這樣會有問題。」她一邊心算，一邊說。

「對。」我同意道：「我們的心識裡永遠會累積一堆種子的存貨。當我們來到生命的盡頭，當人體這台汽車故障時，這些種子會怎麼樣呢？」

「我知道你說的人體汽車是什麼意思，我們之前談到過。」依玲說。

「那是指……我們看見一台汽車停在公路邊，它很顯然出了什麼狀況，沒再繼續行進。但當我們看到一台汽車動也不動地停在路邊時，沒有人會假設車上的駕駛一定死了。只因這台車再也不能動，並不代表駕駛再也不能動了。」

一台車故障，並不代表駕駛死了。

「正是。所以，人體會喪失功能，從此一動也不動，但那不盡然說明了心識的狀況。我們無法確定心識是否也停止運轉了，只因它再也無法透過說話的嘴或比劃的手和我們溝通。也可能心識還活著，只是卡在故障的身體裡面，就像駕駛卡在故障的車裡一樣。

「好吧，那到了這時，種子怎麼樣呢？」

「唔，我想這是四朵花的整套道理最有意思的部分之一。」她說：「第四朵花說的就是這一刻。我花了整整一生儲存多餘的種子，這些無法摧毀的種子都在我的心識倉庫裡。當身體停止運轉，它們也不會憑空消失。它們還是在那裡，而且會趕在我前面開出一個新世界。」

「舉例來說？」我只這麼問一句。

「就像看電影。」她說：「我們傾向於認為放映室裡有一整齣電影。在每一個經過的瞬間，放映機抓住下一個影像，投射到銀幕上。

「但真實的情況是種子在我的心識裡打開，以它們一般的速度——每秒六十五個。它們把下一分鐘的電影丟到我前面，就像讓你踩著穿過院子的石頭。」

依玲在這裡提到了一個我常舉的例子。就像其他許多我用的例子，這個例子也來自我和西藏喇嘛同住一個屋簷下、為他工作也向他學習的二十五年。

即使就和上師生活在一起，有許多年我還是覺得我需要知道的一切都在那些排滿他房間整面牆壁的典雅古書裡。而我會把握每一個可能的片刻，捧著一本經書窩起來。每當我舒舒服服地窩了起來，上師就會從廚房叫喚道：「喂！麥可，你能不能出來幫我一下？一下就好？」

當然，不會只有一下就好，常常是一小時，或者一整天。這天，仁波切決定他想要一條石板鋪的小徑。

他站在前廊，指著外面的草地，說：「你看，麥可，每次下雨（我們住的地方幾乎老是在下雨），我們走過草地都要弄得滿腳泥濘。如果有一條小徑通往車道，豈不是太好了嗎？」

我縮了一下，想起最近一次沿著整棟屋子和相鄰的大殿蓋人行道的計畫。拿著鏟子繞著水泥車打轉，體會到為什麼鋪水泥的時候都要戴手套的辛勞。

「喔，不，不是水泥。」仁波切愉快地說：「我在想我們可以用石板。」這聽起來通情達理多了。買個二十片左右的石板，砰一聲把它們丟到前廊和車道之間，然後就可以回去啃我的西藏古書了。我從上師那裡得知他要的細節——哪種石頭，什麼顏色——然後出發去園藝用品店。

不出一個小時，我已經彎身從前廊拋出第一塊石板了。我瞄準台階前方，把它丟下去。然後我踩在那塊石板上，朝草地彎身，丟出下一塊。要不了十分鐘，我已經站在車道前，滿意地回頭看著新鋪的小徑。現在我要做的就只是踩著一樣的石板走回去，穿過廚房門，進入我房間，回到仁波切突然決定要一條石板路之前，我正在讀的十五世紀作家。

事實上，我現在就能看到他在屋子那頭，從前廊跨出去踩到第一塊石板上。他沒有踩著石板越過草地，而是僵在第一塊石板上，把身體的重量換到左腳，又換到右腳，低頭看了看，眉頭皺了起來。

我們已經相處了這麼多年，我幾乎可以讀他的心了。「仁波切，怎麼了嗎？」

「唔，麥可，這塊石板晃來晃去的。我在電視上看過一個介紹義大利的節目，那些人在石板下面鋪了沙子，石板才不會晃。」他期待地看著我，我二話不說就到屋子裡去，打電話給砂石公司訂沙子。

如此這般，大半天就這麼沒了。我一邊巴望著去讀我的經書，一邊把石板撬起來，鋪好沙子，再把石板放穩，一片接一片。我踩在石板上，彎下身來撫平前面的沙子，然後拋下下一塊石板，再站到那塊石板上試試，有點晃，仁波切瞪我一眼，我再把石板拿起來，調整一下沙子，讓沙子符合石板的輪廓。每塊石板大概要花個半小時，才能達到仁波切的標準。

最後，終於來到盡頭了。我站在車道前的最後一塊石板上，心裡不可否認地滿意。把事情做對的感覺真好，現在我可以奔向書本的懷抱了。只不過天已經暗了下來，是幫仁波切煮晚餐的時候了。但是沒關係，之後我可以有一點安靜的時間。

仁波切在昏暗的天色底下來到前廊，踏上第一塊石板，把身體的重量換過來又換過去，滿意地笑了。「不會晃！」他對我吼道，吼聲穿過院子。

但接著他彎下身來，湊近看石板，然後站到旁邊，蹲下來，像高爾夫球選手要判斷揮桿角度似的。「喂！麥可！」他吼道。我對於明天將如何度過有不祥的預感。

他指著第一塊石板，說：「問題大了！」

「怎麼了？仁波切。」我試著不要哀號。

「沙子把石板墊高了！」他高呼道。

「呃，是的，仁波切。」我努力不要表現出不耐——在西藏傳統中，這是很要不得的態度，尤其面對的是你的上師。

「在這片草地的這個部分除草時，割草機的刀片會撞到石板。」我彎下身來看了看。一如往常，他完全正確。

「嗯，明天早上你可以把石板路稍微挖起來一點，把沙子再鋪一次。」他宣布道。上師的話就是聖旨，第二天早上我就是這樣度過。

這份活兒我大概忙了四天吧。我一定在那片草地上來回了一百次，踩在一塊石板上，丟下下一塊，調整一下，再踩上去拋出下一塊。

過程中，我突然領悟到，就像仁波切和我之間的其他許多事情一樣，這件差事也為我上了一課。我們的整個人生充滿擺好下一塊石板、踏上去、再擺好下一塊。業力種子在心識裡成熟，把下一刻丟到我們前面，然後我們踏上去，步入周遭有形世界的下一刻，來到下一刻要接觸的人當中。在下一刻，又有更多種子成熟，把人生的下一部分丟到前面。這就是依玲談到的在公路邊拋錨的汽車。

「所以，肉體死亡後，種子還會開花結果嗎？在汽車拋錨後？」我問她。

依玲想了一下。「我們剛剛談到，到了那時，你的心識裡已經堆積了幾千幾百萬個種子。我們也談到，它們絕對不會憑空消失，而是遲早會發芽開花，結成我們周遭的人事物，只不過……」

突然間靈光一現，她的臉上浮現那種有了大發現的興奮表情。「我們都知道，心識裡的種子隨時隨地都在創造出你周遭的世界和人們，但是什麼創造出讓我們看見這個世界和這些人的心識呢？」

就是為了這種問題，我的口袋裡一向隨身準備著一枝筆。我把它拿出來揮了一揮，張大嘴作勢啃它。

「喔，我的心識也來自於種子。」她只這麼說了句。我點頭。

「所以……即使在身體死後，心識裡的種子依然持續把下一刻丟到我前面……從我的心識產生的、我的下一刻……」

我又點頭。

「然後，我心識裡所有多餘的種子開始綻放，我的心識也開始看見……新的事物、新的地方、新的人——一個新的世界。」

我三度點頭，結語道：「而那就是第四朵花。」我已經把她的思路導引到我要的方向，現在我等著她的下一個問題。

「那麼……這和決定留在小李身邊，或因為他對我不忠而離開他，當他說不會再犯時應不應該相信他，有什麼關係？」

「你為什麼會看到他背叛你？」依玲臉紅了。「因為我的心識裡有一個讓我看見他背叛我的種子開花結果了。這意味著我一定種下了那個種子，也就是說過去我一定曾經背叛某個人。

「可是我沒有啊！」她喊冤道。

「業力法則的第二條是什麼？」我問。

「種子以倍數增長……喔……」她想起來了。「我是說，我們只不過互通了幾封電子郵件……真的沒有發生什麼。

「但種子會增長……」她嘆了口氣。

「那我現在怎麼辦？」

「你能做的很多：清除業力種子，幫助別人修補他們的關係。但針對這件事，我還想跟你談得更深入一點。現在，本質上，你想要的是想清楚接下來幾週和幾個月要怎麼樣。

「你和你先生的感情來到一個分岔路口，它有兩種去向。或許他會信守承諾，不再拈花惹草；也或許他不會。我們想確保他會。

「你瞧，你人生中的此刻和我們剛剛談到的死亡時刻非常相像。這也是一個特別時刻，一個分岔路口。在死亡的那一刻，心識裡數以百萬計的種子——一整個倉庫的種子格外強大。在做出抉擇的那一刻，其中一個種子將會開花結果，決定你接下來要在周遭看到的世界與人們，甚至決定當你步入這個新世界時將看到自己擁有一副怎樣的軀體。

「古書說，在這一刻我們必須極為謹慎，因為在肉身終於死亡的這一刻，心識裡的種子幾乎會決定一整個來生。比起決定此生一刻接著一刻踏上什麼石板的種子，這一刻的種子還更具決定性。在這一刻，我們絕對不能讓惡種子冒出芽來。」

「我的情況也一樣。」她明白過來了。「我和小李處於一個關鍵時刻。我絕對不能讓一個會導致他再次偷吃的種子開花結果，因為那樣就完了。」

「是啊。」我等著她的最後一個問題，然後一切就都搞定了。

「假設……」她說：「在我心識倉庫的幾百萬個種子裡，可能還有一些會導致我又看到他偷吃……有沒有辦法可以確保其中不會有一個開花結果？」

「你這就問對問題了。」我微笑道：「你正站在一份新人生的門前——一份你和小李的新人生，我們想要確保不會有惡種子來搗蛋。

「我們知道一般的通則是種子就是存在，而且無法摧毀。但有沒有什麼特別的辦法可以廢掉種子創造出偷吃的小李的力量？」

依玲滿懷期待地猛點頭。

「是有這種辦法。古書稱之為『摧破業力』。我個人喜歡把它想成我餵給來我家作客的野鳥。」

「沒聽過。」

「那是一種從印度進口到美國的特殊種子。小黃鸝鳥很愛。只不過它會長成一大片很討厭的薊草叢。所以法律規定在運到美國之前，要用一種特殊處理方式幫它『絕育』。整顆種子還是好好的在那裡，對鳥兒來說也一樣美味，但它不會突然開始大肆生長，占領你家整個院子。

「針對在你心識裡任何可能讓小李再偷吃的種子，我們就是要做這種處理。我們要幫它們絕育。」

「好！告訴我怎麼做。」依玲堅決地說。依我看，她認為這牽涉到腦部手術或諸如此類的激烈手段。

「在做出改變人生重大抉擇的那一刻，在站上決定往後人生的感情分岔路口那一刻，還有甚至是在死亡的那一刻，當心識裡的種子被挑選出來形成下一個你所進入的世界時，有一個特殊的辦法可以確保惡種

子不要開花結果。

「辦法很簡單，只是要你在一天當中盡可能多點時間想著周遭的人事物是如何來自於你心識裡的種子。這實在、超級、徹底不可思議；也或許正如你所預料，如果你認真仔細想一想的話。

「幫惡種子絕育的辦法——確保妳先生不再偷吃的辦法——就是在一天當中，一次又一次地停下來想一想，周遭一切是如何來自於你。

「早晨升起的太陽，來自於我設法為他人的生命帶來快樂與陽光所種下的種子。今天吃的早餐，來自於我幫助他人填飽肚子。我用來閱讀文字的雙眼，來自於我幫助別人看見、明白他們必須看見、明白的東西。

「所以，要阻止你先生偷吃的辦法就是：在一天當中，一而再、再而三地暫停一下，持續不斷、喜悅感恩地去體會。」

依玲領受到這當中的真實性與正確性。我看見她閃閃發亮的眼睛裡有計畫成形。

PART 29

自私

Selfishness

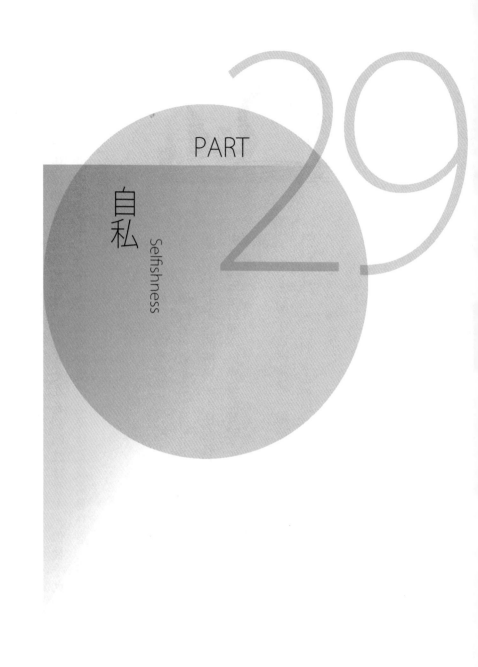

58 問題

我的伴侶都自私得只顧自己，尤其是在我們的談話當中，但幾乎也在所有我們一起做的事情上，好像完全無視於我想怎麼樣或我需要什麼。我要怎麼讓她偶爾也能想一想別人？

我和墨西哥金剛商業學院的工作人員，坐在墨西哥城索瑪亞博物館劇場外一個白色小壁龕裡。這是卡洛斯‧史林（CarlosSlim）為了紀念他太太最近新蓋的博物館，裡面收藏了一系列羅丹的傑作。順帶一提，史林先生是目前全世界最富有的人，排在比爾‧蓋茲和華倫‧巴菲特前面。

晚上我要在這裡演講，羅德里哥趁著演講前跑來問我這個問題。截至目前為止，我們這本書裡已經以一些不同的方式涵蓋到這同一件事了，但這次讓我們從「道」的角度談一談。

我說：「換作是我，我會試著讓她想一想『道』這個字。」羅德里哥說：「道……我聽過，但不能說真的很清楚。」我答道：「道就是中文的『路』，但在探討這個主題的中文經典《道德經》裡，這個字有特殊的意涵。『經』的意思是『記載智慧的古書』，『德』就是『美德』，所以它的概念就是美德成為一條道路。」

羅德里哥說：「聽起來滿好的，但這個道要怎麼用來解決芙娜達的自私？」我答道：「好的，讓我們從蛇與繩子說起。」

他說：「這個我知道。一天晚上，你走在亞利桑那州家中的院子裡，突然間低頭一看，有條響尾蛇橫跨在前方的小徑上。你跳起來，叫了一聲，但接著你發現那條蛇從頭到尾就只是根老舊的繩子。你冷靜下來，覺得自己的激烈反應有點蠢。」

「是。重點在於，事情從頭到尾就不是你想的那樣。而未能明白這一點可能會對你造成實際上的傷害，比方當你因為一條不是響尾蛇的繩子跳了開來，結果一個踉蹌跌倒了。

「自私，老想把自己擺第一，也是一樣的錯誤。自私是行不通的，自私不會行得通，因為它假設世界以某種方式運作，但世界其實完全不是以那種方式運作。當你自私起來的時候，你就違背了世界真正的運作方式——你是在背『道』而馳。

自私從來行不通

「背道而馳必然失敗。讓芙娜達、讓任何頭腦清楚的正常人明白自私只會傷害自己，他們就會自動戒掉自私的毛病。」他問：「那我要怎麼把『道』教給她？」我答：「西藏有一段很美的詩句，是這樣說的：

願我永遠珍惜眾生
為了臻於至高之境
明白眾生珍貴更勝寶珠
那允諾所有心願的寶珠

「他們說的是一種來自古印度的神祕寶石，它就像阿拉丁神燈。你請寶珠給你任何你想要的東西，那東西就會突然出現。

「在我們周遭的人也是如此。如果我們很自私，如果我們忽視他人的意願與需求，那麼我們就沒有賴以種下種子的土壤，我們一切的努力就會失敗。

「把業力種子的道理教給芙娜達；這就是『道』，這就是美德之路。所謂『美德』，指的就是對別人好，試著體會別人的需求，並且幫助他們得到想要的東西。一旦能夠這麼做，你就為自己想要的一切種下了種子。

「如果你知道如何才能得到自己想要的一切，那你就不可能還繼續當個自私的人。」

羅德里哥抬起頭來，他還想知道更多。但如同爵士樂手邁爾士•戴維斯（Miles Davis）曾經說過的：「少就是多。」（Less is more.）我站了起來，朝劇場走去。

PART 30

飲食與體重

Food & Weight

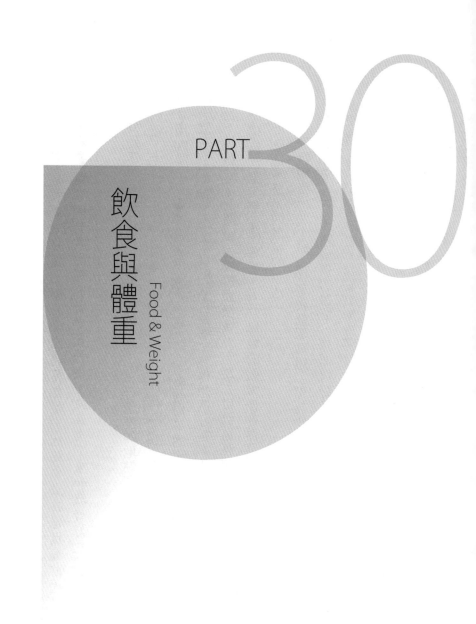

59 問題

我先生從不幫忙做飯，如果讓他晚餐自理，他就會坐在電視機前吃洋芋片。我要怎麼種下種子讓他對下廚更有興趣，並且坐下來和我好好吃頓飯？

這個問題來自於我在洛杉磯辦商務講座時，舉行講座的地點在威爾許區和四〇五號高速公路附近。我們私下安排在威尼斯海灘一棟美麗的房子裡和六、七位與會者共進晚餐。餐後，我們一邊坐下來享用咖啡，一邊透過窗戶望著沙灘美景，整個房子的正面幾乎都是那一大片窗戶。

威廉似乎不太高興被太太攻擊飲食習慣。我得想個好答案讓他們和好如初。

我說：「關於這個問題，我想過很多，因為我自己也有類似的習慣。我發現自己整天都在吃零嘴，有時候我的腦海裡會浮現要我停下來、看看自己是不是真的很餓的想法。

「我往往發現自己並不餓。接著我就認真想了想為什麼自己在吃東西，而我發現這不過是某種緊張的習慣，類似抖腳或不斷查看電子郵件，即使幾分鐘前才查看過。我並不是特別有什麼焦慮或壓力，只是需要做點事情。於是我就到冰箱去，隨便拿點什麼東西吃了起來。

「有時則相反，我吃了一份美味、健康的沙拉當午餐，覺得很開心、很滿足，接下來甚至連想都不會再想到冰箱了。

「於是，我體認到這種心滿意足的狀態，我學會體察我的心是滿

足還是不滿足。而我發現這不是一種我的心偶然會碰巧進入的狀態，它實際上是一種真正的禪修狀態，於是我開始稱它為『禪修之心』。我認為對很多跟飲食有關的問題來說，禪修之心是一種相當切實可行的解決辦法。

威廉的耳朵豎了起來。他對他們家的飲食習慣不是特別感興趣，但他對禪修很好奇。「那……什麼是『禪修之心』？怎樣可以進入禪修之心？」

「你可以把整個禪修活動想成學開車，只不過這輛車是你的心。」我開始娓娓道來：「在西藏寺院學習的時候，有一天，我的指導上師決定要去拜訪甘丹寺。以當時而言，那大概是十二小時的車程。有些路程是一片綠油油的鄉間，有些路程則要在印度小鎮上塞滿人、豬、牛的打結街道過關斬將。

「那段日子裡，我們寺院有一輛古老的印度斯坦大使，這是一種一九五〇年代末仿自英國的車款，從那時起就沒改變過設計。我待在印度的時候，有很長一段時期那裡唯一只能買得到這種車款。

「然後呢，就在我那個佛學院裡，有一群長輩決定其中一位少年僧侶——特別頑皮的一位——是某位知名修行者轉世，那位修行者圓寂的時間差不多是這小子出生的時間。他們試圖敦促這孩子成為宗教學者，但他就是沒興趣。最後，他藉由學開寺院的車脫困，正所謂名人配名車。

「所以，他負責開車——這就夠恐怖的了，尤其是在幾乎沒有交通號誌的鄉下。有一次，為了找班加羅爾機場，我們無望地陷在一片玉米田中央的泥濘裡。但現在，我的上師決定他的弟子南華也應該學開車，所以他們倆在前座換手開。

「不出幾分鐘，我們就發現南華有獨特的空間感。每當他轉頭去看教他開車的僧侶，他的整個上半身都會跟著轉，還有他的手臂和雙手也是。這意味著每隔幾秒鐘他就會朝路邊的水溝直衝，我們其他人則驚聲尖叫。」

羅莉從客廳那頭提供咖啡的地方看過來，手裡一邊把砂糖拌進咖啡裡，腦子裡顯然一邊想著這和威廉埋頭大吃洋芋片有什麼關係。

「喔……禪修，你瞧，那完全就像行駛在顛簸的印度馬路上，試著避開兩旁的水溝。」

「怎麼說？」威廉問。

「唔，基本上，你可以把禪修定義為在心的兩種狀態中間迂迴穿行，一天當中的多半時間，我們的心都會處於這兩種狀態中，而這兩種狀態都會破壞我們的禪修之心。當我們喪失了禪修之心，就會想要打開冰箱找東西吃——不是因為餓，而是因為在根本上我們的心有點緊張或無聊。

「如果你把心保持在中間，不要掉進兩邊的水溝裡，那麼你就有了禪修之心。這時，你會覺得幸福、滿足、澄淨。當你的心特別清澈時，你和食物的關係就會改變。你不會有抓一包洋芋片、心不在焉地用牙齒撕開它的衝動。

「相反的……」說到這裡，我鄭重其事地看了羅莉一眼。「你實際上可能會開始發現專注地煮飯、吃飯也很有禪修的感覺——認真挑選一

道你們倆都愛吃也有興趣煮的食譜，悠哉地逛超市裡的蔬果區，探索最新鮮的食材，然後肩並肩在廚房裡忙，沉浸在深情的沉默中。

禪修的敵人：忙碌之心與麻木之心

「但為了達到那種境地，你需要禪修之心。為了有禪修之心，你需要避開兩條水溝。為了避開兩條水溝，你需要知道是哪兩條水溝，並且在你的內心裡體認到它們。」

「所以，第一條是什麼？」威廉問。

「第一條水溝可以稱為『忙碌之心』。我們都有忙碌之心，遺憾的是，我們自己不知道。就算知道，我們可能也不覺得它是個很大的問題。我認為隨著許多新型電子產品的出現——手機、遊戲、簡訊、網頁、時下最潮的歌曲——忙碌之心的老問題大概比之前嚴重了一百倍。

「忙碌之心躁動不安。你坐下來吃早餐，但突然想到其他要做的事。你拿出手機來傳簡訊，或許在這則簡訊和下則簡訊之間塞一口喜瑞爾。傳簡訊時，你又決定看一下有沒有新的電子郵件，於是你抓著一片吐司穿過客廳。

「當你打開筆電檢查郵件，新聞服務的功能又丟來一份本年度十大爛片排行榜，於是你很盡職地讀完這個你根本不必知道的東西——不出半小時你就會忘光光的東西。

「忙碌之心把你帶到哪兒去了呢？慢慢地，你喪失專注在任何事情上的能力，而你還說服自己說這樣才掌握得到資訊，跟得上網路上的其他人。但實際上，你只是喪失了和任何人有意義地互動的能力——或者，以我們這個例子來說，喪失了和你在吃的食物的關係。

「你失去品嘗食物的能力，也失去了分辨吃什麼好、吃什麼不好的能力。不管什麼，嚐起來都一樣。慢慢地，你的身體和健康就搞垮了。

「當你喪失專注的能力，或喪失和其他人建立有意義的關係的能力，你就開始迴避人生的其他部分。你不再懷著熱情與決心正面迎接挑戰，而開始從人生退出。在忙碌之心當中度過的日子，接下來就把你推向麻木之心，而麻木之心是我們需要避開的第二條水溝。

「麻木之心比忙碌之心容易辨認。如果你想知道麻木之心是怎樣的狀態，那就吃一頓大餐，然後試著專注在某件家務或工作上。你會覺得很睏、很遲鈍、很沒意思。即使能強迫自己面對挑戰，你也會很快就退縮，把事情丟著不管。另一個墮入麻木之心的簡便辦法，那就是比所需要的睡眠時間少睡一、兩小時。」

「所以，要怎樣避開這兩條水溝？」羅莉問。現在她也開始感興趣了，而且已經坐到沙發上威廉的旁邊。

「唔，如同我說的，首要之務是先察覺自己何時處於忙碌之心或麻木之心。如果知道這兩種狀態是什麼樣子，要察覺它們沒有那麼難，你只要在一天當中隨時停下來，看看自己是不是落入了其中一種狀態。

「針對忙碌之心，你需要減少外來的刺激。下載一個計時器到你的電腦上，讓它自動記錄你用電腦多久了，試著把每個時段限制在一個半小時內，各個時段之間則至少要有半小時做點別的事——尤其是任何會讓你出門去或起來走動一下的事。

「在一天當中選一段特定的時間處理電子郵件和簡訊，試著控制它們，不要讓它們控制你。和人面對面互動時，要有禮貌地給對方你全部的注意力；如果這時收到簡訊或有人來電，等一下再接。

「試著限制你花在聽新聞或看新聞的時間。對地方或國際事務有一個基本的認知是很好，尤其如果有什麼能讓我們有機會服務別人的事發生。但有很大一部分的新聞只是要吸引你的注意、占據你的時間，這樣廣告商才會有更多機會賣你東西。學會瀏覽新聞，掌握實際上可能影響你的人生的重大趨勢，然後把其餘的過濾掉。你的心將會更為沉著而平靜。

「個人財物是忙碌之心很大的一個催化劑。再一次地，想想你的臥室衣櫥，看看地板上一雙雙鞋子的款式和顏色。

「但當然，你心裡已經在看這些鞋子了——在你的記憶裡，因為你的記憶裡有一小張全部個人物品的清單，就像筆電裡的一個資料夾。每次你又買了東西，你的記憶裡就會加上另一張圖片。

「而心的空間是有限的，如同電腦記憶體的空間一般。要毀掉一台好電腦，最好的辦法就是把它所能容納的容量塞滿。你的心也一樣。所以，如果你想要終結忙碌之心，就要常常評估家裡所有的物品。如果發現有什麼沒真正在用的東西——白白占據家的空間和心的空間的東西，那就將它們脫手，把它們送走。各地慈善機構很樂意收下它們，並把它們轉手給有需要的人。

「最後，試著不要把生活排得太滿。只安排你能內心平靜、頭腦清晰地給予注意力的活動量。

你知道那種注意力感覺起來怎麼樣，就像安靜而歡喜地閱讀一本好書、聆聽你最愛的音樂，或忘我地沉浸在一齣好電影裡。

「但也不要跑到另一個極端去。」我警告道。

「那是怎樣？」威廉問。

「這真的就像開車。想一下當駕駛在和旁邊的朋友聊天時的畫面，他的手會不自覺地把方向盤調來調去。禪修之心也一樣。你發現自己開到路旁的忙碌之心水溝邊上了，於是你調整路線，減少你答應要為人做的事情。

「但接下來又有矯枉過正的危險，結果變成坐在家裡什麼也不做，也就是開到另一條水溝——麻木之心去了。一旦學會『感受』自己的心此刻處於哪一種狀態，你會發現我們都傾向於在忙碌之心與麻木之心之間輪番轉換。

「你太忙了，於是選擇減量；然後你又覺得乏味，因為你沒有夠多有趣的事情可做。祕訣在於調過去再調過來，不斷地校準，就像方向盤上的手一樣。生活很少處於停滯，經過認真思考的調整是一個必須學會的重要技能。」

「那假設你發現自己跑到麻木之心的水溝上了，這時你怎麼辦？」羅莉問。

「落入麻木之心時會有一些徵兆。你覺得缺乏目標，你拖拖拉拉得很嚴重，或者以一種你自己都知道不實際的方式安排事情的先後順序——迴避需要完成的事情，把時間耗在不重要的事情上。

「為了回歸正軌，坐下來列一張待辦事項清單會有幫助，接下來則試著讓自己有一定的進度。找個有興趣協助你脫困的朋友，問問看你能不能每天寄一封電子郵件給他，描述一件你當天所做的事情，即使你只做了幾分鐘，那一件事情就是朝遠大希望與目標邁進的一步。

「朋友是讓你的心之汽車不要開到路兩旁的水溝去的重要屏障。慎選朋友。古西藏人說，朋友就像用來做佛像的模子。和朋友互動時——將自己像塊軟軟的石膏般塞進模子時——他們的個性會塑造你的人格。

保持中庸之道

「也就是說，要結交那些似乎已經發現如何避免落入忙碌之心或麻木之心的朋友，待在他們身邊，請他們給你幫助。」

我停下來想了想，再說：「所以……你們還記得為什麼我們會談到開在馬路中間、試著保持禪修之心嗎？」

威廉點頭。他懂了。

「我想重點主要在於試著以能夠讓心平靜、專注的方式過生活，在那樣的心靈狀態下，我們能夠真正地享受周遭的人事物，而且不只是表面上的。這個效應會擴散到飲食習慣上，我們會變得更注意也更享受吃喝，而不只是出於緊張或無聊去吃東西。」

他不好意思地看了羅莉一眼，微笑道：「我知道一道烤布蕾的食譜。」

「排在我最近正實驗的美味凱薩沙拉後面。」她笑了出來，拍他臂膀一下。

60 問題

剛認識時，我太太真的很苗條。現在她幾乎整天都在吃一些很糟糕的垃圾食物，她的樣子也變得很糟糕。我也很擔心她的健康。什麼業力種子能把她從胃口拯救出來？

這個問題和我們剛剛談過的很像，所以你不妨先回過頭去讀，再繼續看這個問題。我要你注意一下，截至目前為止，我們是用比較正規的方式處理飲食問題：達到一種專注的平靜狀態，把心保持在中庸之道，不要落入太忙碌的極端，也不要變成不夠忙。別無旁騖而不偏不倚的心對於散漫的吃喝沒有興趣。

問題是，有些日子裡、或有些月份裡，你想遵循這個完全合理的建議，但你就是辦不到。說起來容易，我大可坐在這裡說你太忙碌或太無聊，而這就是你不好好吃東西的原因。但你可能已經知道了，而且已經試著要改了，但你發現很困難。

所以，現在讓我們試試不那麼正規的辦法，改用業力種子的辦法，也就是金剛法則的新辦法。金剛法則將給你改變人生的力量，即使到現在你已經努力了一輩子還不能成功。

四朵花的第一朵說，你想要什麼發生在你身上，就先讓它發生在別人身上。以我們目前要解決的問題而言，這意味著如果我想戒掉飲食不良的習慣，就要做一些幫助別人戒掉不良飲食習慣的事。

這不是說我個人必須掃除整個國家的垃圾食物上癮症。業力法則的第一條說，種什麼因，得什麼果，我只要盡力幫助和我有相同問題的人。我不必解決每一個人的飲食問題，而只要有心地採取一點溫和的舉動，讓自己成為一、兩個努力想吃好一點的人的後盾。這些種子一旦在心識裡種下，自己就會開始繁衍，然後為我創造出整整一輩子的健康飲食。

第二朵花說，如果我能有個小小的開始，著手運用這個獨特的辦法來處理飲食問題，那麼這就足以造就一個小小的習慣，而小習慣自然會增長成大習慣。所以，我只需要開始做一點幫助別人吃得更好的小動作。

在內心深處，我們每個人都很享受照顧他人。分享食物就是這種享受其中一個最基本的形式。也所以，舉例來說，為了有助解決我自己飲食習慣不良的問題，有一個很簡單但力量強大的做法，就是帶一些健康的輕食去上班，把這些輕食放在咖啡機旁邊的櫃檯上。每天我都試著放一些新鮮的切片蘿蔔、芹菜或水果，每當看到有人聚集過去，我就注意一下他們會不會嘗試吃一點。我認真觀察哪一樣健康輕食最受歡迎，第二天就多帶一點。

我自己或許無法現在就吃得很好，但那並不代表我就不能幫別人這麼做。而一旦我幫了別人，種子和習慣就會種下，然後不可避免地開花結果，讓我看見我和食物的關係大大改變。

但這一切要怎麼改變你太太呢？我們每個人內心深處都有照顧他人的渴望，所以要讓她也來參與惠賜蘿蔔的活動並不難。哪天有朋友要來訪時，逮住機會在廚房對你太太循循善誘一番，例如像這樣：

「親愛的，你知道山姆和珍妮今天要來。」

「星期三……對，他們都是星期三過來。」

「唔，你知道的，我在想山姆過去這一、兩年是怎麼越來越沒精神。除了看電視，他什麼也不想做。然後我看到新聞說多吃新鮮蔬果可以振作精神。

「所以我在想，趁山姆和珍妮來之前，我們先切一點紅蘿蔔或其他蔬果，放在幾個盤子上，擺在客廳各個角落，如何？然後你和我可以特意吃給他們看，或許請他們也來嚐一點。」

她或許不會熱情擁抱你的建議，但大概也不會阻止你。順著她的意願盡量拉她一起參與，這就會種下讓分享健康輕食盤變成固定習慣的種子。要不了多久，她就會出發去為山姆和珍妮尋覓新的蔬果，他們的飲食習慣也就會漸漸改變。持續不懈，直到發生轉變。找很多辦法來讓你太太幫助別人吃得更好，然後她自己就也會吃得更好。

61

問題

我最近剛成為素食者，但我先生一點兒也不感興趣。現在我往往要為我們倆分開煮。這不只要額外多花工夫，而且分開吃不同的伙食也好像拉大了我們的距離。從業力的角度，該怎麼辦？

我是在台灣的台北一〇一演講完後，被一位名叫美玲的女士問到這個問題。台北一〇一位於市中心，是一棟很美也很「綠」的摩天大樓，一共有一百零一層樓。我們搭電梯下樓，電梯速度超快的，但是……媽媽咪啊，我們還是搭了好久。

華人的佛教徒一向認為吃素是一種修行。他們說，吃那些一輩子受到囚禁、最後驚恐地被屠殺的動物，會對心靈造成影響，讓我們更容易生氣或害怕。

根據個人經驗，我想我同意他們的說法。而且老實說，我不認為我能從餐桌上拿起一把刀子，劃開旁邊某隻毛茸茸、暖呼呼的生物的脖子，然後就坐在那裡吃掉牠。我想，當我們從超市買一塊肉回來時，就是在請別人幫我們做這種事。

這篇的目的不是要說服你加入素食者的行列，只是附帶說明一下，如果你想讓配偶更溫柔、更和氣，就業力法則來講，最好的辦法顯然就是盡可能避免吃肉殺生。在美國，製造肉品導致每年

有八十億農場動物受到殘殺。

就健康而言，素食也越來越明顯是最佳飲食模式。你可以從蔬果攝取到大量蛋白質，並且一方面保持苗條，一方面又保持強壯。我已經吃素超過二十五年了，在學生都年輕得足以當我小孩的瑜伽班上，我可是表現不俗呢。

至於動物在被宰殺或囚禁時究竟有沒有感覺，我確實有一些個人的觀察。我父親很熱中打獵與釣魚，兄弟們和我從小就學會使用威力強大的獵槍及深海釣魚設備。當魚鉤刺進魚下顎時，牠們會痛到一個瘋狂的地步。牠們想逃，而牠們的掙扎足以扯斷玻璃纖維的釣竿。牠們會跳出水面，跳到無法呼吸的地方，因為已經痛到瘋了。

我最後一次殺生是射殺了一頭鹿。我父親要我在牠還有呼吸時就剖開牠、取出內臟，我永遠忘不了那一刻牠那雙溫柔的棕色眼睛給我的眼神。我把獵槍交給父親，告訴他我再也不會殺害任何一隻動物了。每一隻我們為了吃肉所殺的動物，都是這樣被宰殺及取出內臟的。

最後一個小故事。不是要反覆嘮叨這一點，只是要讓你知道動物的感覺。二〇〇〇年至二〇〇三年間，我在一頂小小的蒙古包裡進行為時三年的禁語閉關，就在亞利桑那州的沙漠當中。蒙古包周圍高高架起木頭柵欄，柵欄中嵌了一個箱子，朋友們每天來這裡留食物給我。

一位當地的牧場主允許我們在他的土地上架設蒙古包。他的土地大概是五千英畝的沙漠荒原。他在那邊放牧了大約一百頭

牛，做法是把牛放出來，讓牠們自己在沙漠裡找任何能吃的東西。很多牛隻就這樣死了。那些存活下來的，你再設法抓住，賣給屠宰場。

每一隻乳牛的耳朵都用一種特殊的耳標槍打了洞，掛上有號碼的黃色塑膠牌。乳牛對我很好奇，牠們會跑來柵欄邊往裡面窺看。二十三號特別友善。我開始每天早上用一張大盤子把吃剩的早餐穀片推出去給牠。我們變得很要好，牠會讓我從柵欄底下搔牠的鼻子。一天，牠帶著兩隻小牛一起出現。牠們很顯然是牠的孩子。在漫長閉關的靜默當中，我能清楚感受到牠為孩子感到自豪。母牛會在我面前給孩子餵奶，而且真情流露地用鼻子去蹭牠們。

一天，兩隻小牛的耳朵上也有了自己的塑膠牌，但牌子的顏色不一樣，是鮮橘色的。我好奇地爬到柵欄上，湊近看牌子。上面沒有號碼，只有又黑又大的兩個字：屠宰。

我想，我後來得知的事情不言而喻，但在美國長大的我們從未好好想過。母牛有奶可擠，於是我們人類就有鮮奶、乳酪與奶油可吃。為了產乳，母牛必須一直懷孕，一直哺乳。而為了讓牠們懷孕，你只需要一、兩頭公牛。

公牛只是吃很多，又不能用來產乳。所以當公牛寶寶出生之後，你只讓牠們長大一點點，接著趁牠們還小就把牠們宰了。這是為什麼會發明出「小牛肉」這種食材，幾乎所有生來是男丁的牛寶寶都要面臨這種厄運。二十三號的兩個孩子都是男孩。

我只看過這兩個孩子幾次，接著牠們全家消失了一、兩星期左右。一天早晨，二十三號獨自回來了。牠看起來很憔悴，一副瀕臨

崩潰的樣子。牠來到柵欄前，我把一碗早餐穀片推過去，但牠沒理會。牠透過木條望著我，接著走到一根支撐柵欄的粗木樁前，一邊哀號，一邊把牠的頭往上撞。牠的哀號聲，我永遠無法忘懷。

動物也會感到痛苦

我從親身經驗得知動物也有感覺，而且有感情。如果我們所做的每一件事都會種下業力種子，那麼導致牠們的痛苦與恐懼只會為我們自己招來不幸。我強烈相信，吃動物的肉並迫使牠們為我們產乳，創造了這些食品當中的脂肪與膽固醇，也造成了我們從這些食品得來的疾病：高血壓、動脈硬化、心臟問題，以及癌症——尤其是乳癌。

但這只是我想分享的個人觀點，讓我們回到美玲的問題上——她要不要為先生家宏和她自己分開煮食？

「唔……」我開始引導她：「你認為和他聊一聊、說服他也來吃素會有幫助嗎？」

「呃……」美玲說：「我一開始當然確實試過。我給他很多為什麼應該吃素的好理由，但他就是不聽。簡而言之，有時他就是有想要吃塊好牛排的心情，他不在乎其他那些理由。」

「這也不是什麼稀奇事啦。」我安慰她。「金剛法則整套辦法的重點在於放棄不好的選擇，也就是說，我們放棄在兩種都並不保證有用的辦法間做出選擇。

「意思是，你可以和家宏爭論，努力說服他吃素。這麼做可能有用，也可能沒用。

「或者，你可以採取另一種做法，讓他吃他的葷食，你每天晚上分開煮不同的伙食。但你下班回家已經很累了，而且在同一張餐桌上，夫妻不一起共享卻分開吃，好像也怪怪的。」

「所以我到底要怎樣？」美玲惱怒地說。

「你知道業力法則四定律，對吧？」我問。

「當然，你談了整個星期，就在那邊。」她指向台北一〇一的頂樓；現在我們當然是站在底下的周邊廣場上。

「四定律的第三條是什麼？」我問。她想了一下，說：「如果我不種下種子，就別期待有什麼結果。」

「是。你也知道，你可以整天和家宏談吃素，但不一定能說服他。若是種下了必要的種子，然後再和他談，你的言語就會有改變他心意的力量。若不種下必要的種子，你跟他說什麼都沒用。發揮作用的不是言語，而是在言語背後的業力種子。

「若是不知道種子的道理，你就會在兩種可能的做法之間掙扎——努力說服他或煮他要吃的東西，兩種做法都可能有用或沒用。金剛法則說，我們應該直搗根本原因，然後狀況就會俐落地自行解決，不用半點掙扎。」

「您是說，如果我種下對的種子，他就會決定要吃素？」

「有可能是這樣，也有可能突然冒出別的解決之道，是某種你們倆之前都沒想過的意外驚喜。說不定業力種子會創造出一個愛煮素肉鴨的隔壁鄰居，而家宏竟然愛上了這種素肉……誰曉得呢？

「現在，告訴我業力法則的第四條。」美玲點點頭，微笑道：「如果我確實種下了種子，那我就會得到想要的結果，擋都擋不住。」我感覺她彷彿在想像家宏大吃餐桌中央那隻焦黃多汁的素肉全鴨了。

「所以這個特定的種子會是什麼?」我問:「要讓這個素肉鴨的小奇蹟快點發生,星巴克四步驟的第一步是什麼?」

你想要的東西『本質』是什麼?

「我必須決定自己要的是什麼。」她答道。

「你要知道它的『本質』是什麼。」我補充道:「你真的是要家宏成為素食者嗎?你主要的意圖是讓他能有一個比較長壽的飲食方式嗎?還是你不想要你們倆分開吃不同伙食的緊張?又或者你不想額外多花工夫?誠實點;這些意圖都是可以的。但為了選中對的種子,你必須選定對的目標,因為種子必須和目標吻合才行。」

美玲想了一下,然後咧嘴笑道:「麥可格西,您一向告訴大家不要滿足於只得到一部分想要的東西。我要家宏成為素食者,而且是為了這三個理由:我要他苗條又強壯,不要因為肉類的脂肪和膽固醇變胖,甚至發生心肌梗塞。我也要我們每晚融洽地坐下來享用一樣的伙食。我還要避免為了煮不同的伙食多花時間及多洗碗盤。」

「你難倒我了。」我微笑道:「所以,速速告訴我,這三件事各自的業力種子是什麼?雖然我還是覺得你應該先從一件開始,專注處理那一件,直到它在你的生命中開花結果,接著再處理其他的。」

「好。第一，我要他成為素食者。我在想我可以用第三朵花來讓這件事發生——如果我確實是一個很好的素食者，基於正確的原因吃素，那我就會在周遭看到越來越多素食者，包括我老公。所以我要多加小心，別去吃『為任何生物導致痛苦與煎熬』的所有食物。

「然後我會用星巴克步驟四把種子傳給我老公。也就是說，晚上要進入夢鄉前，我會想一想所有被我拯救的可愛小動物，把牠們生命的能量傳給我老公。」

「第二，我想要每晚融洽地和他坐下來吃飯。為此，我要用四力懺悔的第二力和第三力，把舊的惡種子除掉。也就是說，我要努力回想過去我在辦公室裡說過什麼或做過什麼，導致我和另外兩位與我密切配合的女同事相處不融洽。然後我要格外小心別重蹈覆轍，我甚至可以寫日記記錄我每天做得怎麼樣。

「第三，我想避免額外多做菜、多洗碗。為此，我會專攻業力法則四定律的第二條。也就是說，我要時時注意我所做的每一件事，因為即使是最微不足道的小事，回報到我身上時也會膨脹成大事。分配工作給下屬之前，我會審慎評估，確定不要指派浪費時間、或要花更多時間的任務給任何人。我會格外小心尊重他人的時間，我自己的時間就會被節省下來。無論發生了什麼其他的狀況，冥冥中，我都將種下小小的種子，讓我這輩子再也不必分開煮兩份不同的伙食。」

「我認真覺得會是隔壁鄰居，素肉鴨小姐。」我微笑道。

「我現在就看得到她了。」美玲說：「她不只愛煮素肉鴨送鄰居吃，還愛幫鄰居打掃公寓，純粹為了好玩。」

「唔，這可能需要一點別的種子。」我警告道。不過我已經可以看見她動起腦筋來了。

62 問題

這個問題聽起來可能很瑣碎，但對我來說真的很重要。基本上，我太太從來不煮我愛吃的東西，只煮她自己愛吃的。我要種下什麼種子，才能看見她也考慮一下我的口味？

我們在莫斯科城外為俄羅斯一家大型金融機構的成員舉辦辟靜會，從那裡長途開車到另一座城市的途中，我被問到這個問題。尤里是個大個子。我從昨天晚餐坐他旁邊的經驗得知他很愛吃。所以，他難得吃到愛吃的東西似乎很令人遺憾。他是一個安靜、謙和、憨厚的大好人，一心想好好維繫他的婚姻，無論老婆要什麼，他都不斷讓步。

「我個人認為，你需要採取不同的做法。」我說。

「怎麼說？」他問。

「我是說，現在，你只是努力維持家庭和諧。尤其不想讓孩子看到你們吵架，所以你認為一切都讓尤琴尼亞做主是對的，比方在廚房裡。

「可是……我最近在書上讀到一個東西，那本書在談一種叫做非暴力溝通的概念。作者談到，如果我們經常順著別人的心意，即使我們不想，那麼我們就會開始在心裡計算分數：『這星期已經有三次晚餐都按照你的意思，所以今晚我可以決

定要吃什麼。』

「我認為多數時候你都讓尤琴尼亞決定晚餐吃什麼，但在內心深處你不是心甘情願這麼做——你在心裡計算分數，而現在分數已經不平衡到讓你鬱悶的地步了。」

尤里的大手在方向盤上游移，眼睛望著外面被白雪覆蓋的大地。他承認道：我想你是對的。我在計算分數，累積到現在，分數真的很不公平了，就算接下來十年她都讓我選晚餐吃什麼也不能扯平。」

他做了一個俄羅斯式的招牌聳肩動作。「所以我想我對這整件事就是要更有修養一點，對吧？我應該順著她的心意，不要期待得到任何回報，別指望偶爾也能吃我想吃的晚餐。這樣才有風度。」

現在他把我惹惱了，我吼道：「停車！就這裡，停在這個加油站。」他雙眼圓睜，但還是停車了。我們沉默地並肩走進加油站的便利商店，在兩張搖搖晃晃的木椅上坐下來喝皮諾丘斯（Buratinos）——一種無酒精的焦糖飲料。尤里一臉擔憂，但我最後冷靜下來，可以繼續說下去了。

我坦承道：「這整套觀念——默默忍受是一種高貴情操，不應該告訴太太你晚餐真正想吃的是什麼——徹底惹惱我。而且這背後有一個徹底錯誤的想法，那就是要嘛她吃她想要的晚餐，要嘛你吃你想要的晚餐，在同一頓晚餐當中，你們倆不可能同時吃到自己想要的東西。

默默忍受並非美德

「順別人心意哀怨讓步，或認為讓步夠多次就能累計高分，然後你就可以合理要求自己真正想要的——這整個遊戲是不會成功的。到最後，這段關係只會支離破碎。人們維繫一段關係，是因為這段關係能滿足他們的某些需求，如果維繫這段關係需要你常常犧牲自己的需求，這段關係就會出問題。你們要嘛不想再跟彼此在一起，要嘛還是在一起但卻痛恨彼此。」

「那……Shto delat？」尤里以非常俄羅斯的方式問：怎麼辦？我說：「種下業力種子就對了。把種子種下去，然後坐下來放輕鬆。業力法則的第四條：如果你種下對的種子，她就會開始煮你想吃的晚餐，而且她也會喜歡你愛吃的東西。透過業力法則去解決，所有狀況都會是雙贏的局面。不透過業力法則去解決，一定會有一方是輸家，你們就會困在不幸福的婚姻裡。」

「所以到底怎麼辦？」尤里苦思道：「或許我在公司要更小心，給大家他們喜歡的工作！」他擁有一家經營成功的船運公司。

我贊同道：「你可以這麼做，等時候到了就會看到成效，但我認為你還應該教別人。」

「教別人？」我感覺得到他已經緊張起來了。他或許擁有一家大公司，但我知道他超怕站上台面對人群開口的。

教導他人是其中一種最強大的種子

「聽著。」我說：「藉由金剛法則透過業力種子去處理狀況是一回事。你希望尤琴尼亞多關心你晚餐想吃什麼，所以你就多關心員工喜歡做什麼。遵循業力的定律是一回事，而且是一件很必要的事。

「但當你遵循這些定律時，我要你格外注意自己也是其他人的榜樣。當你在公司指派工作時，盡可能更加努力地考慮到每一位員工喜歡做什麼。

「然而，在此同時，依你生命中遭遇到的情況而定，如果你以合適的方式和別人分享種子是怎麼回事、你試圖要怎麼做、你追隨的這套新系統是什麼，那麼你依循業力法則所種下的種子會有更為無窮盡的力量。它會更快為你帶來神奇的晚餐，餐點百分之百既是你要的，同時也是尤琴尼亞愛的。

「把員工的一週工作分配表交給一位主管，然後對他說像是『嗯，我希望這能讓我這星期的晚餐吃到烏克蘭餃子』之類的話。有人或許會問你在說什麼，然後你就可以——或許幾乎像在開玩笑地解釋一下你如何嘗試透過種子得到你想要的，也就是透過幫助別人得到他們想要的。」（順帶一提，烏克蘭餃子是一種超級讓人上癮的櫻桃甜餃，俄羅斯人從烏克蘭人那裡學來的。）

「然後當你真的吃到餃子——當尤琴尼亞煮的百分之百就是你要的晚餐，而且奇蹟似地那剛剛好也是她百分之百想吃的晚餐——千萬別忘了在公司大肆吹噓一番。讓自己當一個找到辦法使美夢成真的例子，道理很簡單，以自己為例就是教導他人最好的方式。

「給別人製造機會得到他們想要的，這是讓你吃到想吃的晚餐的種子。但為真理——讓別人美夢成真就能讓自己美夢成真的真理——當一個活生

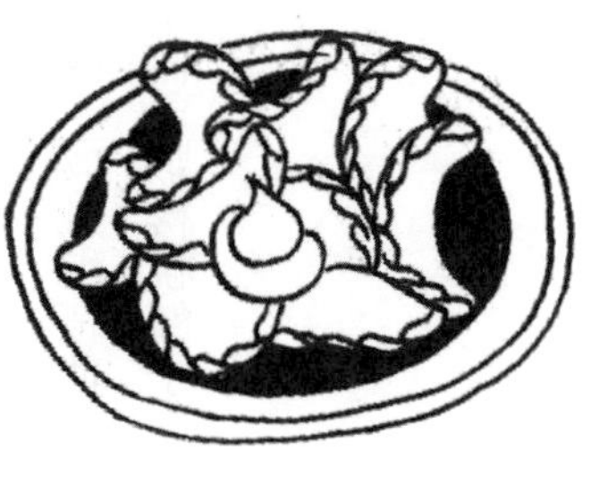

生的例子，是種下種子、栽培種子最快的一個方式。」

很快地，我們已置身於莫斯科壅塞的車流中，但尤里的臉龐一如往常地平靜，而且現在他臉上還帶有一線希望：他有計畫了。我似乎感覺到，在他眼前的每一輛車看起來都像一顆櫻桃餃子。

PART 3

財務

Finances

63 問題

我愛我的伴侶，但他就是沒辦法有一份穩定的工作，這樣很難維持家裡的開銷。什麼業力能讓我看到他在經濟上負起一點責任？

我在哥倫比亞共和國卡利市哈維耶納大學的校園禮拜堂被問到這個問題。我即將在那裡對三百名學生演說。外面下著傾盆大雨，我躲進禮拜堂後面，坐在長椅上調我的西塔琴——一種來自印度的樂器，類似一把大吉他，琴頸連接了一個真的南瓜殼。我常喜歡彈一兩首古印度經典歌謠來為演講開場。我從布袋裡拉出西塔琴，突然間，乾燥南瓜殼的碎片滾落一地——哥倫比亞航空送的大禮。手忙腳亂當中，這場演講其中的一位籌備者——安潔莉卡非得現在就知道如何讓先生安德魯斯幫忙支付帳單不可。我試著專注在她身上，一位我之前的助理則跑去設法找膠帶來修南瓜。只剩不到六分鐘，我們就要開始演講了。

「那麼……我想用四力懺悔來處理你的問題。」我開口道，然後等她接下去。在此，我們先複習一下——

終止惡種子的四種力

一、想一想筆的概念。複習一下一切從何而來。
二、下定決心趁業力種子在心識裡增生之前阻止它。
三、立誓不再犯一樣的過錯。
四、採取一些正面的行動來把業力種子平衡掉。

她說：「喔，對……您昨晚在洲際飯店談到過。」

那是隨意聊到的，面對著上千位傑出人士，以及有點失靈的空調系統。

我說：「我想請你試試四力懺悔的第三力和第四力。現在告訴我，你覺得可能可以怎麼做。」

安潔莉卡想了一下，開始說：「如果是用四力懺悔，那麼我們要做的就是削弱我心識裡導致安德魯斯拒絕負責幫忙支付帳單的惡種子。

「他們說第三力最能整治惡種子。而第三力說的是，一開始我做了什麼種下讓安德魯斯有這種表現的種子，我自己應該下定決心今後絕不再做一樣的事。」

「而那是一些什麼樣的事呢？」

「唔，我一定做了什麼本質上和安德魯斯對我做的事非常類似的事；只不過業力法則的第二條說，一定是比他做的事輕微很多的小事。」

「是。所以現在我們要像偵探一樣，找出你做了什麼和安德魯斯迴避帳單類似的小事。」

安潔莉卡抬頭看著天花板苦思，我則開始苦思南瓜碎片要怎麼用膠帶拼回去。有點像玩拼圖，只不過緊張刺激多了，因為我只剩幾分鐘。

「好。」她這時說：「我想到了。」

「說來聽聽。」我還在分心試圖把南瓜碎片拼起來。

「所以像是……工作上隨時都有一些我應該要做的瑣碎雜務，例如我們有一個新的計畫，是要在大學裡開設線上教學課程，或者是註冊組的辦公室冷氣壞掉了，要籌錢修理。諸如此類的事情，我都有一些不那麼重要的相關郵件要回覆，最近我發現自己徹底迴避這些小小的電子郵件。如果我不回，沒人會代為處理，但這樣對那些等我回應的人來說確實小有壓力。

「這只是我迴避責任的一個小例子，我知道這些責任應該落在我身上。從這裡著手把第三力帶進來的一個好辦法，就是下定決心不再迴避我在工作上要回這些信的小小責任。」

「很好。那第四力呢？」

「如果第三力是負面的，決心不再做某件事，那第四力就是正面的：承諾採取某種行動，將我已經種下的惡種子彌補過來。」

「那這樣……實際可以怎麼做呢？」我問。安潔莉卡想了一下，說：「我主管一直設法要我回幾星期前他發的一份問卷，內容是想看看公司裡的所有員工在艱難的處境中如何彼此配合。他已經問過幾次我有什麼意見了，但我一直忽略他，因為這件事對我沒多大影響。

「我要說的是，如果我想好好借助一下第四力，那麼我不只可以回填他的問卷，還可以主動提議由我負責，請大家幫他把問卷填妥，並且收齊給他。我可以為不算我的問題的事情負起責任，然後安德魯斯或許就會想到要協助我支付帳單。」

「很好。」我說：「順帶確認一下喔，關於讓安德魯斯支付帳單，有什麼辦法是『不』確定會奏效的？」

「喔，這個簡單。」安潔莉卡說：「我之前試過的一切辦法都是如此。和他吵；讓電力公司把電切斷，引起他的注意；坐下來和他仔細規劃我們誰負責支付什麼……這一切讓我得到的只是惱火而已。」她氣呼呼地說。

「所以……」我沉吟道：「或許我們該『負責』不要再做不一定有用的事情。」

「這我會努力。」她說。膠帶來了，我們彎下身對付眼前的任務。

64 問題

我先生和我的信用卡債堆積如山，光是付每月利息就幾乎花掉每一分收入，而且似乎永遠無法迎頭趕上。這對我們的關係造成了很多壓力。有任何種子方面的建議嗎？

這個問題是在蒙特婁一間清真寺的地下廚房談到的。我受邀到那裡講關於運用金剛法則達到財務獨立的主題。演講完，伊瑪目[10]和一位助理帶領大家吟誦一些美好的禱詞。助理名叫瑪哈穆德，看起來很像寶來塢電影明星，高大、黝黑、帥氣。現在，我們坐下來一起享用一頓豐盛的午餐。

瑪哈穆德過來坐在我旁邊。結果原來他是一位成功的跨國銀行家，會說多種不同的語言。

他開口道：「您剛剛談的想法——對他人慷慨乃個人財富之根源，占了伊斯蘭教很大的一部分。在巴基斯坦，我們強調伊斯蘭信仰的『五功』，其中一項是『天課』，指的是我們每年捐獻一定比例的收入給窮人，從年收入的百分之二點五左右起，視情況上調，例如意外飛來一筆橫財的時候。總而言之，我在想我們向來被教導要種下您談到的種子；只不過不太清楚業力種子如何運作的細節。」

「基督徒朋友也給我一樣的回饋。」我點頭道：「他們很高興知道栽種下去的東西究竟怎麼收穫回來：我們所栽種的，確切是如何透過在心識裡綻開的種子，回報到我們身上。」

一位名叫瑪莉卡的女士坐到我們旁邊，很專心在聽。她來自馬爾地夫——印度外海一個小小的穆斯林島國，小島只比海平面高一點而已，可能撐不過接下來數十年全球暖化導致的海水上升，這是他們很大的隱憂。其實是瑪莉卡請教關於家裡信用卡債堆積如山的問題的。

「所以，基本上，您給我們的答案是某種有所覺悟的天課：如同伊斯蘭教向來教導的一般，我們持續在經濟上幫助他人，只不過對於它在潛意識的層面如何運作有著更深的理解。我先生和我要解決卡債問題，最好的辦法就是謹守我們的天課，幫助別人擺脫卡債。」

「當你已經負債累累時，要做到真的很難。」我指出：「一毛錢都沒有的時候，很難繼續保持慷慨大方的心態。」

瑪莉卡接嘴說：「對，這就是癥結所在，而且對我來講，它還包括兩個部分。我能明白我的意念在這當中占有很重的分量，我明白最重要的是不要喪失渴望給予的心，即使能給的不多。我看得出來，這樣還是能種下強大的業力種子。

「但我納悶的是您所談到的星巴克四步驟。我是說，根據我的理解，步驟二絕大部分是關於意

譯註：

⑩ Imam，意謂「禮拜的導師」，帶領伊斯蘭教集體敬拜者。

念和計畫：選出一個我要幫他處理卡債問題的人，決定要帶他去哪一家咖啡館，開始和他一起合作。

「但步驟三讓我很困擾。這是實際採取行動的一個步驟：我真的把人帶到咖啡館，討論幫他解決債務的策略。在這個節骨眼，如果我能直接給他經濟上的幫助，或者例如幫他付學費去學新的一技之長，我可能會種下很強大的業力種子。

「我的問題是，如果業力法則的第一條是真的，如果種什麼因永遠都會得什麼果，那我怎麼會有擺脫債務的一天？如果我想改善自己的經濟狀況，那就需要先在經濟上幫助我的朋友。但我之所以去幫助他們，就是因為我沒辦法在經濟上幫助他們啊——我沒有錢可以種下讓我得到更多錢的種子。」

我笑了笑。我對這個問題已經有所準備了。

「我稱之為巴塔哥尼亞的問題。」

「巴塔哥尼亞是什麼？」瑪哈穆德問。

「南美洲一個很漂亮的湖光山色的區域，遠在整個美洲最南端，範圍涵蓋阿根廷和智利的一些部分。話說，幾年前，在布宜諾斯艾利斯，有位名叫馬帝斯的朋友來找我，他想到巴塔哥尼亞創業做房地產以及賣土地。他想知道怎麼做才能種下對的種子。於是我告訴他……」

瑪哈穆德接嘴說：「先幫別人創業。」

「對，然後他告訴我……」瑪莉卡準備好了。「他告訴你，他沒錢幫別人創業。因為如果有錢，他就不會來問你怎樣可以有錢創他的業。」

「對。所以我告訴他，有一件很重要的事情他需要知道。確實是種什麼種子、得什麼果——要讓你的卡債消失，你就要幫別人讓他們的卡債消失。但這不代表你為了得到金錢，就要付出金錢。你可以付出其他你能用來助人的東西，然後讓種子改以金錢的形式回報到你身上。」

「以馬帝斯為例，我鼓勵他去找到一個正要創業的人，這人或許需要一些勞力上的協助來籌備場地——刷油漆啦、基本的木工啦、修水管啦，諸如此類的。然後他可以把種子重新導向，變成他個人事業在經濟上的成功。

「所以他找來找去，找到一位名叫芙倫西亞的小姐。她要在布宜諾斯艾利斯一個人稱『悲慘世界』的區域，開辦兒童瑜伽班。他花了一個月幫她釘釘子、刷牆壁，他們為貧困兒童規劃的好課程就這麼起跑了。

「在瑜伽中心做完收尾工作的那一天，他回到家，在床上打開筆電（他沒有額外的房間當書房用），收到一封電子郵件，信中說他受邀到巴塔哥尼亞協助一筆價值一百五十萬美元的房地產交易。

「這個故事的啟示：為了擺脫卡債，你必須找到一個也被卡債淹沒的人。你或許不能給他實質的金錢，幫他付清卡債，但別忘了『時間就是金錢』，你可以持續慷慨付出你的時間，透過其他方式協助他不要產生更多卡債——幫忙顧小孩啦，幫他去領貨啦，在他家弄一個菜園啦，讓他去上職訓課啦……

「夜裡，你則要做一點功課，把種子重新導向。運用星巴克四步驟的第四步，堅持地做咖啡禪修。躺在床上準備睡覺時，在心裡想一想：『今天，我花了一點時間幫朋友從卡債裡走出來一小步。我要讓這個種子回報到我先生和我的卡債困境上。』」

瑪莉卡露出微笑。你看得出來——或許是第一次——她能想像一個沒有卡債的人生，而且她有了讓這件事成真的辦法。

「順帶一提……」我補充道：「他們墜入愛河，後來還結婚了——我是說馬帝斯和芙倫西亞。」

瑪莉卡露出微笑。大家都愛圓滿結局。

星巴克四步驟，又來了！

一、言簡意賅一句話，說出你人生中想要的是什麼。
二、計畫一下你要幫誰得到一樣的東西，以及你要帶他去哪一家星巴克聊這件事。
三、實際採取行動幫助他。
四、咖啡禪修：上床睡覺時，想想你為了助人所做的善事。

65 問題

我先生很斤斤計較，有時候我真的覺得很窘——我們會出去吃晚餐，他可以花半小時檢查帳單，然後為了這裡或那裡的五十分錢和服務生吵起來。我要怎麼讓他大方一點？

艾娃在曼哈頓上西城一家吵鬧的簡餐店問我這個問題。我跟她和她先生見面，討論我們共同進行的一個幫助南亞難民的計畫——他到別桌去和一些朋友說話，她趁服務生在準備帳單時偷偷問我這個問題。

「首先，讓我問你一個問題。」我說。

「什麼問題？」

「把一個人變得大方一點是有可能的嗎？」

「唔……」她說：「我們有第三朵花：如果我很大方，而且很清楚自己為什麼大方，那麼我就會在周遭看到更多大方的人。」

接著她停頓了一下，又說：「但我不懂，為什麼我會看到一個在我人生裡和我關係這麼密切的人這麼不大方？我也不是把我賺的每一分錢都給人，但整體而言，我確實很樂於和人分享我所擁有的，無論是給餐廳服務生一筆豐厚的小費，或者為我所有的朋友煮一頓晚餐。」我停下來想了一下。這件事也一直在我心裡。

「最近我在想，時代真是改變了，即使只在我短短的一生當中。以前我還在寺院學習的時候，我可能會和另一家寺院的僧侶約說『改天有空』去看他。然後心血來潮時，只管跳上一輛那種骨董級的印度巴士，顛簸個幾天，隨我高興在任何時候出現，完全沒問題。

「現在，有人告訴我說我們晚上七點要通網路電話，我就坐在我的筆電前，看著時間一秒一秒倒數。如果對方晚了八十秒或九十秒上線，我就一整個焦躁不安。我們越來越嚴密地計算時間，而我真心認為，秒數對我們來說已經比金錢的意義更重大了。

「所以，讓我們先到星巴克四步驟的第一步，看看你要的確切是什麼——你要的東西『本質』是什麼？」

艾娃想了一下。「我懂你的意思。我在乎的不是錢，不是喬瑟夫怎麼看待金錢，而是他斤斤計較的態度。他那麼在意一些不重要的小細節的壞習慣。我是說，誰在乎晚餐帳單多了還是少了五十分？尤其如果它真的是一頓很棒的晚餐。」

「這就是你給我的感覺。當你說想讓喬瑟夫大方一點時，這種大方並不是以金額來衡量的。你要他的想法大方一點；心胸更寬廣、更開闊。

「我們倆都知道，如果他在任何時候顯得吝嗇或小家子氣，如同筆的事情一樣，這件事也來自於你。那麼，既然你對金錢不小氣，你小氣的點是什麼呢？」

艾娃點點頭。「我想就像你說的。我不會為了這裡或那裡的幾塊錢去把人家的腦袋轟掉，但我很看重時間——我確實會計算幾分幾秒。如果對方四點十分才出現，而不是準四點出現，我確實會不高興。我也確實會站在烤箱前面抱怨寫食譜的人，如果蛋糕花了比他寫的還多五分鐘才膨起來。」

我贊同道：「很好，我喜歡。所以，我想我們在說的是，多數人有大方問題的地方，主要是在時間，而不是金錢。當我們在計畫好的一天當中衝刺時，我們很抗拒給彼此幾分鐘的時間。

「最近我要考駕照，這意味著我要去讀駕駛人手冊，我已經幾十年沒讀過這種東西了。本來我預期會很無聊，但我發現裡面有個很棒的建議。他們說有很多車禍，以及很多重大傷害是趕時間的人造成的，比酒駕還多，也比天候不佳或半路上爆胎還多。

「至於他們建議的解決方案，非常簡單：當你要開車前往某個地方時，比平常多預留十分鐘。那麼你就不需要趕時間，也就不會因為趕時間出車禍。」

艾娃點點頭。「所以，以我的狀況來說，我只要學習在我做的每一件事上，多留一點時間當緩衝。我的時間安排很大方，和朋友喝茶時，我比必須離開的時間早十分鐘起身，以防萬一她想趁我們走出去時多講一件事。屆時我就可以給她全副的注意力，而這則會在我的生活中產生出某種『大方』——某種幾乎是……很奢侈的感覺。

「我能感覺得到。」她說。

「我看得出來你感覺得到。」服務生已經準備好帳單，朝我們這桌走過來了。喬瑟夫從另一個方向走回來，我看到他邊走邊伸手進口袋裡。一顆種子最快可以多快成熟？

PART 32

社交場合

Out with Friends

問題 66

和其他人在一起時，我先生就是不知道該如何閉嘴，而且他老愛洩漏我倆之間一些我認為很私人的事情。我需要種下什麼業力種子才能看到他更謹言慎行一點？

我不知道你怎麼樣，但我認為這是一個人所能做的、最令人惱火的事情之一。我正在和金剛商業學院的一位課程學員一起想辦法，試圖改善她和先生之間的困境，這時就有個人衝進來，張揚一件她先生前一天說的很私人的事情，這完全只讓事情更糟而已。

無論如何，我在這裡想指出兩件非常簡單的事實。一：毫無疑問，別人做的最令我們惱火的事情，就是我們自己會做的、最令人惱火的事情。如果我們被不知何時該說什麼的人包圍，那肯定是我們自己也成天在說不該說的話。

在人生當中的任何時候，我們都有某些挑戰要面對。這些挑戰每天、每年都在改變。但在當下總顯得它們是我們碰過最重大的挑戰，因為過去的痛苦很難確切記住，未來的挑戰又還沒到來。

我們的人生是一面鏡子。

要記住我們的人生是一面鏡子。我們今天所面對的挑戰，直接反映了過去幾星期和幾個月我們怎麼過生活。

從這裡就引申到第二點：身邊的某個人和我們越類似，我們就越難承認他來自於我們。

如果我的員工對客戶脫口說出一些不得體的話是我個人最氣惱的事情，那只會讓我更難承認我其實是看到自己的行為反映在周遭的人身上——以周遭人的樣子顯現。

如果毫不留情地坦白說，解決之道很簡單。周遭人做的事真的讓你很不高興的時候，走開去獨處幾分鐘，坐下來想一想。他們來自於我，如果真的非常惹惱我，那麼這一定是件我自己整天都在做的事。

不要批評那個人，即使只是在心裡，而要把你的思路推往另一個方向：過去這一、兩天，我做了哪一件事是和這個人惹惱我的事幾乎如出一轍的事？我自己要怎麼樣不再做出這種事？

這是四力懺悔的第三力，這一力可以扼殺讓你看到你先生到處跟人掏心挖肺、大談你們倆私事的業力種子。

好處是你不用對他說什麼。不用吵，不用談，不用下最後通牒。只要安靜、平和地矯正你自己的心。

67

問題

我太太有那種不管任何情況都在施展女性魅力，這就是我太太的作風。從停車收費員到銀行主管，她跟每一個人都能打情罵俏，真的讓我很不舒服。什麼業力能讓她對我這種感受敏感一點？

我和馬克走在曼哈頓的第五大道，這裡似乎正適合這個問題；我們被薩克斯百貨、普拉達、海瑞 溫斯頓和蒂芬尼的華麗櫥窗包圍，他太太唐妮正在大肆掠食這些名品店，我們因而有機會站在聖派翠克大教堂外面聊。

我開始回答：「這在現代社會是一個很難的問題，我的意思是，情況很矛盾……」馬克皺了皺眉，他知道我要講什麼。「是啊，我們希望伴侶很美或很帥，還要他們穿得很性感。一起走在街上時，我們希望身旁的他們帶得出去。」

「是。而且我們希望路人的眼光被吸引，不過他們只能以某種方式看我們的伴侶。我們不希望他們的眼光帶有別的意思，我們不要他們有實際的舉動。欣賞和挑逗之間的界線很微妙，對吧？」

「是啊。」他附和道。「所以……怎麼樣呢？你覺得我只是愛吃醋？她不過就是比較活潑外放，沒有賣弄風情？」

「在金剛法則的系統中，有一件事很重要。」我答道：「如果她給你的感覺像在賣弄風情，

那就是真的；你的感覺是真的。如果這讓你很不舒服，那也是真的。在這當中的一切——她對某個路人的言行舉止、你對她的反應、你對此的感覺——都是真的。而這又意味著一切都來自於你，所以你可以改變這一切。我的意思是，對你來說怎樣是理想的？你想要怎麼樣？」

「我要她美美的，而且我真的很喜歡買那些讓她美美的東西給她。」他露出微笑，朝對街的唐妮點點頭，唐妮正指著洛克菲勒中心櫥窗裡的一件東西。「我們一起走在街上時，我要她看起來豔冠群芳。我要路人甚至包括男的，都欣賞她有多美。可是我希望我對這整件事有安全感；我不想要覺得她可能在對某個男的賣弄風情，甚至和他打情罵俏起來，你知道的，就好像來真的那樣。」

「所以，我們能不能這麼說：你贊成打扮得美美的，但你不贊成出軌不忠？」

「正是。」他嘆了口氣。

「也就是說，別人對她美貌的欣賞，有分恰當的和不恰當的？」

「正是。」他說：「一語中的。」

「所以，聽著，我們能不能對一件事有共識？就是說……我們的伴侶可能非常善於交際，這是一件好事；也可能認真和別人打情罵俏起來，這就不好了。我們的伴侶一樣的言行舉止，有時讓我們很得意自己有個懂得親切待人的伴侶，有時卻讓我們感覺她在調情。」

「我知道你要說什麼。」馬克說：「你教課時我都在。她在街上和某個路人聊起來，那人停下來告訴她說喜歡她的洋裝，而我的心在解讀這整件事。有時我的解讀是好的，於是我很欣賞她和路人攀談。有時我的解讀是壞的，於是我不高興她和路人調情。她在兩種情況中做的可能是一模一樣的事，但我根據自己的解讀去看她。」

「這些解讀從何而來呢？」

「我知道。」他說：「它們來自業力種子。」

「那什麼樣的種子會創造出壞的解讀呢？也就是讓你認為她在調情，而不是很有人情味地與路人攀談？

「為什麼你會看到不恰當的審美眼光？」我迅速補充道。

「唔，我想……我想，根據金剛法則，一定是我自己也對別人投以不恰當的審美眼光。」他沒有真的多想一想就脫口說出來了。

「這就對了。那你知道你是怎麼個不恰當的審美法嗎？」馬克立刻臉紅了。「唔，你知道的……有時候……就是……我會在網路上看一些東西，美女圖之類的。」

「美嗎？」我問。

「唔，滿吸引人的啦……滿吸引我的。」

「恰當嗎？」

「唔，你的意思是……唐妮會不會贊成嗎？不會，我不認為她會。」

「但是，以我們在談的『恰不恰當』而言，恰當嗎？當你在看網路上那些色情照，你是否正在傷害別人的關係，就像唐妮如果真的和人調情就會傷害你們的關係那樣？」

「我不曾從這個角度想過。」馬克沉吟道：「我是說……不過就是些女孩子，漂亮女孩……」

「她們有自己的伴侶嗎？」

「我怎麼知道？」

「你覺得她們有沒有？我是說，『漂亮』女孩？」

「唔……我猜她們可能有，我猜她們當中很多人都有自己的伴侶。」

「那麼，她們把衣服脫掉讓你在網路上欣賞，你覺得她們的伴侶感受如何？」

「唔……沒人強迫她們啊。」

「你的意思是，她們拿錢這麼做。她們拿到很多錢，而且或許她們需要這筆錢。她們的伴侶一開始說不定不知道，但之後可能會發現，畢竟都放到網路上了。

「然後他可能會抱怨，也可能不會。因為他們可能需要地方住，或者需要養小孩，如果他們有的話。於是他倆都被迫落入一種非他們所願的處境，而迫使他們如此的就是你。

「在我看來，這似乎很不恰當，而且似乎會種下壞解讀的業力種子。唐妮可能只是試著對人親切一點，但在你眼裡會視為打情罵俏。每一次都這樣。」

「所以美麗的胴體是壞事？」他尖銳地說。

「我沒這麼說。它可以是世界上最美麗的事物，但審美有恰當的方式——不傷害任何人的方式；也有不恰當的方式。問問你的伴侶，她可能對恰不恰當有很明確的想法。如果你想要一個伴侶，而且想要一個不會到處賣弄風情的伴侶，那就聽聽看她怎麼說。」

唐妮穿越第五大道，朝我們所站的角落跑回來。她在笑。她的洋裝隨風款擺。她看起來很美。

我們倆欣賞著。馬克點點頭，予以肯定。

PART 3

溝通態度

Communicating

68 問題

有時我只想和伴侶安靜、舒服地待在一起，但她常常誤會這件事，以為我對她說的話沒興趣。我要怎麼讓她學會欣賞此時無聲勝有聲的美好？

這個問題來自墨西哥的瓜達拉哈拉。我們正在一家專做杜蘭戈⓫地方菜的露臺餐廳用一頓遲來的晚餐。餐廳的位置稍微偏北邊，我們在底下的幾條街開來開去，繞了一小時一一查看一樓的店鋪，都沒抬頭看到餐廳在上面。我的西藏老師曾說，你可以把一隻狗放到屋頂，牠還是只會往下看。

安立奎在問這個問題。愛爾莎在我們上方的露臺，正和服務生交涉鰻魚湯、青椒塞肉，以及或許還有焦糖核桃的事情。安立奎教「四乘四」一段時間了，我想可以讓他自己動動腦。

「跟我說說四乘四的名稱，就那四組四的法則的名稱，然後告訴我它們是做什麼的。」夜幕開始低垂，我望著外面的市景說。

「四朵花：業力種子開花結果的四種方式。星巴克四步驟：四個加速業力種子的方式。業力法則：支配所有種子的四條定律。四力懺悔：讓惡種子停工要做的四件事。」

「好。我們現在來玩一個遊戲。遊戲結束之後，我們會知道如何讓愛爾莎偶爾也享受靜靜地相伴，而不會怪你鬧彆扭。星巴克四步驟的第一步……」

「用一句話說：我要她明白有時我只是享受片刻的安靜，那是一種享受，並不是我不高興之類的。」

「第三朵花。」

「一般而言，自己的種子必須自己種下。我不能改變她，她必須自己改變。但我的種子確實創造出我在周遭看到的世界和人們。第三朵花說，如果我種下一些真的很好的種子，隨著我的世界裡其他部分的改變，我也會看到

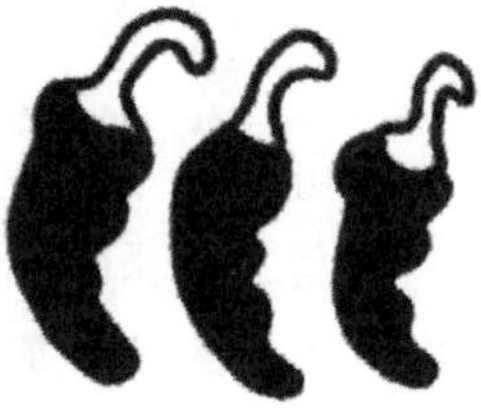

她的改變，變得更欣賞安靜一點。」

「第一力。」這一點，安立奎需要想一下。「我猜……第一力是要了解到為什麼我會在我眼前看到負面的東西。她誤會我對安靜的渴望，她認為那是我有什麼地方不高興，因為我自己之前曾經誤會別人的動機而種下了這種種子。也就是說，問題來自於我，而不是她。這又意味著我可以改變它，就透過改變我自己。」

「業力法則第二定律。」他再次需要想一下。「唔，我猜這裡分兩個部分。我必須想想自己做過什麼事——而且可能還在做——讓我看見我所看到的愛爾莎。但我一定是做了兩件不同的事，一件讓我看到一個對安靜沒那麼感興趣的人，一件讓我看到一個誤會我渴望安靜的人。

譯註：

⑪ Durango，墨西哥中部的一個州。

「無論哪一件事，業力法則第二定律說，當我在探究自己是做了什麼讓我看到她這樣時，我要找的是一件比我在她身上看到的微小很多的事情。因為在種子種下去到開花結果之間的時間，它們在潛意識深處瘋狂增生。」

「好。你把四乘四詮釋得很好。」我說：「現在讓我們找一找這兩顆種子藏在哪裡。你自己在日常生活中是怎麼個『不安靜』法？」

安立奎皺眉道：「唔，我不認為我在這方面有很大的問題。我從不干擾鄰居；有時我確實會聽比較吵鬧的音樂，但我多半都會戴耳機。我們辦公室裡鋪的是瓷磚地板，我很受不了有些人挪椅子發出刺耳聲響，所以我自己很小心不要那樣。我不是一個吵鬧的人。」

「網球。」我沉吟道。

「啥？」

「網球。弄一些舊網球來，在其中一面挖個小洞，將椅腳插進去。大家再把椅子挪來挪去的時候，地板可是靜得出奇。」

安立奎點點頭，然後對我微笑道：「喂，這不是業力種子解決法，而是一般的解決辦法。」我回以微笑。「你說對了。而根據金剛法則，一般的解決辦法很遜，因為……」

「可能有用，也可能沒用。」安立奎引述道。

「正是。這就連帶牽涉到它們究竟算不算得上是解決辦法的問題，而這又是全世界痛苦與混亂的根源。我是說，除非你針對真正的原因，否則網球可能只會招致不好的結果。」

「是。」安立奎沉吟道：「比方說在一位有錢客戶面前，我們的辦公室看起來會有多專業啊，如果每個人坐的椅子都插了螢光綠色的網球。」

「是啊。這就是用一般的解決辦法來處理事情的問題。那好吧，讓我們回過頭來繼續找你的種子。你在生活中有沒有任何不安靜的地方？」

安立奎想了一下。接著，正當我看著他時，他的腦海裡閃過一線靈光。

「就在我心裡。」他帶點讚歎地吸了口氣。「我是說，我一天到晚在心裡自言自語。不斷地喋喋不休，不斷在計畫，從沒叫我的心『只要安靜幾分鐘就好』。我打賭就是這樣種下了讓我看到愛爾莎這麼不愛偶爾安靜片刻的種子。」

「好，那就注意一下這件事——開始在你心裡刻意騰出安靜片刻的時間，或許是在你下班開車回家的路上。不要做計畫，不要回顧這一天。只要試著保持內心的安靜與覺知，活在當下就好。看看周遭車流是如何移動，欣賞一下天空和雲朵，感受方向盤在手裡的觸感。安靜下來。」

「懂了。」他說：「那關於另一個種子……」

「她誤會你對偶爾安靜一下的需求。這代表她在評斷你，而她不知道自己的評斷不正確。」

「所以，在『評斷』這一塊，你做得怎麼樣呢？」我問。我暗忖這是一個有點刻薄的問題，畢竟在我看來，似乎每個人時時刻刻都在彼此評斷。

安立奎想了一下。「問題大概不在我常常相處的人；我是說，我從他們那裡得到充分的回饋，我常和他們見面。一般而言，我認為我對他們的理解沒有太大差錯。我想問題比較是在我不認識的人——我在街上看到的人，在商店裡經過我身邊的人。」

我們在問題二十談過這件事，你不妨回頭重讀前面的建議。那是關於編織一套美麗想法的力量——不要假設在周遭看到的都只是一般的東西，而要創造一些史詩般的故事讓生活變得更神奇，最終美夢就會成真。但今天，我要對安立奎採取不同的策略。

「那麼，讓我們回到四乘四。四力懺悔的第二力。」

「對我種下了惡種子真心感到後悔，但不是罪惡感。」

「後悔和罪惡感之間有什麼差別？」

「後悔——幡然悔悟，是要尋求補救之道。罪惡感比較像是坐在那裡懊惱著『我怎麼那麼壞』。」

「那要如何達到『健康』的後悔狀態？」

「這完全跟業力法則第二定律綁在一起。我從早到晚都隱約為評斷他人感到難過，因為我很清楚小小的評斷會以某種非常嚴重的評斷回報到我身上。」

「比方說，某個和你很親近的人持續誤會你有時候想要安靜一下的原因。」安立奎露出微笑。他懂了，而且他有計畫了。我們看著街燈下一個模樣強悍的人從車裡出來。他在附近踱來踱去，彷彿在找什麼東西。

「你覺得這人是做哪一行的？」我問。

「不曉得。」安立奎說：「黑手黨之類的吧，說不定是賽塔幫的。」我站起來。「他是電影製片，瓜達拉哈拉最優秀的製片之一，剛拍完一部由他小孩飾演超級英雄拯救世界的電影。他要和我們一起吃晚餐。我最好告訴他我們在上面這裡。」安立奎往下看，懺悔道：「好吧，我會更努力。」

四乘四

星巴克四步驟 讓種子快快長得又高又大！	**四力懺悔** 讓已經種下的惡種子短路！
業力法則四定律 搞懂種子如何運作！	**四朵花** 業力種子如何成為你的現實。

69 問題

我太太莫名地偏好以吼叫來溝通。比方我坐在家裡另一頭的房間裡，如果她想問我事情，就會隔著六道牆壁對我吼，而不會從沙發上爬起來，走到我所在的房門口。什麼業力能看到她講話稍微輕聲細語一點？

這個問題是在戈爾韋城外一間舒適宜人的愛爾蘭小屋客廳裡提出來的。我們坐在屋裡後方，隔著玻璃窗看著一哩又一哩綠得不可思議的連綿山丘，附近還傳來燒煤炭的甜香。這是花楸樹開花的時節，綠野裡綴著點點純白，與散布在淺藍色天空裡的澎澎雲朵相映成趣。

「我的意思是……」連恩說：「我們在說的是石頭牆壁耶，愛爾蘭的上好石頭蓋的牆壁，不是你們美國人那種廉價的石膏板。」

幸好他太太艾兒⑫（這個名字就是「愛爾蘭」的意思）人在廚房，忙著為一堆剛出爐的司康抹上奶油。這個家裡誰是老大毋庸置疑。

我小心翼翼地壓低聲音，開始說：「這在我看來不是音量控制的問題，而比較是作風的問題。基本上，你要的是艾兒能表現得優雅一點。」

連恩想了一下，點頭說：「是，就是這樣。事實上，以前她就很優雅，在我們剛結婚的時候。

她會悄悄走到我書房門口，擺出撩人的姿態，以最甜蜜的口氣問我問題。」

我暗忖：所以這才是我們真正要解決的問題。我們在問題二十六談到過，事情為什麼變了樣？發生了什麼事讓艾兒慢慢從小野貓變成河東獅？

我說：「所以種子變舊了。你覺得要怎麼把四乘四套用到這上頭來呢？」我看得出來連恩快速在腦中盤算十六種可能，接著他的思路豁然開朗。他把口中的菸斗移到嘴角，淡藍色的眼瞳亮了起來。

「嗯，我想星巴克四步驟的最後一步可能派得上用場。」他熱切地說。

「怎麼說？」我問。

「這個嘛，如您所知，步驟四是咖啡禪修。當然囉，在愛爾蘭這裡，則會是一杯濃濃的紅茶。」他補充道。

「那這和穿牆獅吼功有什麼關係？」

「唔，事情是，剛結婚時，我顯然有很多種子開花結果，讓我看到艾兒各種最好的表現。例

譯註：

⓬原文「Eire」，在愛爾蘭語中即指「愛爾蘭」。

如故意找藉口從沙發上爬起來，到我的書房來看我，對我說些甜言蜜語。

「但她每次來看我，我都用掉了一些善種子。一陣子之後，這些種子都用完了。當她想要什麼東西的時候，就開始透過牆壁對我吼。」

「所以咖啡，或者紅茶禪修要怎麼對這件事有幫助？」

「唔，通常我們做咖啡禪修，是要想想過去這一、兩天我們做的善事，是吧？」

「是。」

「嗯，然後呢，你總說咖啡禪修是沒有有效期限的。」

「對。當你正要進入夢鄉，或者當你早上太早醒來，又或者在三更半夜，你可以刻意將你的念頭轉到你做過的善事上，無論那件善事是昨天、去年或十年前做的，咖啡禪修的時候，你都還是能因此種下數不清的全新善種子。

「事實上……」我主要是對自己說：「你甚至可以將禪修定義成『刻意將念頭轉到你要它去的地方』。」

「了解。」連恩點頭說。接著，他反過來考我：「但還有四力懺悔的第三力……」

「啊。」我連忙擠出答案：「保證今後不再犯一樣的錯？」

「是。」他回覆道：「但我想的比較是你要怎麼想出自『己犯的什麼錯』是以後不能再犯的。也就是說，你要做一點偵探工作，想出你之前做了什麼。

「所以，我們何不反其道而行？我是說，在遇到艾兒之前，遠在我們結婚之前，我一定做過什麼超級大善事，種下了超級善種子，才會讓她這麼迷人、這麼甜蜜。

「所以，如果善種子沒有有效期限，我做紅茶禪修時能不能想一些真的很久以前種下的善種子？即使我甚至不記得自己做了什麼，但只要記得這些種子是怎麼開花結果的——結成艾兒撩人地站在書房門口問我事情的果？」

我想了一下，說：「我不覺得有何不可。原則上，這和第三力是一樣的道理。我們可以按照邏輯推理出一定是自己做的哪件事種下了惡種子，藉此淨化一個我們不記得自己怎麼種下的惡種子。我看不出來為什麼不能以一樣的方式去做紅茶禪修，無論你做了什麼事種下剛認識時那個美好的艾兒，即使你沒辦法確切想起來，還是為那件事高興。」

「對。」連恩興奮地說：「然後，如果在我睡著之前，我為自己很久之前種下的善種子高興，那我就會種下更多一樣的善種子，讓艾兒講話甜甜地。」

「然後她就不會再隔著牆壁大吼，而會從沙發上爬起來，好聲好氣地問你問題。」

但連恩的心思已經飄走了。他若有所思地瞪著天花板猛吐氣，大朵大朵的藍煙從他的菸斗冒出來。他咕噥著以前在艾兒甜甜地問完問題之後，書房的沙發上會發生什麼事，我讓他自己去計畫要怎麼重新種下那件事的種子。

70 問題

我先生和我很少大吵，比大聲的那種吵。但我們似乎總是鬥個沒完，從早到晚，一次又一次對彼此說著不客氣的話，雖然很輕微，但有什麼業力能讓我們的互動甜蜜一點？

溫哥華有個實力雄厚的華人商圈，我在那裡正要為這些華商演講前，被問到了這個問題。我們坐在市中心一家職訓中心餐廳的藍色塑膠椅上，看著窗外人們魚貫進入緊鄰的大禮堂。沒剩太多時間回答，所以我在想怎樣可以快一點。

清蘭隔著桌子熱切地看著我。我知道，這對她來說事關重大，如同所有人問的感情問題一樣。我們可以看到她先生志偉在窗戶那頭，趁聽眾走進來時把節目表發給他們。

「這要回到循環的主題上。」我開始回答。我們在問題二十六和五十三談過這種循環，或業力迴圈。你不妨先回頭看一下，再回到我們在這裡的談話上。

「就連我都看得出來。」清蘭哀怨地說：「他對我說了幾句有點不客氣的話，於是我回以更尖銳的話，然後他又回更多話，回完掉頭就走。但我們倆心裡都暗藏不快，下一次交談時，我又挑起之前他掉頭就走留下的話尾。我明白這是一種循環，但我不知道如何打破它。」

明白循環如何形成，便能打破這種循環。

「唔，打破循環有暫時的辦法，也有一勞永逸的辦法，可以讓循環到此為止。我猜你知道一些暫時的辦法。」

「是啊，沒錯，我們從父母那裡聽來一堆。他們的婚姻很長久，照理說也應該很成功。家裡風平浪靜，或者……我會說家裡處於長期停戰的狀態，但沒有喜悅。我們的父母始終守著彼此，一起把這個家維繫下去，而且他們會給我們這方面的建議，但他們似乎不是那麼幸福快樂。

「他們告訴我們，永遠不要帶著對彼此的怒氣上床睡覺。這招多半有效，但如果我們堅守這項原則，有時候根本就別想上床睡覺了。他們也告訴我們，要想想我們吵個沒完會對孩子造成什麼影響。我們很認同這一點，所以也盡量不在孩子面前吵。但這樣又感覺很壓抑，壓下來的怒氣在心裡悶燒，之後只會更糟糕。

「所以，我想尋求的是永久解決之道。有沒有什麼辦法可以打破這個我們深陷其中的循環——從早到晚不停起口角，氣氛也越來越緊繃？」

我點點頭，說：「是有一個辦法，而且花不到一、兩分鐘就能講完。」我心想最好真的是這樣，因為我已經看到當地華人商會的會長站起來要介紹我了。

「好的，聽著，清蘭，辦法很簡短，也很簡單。

「要真正打破這種鬥嘴的循環，唯一的辦法就是要明白它到底是怎麼一回事，古書稱之為『究竟圓滿的智慧』。」我絞盡腦汁擠出它的中文：「般若波羅蜜多。」

「這我聽過，但用在這裡是什麼意思？」她問。

「很簡單，你要知道究竟是什麼讓這種鬥嘴循環繼續下去。不是心理因素造成的，而是業力造成的；這兩者完全是兩碼子事。

「你一早起來，正要折被子，結果志偉說起昨天晚餐有多糟糕。你不要生氣，而要想一想他為什麼會說這個。

「並不是他決定要說，而是他不得不說。他被迫要說。

「為什麼呢？」我問。

「唔，按照您昨晚在哥倫比亞大學說的，如果他抱怨今晚的晚餐，那是因為上週我或許跟某個同事抱怨過我們的老闆。」

「對。他來自於你。他的口舌之爭來自於你。

「那麼，當他抱怨晚餐時，你能做的最愚蠢的事是什麼？」清蘭心虛地低下頭來。「唔，當他對我發牢騷時，我最蠢的作法就是回嘴。」

「為什麼？」

「因為這樣我又種下更多讓他跟我鬥嘴的種子。」

「對。接著，他更常和你鬥，你又把他鬥回去，於是再種下更多種子，讓他下一週繼續跟你鬥，就這樣一直循環下去。」

「所以，您是什麼意思？只要知道循環如何形成，就可以打破它？」

「正是。而這就是究竟圓滿的智慧，這是你能做的最聰明的事。你拒絕回嘴。並非因為他沒對你說刻薄話，他說了；但如果你以牙還牙，那就會種下讓他繼續說刻薄話的種子。

「聽著。」我站起來，拉了拉領帶。外面已經做完介紹了，聽眾到處張望著我人在哪裡。「你沒辦法馬上就做得到。第一次你想到要落實究竟圓滿的智慧，即認知到是什麼讓循環繼續，會是你已經對志偉回完嘴半小時後。你得花那麼長的時間，才會想起自己剛剛種下了一堆惡種子，讓他下週又會跟你鬥。

「下一週，當他說了什麼，你還是會回嘴，但或許這次只會花十五分鐘，你就會體認到自己剛剛種下了更多讓志偉未來繼續跟你鬥嘴的種子。

「這種時間落差越縮越短，你對自己說了什麼話越來越有自覺，然後有一天，在回嘴之前，你就會把話吞回去，只因你不想看到他下週又跟你鬥起嘴來。

「循環就被打破了。」我微微一笑，起身走出房間。

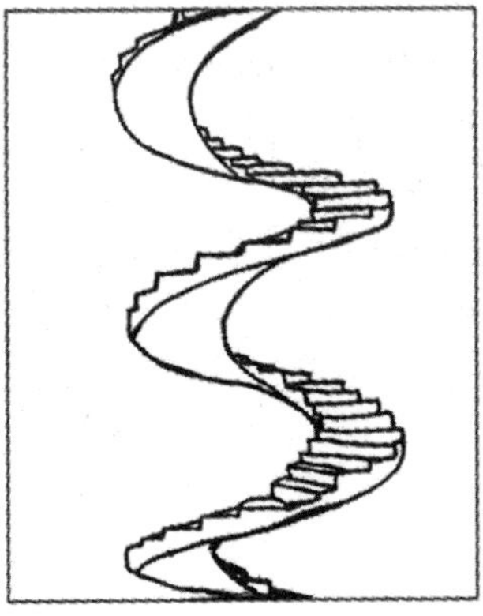

PART 34

上癮

Addictions

71 問題

我的伴侶似乎對網路上的正妹清涼照比對我更感興趣。我需要種下什麼業力種子才能獲得他的注意？

截至目前為止，如你所見，我有幸在世界各地跑來跑去，享受與來自許多國家的人們共處，和大家一起教學相長。以下是我最近觀察到的。

我們都很心痛地熟知人們對酒精或藥物的上癮，但我認為電腦上癮甚至更為嚴重，這或許因為電腦在食衣住行各方面對有增無減的世界人口確實大有貢獻。如果沒有電腦，我不認為我們有辦法度過近數十年來的歲月。

於此同時，電腦也傷害我們。而且或許要再過一、兩個世代，我們才能真正體會到情況有多糟。所以，當我們在回答這個網路清涼照上癮問題時，一樣也可以套用到對網路遊戲、臉書或電子郵件上癮的人身上。

我認為「上癮」的本質就是我們知道它傷害我們，但我們戒不掉。上癮可能傷害我們的家庭或朋友、毀損我們的名譽、危及我們的身心，而在頭腦清楚的時候，我們明白這一切。但我們還是戒不掉，所以它才被稱之為「上癮」。

金剛法則整套系統的美好之處，就在於當我們無力阻止的時候，給我們力量。

那麼，總而言之，因為各種不同形式的電腦上癮是一個全球性的問題，我在世界各地都被問到過，狀況形形色色不一而足。就在走過捷克首都布拉格最美的景點之一——查理大橋的此時，我們何不與艾瓦娜繼續聊下去。

「這樣的話，他就是上癮了。對我來說，這符合上癮的定義：他就是想這麼做，儘管知道這麼做會傷害他，但他阻止不了自己。」我說。

「情況比你想的嚴重。」她回覆道：「他有越來越多時候無法勃起，或者無法持久，而我強烈覺得這都是因為他花在網路上看清涼照的時間。最糟糕的是，每當我走進房間，剛好撞見他在看那些照片，他就慌得跟什麼一樣。」

布拉尼斯拉夫走在我們前頭，向一些朋友介紹橋上多尊著名雕像的其中一座。在我看來，近幾年他確實變得有點緊張兮兮，不若從前那般從容篤定。

「他真的想戒嗎？」我問。

「我覺得他想。我知道聽起來很矛盾：他對那些清涼照上癮，因為他愛看，但他也想戒掉。我覺得就某種角度而言，看那些照片讓他覺得自己很低俗，彷彿有損他的人格，他寧可把心思拉回來，放在其他事情上。」

「很好。那麼我們只要幫他針對他自己的業力種子下功夫就可以了。你要記住的是，運用金剛法則來戒癮，訴諸的不是一個人的理智或意志力。因為如果那樣戒得掉，上癮者早就這麼做了。」

「我明白。」艾瓦娜贊同道。「我們試過一千次了，想戒掉這個癮顯然要採取不同的辦法，新的辦法。」

「好。所以你和我要討論一下布拉尼斯拉夫需要種下什麼種子。回家之後，你們倆再一起努力看看，毫不勉強地，慢慢來。」

她點頭。

「聽著，你知道酗酒在美國是個多麼嚴重的問題，對吧？」

「在這裡也是。」她說。

「人們花了大把大把的鈔票，想要戒掉酒癮。有些戒酒中心一天要價一千美元，懂我意思嗎？」艾瓦娜點頭。橋上遊客成群，在我們周遭絡繹不絕，但她很專心，感覺起來就像只有我們倆。

「但你知道嗎？他們發現最有效的辦法是免費的，叫做匿名戒酒會。」

「我聽過。但那是怎麼樣的？」

「那是一種不正式的聚會，你和一樣有酒癮的人聚在一起，大家輪流說話，彼此互相扶持。這種做法的關鍵是『協助人』。

「協助人往往是已經參加匿名戒酒會聚會一段時間的人，而且他已經成功滴酒不沾一年以上。每當有新進人員開始參加聚會，到了某一階段就可以請某個人當自己的協助人。協助人同意協助新進人員學習匿名戒酒會的原則，或許也同意讓新進人員在某些情況下打電話來求助，例如很想喝一杯的時候。

「匿名戒酒會的其中一位創辦人說，他為其他酒癮者擔任協助人有幾個原因。首先，他覺得那是他的責任；而且他發現助人帶來莫大的快樂。另一方面，這似乎也是一個回報當初幫助他的人的好方法。

「但我認為他所提到最重要的原因，是每一次他以協助人的身分幫助了一個人，他就『更加保障自己不會再犯』。也就是說，這麼做幫助他自己不要再次落入酒精的陷阱。

「關鍵就在這裡。這就是匿名戒酒會何以這麼有效的原因。當你負責幫助另一個有酒癮的人，你就種下了讓自己戒掉酒癮的業力種子。」

「所以，布拉尼斯拉夫要幫助自己，最好的辦法就是去幫助別人。」

「向來如此！還有，你瞧，這不是意志力或理智的問題，因為我們上癮的時候就是沒辦法有理智啊！他只要種下業力種子，持續種下種子，當種子在他心識裡成長茁壯到掌管一切，他自然就會戒掉了。」

「但如果他連自己都幫不了，要怎麼幫別人？」

「重點在於去做。只要試著幫助別人就能種下種子。盡他所能去努力，這就夠了。你知道星巴克四步驟吧？你知道他要怎麼做。」

「讓我跟您一一複習一遍吧。」艾瓦娜說。我們接近橋的盡頭了，布拉尼斯拉夫回頭朝我們走來。「首先，他要決定自己想要什麼，他必須說：『我想克服對網路清涼照的癮頭。』其次，他要找到另一個有相同問題的人，並且計畫如何幫助那個人。」

「或者只是一個有類似問題的人。」我補充道：「如果和他有相同的問題是很好，但如果是對其他東西上癮：酒精、食物等等，不管是什麼也可以。只不過之後他會需要在咖啡禪修時把種子重新導向一下。」

「了解。」她說：「第三，他必須實際去幫助那個人。比方說，帶那人去星巴克或諸如此類的地方，分享如何戒掉他們共同的癮頭的想法。

「第四，在布拉尼斯拉夫上床睡覺前，他要想一想自己做的善事：挑選一個人，計畫幫助他，以及實際陪他聊。

「咖啡禪修是也！」她露出微笑。

「咖啡？」布拉尼斯拉夫邊說邊走上前來。「聽起來不賴！回到橋的另一邊，有一個可以喝咖啡的地方，開在水上。」

好的。嗯，或許這次我有機會看看那些雕像。我們轉身重新走回去。

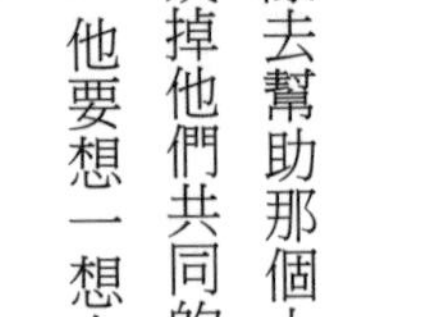

72 問題

在一起之後，很長一段時間我都不知道我太太有嚴重的酒癮。到了現在，很多時候她似乎徹底被酒精佔據，感覺她和酒瓶比和我更有感情。克服這種癮的業力種子是什麼？

我在有著無敵海景的香港會議展覽中心的一場演講空檔被問到這個問題。威廉趁我在中場休息時間簽書時請教我，他指著依然坐在觀眾裡的蘇，蘇點了點頭，表示同意他這麼問。他倆都是華人，也都是佛教徒。

「你想要我給你一些佛教的經文或咒語，唸一唸就可以讓她戒掉酒癮？」我一開始先這麼說。

威廉的表情顯示我說對了。

「唔，我不來這套。」我告訴他：「就算我可以送你幾句經文或咒語，那也是因為你自己的業力種子才會有用。所以，我們需要談一下種子——種下種子。」

「要叫蘇一起來聽嗎？」他問。

「沒有必要。針對戒癮，有兩種辦法可行。一是酒癮者本身種下讓自己不再渴望酒精的種子。」我們在問題七十一談過這種做法，在繼續讀這一篇之前，不妨先回頭重讀那一篇。

「但還有另一種選擇，視情況而定，可能對你有幫助。這另一個辦法則要綜合第三朵花、業力法則第二定律，以及四力懺悔的第三力。」

威廉說：「第三朵花，我種下讓周遭世界改變的業力法則種子，隨著我生命中其他所有人事物的改變，蘇也會變得不一樣。」

「是。現在呢，我知道我要說的話可能不中聽，而且肯定是多數人不願意面對的一件事，但你是我的朋友，我要你試試看。到頭來，這其實能給你很大的力量。」

「好吧。」威廉以那種混和著中式耐性與英式堅毅的港式風格說。

「重點在於，蘇已經是你周遭世界的一部分，而這個世界確實就是來自於你所種下的種子，甚至是現在。如果你看到身邊某個人為某種癮而苦，第三朵花說一定是你自己種下的種子讓你看到這種結果。而之所以會種下這種種子，一定是因為你自己做了什麼類似的事，就某種程度來說，你現在也一定還在做這件事。」

「您的意思是，我自己一定也有什麼上癮行為，所以我才會看見蘇對酒精上癮？」

「對。再者，種子第二定律說那個種子——你自己的小小癮頭——比蘇的要小很多，因為心識裡的業力法則種子比自然界的種子增長得還要快。」

威廉接下去說：「而四力懺悔的第三力說，只要體認到我有上癮的行為，並且下定決心針對它下功夫，我就能干擾這個上癮的種子。」

「正是如此。金剛法則的整套辦法，都奠定在體認到你自己的種子創造出周遭一切人事物與你面臨的所有處境上——當事情出錯時，我們多數人都不愛聽到這種說法。無論是哪種癮，家裡有人有某種嚴重的上癮症時，大概都會對其他家庭成員造成莫大的壓力。就算是天底下最好的人，在照顧有上癮問題的家庭成員許多年之後，都會開始埋怨這件事耗費的時間與心力。

「所以，我們當然會抗拒『這個人的行為來自於我』的觀點，家裡沒人想聽到這種說法。然而，若能接受這層道理，我們立刻就會更謙卑，也更有同理心。它還會帶來莫大的喜悅，因為我們領悟到我們對自己的處境不只有責任，而且有力量改變它，只要針對自己下工夫就好。

「所以，我們來做點偵探工作吧。你認為可能的業力種子是什麼？你有什麼小小的上癮行為，種下了讓你看到蘇這個樣子的業力種子？」

威廉瞪著天花板，進入自然的禪修狀態。「咖啡？」他簡單說道。

「對你來說是個癮嗎？」

「唔，我並不喜歡把自己想成對咖啡有癮，但我確實認為它符合上癮的定義。我每天都需要它，我知道它傷害我。即使我知道它傷害我，我還是沒辦法不去喝它。」

「怎麼確切傷害你？」

「這我想過。」威廉說：「它肯定讓我很緊張。如果我在下午兩點過後喝咖啡，那天晚上我就睡不著。所以即使是在比較早的時間喝，我也忍不住覺得那對我不好——我覺得咖啡因一定會殘留在我的血液裡，說不定甚至好幾天。

「就算我很難承認咖啡對我的影響，我還是能看到它對我身邊其他人的影響。手中老是握著一杯咖啡的人，確實顯得和別人不一樣，他們精神比較不集中，比較無法讓心思專注在事情上。」

「那麼，你要如何運用第三力？」

「想想咖啡對我和周遭其他人的影響……然後或許下定決心限制自己一天只喝一杯，或者只在中午以前喝。只要我持續抱定這種決心，我的小小咖啡癮年復一年所累積的舊種子就會毀損。越來越少的上癮種子開花結果，我就越來越少在我的人生中看到上癮的現象，包括蘇的酒癮。逐漸而穩定地，她的焦點會從酒瓶轉移到我身上。」

「聽來是個不錯的計畫。」我露出微笑。

PART 35

孩子

Kids

73 問題

我想要小孩，但我先生不想。什麼業力能讓他對組織家庭產生興趣？

我在馬來西亞首都吉隆坡演講的休息時間被問到這個問題。那是我們第一次去那裡，聽眾規模（超過一千五百人）和我所遇到的每個人的熱情都讓我受寵若驚。當我們談到金剛法則的觀點如何讓人跨越界線，凝聚在一起的主題時，就連那些生意人都似乎激動得哽咽。我低頭看看舞台下方，排隊問問題的人龍幾乎延伸到這間大禮堂的底端。沒關係，這個問題的答案很簡單，馬上就可以輪到下一個人。法拉傾身向前，設法在嘈雜的人聲中聽我回答。她先生阿米爾在另一邊，和他們的相機搏鬥。

「為什麼你想生小孩？生小孩這件事的本質是什麼？」法拉想了一下。「我想本質上它是一個讓你把自己完全奉獻給另一個人的機會。」

「所以你想看到阿米爾支持這個想法，將你們倆的生命完全奉獻給另一個人。」

「正是。」

「而為了看到阿米爾這樣，你必須種下業力種子。」

「是。」

「那會是個什麼種子呢？」

「我不知道……我猜大概是關係到我把自己完全奉獻給另一個人，甚至是在有寶寶之前。如此一來，我才能創造出這個讓我再度把自己完全奉獻出去的寶寶。」

「現在你可以為誰奉獻得更多呢？」法拉立刻就想到了。「哎呀，我可以把自己更完全地奉獻給我先生阿米爾。」我點點頭。「聽著，我要告訴你一件你可能沒怎麼想過的事。太太提起生小孩的事情時，很多當先生的內心深處會緊張起來，因為他們看過有小孩之後的情景。有時太太把自己完全奉獻給小孩，心力不再放在先生身上，先生覺得被冷落，有時甚至此後的人生都如此，於是他就沒像『本來』或許『有可能地』那樣投入在小孩或家庭上。或許他覺得，在你們倆結婚時，你們已經承諾將自己完全奉獻給彼此，但現在你似乎沒有信守那個承諾。」

法拉點點頭。「我懂了。如果我想看到我先生樂意和我生小孩，我需要信守我的第一個承諾，將自己完全奉獻給他。然後他會加入我的行列，和我一起把自己奉獻給我們的孩子。在寶寶降臨之後，如果我持續將自己奉獻給他和孩子，我就會繼續看到他把自己奉獻給我和孩子，在我們此後的人生都如此。」

「然後他們從此過著幸福快樂的生活。」我露出微笑。法拉和阿米爾離開舞台時，我才想到口譯員或許從沒聽過美國的童話故事，不知道這些故事都是怎麼收尾的，但我感覺他們反正一定會有這樣的結局。

74 問題

我懷孕了。我考慮墮胎，但不是百分之百確定要這麼做。有任何建議嗎？

我幾乎每天都被問到這個問題，有時一天要被問到好幾次。我很清楚這不是一個容易回答的問題，而且身為男性、身為僧侶，我沒辦法很透徹地體會一個女人對這件事的感受。但我確實有一些相關經驗，也有一些我自己的感受想分享。在讀下去之前，你不妨回頭重讀問題四十四，那一篇提供了一些我的想法背景。

這次這個問題是我在和一些來自俄羅斯「金三角」的朋友會面時被問到的。所謂金三角，指的是聚集在俄羅斯南部的幾個歷史古都。即使我們坐得離其他人很遠，安娜塔西亞幾乎是用講悄悄話的方式跟我說。

「這不是一個我能替你做的決定。」我開始回答：「事實上，我很少嘗試幫別人做決定。就文化上而言，不同的國家，乃至於不同的種族、社會和宗教傳統，各自都有對墮胎的看法，我認為尊重每個人成長背景的差異是很重要的，但我可以告訴你兩個或許有助你做決定的故事。」安娜塔西亞的沉默告訴我她想聽聽看。

「之前有一陣子，我在一個單獨的空間中閉關了三年，多半都在禪修。出關後，朋友們邀我到不同的城市，談談我的經驗。

「我記得在紐約市的一次演講。那時對我來說要處在人群之中還有點困難，那裡是一個相對算小的空間，而且塞了或許有一百個人。主辦單位提供我一間在旁邊的私人辦公室，我可以在演講前靜下來沉澱思緒。

「辦公室的門砰一聲開了，我看到人群在前面竄來竄去。接著他們被請進去坐下來，門廳這裡頓時空無一人。突然間，另一扇側門開了，浮現一個小小的人影。

「那是一個可愛的亞洲女孩，大概四歲吧，穿著粉紅色雪紡紗洋裝。她昂首闊步地在門廳走來走去，散發一股渾然天成的天真與優雅，整個人自在得很。接著，教室的門開了，有人喚了一聲，女孩就不見了。

「我站起來，走進去演講。一如往常，演講當中有吃點心的休息時間，讓聽眾有機會趁我坐在那裡喝茶時過來請教他們的私人問題。一名華人女性走上前來，在我身邊跪下。她說：『在您開始三年的閉關之前，我去聽了一次您的演講。您把您上師說的話告訴我們，也就是一個孩子的靈魂在受孕時就進入到母親的子宮了。我遠遠坐在後排，您可能甚至不知道我在那裡。但當時我懷孕了，而且正在考慮墮胎。』

「『回家後，我想著您的上師說的話，然後我心想：寶寶已經在那裡了，我的寶寶已經是條活生生的生命了。於是我決定生下這個寶寶。』

「這時，她已經當眾啜泣了起來，眼淚從她臉龐滑下。

『結果這是我人生中發生過的最美好的一件事，我這一輩子所能擁有的最大的幸福。』她轉身朝背後某個人比手勢，那個穿粉紅色洋裝的小女孩從她身後繞過來，羞怯地走向我。

「於是我也哭了，我心想：『教導了這麼多年——嘗試去教導，儘管我恐怕並不完美——我至少做了這麼一件善事，這個美麗的孩子可以來到世上，我也幫了一點忙。』」

安娜塔西亞這時也靜靜啜泣起來。外面暮色漸漸籠罩樹林。我說：「我還可以告訴你一件事。坦白跟你說，撇開所有關於墮胎的爭論和意見，純粹是一件實際發生過的事。年輕的時候，當我還在念大學，我讓一個女孩子懷孕了。她用了避孕裝置，我一定會確定女孩子有避孕，但這次失靈了。於是她就去墮胎，因為我之前就強烈要求她要避孕，而且那時我人在國外，她沒辦法問我。

「我的學校老師，以及我人生中的許多成年人，常常隨口提到墮胎是沒問題的，於是我也這麼認為。但發生那件事之後，我莫名地感到難以置信地哀傷，就這樣難過了好幾年。後來，我的其中一位上師教我如何淨化業力，我堅定地努力了一段時間，有一天，那份哀傷就離我而去了。

「在那之後的歲月裡，有成千上萬的女性在我演講時來找我，告訴我說她們墮胎過，而墮胎讓她們哀痛逾恆。有一次，我甚至被請到一家精神療養院，去見一名固定會來聽我上課的女性，她在墮胎後就精神失常了。

「這些只是我個人的想法。」我冒昧說道。安娜塔西亞點點頭，說：「謝謝你和我分享。」她把孩子生下來了，而且從那之後常常向我道謝。順帶一提，上師教我的淨化業力的方法，是依循我們在問題四十二談過的四力懺悔——你不妨回頭重讀一下，以下則是我如何將它套用在我自己身上。

針對第一力，我純粹只是想了想筆的概念，以及在我人生中的所有人事物是如何來自於我、來自於我的業力種子，無論好壞。接著，針對第二力，我想著這個特定的業力種子將為我招致什麼後果，如果我任由它增生擴散、開花結果。想到剝奪一條人命會帶來什麼種子，真的很令人難過與不安。

針對第三力，我發誓有生之年絕不再讓自己與任何墮胎有關，這也是促使我立誓出家的部分因素。針對第四力，也就是正面的承諾，我在一個亞洲人的圈子裡組織了一個兒童團體，以適合孩子的方式讓他們研習金剛法則。

這樣持續了五年左右，最後我看到一些這個業力種子已經失效了的典型徵兆。其中一個徵兆，就是在你的生活中會發生一些短暫的小災難，例如為時兩天的偏頭痛。這代表惡種子還沒成熟就迸裂開來，它把能量釋放掉，然後就枯萎了；我沒有發生死亡車禍，只是頭痛而已。事實上，這是佛陀在原版《金剛經》裡教授的。在這突如其來的狀況之後，還會有另一個業力種子已經耗盡了的徵兆，那就是我們馬上會感到很輕鬆、很愉快，彷彿一重重擔從肩頭卸下了。直到卸下之前，直到嚐到解脫的滋味之前，我們往往並未察覺自己背負著這麼重的重擔。突然之間，每一天都充滿陽光，生命的每一刻都重新有了喜悅。

75 問題

我先生和我有三個小孩，兩個是我們的，一個是我前一段婚姻的。我不確定他有沒有自覺，但他似乎總是偏心我們一起生的孩子，而比較忽視我的大兒子。我需要種下什麼業力種子才能看見他公平地愛每個孩子？

我是在德州的某個地方被問到這個問題，就在一次小型的「汽車巡迴演講」當中。我一度在美國各地的一些小型場地做這種巡迴演講，以試圖掌握美國的脈動。凱蒂和她先生鮑伯安排我們到他們寬敞的郊區豪宅，他們有三個孩子的證據充滿屋裡每個角落。

「你為什麼問我這個問題？」我有點惱火地說：「你沒聽我教過星巴克四步驟嗎？」我的一位助理曾建議我隨身帶個小錄音機，裡面錄好關於星巴克四步驟的說明，每當有人問我諸如此類的問題就放給對方聽。

「我確實知道星巴克四步驟。」凱蒂聽起來也有點惱火地回話道：「要我說給您聽嗎？」我點點頭，動作有點傻氣，免得她再不高興下去。

星巴克四步驟，又來了！

一、言簡意賅一句話，說出你人生中想要的是什麼。

二、計畫一下你要幫誰得到一樣的東西，以及你要帶他去哪一家星巴克聊這件事。

三、實際採取行動幫助他。

四、咖啡禪修：上床睡覺時，想想你為了助人所做的善事。

「步驟一：說出我要的是什麼。我要鮑伯公平對待每個孩子。」

「步驟二：在心裡把我所有的親戚朋友統統想一遍，選出一個和我有類似問題的。我確實做了這件事——我開始到處詢問，然後突然發現有三位我最要好的朋友都有一模一樣的問題……」

凱蒂說到這裡停了下來，眼裡閃現一抹光芒。我假設她腦海裡也一樣閃過一道靈光。

她說：「這可有意思了。我們傾向於認為，如果有三位朋友都和我們有一樣的問題，那是因為以前我們從未注意過他們的需求。但我剛剛想到，這當中可能是第三朵花在作祟，也就是說，我之所以會在周遭看到和我有相同問題的人，那是因為他們來自於和我的問題一樣的業力種子。而如果我針對自己的業力種子下功夫，那麼或許我也間接幫助我的朋友解決他們在這方面的問題。」

她搖搖頭，讓自己回到原本的主題上：「無論如何，步驟三是實際帶我的朋友到星巴克，給她們一些建議，協助解決她們老公的問題。但這個部分是我有問題的地方。」

「什麼問題？」

「當你來到星巴克步驟三，這整套辦法就變得有點奇怪。賺不到錢的人，應該透過給別人賺錢的建議來種下業力種子，無法讓先生公平對待孩子的太太，應該給另一個無法讓先生這麼做的女人建議。

「但賺不到錢的人是最不適合給別人賺錢建議的人，先生那個例子也是一樣的。這似乎是個惡性循環，我不知道怎樣讓鮑伯公平對待孩子，所以我沒資格給任何人這種問題的建議，所以我永遠也無法種下讓我看到鮑伯改變的業力種子。」

我點點頭。「事情確實就是這樣，重點就在於惡性循環。錢不夠用的人是最沒心情把錢分給別人的人，時間不夠用的人亦然。在金剛法則的世界，我們必須反其道而行，不能順著人性，不能順著這世上延續了千百萬年的文化習性。

「你必須突破人性，而且你是辦得到的，只要憑藉領悟的力量。你不需要解決那三個朋友的現任配偶如何對待前任子女的問題，你只需要為她們提供支柱，伸出援手，讓她們有傾吐的對象。你只需要去嘗試，這就意味著你『想要』嘗試，你有那份心意。

「助人的心意是種子裡最強大的部分，而以強大的意念種下的業力種子會像瘋了似地狂長。一個幫助你那三位朋友的小嘗試——儘管知道你不是很有立場給任何人建議，還是盡你所能給她們最好的建議——就足以種下業力種子。它會成長茁壯，長成一個又一個幸福美滿的家庭。」

凱蒂給我一個調皮的微笑。「這下子我的咖啡禪修有事可想了。」

「怎麼說？」

「今天晚上，我可以坐在床上，為我們今天的談話高興，因為今天談過以後，我既可以幫助自己，也可以幫助朋友。

「這就是步驟四了。」她提醒我道。我們起身走回聚會現場。

76 問題

過去幾年，我太太流產過兩次。我們很難過，不確定還能不能懷上孩子。我們需要種下什麼業力種子才能組成一個家庭？

這個問題來自柏林，不過不是柏林人問的。我得知亞伯特專程飛來，不是來聽我演講，而是為了到我的旅館房間和我獨處五分鐘，問這個十萬火急的問題。

他和瑪麗亞已經有個美麗的女兒克莉絲汀娜，他們想要再拚一個，但沒成功。上一次的努力結果很糟，那是在地方上的醫院，醫生們了無希望地白忙一場。

他說：「成雙成對恰恰好。」

「成雙成對？」

「我是說，一個男孩、一個女孩，那就太好了。」

「所以，你不只要一個能讓你們有孩子的業力種子，而且要的是男孩。」我說。

「對。」亞伯特說。他很確定我一定知道這需要什麼業力種子，搞得我都不得不知道了。

「嗯，這樣需要兩種業力種子。」我答覆道。

「怎麼說？」

「一種讓你有小孩，一種讓你能有你想要的小孩。」

「聽起來很合理。」

「那就這樣囉，讓我們聽聽看第一種業力種子的星巴克四步驟。」

「一：瑪麗亞和我想要一個孩子。二：我們需要找到也想要一個孩子的人，並且擬定幫助那人的計畫。」

「是。並且，有鑑於上一次嘗試的結果，我對你們倆特別有個建議。我要你們找到一家地方上的醫院，照顧兒童的，有先天性缺陷的小小孩——生下來就有健康問題。然後我要你們去那裡當志工，協助任何他們需要幫忙的事情，換尿布啦，掃地啦。」

「沒問題。」亞伯特說：「這就是我們的計畫了。然後我們打算……比方說……」

「比方說一週去一次、每次幾小時就夠了，小種子會長成大樹。」

「再來是咖啡禪修，針對三件事。躺在枕頭上，為我們在步驟二擬定到醫院服務的計畫高興；為我們在步驟三實際去服務了那些孩子高興；然後懷著那份對未來的願景，也就是我們透過以自己作為活生生的例子，創造出一個每對想要孩子的伴侶都能藉由種下業力種子得到孩子的世界。」

「是。」我贊同道。「現在，我們來談談你想要達成的第二件事，也就是特別指定要個男孩，讓克莉絲汀娜可以有個弟弟。步驟一是什麼？你想要的這個東西本質是什麼？」

亞伯特想了一下，說：「我們想要的東西的本質……呃，它的本質無非就是一個男孩啊！」

「這樣說也沒錯啦。但在本質上，你要種下一個『得到的結果會完全如你所願』的業力種子。」

「所以，我其實是得把焦點放在幫助別人釐清他們確切的心願是什麼。」

「對，而且那心願究竟是什麼並不那麼重要，重點是得到你想要的。」

「所以，我猜我要找到某個人，幫助他想清楚他真正最想要的是什麼，並且幫助他實現。」

「正是如此。人很奇怪，很多人因為得不到想要的而不快樂，但我們又說不出來自己想要的究竟是什麼。我們太習慣得不到真正想要的東西，於是想都不敢想我們真正想要的到底是什麼。

「所以，要為『得到你確切想要的東西』種下一個善種子——以目前的情況而言，也就是得到一個男孩——步驟三是你帶某個人到咖啡館，協助他釐清在這一生當中他真正想要的是什麼。

「鼓勵他盡情發揮，鼓勵他想一想他真正想要的是什麼，沒有任何委屈妥協。說不定要談過幾次之後，他才能想清楚自己內心深處最想要但一直不敢要的是什麼，然後給他一些支持，讓他有力量去獲取那個東西。」

亞伯特點點頭，一邊朝我的房門走去，一邊微笑說：「最後當然我要再來一點咖啡禪修。」順帶一提，亞伯特和瑪麗亞確實遵循了這個建議——小心謹慎，而且持續不懈地——而我很高興跟大家報告，不久之前，他們真的生了一個聰明活潑、圓圓胖胖的男寶寶。

PART 36

宗教信仰

Religion

77 問題

多年沒有接觸靈修，我最近發現一條讓我興致非常高昂的靈修之道。我試著說服我先生和我一起參加一些活動，但他不但沒興趣，好像還很反感。我要種下什麼業力種子才能看到他伴我踏上同一條道路？若能如此，我的生活真的會很快樂。

這個問題是在一處鎮民音樂中心被提出來的，該中心位於加拿大多倫多城外的貴湖。貴湖肯定是世界上有最多尋道人的小鎮了，我在歐洲、加勒比地區還有很多其他地方都碰過貴湖人。問我問題的人是米希，她先生是艾瑞克。

我開始回答：「米希，讓我們先釐清什麼不會有用。你從你這一生的親身經驗就已經知道了，但不妨清楚說出來——試圖說服艾瑞克和你一起走上這條新的道路是沒有用的，因為這種做法不是每次都有用；和他爭論是沒有用的，因為這種做法也不是每次都有用；什麼都不說的冷戰也一樣。

若非每次都有用，那就是沒用。

「我懂。」她點頭說：「關於這一點，你說的沒錯。我想我實在花了很長的時間才搞懂，比我應該花的時間還長，但我現在已經懂了。我真的明白和他爭論不會有用，其他辦法也不會有用，因為這些辦法都不是每次一定有用。」

我點頭。「或者我可以告訴你，逼迫任何家人接受你的觀點是不對的；又或者我可以告訴你，如果不試著和艾瑞克分享這條靈修之道的喜悅，以後你會後悔。

「但如此一來，這就變成一筆鑽石交易。然而，事實上，你有想要的東西，只要不會傷害他人，你就應該完全按照你想要的樣子，得到你想要的東西。你要艾瑞克更能接納你發現的這條道路，只要種下種子，你絕對可以得到你要的結果。」

米希望向窗外景色宜人的加拿大森林。「當你這麼說的時候，我該種下什麼業力種子就很清楚了。」

「所以是什麼呢？」

「如果我要艾瑞克更能接納我的想法，我就要更能接納其他人的想法，這樣就會種下種子。」

「對。然後那些通則也適用。業力法則第二定律說，你種下的業力種子會比你所尋求的果小很多很多。也就是說，要看到艾瑞克隨時隨地都能真正敞開心扉擁抱你的想法，你只要每週投資幾個小時，努力接納身邊其他人對你表達的想法和建議，這就夠了。

「再來是最重要的星巴克步驟四：咖啡禪修。」我注意看著米希對此的反應，而我所看到的讓我很擔心，因為我已經在無數人身上看到過。我看得出來，認為為咖啡禪修無非是個可愛的主意，就像它的名稱一般可愛，但不是真的很重要。事實上，它可愛到顯得無關緊要。

「步驟四真的是最最重要的。」我為了得到她的注意重複道。

「喔，我知道一定很重要，不然你不會這麼小題大做。」

我再次重申：「咖啡禪修是真的很重要啦！大家好像跟這件事不對盤似的，要嘛打從一開始就沒認真把它當回事，要嘛真的固定在睡前嘗試做這件事，但卻實在沒辦法專心。

「莫名所以地，當頭靠上枕頭的那一刻，我們完全被擔憂和煩惱所占據。我不敢相信今天上班時老闆那樣批評我；我希望老公對我更濃情密意一點；我不知道我們要怎麼付這個月的帳單。

「問題在於——到了上床睡覺的時間——我們已經累了一整天。而在很累的時候，大人就像小孩子一樣毛躁。疲憊會把我們所有的問題、所有的憂慮不成比例地放大。

「當我們懷著誇大的問題入睡，在床上經過一整夜之後，這些問題甚至還變得更誇大。我們沒法倒頭就睡；三更半夜我們就醒來了；在鬧鐘響起的一、兩個小時之前，我們已經睜著雙眼瞪著天花板。

「這一切都會隨著咖啡禪修有所改變。在入睡時主動試著去想（此所謂禪修）自己為他人做的善事，我們就會快快樂樂地入睡。接著在我們睡覺時，心識就會耕耘這些業力種子，種子則會在意識底層的土壤裡瘋狂增長。我們心情愉快地醒來，整個人煥然一新。

「世界各地成千上萬的人都曾坐下來聽金剛法則的教誨。好些人把這份智慧聽進去了，並且試著種下一些業力種子。但這些種子是否長得又快又強，很大一部分要看咖啡禪修做得多好。

「得到或得不到你想要的，差別全在咖啡禪修。不要因為它很簡

單，或因為夜裡躺在床上想著你所有的善舉是個有點令人陶醉的過程，就誤以為它沒什麼大不了。

「並不是想要種下力量最強大的業力種子就得花費最大的力氣或承受最大的壓力。如果你認真想一想，實際上可能是反過來的。也就是說，如果你真的找到了最強大的心靈處方、最強大的成功之鑰，那麼或許它們在本質上就該是溫和、簡單而容易的。

「咖啡禪修就是其中一種最愉快的練習法，同時也是最強大且最必要的。略過咖啡禪修，就是在放掉你的成功和快樂，而艾瑞克對你所追尋的靈修之道永遠不會改變看法。」我挑起一邊眉毛。

米希微微一笑，說：「好，好，我收到訊息了。你可以把種子種下，但如果沒有陽光、水和肥料，它也不會長大。這樣聽來，咖啡禪修就像是它的陽光。」

我點點頭。來接我去多倫多的車到了，我向米希告辭。或許，路途中我可以在後座來點咖啡禪修。

78 問題

有時我覺得感情——尤其是牽涉到親密關係的——太過於世俗，好像讓我喪失了靈魂。我能不能既有肉體關係，又讓它也是一種心靈層面的東西？

我在北京寫這個問題的答案。這是今天下午我跟品蓮和她先生俊龍談到的，我們在一間半傳統的茶舖裡坐著聊。

我開始回答：「親密關係是個問題，對吧？這在我的國家美國尤其嚴重。一方面，每個人都在追逐親密關係，它是人生在世其中一種最大的享受與安慰。另方面，性衝動是這麼強烈，以致於和人發生關係足以導致一堆不同的問題：占有的問題、控制的問題，還有各種各樣的虐待與操弄。」

「確實。」品蓮說：「不只在美國，在中國也是，人們看待這件事的態度好像人格分裂似的——性愛是好事，還是壞事？在某方面，我們覺得性愛很骯髒。所以，比方說，我們會很小心不要讓兒童接觸到情色、露骨的東西。」

「而這自然而然就會牽扯出你們的問題。」我同意道：「這讓你們納悶，心靈和肉體不知怎麼好像兩相衝突——如果我想追求精神生活，是不是就該限制或甚至完全捨棄卿卿我我的情慾？」

「正是如此。」品蓮說著往後靠上椅背。我稍微想了一下，想到了應該朝什麼方向解答。我邊點頭邊說：「這個問題的答案分兩個部分。第一個部分和佛陀本身如何開悟的故事有關。」

「是怎樣的故事？」俊龍插口問道。

「唔，你知道，這故事有兩種非常不同的版本。在佛陀的許多教誨當中，他描述到自己是如何歷經十二種不同的人生體驗，在人世間的歲月裡達到開悟。但他卻對親近的弟子坦承說他早在降生於世之前就開悟了，之後才來到世上，把開悟的過程再活一遍，只為向世人示範如何做到。

「接著他繼續描述自己很久之前在另一個世界是如何開悟的。相關記載在西藏古書裡可以找

到，包括某位大喇嘛所屬支系的奠立者宗喀巴的作品中，以及他的弟子克珠傑（Kedrup Je）的著述中。其中一個關於佛陀開悟最詳細的紀錄，是由一位名叫傑尊・威瑪・昆秋・堅贊（Jetsun Welmang Konchok Gyeltsen）的上師傳下來的，寫在『下密院祕典』第七冊當中。我自己的老師就在下密院接受進階佛學的訓練。我們在一位蒙古聖哲朱傑・拿旺・巴登（Chuje Ngawang Pelden）的著作中也發現了更多額外的細節。

「這些修行者描述到，很久之前佛陀覺悟的境界就已經很高了，但他面臨進入完全開悟的挑戰。他不是第一個開悟者，在他之前已有無數聖賢達到這個目標。

「佛陀掙扎著要突破最後關卡時，這些已經開悟的前輩群聚在他身邊，（以無所不知的人所需要商量的程度）彼此商量著怎麼做最能幫助他。最後一天的午夜時分，他們請來一位名叫提拉陀瑪的天使，或『至善女神』。

「他們特准佛陀以她為靈修伴侶，他倆發生了神聖的親密關係。這樣的結合創造出足夠的力量讓他倆一起進入開悟，就在破曉時分，兩位佛陀隨著新的一天的曙光誕生了。」

品蓮和俊龍就和我一樣為這個故事著迷，於是我繼續說下去。

「他們開悟的那一刻正好就是陽光衝破地平線的那一刻，這並不是一種巧合。我們內在的變化，身體內部的經絡系統和脈輪，和外界的季節流轉有著深刻的呼應。就在我們的靈魂達到最終的解脫時，我們體內的能量——所謂的『息』，也在內部深處做出最後的突破。

俊龍說：「所以，您在說的是，兩人之間肉體上的親密關係，實際上能推動靈性發展的過程，而非造成阻礙。」

「就是這樣。」我點頭。「有點類似電池的正負兩極。一男一女產生深刻的交流時——肉體上的，沒錯，但還有情感上和精神上的——讓一個男人完整所需的女性能量就從她身上流到他身上，反之亦然。所以才有我們的佛陀如何和他的伴侶提拉陀瑪一起達到開悟的故事。」

品蓮想了一下。「嗯，言之成理。如您所說，人類的性衝動或許是所有本能當中最強烈的一種，無論好壞。但在內心深處，我們也一樣強烈地感受到對開悟的渴望：對宇宙眾生的福祉有所貢獻的渴望。若說這兩者間有著莫名的關聯，似乎並不為過。」

我點點頭。「從業力種子的角度想想看吧。如果你達到一種心識裡的業力種子已經多得足以讓靈魂昇華的地步，那麼整體而言你在各方面都會有許多非常好的業力種子。

「也就是說，我們總是假設靈修的過程很苦，要經過很長一段時間的投入與練習才能達到開悟。這也沒錯，但隨著你在這條道路上更上一層樓，你會對人越來越好，越來越照顧他人。

「而這意味著隨著你更上一層樓，就會有越來越多的善種子。這些善種子之間會開始產生某種交互作用。讓你對人越來越好的業力種子創造出讓你在心靈上越來越快樂的業力種子。這些種子影響到它們微妙的內部體系，進而又影響到身體的健康。它們強壯而健康地綻放光芒。帶來內在平靜的種子自然而然就創造出強大的、外部的、身體上的舒適。」

俊龍點起頭來。「喔，所以就另一個層次而言，這也言之成理。達到進階的境界時，靈修不會是一種苦修。恰恰相反。當你離終極目標越來越近，肉體上必然會體驗到越來越多的愉悅。

「我是說……」他有點驚異地說：「就某方面而言，你會在先生或太太的臂彎裡開悟，肉體的愉悅和精神的喜悅一樣強烈完全是有道理的，因為這兩者都來自同樣一種業力種子。」他深情地望著品蓮，品蓮也回望他。當下的感覺很對，我們都坐在那裡，珍惜這一刻。接著，我覺得是時候進行到解答的第二部分了。

我開始說：「你提到『在先生或太太的臂彎裡』，我覺得非常好。因為這整套肉體親密對靈魂昇華有貢獻的概念，是一個潛藏著危險的概念，大家必須對它有正確的理解才行。它是一個古老的概念，但也自古以來就被濫用──如同性行為本身常常也被濫用一樣。

「肉體上的親密一定要伴隨著精神上的親密，而精神上的親密──男女間的真愛──只會發生在互敬互重的情況下。唯有雙方都有清楚的良知，各自抱持很高的忠誠度，才會產生精神上的親密。」

品蓮點頭。「這也言之成理。不是單單肉體上的親密就會讓兩人的靈魂結合在一起，你們還必須對彼此有著深刻的關懷與愛意。」

俊龍接下去說：「這意味著你們的感情必須很穩固，而且堅定不移。雙方都全心全意地投入。我不認為露水姻緣也可以，背著伴侶拈花惹草尤其不行。你不能自欺欺人地認為和伴侶之外的人親熱是為了開悟。」

「這就是重點所在。」我贊同道：「要有很多的善種子，夫妻的親密關係才會讓雙方在靈修的境界更上一層樓。如果這份親密關係在任何一方面受到玷汙，如果有一方壞了操守，那它只會為所有牽涉其中的人帶來痲煩。親密關係可以是極致的善，但也必須要有極致的善才能成就它。」

俊龍點點頭，再次深情地望著品蓮。我想，在這一刻，我們三人都體會到男人和女人——自從有史以來，在世界上的每一個角落，何以要尋尋覓覓，但求倒在彼此的臂彎裡，以及走進彼此心裡。

PART 37

性 Sex

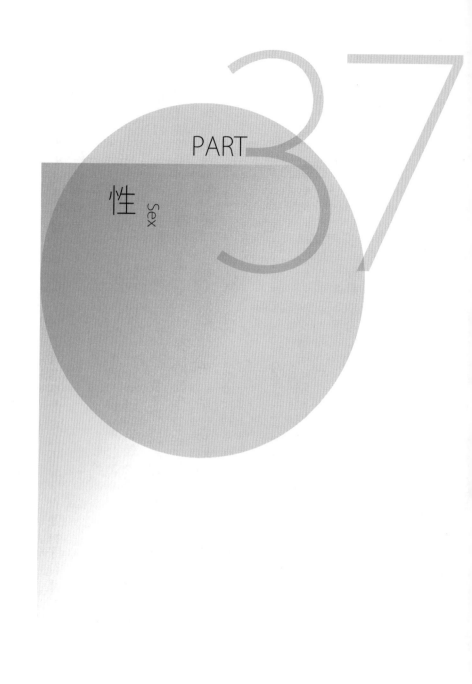

79 問題

我先生就是不懂怎麼接吻，好像我怎麼教都教不會。什麼種子能讓這傢伙像樣地吻吻我？

我開始說：「在回答之前，我想你得先告訴我怎樣的吻是『像樣』的吻。」我和老友黛比在德州的奧斯汀，坐在一間餐廳裡等候。半小時後，我要在隔壁的瑜伽教室演講，講一些古老的佛學智慧。偶爾被問到這樣的問題還不賴，不是什麼危在旦夕的大事，因為我知道他們的婚姻其實很美滿。她先生提姆低頭微笑，我猜他剛剛也在桌子底下溫和地踢了她一下。

黛比進一步說明道：「在我認為，接吻就該黏答答的。我說的是交換很多口水。」提姆翻了個白眼。

「我是認真的。」她瞪著他繼續說：「我的意思是，在臉頰上，或甚至在嘴唇上，輕輕啄一下才不算接吻，如果你問我的話。」她叉著手，堅定地看著我。我絞盡腦汁在想那些古老佛經裡有沒有寫到和口水有關的業力。

「我不認為重點在口水。」我最後決定道：「我認為是專注的問題。如果你要的是黏答答，那麼就得吻上一段時間。如果要吻上一段時間，你們雙方就都要很投入。很投入的意思是你要他吻你時專注在這件事情上。」

提姆點點頭。我們沒有要把接下來的半小時花在討論口水，他看起來似乎鬆了口氣。

我繼續說：「而『專注』大抵意味著在接吻時不去想其他任何事。你要提姆處於當下，並且滿足於當下，就站在那裡好好吻你。你想要一種互相全神貫注在對方身上的感覺，而且在這當中充滿享受。」

聽到這裡，他倆雙雙點頭。現在我們有眉目了。

「而這又大抵就是禪修的定義。」我補充道。我坐在那裡想了一下怎麼樣才最能幫助他們……我的上師總說是某些關鍵點的下手處。

「那好吧。」想清楚之後，我說：「這要花點時間，但我們會談到那裡的。」黛比和提姆一致點頭。

「我們要找出如何種下全神貫注的業力種子。我可以告訴你們，你們必須每天練習更多的禪修，或者避免過度的刺激，例如太多的電子郵件和臉書；或者要睡得夠、吃得好，還要運動。這些做法確實有助於專注，但也只是『有助於』而已。如果想要找出一個像樣的吻真正的祕密，我們必須看得更深入一點。

「這樣說吧。一天下來，在度過人生中的一天時，我們都在聽著腦袋裡喋喋不休的思緒，對吧？」

「確實。」提姆說：「我的意思是，我們或許不常注意到，但我們的腦袋老是在說個不停。」

業力種子是成天在你腦袋裏說個不停的人

「很好。那我有個問題要問你。當你的腦袋在說話，而你在聽它說話時，你是說話的那個人，還是聽話的那個人？因為你不能同時是這兩者。」

黛比和提姆看來有點被考倒了。

「呃，這樣說吧。當你在和某位同事交談時，在話說出口之前，你是不是得先想到要說什麼？」

「當然。」黛比說：「那是一個為了表達意思，持續不斷在選擇遣詞用字的過程。」

「對。所以，當你的腦袋在喋喋不休的時候，你是不是也在進行一樣的過程，為你想說的話選擇遣詞用字？」

「不是，完全不是。」提姆說：「那些思緒自己就會冒出來。」

「我也覺得是這樣。」黛比補充道：「你可能很憂鬱，你聽到腦袋裡冒出感傷的字句，而你阻止不了。你似乎沒有任何的控制力。這也是為什麼要給一個憂鬱的人建議是這麼困難的事情，因為並不是他們自己想要聽到腦袋裡冒出難過的念頭。」

「正是如此。而且，你瞧，這也適用於在接吻時冒出來的天馬行空的思緒。提姆說不定費盡九牛二虎之力，要給你一個全心全意、又濕又黏的熱吻，但那些關於其他事情的念頭就是不斷從他腦袋冒出來。我們必須搞懂他腦袋裡為什麼這些念頭，然後我們就可以揭開一個像樣的吻的祕密。」

我一邊說，手裡一邊轉著一枝筆。提姆低頭一看，露出微笑。「好啦，好啦，我懂。不管我心識裡剛好有什麼業力種子，反正都是業力種子讓我把一枝筆看成一枝筆。無論任何時間，我在周遭看到的其他所有人事物也一樣。那麼，我想一樣的道理也適用於我在腦袋裡聽到的思緒。它們必然也是從業力種子冒出來的。」

「而且是你之前種下的業力種子。」我補充道：「問題在於，是什麼種下了這些業力種子？更具體地說，如果下週想在腦袋裡聽到安靜、專注的思緒，這週我們要如何種下業力種子？」

「這個嘛……」黛比說：「就邏輯上來說，我們必須給別人安靜與專注，這樣就會種下安靜與專注的業力種子。」

「又對了。而且有一個辦法對種下這種業力種子很有幫助。從早到晚，我們都要和人接觸，或許是走在街上，看到某個認識的人，過去講幾句話。

「從今以後的人生中，當你走上前去和某個人講話——任何人、任何時候——稍稍停下來觀察一下對方的臉，看看他當下是什麼感受。想像你能看穿他的頭骨，看見裡面的思緒。

「然後想像他的思緒看起來像一座小湖，一座澄澈的水滿溢到湖邊的小湖。看看今天的水面看起來怎麼樣。

「某些人的水面靜止不動、平靜無波，這意味著他們內心很安定、很專注。接下來的重點在於，當我們拉近彼此的距離、準備要開口說些什麼時，我們必須在心裡做出尊重這份平靜的決定——我們不會干擾對方的專注之湖澄澈、平靜的水面。

「我們謹慎選擇遣詞用字，甚至小心肢體動作，以及臉上的表情。以這種體貼的方式種下的業力種子，就會讓我們在接下來的一週或不管多久，聽見我們自己的思緒是平靜而專注的。然後，我們在接吻時就可以真

的給對方全副的注意力。」

「而且……」黛比在我看手表時說：「我假設當我們靠近時，如果對方的心湖一片混濁，我們甚至還能種下更多業力種子。我們盡可能讓自己的心湖保持澄澈、平靜、水波不興，當兩座湖相遇、雙方開始對話時，我們就會因為幫助對方感到些許平靜而種下業力種子。我們小心不要製造緊張、激動或壓力。」

「這樣想還滿有趣的。」提姆贊同道：「每當兩個人碰在一起、彼此交談，兩座湖都會受到伴隨而來的話語和肢體語言影響。而如果你想為像樣的吻種下業力種子，就必須抱持著每次與人交談都該對雙方有良好貢獻的意念。兩座心湖的表面，都要像玻璃般光滑。」

「就這麼辦吧！」我微微一笑，朝演講場地走去。

問題 80

我發現我先生在家裡藏了一些色情雜誌，我覺得他用那些雜誌來自慰，這讓我感覺很糟，幾乎像是他和別的女人上床。我要怎麼讓他知道？又要如何讓他改變？

這個問題是坐在西雅圖一處購物中心的長椅上談到的，我在等候要到對街的一家小書店簽書。

卡蘿要求和我私下聊一聊，我們可以透過書店櫥窗看到她先生吉米。吉米正在安頓第一批來客，有些坐在店裡有的少數幾張椅子上，有些坐在地毯上。我開始回答：「我認為性衝動有分健康和不那麼健康的。健康的性衝動可能很浪漫，甚至很激烈，但在暗潮洶湧的背後有一份愛與尊重，一份毫無保留、閃閃發亮的兩顆心在靈魂上的契合。伴侶雙方的心理狀態都是健康的：清晰、放鬆、幸福。

「在我看來，不健康的性衝動則是反其道而行。伴侶雙方或其中一方很擔心、很無聊或很生氣。對平靜或滿足的渴望便錯誤地表現為對發洩性慾的渴望。這種發洩從來不會帶來我們所尋求的結果，反而只讓我們覺得空虛和疲憊，但我們似乎從來學不會教訓。

「你先生對色情照和自慰的渴望，反映的不是一種健康的性慾或衝動。並不是說他從你那裡沒得到足夠的滿足，或你對他來說沒有吸引力，或任何諸如此類的因素。而是他的性衝動是被生活中的其他問題激發出來的，我們要針對的是這些問題，然後他就會重新和你享有比較健康的性愛。你有任何想法嗎？」

卡蘿看著純淨的藍天；之前我們才在開玩笑說，西雅圖的房仲專挑這種一個月只有一天的完美日子帶別州的客戶看房子——這裡真是美得不可思議。我讓她稍微想一想。

最後她說：「我想你是對的。如果我回顧一下，試著推敲他是什麼時候開始看雜誌自慰的，那剛好就是他事業上開始出問題的時候。公司開始裁員，現在也還是這樣。他同時有兩方面的壓力，一方面擔心下週還有沒有工作可做，一方面工作量又因為太多人被解雇而加倍。」

「那麼，你覺得怎麼樣呢？」她接著問：「我該鼓勵他去找新工作嗎？或者只要協助他明白自己為什麼有那些衝動就好？哪一種辦法最能讓他不要再那樣？」

我擠眉弄眼做了個我常用來逗小孩子笑的鬼臉。「如果我聽過鑽石交易是怎麼一回事，你這就是一筆鑽石交易。」我舉起雙手，就像在珠寶鋪裡對一位困惑的顧客展示兩顆不同的鑽石那樣。（如果你不記得「鑽石交易」是怎麼一回事，回頭看一下問題三十四。）

卡蘿笑了，那種笑是一個金剛法則的信奉者被抓到想法不正確時的笑法。「當然，沒錯，你是對的。給我自己一堆不同的選項是沒有用的，這些都不保證有用，我只需要種下一些業力種子。」

「但是是哪種業力種子呢？」她再次安靜下來思索著。「在人生的這個階段，吉米失去了平衡。而我確實相信他混亂的性衝動背後就是這種失衡在作怪。如果要用金剛法則來處理，我會說有兩種不同的途徑可以採取。」

「哪兩種？」

「唔，讓我們先假設問題的根源是他的工作壓力。星巴克四步驟說，他必須找到和他面臨類似壓力的人，儘管不必是一模一樣的壓力。他要帶對方去喝咖啡，協助對方把問題攤開來談，接著提出一些解決壓力的具體步驟。再之後則要趁睡覺前做一點咖啡禪修，為自己做了助人的善事高興一下。」

「聽起來很完美。」我一邊說，一邊查看書店老闆是不是在找我了。

「不盡然。」卡蘿說：「吉米沒有那麼熱中金剛法則的事情。我覺得他有點在觀望，先看看我做得怎麼樣，再決定要不要自己試試。所以，星巴克四步驟或許之後可以用在他身上，但不是現在。這是為什麼我想我會採取第二條途徑。」

「第二條途徑是？」

「第三朵花。」她露出笑容，這下子我知道她在賣弄了，但是沒關係，她明白有哪些選項就太好了。「如果我看到吉米處於這種壓力之下，那麼就某種程度而言，我一定也讓自己處於類似的壓力之下了。這個業力種子從我的心識擴散到外界，超出我的皮膚的限制，形塑我周遭的人和世界，包括吉米。如果我能整頓一下自己的生活模式，吉米就會放下雜誌，回到我的床上來。」

「那麼，你認為你的生活模式怎麼了？可能有什麼在你身邊創造出這些壓力很大的人？」

談到這裡，卡蘿停下來想了比較久；我們都不介意伴隨而來的沉默。最後，她抬起頭，伸出三根手指。

「我的生活確實壓力很大，而我認為壓力來自三個不同的方面。小業力種子而已，但大到足以長成我在吉米身上看到的壓力，以及他賴以尋求出口的色情照。

「第一，我從早到晚忙東忙西。不知怎地，我把生活安排成需要再多出百分之十的時間才夠我運用。而且我感覺就算我突然捨棄一半讓我忙過頭的事情，那麼不出兩週，我又會變出其他事情來讓我忙得不可開交。

「第二，我在飲食方面也有一樣的緊張習慣。我發現自己從早到晚都在往嘴巴裡塞一些小零食，如果我真的隨時隨地觀照一下腦袋裡跑著的念頭，就會發現我幾乎持續不斷地在想接下來要吃什麼。

「第三，我實在是坐不住。那天我坐在自己床上看著窗外，自從搬進來以後，我還是第一次發現就在屋後有一棵這麼美、這麼綠、模樣無懈可擊的樹。我從沒花過時間坐在那裡欣賞一下。接著，正當我這麼想的時候，我就開始起身去查看電子郵件了，即使我不到兩分鐘前才查看過。

「我的整個生活模式都被塑造成讓我緊張、不滿的樣子。我之所以看到吉米以焦慮引發的、並不愉快的方式替代真實而健康的性愛，業力種子可能就在於此，而明白到這一點對我來說是驚人的突破。如果真是這樣，那麼我就擁有讓他別再這麼做的力量；一直以來我都擁有這種力量。」

「很好，我喜歡。」我邊說邊站起來，準備朝簽書會走去。「而且我有一種感覺，要為你自己改變這種生活模式恐怕很困難，但如果是為了吉米和你們的婚姻，那我認為你就會有力量辦到了。」

卡蘿默默不語地回我一個堅定的表情，我感覺到他們家裡的新氣象已經在成形了，那是一個平靜許多、平衡許多，也有許多……真正的、誠心誠意的享受的……家。

81

問題

有時我有一些溫和的性幻想，希望能和我太太試試看，比方說讓她穿上性感內衣之類的。但每當我試著提議，我都覺得這樣好像不太得體，而且她反正也沒那麼開放。諸如此類的幻想是不對的嗎？如果不是，我要怎麼讓她感興趣一點？

我有很多時間都在墨西哥講課，比起其他像是芝加哥或紐約之類的地方，這個國家的許多部分離我住的位置比較近。而且這個國家的人民對生命有一股奔放的熱情，是在美國不那麼常看到的。

我是在查帕拉湖附近的一棟森林小屋裡，坐在火爐前一張舒適的大沙發上被問到這個問題的。查帕拉湖是墨西哥最大的一座湖，湖水在翠綠的群山之間流過，有好幾處一路穿越地平線。我們的一個週末成功訓練營正進行到一半，晚餐已經遲了很久還沒開飯，因為來參加的人超過我們本來預期的兩倍。所以我有時間處理一下羅德里戈的問題。他太太卡拉去為多出來的參加者找蒲團了。我想先把幾件事情釐清。

「我們談的是溫和的內容，是你們雙方都同意的東西，而且從頭到尾都有互敬互愛的精神，對吧？」

「我保證是。」羅德里戈按著胸口說。

「好。那如果想看到某個和你很親近的人，同意你某個很私人的提議，要種下的業力種子是什麼？」

「唔，很顯然，我自己也要做到一樣的事情。」

「那你做到了嗎？」羅德里戈盯著天花板，仔細想了想，再回來看著我的眼睛。「不盡然。」

「舉例來說？」

「就像前兩週卡拉試圖說服我穿小夥子穿的樂福鞋——我說的是溜滑板的那種小鬼，你知道嗎？我是說……這……我都要四十了，她要我穿小屁孩在穿的鞋？」

我的手在空中揮舞，我說這……呃……不然你要怎麼樣呢？羅德里戈皺起眉頭，我猜他在衡量是否值得為了看卡拉穿上情趣內衣去穿樂福鞋。天秤似乎歪向一邊了。

「喔，好吧，我會穿樂福鞋。」他斷然地站了起來。我抓住他的手，把他拉回來坐下。

「可能不是這樣就完了喔。」我警告道。

「為什麼？」他看起來有點受傷。「我以為你說業力種子總是會像瘋了般增長。」

「是這樣沒錯。」我贊同道。「但多添加一點火力也無妨吧。我們不知道在你的業力種子倉庫裡可能還有多少舊種子——亂七八糟的那種。你還能想到其他讓卡拉對新事物更開放一點的辦法嗎？另外，我要你記住一件事：想在家裡看到種子開花結果，並不一定就要在家裡種下種子。」

「好，我懂你的意思。如果從這個角度去看，那我想我在公司比在家有更多機會種下種子。同事們會持續不斷地拿新點子來找我。」

「這些點子有的是否關係到讓事情更有樂趣？更有創意？」羅德里戈想了一下。「嗯，有喔。我猜大家給我的建議有很多都能讓我們的工作更好玩。有一個人想叫所有同事穿得像……唔，像咕咕雞，來拍一支訓練影片。但我覺得這樣有點怪……」他停了下來，看起來有點錯愕。

「你認為卡拉覺得穿性感內衣有點怪？我是說……就像穿成一隻咕咕雞的樣子？」

我決定打安全牌，畢竟我們已經把他的思路引導到我們要的方向上了。「唔，這個嘛，我不認為我有資格說什麼，但這其實不重要。你只要在公司很努力地對有創意的新點子保持開放態度就好。晚上，當你躺下來做咖啡禪修時，在心裡把這些種子傳送給卡拉。一切都會圓滿成功。」

羅德里戈亮出一個大大的微笑，說：「讚！就這麼辦。」接著他停頓一下，又說：「再問最後一個問題。我要保持這樣多久？」

「你要對其他人充滿創意、而且對可能震撼全世界的新點子保持開放態度多久？」

他咧嘴笑道：「不是啦，我懂……一旦敞開心胸接納意見，我大可就這樣保持下去。我只是想知道要花多久……你知道的……卡拉才能接納我關於性感內衣的提議。

「需要多久就多久。」我言簡意賅地說。

需要多久，就種多久的種子。

「需要多久就多久？這是什麼意思？需要多久就多久？」

「就那個意思。」我點頭道：「你的小小心識業力種子庫裡有上百萬的種子跑來跑去等著爆發。而你的種子庫和別人的都不一樣，因為你有特定的一堆言行舉止和思想是別人都沒有的。所以如果你問我這一切要花多久，我只能說需要多久就多久，端看你個人心識裡獨特的、全部的種子混合成什麼樣子。」

「所以就這樣？你這是在告訴我，只要對別人有創意的建議保持開放態度，說不定有一天卡拉就會為我穿得很火辣？」

「『有一天』，沒錯，但不是『說不定』。這沒有什麼『說不定』的。藉由對各種點子保持開放態度種下業力種子，她遲早會樂意接納性感內衣。

「但要明白兩件事。一，不會有別的辦法能讓她接納性感內衣，一切都來自於業力種子。你可以哀號，你可以勸說，你可以大叫，但情況都不會有一絲絲不同，而且我認為你已經認清這一點了。直到你有讓她更開放的種子之前，她都不會變開放；她不能。事實就那麼簡單，除了動手種下業力種子，你別無選擇。

「二，需要多久，你就必須持續種多久。當她某天晚上穿著火辣地從浴室走出來，和你一直以來所幻想的一模一樣時，你就知道已經種下夠多業力種子了。」

羅德里戈看起來有點洩氣。「我是說……誰曉得呢？搞不好要好幾年！」

「用不了好幾年啦。」我搖頭道。

「你怎麼知道？」他反駁道。

「因為你有一個祕密武器。你可以加速這整件事的進展。我是說比正常來講還快十倍、百倍喔！」我低頭看著沙發前的桌子，桌上有一杯咖啡，等著我做咖啡禪修，我打算一和羅德里戈談完就開始。他露出微

笑，去為他自己也倒一杯咖啡，然後回來在我旁邊坐下。我們在沙發上放鬆，一起在火光前禪修，靠著啜飲咖啡加速進展。

82 問題

以前我先生的床上功夫一流，但過去幾年他甚至很難勃起。這讓我感覺很糟，就像是我身上出了什麼問題。什麼種子可以讓他重現雄風？

我不知道是從什麼時候開始聽到這種問題不會害羞的，但已經有好一陣子了。你猜不到有多少人面臨這種問題，以及有多少伴侶因此關係緊張。我們坐在曼哈頓的喬伊斯戲院裡面，南西靠過來壓低聲音問我。那是一場精采的現代舞表演的中場休息時間，他先生史蒂芬正靠向另外一邊，和一位朋友交談。

「問題比較不在於我們不再那麼親密……」她繼續說：「而比較是……呃……我沒辦法不去想或許他已經不想要我了，他不再覺得我有吸引力。」

「我懂你的意思。」我點頭道：「問題不在於你很想念兩人之間的親密，儘管我知道你確實很

想念。更傷人的是你不確定他是不是還想要你，是不是還重視你。」

「就是這樣。」南西點頭。

「所以，我們已經知道步驟一了：我想覺得被愛、被想要、被重視。想清楚這一點，步驟二就容易了。」

「你是說，我要找到一個感覺自己不受重視、沒人要的人，然後我要擬出計畫幫助他。」

「完全正確。而且，聽著，我知道你在想什麼。你想說你不知道有誰覺得自己沒人要、沒人重視。但我已經有過很多次跟這一樣的對話內容了，而我可以告訴你會發生什麼事。接下來的二十四小時，如果你真的一一把所有朋友、親戚、同事想一遍，你會想出三、四個完全符合條件的不同人選。

「並不是我們身邊沒有和我們面臨相同問題的人，而是我們太沉浸在自己的這個問題裡，以致於從未注意到別人也一樣。張開眼睛去看，你會在身邊發現所有那些和你有相同需求的人。或許只有在我們明白到把他們找出來是終結自身問題之鑰時，我們才終於會注意到他們也一樣多麼需要幫助。」

「好，所以我必須找出一個覺得自己不受重視的人，然後讓他覺得受到重視——或許讓他覺得我重視他。南西抬起頭來，絞盡腦汁要想出某位人選。我先讓她好好想想，接著清了清喉嚨，讓她知道我還沒說完。

「還有，聽著，南西，有件事是關於你剛剛說的話……也就是你想

讓對方感覺你重視他。這要追溯到史上其中一本詮釋業力種子的偉大經典，大約十七個世紀以前，印度論師『世親』所寫的《俱舍論》。

「在這本書裡，我們讀到儘管我們的言行舉止確實會種下業力種子但我們內心的意念才是最強大的。所以，試著向某人表達我們有多重視他是一回事，而在心裡實際重視他又是另一回事。

「我的意思是，在步驟三，當你和朋友坐在咖啡館，讓他覺得自己更受你和其他人的重視時，你會收集到許多的業力種子。但在你抵達咖啡館之前，以及聊完回家之後，花點時間想想你真的有多重視他是很重要的，甚至可以想想為什麼你可以更重視他的原因。

「這會讓你花在他身上、激勵他的自我價值感的時間變得更可信，也更有力，因為或許真有許多為什麼大家都該更重視他的原因。但所有你撥出來在心裡欣賞他的時間甚至還更有力，因為如此一來業力種子就會在非常靠近你內在核心的地方種下，也就是心識裡儲存種子的地方。

「所以，重要的不只是讓你的朋友『覺得』受到重視，你『真的』重視他更是一大關鍵。如果你創造出讓史蒂芬明白到他真的有多讚賞你的業力種子，那麼他就會……相當『直接』地表達那份讚賞之情，如果你懂我的意思。」

南西露出微笑，我們回頭去看表演。之後，等我們到對街享用甜點時，我還可以向她推銷一下咖啡禪修。

PART 38

了無新意

Habitual Patterns

83

問題

幾年下來，我們的關係似乎發展成一整套的習慣模式：吃一樣的食物，重複對彼此說一樣的話，吵一樣的架，年復一年。什麼業力能打破這種窠臼？

住在新德里郊區的一對印度夫妻問我這個問題。我曾在某個階段長期向他們租房子，那時我拿了補助金在做我們的難民計畫。他們在一起不久，我就認識他們了。一開始，這兩人的確如膠似漆，但經年累月下來，沒錯，我可以在他們家裡感受到，一切似乎都有了固定的習慣模式。有些是文化上的，但還有很多是不分文化普遍存在的，我在全世界都一再看到。

在前面的問題四十七，我們探討了一些讓感情重燃火花的辦法。而如果現在這個問題也是你的問題，你不妨先回過頭去把那篇再讀一下。

庫馬剛從前門回來，他拿了杯優格去請附近鄰里的守夜人。這位夥伴整夜都在各大樓間來回穿梭，每走一段路就把一根巨大的棍子往人行道上用力一敲。我猜這一方面是嚇嚇小偷，一方面是向住戶證明他沒有睡著。過個幾週，你就會習慣那個噪音，也不會每隔半小時當他經過門前就醒來一次。庫馬的太太蜜娜正在看電視上的新聞，一邊心不在焉地聽著我們說話。

我開始回答：「我得說，這實在就像筆的事情一樣……每一件事情都是。有些人會覺得婚姻裡的習慣模式很讓人安心，一切都可以預料，感覺很踏實。」

「但我們不是啊！」蜜娜轉過頭來大叫道。

「唔，這就是我的意思。並不是這些模式本身很無聊……只是你們倆覺得這些模式很無聊。」

「所以，你是說我們應該找到辦法喜歡這種一成不變？」庫馬衝口而出說。

「不是，一點兒也不是。我只是指出那份無聊絕對是來自於你們自己。如果它是來自於習慣模式本身，那麼所有人都會覺得習慣模式很無聊。但因為有些人覺得習慣模式很讓人安心，所以習慣模式感覺起來怎麼樣是來自於每一個人自己的心識，人人各有所別。而如果它是來自於你們，那它就是一件你們輕易可以改變的事情。

「也所以，每個人看待習慣模式的眼光各不相同其實是好事，因為如果不是這樣，事情就沒有改變的餘地。」

「那到底要怎麼樣才能改變？」蜜娜語氣稍微和緩一點地問，現在她的注意力都到我們這邊來了；也或許是沒完沒了的電視廣告又開始了。

「唔，任何你們倆一起體驗到的事情，以目前的狀況而言，指的是婚姻裡養成的習慣模式帶來的挫折，最終都要追溯到類似的、你們倆一起對他人做的事。而在你們的心識裡依然有那種行為的業力種子，所以我們只需揪出那個行為，然後戒掉它。」

庫馬點點頭說：「了解。那麼，你認為我們對別人做了什麼，導致我們日復一日、從早到晚重複一樣的模式？」

「唔，讓我問問你們。你們倆都幾點上床睡覺？」我知道對印度人來說這可能很晚，因為他們很重視用超新鮮的食材在家自己煮晚餐，這意味著下班要先去附近的菜市場慢慢走一圈，然後才回家開始煮飯。

「唔，我們一律都是準十一點半上床睡覺。」蜜娜有點臉紅地說：「我猜這真的也是習慣了吧，反正就是一看完最晚的夜間新聞之後。」

「那你們的鄰居幾點睡覺？」

「雅茹娜和艾傑特嗎？我覺得不一定吧，但多半比較早。雅茹娜和我在一天當中會不時彼此傳簡訊，印象中她不曾在大約晚上十點之後傳給我過。」

「那他們的公寓是在哪一邊？」蜜娜指向電視後面。「那邊，朝向街道。」電視機就緊貼著牆壁，我可以想像在另一邊聽起來怎麼樣。「那……你覺得他們聽得到你們的電視聲嗎？我是指，夜裡很晚的時候？」蜜娜歪著頭。「唔，我想……我想聽得到吧。你知道，我從沒真的想過這件事。」

「所以基本上，直到你們睡覺之前，他們都沒辦法睡覺。」

「嗯，或許吧。」

「而如果是這樣，你們就是把自己的作息時間強加在他們身上，是嗎？」

「我想是吧。」庫馬同意道。

「所以這牽涉到一整個在現代社會越來越惡化的問題。你瞧，每個人都有自己的生活節奏。一天當中，每個人都喜歡在特定的時間做特定的事情，人人各不相同。你可能喜歡在某個時間上床睡覺，但你的朋友可能不一樣。吃飯、看最愛的電視節目或早上起床的時間也是如此。

「當今有更多的聯絡方式，你瞧，我們從早到晚在傳簡訊、收發電子郵件。做這些事情時，我們根據的是自己的作息時間，往往不會考慮是否合乎別人的作息時間。

「你最愛用來傳簡訊給你的好姊妹的時間，可能是她想要靜下來專心為家人煮晚餐的時間。你通常起床的時間，可能是你的朋友在一天當中唯一能真正深沉地睡個好覺的時間。所以，在這個通訊超級方便的時代，我們常常在干擾別人對時間的計畫。從早到晚，我們都將自己習慣的作息和習慣的喜好強加在別人身上。」

蜜娜的眼睛亮了起來。「我懂了。如果我依照自己的作息傳簡訊，沒有顧及這麼做是否合乎別人的作息，就某方面而言，我就是在把別人塞進一個框架裡，置於一個習慣模式裡。」

但庫馬還不買帳。「所以，你在說的其實是我們要更體貼別人做事情偏好的時間，讓他們對如何度過一天可以有自己的選擇，而不必被迫按照我們的作息。接著，我們自己的生活安排自然而然就會變得更有創意，因為我們允許它變得更有創意。」

「對。」

「但這樣有個問題。」他繼續說：「你的意思是我們必須尊重親朋好友們的作息，但這就意味著我們必須知道並且熟記每一個人偏好的吃飯時間、上床時間等等的。」

我點頭。「但所謂體貼就是這麼一回事：要顧及他人的需求，而這就意味著要先知道別人的需求是什麼。世親菩薩在同一本古書中說，考慮他人的需求是每一個你所能創造的善種子真正的根源。下越多工夫去體察別人的日常作息，就從得知他們每天怎麼安排時間開始，你自己的生活就會過得越美妙。要挽救陷入泥淖的關係、跳脫枯燥乏味的循環，這是一種方式。

「而且，要知道這件事會自然發生，隨著框架的消失不費吹灰之力就水到渠成。不將自己的習慣強加於人，從這份體貼而來的業力種子成熟了，習慣的硬殼就會自動剝落，你說不定甚至不會注意到。但有一件事是確定的——你們的關係會變得煥然一新、不受拘束。」

蜜娜關掉電視走過來，攬住庫馬的肩膀。「有意思！」她雀躍地說。一如往常，單單只是談到改變婚姻生活的正確方式似乎就已經讓它有了改變。

PART 39

分手

Breakups

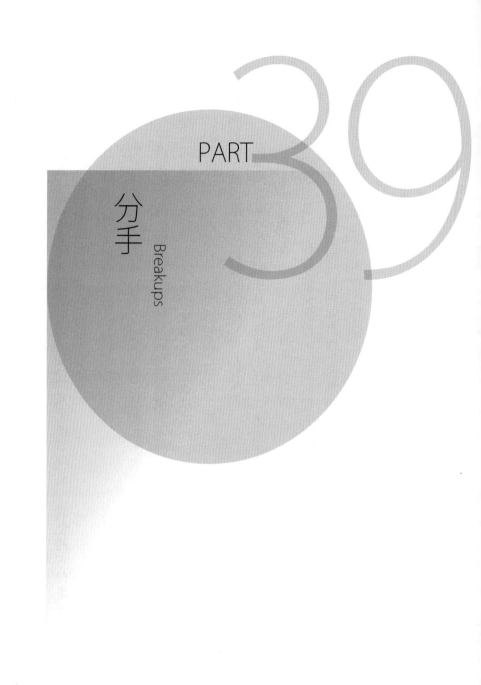

84 問題

我的上一段感情結束得很痛苦，我一直平復不過來。我能種下什麼業力種子來讓自己放下過去？

「唔，我能想到兩件你能做的事。」我答道。我坐在印尼首都雅加達一間高級飯店的會議室裡。這地方被布置起來，準備為當地一個受歡迎的電視節目拍一小時關於金剛法則商業策略的影片。有些觀眾已經入席了，我被富有異國情調的觀眾組合包圍，有印尼回教徒和佛教徒、法國商人，以及出色的信德族企業家。

塞帝亞萬垂頭喪氣地抱著頭，悲慘到都不在乎旁邊有十多個人在聽了。「好吧。」他嘆口氣道：「第一件事是什麼？」

「你顯然可以用星巴克四步驟來處理。」前天要去婆羅浮屠參觀充滿異國風情的佛像雕刻時，我們在飛機上討論過，但我知道他對此很陌生，所以詳細說明一下會比較好。

「步驟一：簡而言之，你要的是什麼？」

「我要放下舊愛，放下所有的傷害，不再無休無止地想著發生過的事情，放下莉雅，繼續我的人生。」

「步驟二呢？」塞帝亞萬想了想，說：「唔，我想我得找到一個面臨類似處境的人，幫助他

走出來。」他苦笑了一下。「這不難，因為似乎我有一半的朋友都有一模一樣的問題。」

我認同道：「分手低潮確實似乎是普遍存在的，要放下一段失敗關係的痛苦與回憶真的很難。那好吧，也別忘了步驟二有兩個部分：挑選和計畫。挑選一個有類似需求的人，計畫你要如何幫助他。接下來，步驟三呢？」

「喔，這個很好記，就是去咖啡館的事。帶對方到一個合適的地方，分享有關如何走出痛苦的建議。」

「對。」我點頭。「還有非常重要的，就是在這當中要抱著慈悲心，一種對眾生的慈悲心，感覺就像是……如果你親身嘗試金剛法則成功了，那你就會是一個活生生的例子，讓每個有相同問題的人都看到要如何從一次痛苦的分手當中走出來。單單只是藉由自己的成功，引發廣大的連鎖效應，你就可以鼓舞無數人的生命。步驟四呢？」

「咖啡禪修。夜裡閉上眼睛要睡覺時，細節地回顧一下我為了幫助別人解決相同問題而做的所有努力，這是讓我的業力種子迅速開花結果的養料，負有重責大任。」

「嗯，你似乎全都弄得滾瓜爛熟了。我看不出來會有什麼問題讓你無法很快克服這件事，繼續你的人生。但你的人生要繼續到哪裡去，也是我們要下工夫的地方。」

「嗯，我完全能夠明白。我肯定想要找到新戀情，但絕對不想重蹈才和莉雅經歷過的災難。」

「這就要談到我想給你的第二個建議。讓我先問你一個問題：你是否曾經感覺在這一切的背後，在你的整個人生背後，有某種偉大的計畫？某個你看不見、但從你出生那天起就一直存在的東西？」

塞帝亞萬點點頭。信德族商人和法國商人現在全都擠在一處，音控和攝影工作人員亂哄哄地忙著做最後的調整。

「我一直都有那種感覺。」他說：「我這一生似乎都有一個特別的守護靈在身邊，看不見但肯定在。就好像祂試著要指引我，前往某個重大的目標，完成某件和我的人生意義有關的事情。」

「這就對了。從業力種子的角度來看，古書上說，要累積無數力量強大的善種子，才能得此人身。人體有成千上萬不同的零件和系統，彼此合作無間，達到不可能的協調。

「根據西藏思想，我們上輩子一定是超級大善人，才幸而享有現在這副可用的軀殼與心智。也根據一樣的思想，我們不太可能只靠自己就善良成那樣，一定是有某位和我們關係密切、為我們付出很多的老師在指引我們。

「意思就是，我們創造了一個習慣——順帶一提，這是第二朵花——讓身邊有這位老師，讓我們得到他的私人照料。所以，佛教徒相信，在這整個星球上，幾乎每個得以轉世為人的人都具有這種種子，而能受到一位特別的私人老師的密切照料。這些種子可能在你的人生中開花結果，成為某個在無形中指引你度過每一天的人，甚至為了指引你而化成不同的角色，在你人生中出現。」

「聽起來像是某位隱形的守護天使。」塞帝亞萬微笑道：「在我們國家的伊斯蘭傳統中也有類似的概念。在每天五次面對麥加朝拜的過程中，有個慣例是要把頭轉向左邊和右邊，對你的守護

天使講悄悄話。」

不時對你的守護天使講悄悄話

「完全是一樣的東西。而如果你具備讓你的人生中有守護天使存在的種子，祂們也很可能化身為你周遭不同的人，在冥冥之中顯現出來。很自然地，祂們會選擇現身為某個和你非常親近的人，這個人的一言一行日復一日地為你指引方向。所以，你的守護天使很有可能選擇顯現為你的伴侶。」

塞帝亞萬一臉困惑。「以我的伴侶顯現出來？你這是告訴我莉雅是我的守護天使？那她為什麼甩了我？」

「啊，這就是問題所在了。這樣說吧，假定她是你的守護天使偽裝的，如果真是這樣，那她為什麼讓你走？」

塞帝亞萬在想的時候，眉頭深深皺了起來——那份痛苦還活生生的。

「唔，如果她是什麼守護天使，那麼當她和我在一起時所做過的一切，一定都有什麼偉大的目標——一定是我這份人生的偉大計畫的一部分。」

「即使和你分手？」

「嗯，我想是吧。」他停頓下來，又再想了一下。「唔，這樣就意味著從頭到尾她都對我有某種計畫，連分手也是計畫的一部分。而如果真的是這樣，那她一定是……比方說……要把我送到哪裡去。她看見未來等在前面的東西，她要把我送到那裡。」

「例如說不定是另一位伴侶？為了指引你度過人生的下一個篇章，你的守護天使要化身成為的下一個人？」

「唔，我想是吧。」塞帝亞萬說。

「所以，振作一點吧。」我說。攝影機開始運作，電視節目主持人開始介紹我。「別再頹喪下去。天使放你走，讓你去遇見下一個天使的化身，那人會陪你走人生旅途的下一段路。你只需要去找到她！」

「你是指『種下』她！」塞帝亞萬糾正我道。

85 問題

我先生和我結婚十年了，一直都過得還可以。但現在我遇到一個人，我覺得他才是我真正的靈魂伴侶。我該怎麼做？

「唔，一開始你們倆對對方許下了什麼樣的諾言呢？」我問。烏拉圭東南部埃斯特角城的海灘邊緣，有一棟真的很不錯的房子，我就坐在那房子的露臺上。超過十萬名南美洲的富人和名人夏天時聚集到這裡，當中有六十位受邀參加晚餐和一場商務座談。我的助理和我強烈地感到格格不入，尤其是在海灘上讓當地的時尚雜誌拍照時；但結果這場盛會很精采，氣氛也很溫暖。時間早已過了午夜，大家還是三五成群地聚在一起，熱烈討論著金剛法則。其中一位客人把我拉到水池附近私下聊，傍晚稍早才有另一位樂過頭的客人掉進那個池子裡。

露西亞微微皺眉。「唔，就像一般在拉丁美洲的天主教婚禮，伊格納西歐和我立下終生的誓約。」

「那他怎麼看待這個誓約呢？我是說，現在他怎麼看待這個誓約？」

「唔，我們也不是幸福得不得了，但一切都還可以……只是可以而已。我會說他還是把它視為一個終生的承諾吧。」

「那所以，如果你選擇你遇到的這個人，如果你現在選擇這位靈魂伴侶，就是在打破一個你自願許下的終生承諾。」

「嗯，是啊。」露西亞輕聲說：「我知道，而且我並不樂意這樣。」

「那麼，從我們今晚在客廳的座談聊到的……你會為自己種下什麼業力種子？我是說，為你的新戀情，為你這位新的靈魂伴侶。」

「我明白。」她說：「我懂你的意思。就算他是我的靈魂伴侶，如果我為了和新歡在一起，違背了對舊愛的重大承諾，不只會傷害伊格納西歐和孩子們，也會種下惡種子，並且根據第一朵花，當這顆惡種子發芽時，我的靈魂伴侶將會離開我。」

「完全正確。」我贊同道，而且我很為這個之前我從不認識的人驕傲。只不過聽了一小時金剛法則，她就理解得很透徹了。我常常對於世界各地的人們似乎立刻就能掌握到金剛法則的道理而感到驚訝，即使大家來自不同的國家、各有不同的文化。對我而言，這再一次肯定了這些法則是放諸四海皆準的真理。

「所以我只能放掉這個靈魂伴侶？」露西雅幾乎要哭了。

「我沒這麼說。」我回覆道：「如果你以為必須放掉這個靈魂伴侶，那你就沒把我今晚在座談會說的東西融會貫通。」

魚與熊掌是可以兼得的

「呃，如果不離開伊格納西歐，我看不出來我要怎麼和我的靈魂伴侶在一起。」她是真心相信自己這句話的邏輯。而偏偏這個邏輯是那麼徹底地不合邏輯，並且是導致世界上這麼多痛苦和挫折的起因。我是說，如果事情完全不是那麼一回事呢？

我說：「如果這個處境是獨立存在的，是從它自己而來的，那你這句話就說對了。」我從口袋掏出一枝筆，就為了這個用途，我的口袋幾乎總是準備著一枝筆，我拿到露西雅面前揮了揮。「但事實上，這個處境來自於你，來自於你心識裡的業力種子。兩件事之間明顯存在的矛盾尤其如此，你認為自己要嘛必須留在伊格納西歐身邊，要嘛隨你的靈魂伴侶而去，這種矛盾來自於你。」

「什麼意思？」露西雅說：「你是在建議我同時腳踏兩條船嗎？」她對於這種想法似乎異常氣憤。

「不，不是，完全不是這個意思。我不是說你應該同時和他倆在一起，但也不是說你應該只能和其中一人在一起。

「這個顯然進退兩難的困局來自於你，來自於你的種子。而由於它來自於你，它就是你能改變的東西。只要改變業力種子，就能擁有你所想要的一切，不用傷害任何人，也不用二選一。」

「所以……那確切會是怎樣？」她有點困惑地問。

「這些年來和伊格納西歐在一起是怎樣？在你心目中，和你的靈魂伴侶在一起又會是怎樣？我是說，那會是……很真實的樣子。那會是你的人生。」

「不，你不懂。」露西雅堅持道：「你說能有一種情況是我擁有所想要的一切，而且其他人也都擁有他們所想要的一切。我只想知道那確切是什麼樣子。」

「不，你不懂。」我也堅持道：「重點在於，你現在甚至連想像出那會是什麼樣子的業力種子都沒有，因為你擁有的種子遠遠不夠化解這個困局。當你確實擁有足夠的業力種子了，便能想像出那會是怎樣一個人人都滿意的局面，就在真的形成那個局面之前。

不要卡在『試圖想出』那會是什麼樣子

「不要卡在試圖想像那會是什麼樣子。你沒有足夠的業力種子讓你想像得到。只要種下業力種子，業果就會到來——它必須到來。它會完全滿足你們三人內心的渴望，說它是奇蹟也好，說它是不可能的任務也罷。但事實上，它並不比你此刻的人生更奇蹟。它會是……它該有的樣子，不多也不少。你會有你的靈魂伴侶，你也會信守你對伊格納西歐的承諾，兩件事同時並存，就像你此刻坐在這個露台上那般不可能。」

經過長長的一陣沉默，露西雅接著嘆了口氣，說：「好。我

有一種你知道自己在說什麼的感覺。我只覺得你說的是真的，但我不是百分之百明白那要如何發生。無論如何，假設我基於對你的信任，試著種下會讓奇蹟發生的種子……我是說，根據目前為止從你那裡聽到的，種下業力種子這件事似乎都是和幫助或服務他人脫不了關係，所以試一下不會有什麼壞處，最糟的情況就是我讓別人很快樂。告訴我要種下什麼業力種子吧。」

「唔，讓我們很快把星巴克四步驟跑一遍。」我說。

「好。」露西雅說：「步驟一，說出我要什麼——我要一個顯然不可能解決的狀況獲得解決，這個解決之道能同時讓每個人都滿意。步驟二，挑選一個認為自己的困境不可能獲得解決的人，計畫我要如何給他一些建議與支持。

「步驟三，帶他去咖啡館，或某個合適的空間，盡我所能給他最好的建議，就算並不完善，甚至就算不能徹底解決他的問題；無論如何，業力種子都會長大。再來是步驟四，做咖啡禪修，想一想完成步驟二和步驟三有多好。」我點頭表示讚許。

「你說我只要做這些就可以了？就可以看到奇蹟發生？」她問。我再次點頭。「它不會比你此刻坐在這裡更奇蹟。因為它會發生，就像現在的一切正在發生一樣。兩者都來自於你的心識，來自於你心識裡的業力種子。而那意味著它們都是真的，它們都會發生。你會有你的靈魂伴侶，也會信守舊有的承諾。

「透過種子，沒有不可能的事。只要試試看，然後等著瞧。」

PART 4

寧靜

Peace

86 問題

有時候，幾乎是一不小心，我和男友就會一起進入某種沉靜的空間或時刻，感覺很接近禱告或禪修。有沒有什麼種子能讓這些出其不意的時刻更常發生？

我們在一個叫做迪坡斯特蘭的地方辦金剛商業學院的週末「成功僻靜會」，這地方在墨西哥城南方大約一小時車程處，它是古時候托爾特克人的所在地，相傳羽蛇神魁札爾科亞特爾出生於此。我們住的小型禪修中心上方的山上，有一座令人歎為觀止的金字塔高高矗立。

維拉莉亞在問這個問題，她和帕伯羅背後靠著一棵樹，看起來簡直像他們現在就沉浸在她所描述的那種時刻當中。我回覆道：「讓我問你們一件事。現在，在你們的人生當中，有沒有其他你們倆想要的東西？」帕伯羅看起來對這個問題有點訝異。「我不知道。」他聳聳肩，望向維拉莉亞。「我想能多點錢的話還不錯吧。我是說，我們不需要很多，實際上也不想要很多，但每個月都要為房租傷腦筋，實在是壓力滿大的。」

「好。」我說：「所以你們試過把星巴克四步驟用在這上頭了嗎？」

「不算有。」維拉莉亞承認道：「這件事幾乎老是造成我們的壓力，但我想我們有點懶得管它吧，好像它已經變成生活中固定的一部分那樣。」

「好。」我說：「嗯，我看到一個能讓你們同時處理兩種問題

的辦法——一方面解決每個月的房租焦慮，一方面為伴侶間出其不意的沉靜時刻種下業力種子。」

「什麼辦法？」帕伯羅問。

「唔，跟我說說看，過去的日子裡，在接觸到金剛法則之前，你們會怎麼處理像是每個月都要繳得出房租這種金錢問題？」

維拉莉亞微笑道：「我們到處去籌錢，就像所有人那樣——像山頂洞人在森林裡走來走去，希望能撿到一些野生莓果。或許試著在家裡找出什麼從來用不到、能夠拿去賣的東西，或者去找帕伯羅的媽媽幫忙，又或者我拜託老闆給我一點加班費。」

「那現在呢？」帕伯羅點點頭。「現在呢，嗯，我們知道事情背後真正的道理，所以我們明白必須種下讓我們得到更多錢的業力種子。」

「那你們怎麼種下這些業力種子？」

「我們或許一直懶得去做，但我們知道怎麼做——我們需要找到另一對也有財務困難的伴侶，給他們一些支援，協助他們脫困。」

「沒錯。不是用老辦法去生財，而是真正地『生』出錢來——創造它，種下它，辦法是藉由幫助別人生財，而且這麼做會帶給別人出乎意料的放鬆與安慰。」

維拉莉亞的眼睛亮了起來。「喔！我懂了！你的意思是我們之間那些『出其不意』的神奇時刻一點兒也不是真的出其不意，我們可以存心故意地把它們創造出來。作為一對伴侶，我們只要不停嘗

試去為其他伴侶營造放鬆或安慰的時刻就可以了。」

帕伯羅也興致高昂起來。「而且，你是說這些時刻不過就是運用星巴克四步驟獲取我們倆需要的東西而自然得來的結果。為了得到我們本來就想要的東西而做的事，會為他人帶來平靜安然的時刻，於是我們既得到我們需要的東西，也得到那些出其不意的幸福時刻。」

維拉莉亞開心地點著頭。「只要隨時隨地為了任何我們想要的東西運用星巴克四步驟，我們就會一起擁有越來越多這種神奇時刻。」

「那還不行動！」我嘀咕道：「沒理由為了租金壓力很大，還能擁有神奇時刻……」

「而且是時時刻刻都能擁有！」帕伯羅微笑著望進維拉莉亞的眼睛。效果已經出來了。

「還有一個建議。」我說。

「什麼？」帕伯羅說。

「如果是我，我會讓業力種子種得快一點。在我們造訪過的國家中，有些人組成了小小的『四步驟社團』，每週聚會一次，協助彼此追蹤運用星巴克四步驟達成某個人生目標的進度。這些組成了特定社團的人不只種下自己的業力種子，也促使別人種下他們的業力種子。」

維拉莉亞點頭。「我猜當你幫助一票人種下業力種子時，又為自己種下了更多額外的種子。」

「你說對了。」我點頭道：「所以，那會是一個比你們倆獨立努力還能種下更多神奇時刻的好辦法。」

就在此時此刻，我明白到我正享有自己的神奇時刻。我明白到我自己也多麼渴望這樣的時刻。我向自己承諾我會協助讓更多人開始去種下善種子。

87

問題

我先生的公司有另外兩位主管在和他競爭升遷之類的事，我們倆相處的時間似乎有一半都是我在聽他說那兩個人有多可惡。他們兩位我都見過幾次，在我看來他們似乎人滿好的。我要怎麼終止這個讓我老是必須聽我先生說別人壞話的業力？

我們在中國離北京不遠的天津附近登上萬里長城時，貴敏問我這個問題。她先生寶承在前頭高處的角樓樓台上朝我們揮手，我有點高興有藉口可以不用爬上陡峭的階梯到那裡去。我們倚著城垛，盡覽眼前的峭壁和綠地，這大概是我所見過最險峻的高山了，很難想像十五個世紀以前他們是怎麼把成千上萬顆巨石搬上山脊的。我回覆道：「我要給你一個有點玄的答案，這樣可以嗎？」

貴敏點頭道：「只要可以讓我應用到真實人生中就好。」

「這一點我完全同意。那麼，你知道『道』，對吧？」我用中文發音說出很多西方人稱之為Tao的東西；我們在前面的問題五十八談到過。

「我知道《道德經》。」她答道——她說的是外國人稱之為Dao De Jing或TaoTe Ching的文本。「那是關於『道』最有名的一本書。在中國，我們高中的時候要學一點這本書裡的東西。『道』指的是『道路』，

『德』指的是『美德』，『經』的意思是『古書』。」

「那麼，道是什麼？什麼是道路？」

貴敏想了一下，接著靈光一現。「唔，我從沒真正這樣想過，但我假設如果從金剛法則的觀點去看，可以說美德就是道路。」

「怎麼說？」

「我的意思是，道是你度過人生的方式，是讓你美夢成真的辦法。舉例來說，如果有人想要找到一個男朋友，她就必須藉由幫助一個孤單的人來種下男朋友的業力種子。而這就是美德，是『善』。」

「很好。那麼，人們常常談到『循道而行』，這又做何解釋？」貴敏再想了想，接著彈了一下手指。「我想我懂了。要讓美夢成真，有錯誤的辦法和正確的辦法。錯誤的辦法之所以錯誤，只因為它是行不通的。

「以試圖找到一個男朋友為例，你可以在網路上找得筋疲力盡，你可以試著忍受一星期瀰漫煙霧的夜店，但這些都是錯誤的辦法，或者也可以說，這些都不是正途，不是解決之『道』。」

「那什麼才是解決之道？什麼是正確的辦法？」

「陪伴孤寡老人就是，這樣才能種下讓男朋友走進你的人生的業力種子。至於所謂的循道而行，如果你試著循這條途徑去得到一個男朋友，那就是循道而行。你會順著萬事萬物的脈絡——順著全宇宙的道理，而不是在夜店裡或網

路上，背道而馳地白費力氣。」

對人好是一個輕鬆多了的辦法

「完全正確。而且，當你順著宇宙自然的道理而行：藉由對人好或以德待人讓美夢成真，人生整個都會變得輕鬆許多、享受許多，也容易許多，還能時時感到喜悅。背道而馳只會讓人筋疲力盡，一部分也因為試圖以錯誤的方式獲取任何東西的『不確定性』——你可能會在網路上找到一個伴，也可能不會。但藉由業力種子，你會一直知道能得到什麼。

「那麼，這一切要怎麼用在讓寶承一天一天變得會說別人好話？」貴敏已經有頭緒了。「依你剛剛說的來看，我想我看得出來這一切和『道』的關係。想到寶承的情況：老是批評公司裡另外兩位經理，我就覺得很煩、很厭倦。而我猜你試圖要告訴我的是，如果我覺得很煩、很厭倦，那就表示我用了錯誤的辦法來處理這件事，我沒有循道而行。因為如果我循道而行地尋求解決之道，我只會覺得既輕鬆又愉快。」

「又對了。試圖說服寶承說別人好話不一定能帶來你要的結果，還會讓你覺得很煩，但悶悶不樂地保持沉默也一樣糟糕。你能感覺到這兩種選項是如何地背道而馳。

「那麼，要怎樣才是循道而行？尤其如果『道』指的是『美德』或『善行』？」貴敏會意地點點頭。「我必須種下能讓我看到寶承講話正面一點的善種子。這意味著我自己要做一些積口德的善行。比方說在公司或對我們的女兒，我要努力正面一點地說別人的好話。」她停頓了一下。

「我已經可以想到一個實際的例子了。每星期有三次，我會和一群三姑六婆聚在公園打太極拳，通常我女兒小美都和我們一起。打完之後，我們常會站在樹下聊生活中發生的事情，我想有時我確實會說我們認識的其他太太一些壞話。小美就在那裡，我想她什麼都聽到了，她說不定也覺得很煩，就像寶承的牢騷讓我覺得很煩一樣。

「藉由減少我自己的抱怨來解決寶承的抱怨問題就會是循道而行，因為那就是一個既安心又愉快的處理辦法。」貴敏毅然決然地說。

寶承爬下角樓最後一階的陡峭階梯。一如每次我們開始循道而行時那樣，他的臉上已經有一抹愉快的微笑。

問題 88

我們的感情真的很好，只除了一件事，我的伴侶實在很吵！無論我在睡午覺、看書或聽音樂，都不斷密集地傳來摔門聲、碗盤碰撞聲和椅腳刮過地板的聲音。什麼業力能讓她對安靜之美稍微敏感一點？

我借宿在大衛和珍娜的家，他們是我在德州休士頓的兩位老朋友和學生。我到那裡去向一位來自東印度瓦拉納西的著名歌唱家學幾天音樂課。談話間，我一直跟著大衛在屋子裡兜來轉去，一下在這個房間，一下又到那個房間。截至目前為止，他已經到過書房開電腦查看工作上的電子郵件、走出去拿了今天的報紙、瀏覽報紙幾分鐘、把報紙丟在廚房流理台上、用他的 iPod 聽了一些音樂、從冰箱抓了一把葡萄出來。

現在，我抓住他的手臂，拉他到餐桌邊的椅子上坐下。

「你知道業力種子，對吧？」我問。

「當然。」他說：「你去年來我們這裡，在教堂演講時談了很多種子的細節。」

「好，那我問你一個問題。如果你想為了任何事物——找到伴侶、清償卡債、不再背痛——種下業力種子，你需要另外一個人嗎？」

「唔，當然囉，你一向是這麼說的。」

「但你怎麼想？一個人能不能透過自己種下業力種子？單單只有自己？」大衛針對這點想了一下。「我不確定耶。業力的好壞端看你是幫助他人還是傷害他人。不知怎地，『他人』在這當中似乎很重要。我不太清楚究竟為什麼是這樣，但我的直覺是種子就像回音，你要藉由別人將它反彈回來，讓它回到你身上。」

「我想你是對的。」我認同道。「這件事我也想了很久。為什麼我們需要別人將業力反彈回來？」

我們沉默地坐了一陣子，我看得出來光是這樣大衛就已經坐不住了。他的目光落在電視遙控器上，我很怕又要失去他的注意力了。

我說：「在根本上，是什麼讓他人成為其他人？」

「唔，我是我、你是你啊。」他簡單答道。

「是，但為什麼？」

「唔，我們是各自分開的。」他說。

「是什麼讓我們各自分開？」大衛又丟一顆葡萄到嘴裡，就連在跟我說話時都一邊嚼、一邊望向電視。

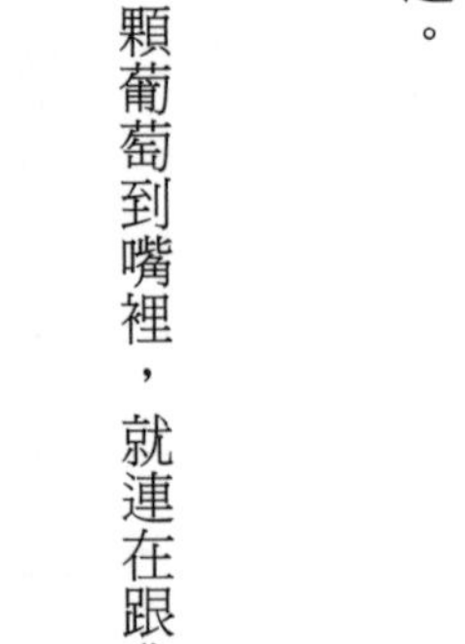

「唔，就好像……當我在嚼這顆葡萄時，你不會嚐到它的滋味，只有我嚐得到，這證明了我們是各自分開的。所以，或許種下業力種子唯一的方式是當你在為別人做某件事，而不是只為了自己。就好像……你必須是不自私地去做那件事。」

我皺眉。不知怎地，我老是在這裡卡住。

「但你為了助人所做的一切到頭來都會幫到你自己，因為事情總是會回報到你身上。而在某方面來說，這就意味著別人和你不是真的切割開來的。

「我的意思是，要得到你想要的東西，唯一的辦法是幫助別人得到他們想要的東西。這樣說來，藉由做一件事，你們雙雙都得到想要的東西。」

大衛停下咀嚼的動作。他現在真的能夠專注了。「唔，這有點表示你們倆其實是一體的，只不過是分開的兩個身體。我是說，如果只要我幫助你就能幫助我自己的話。」

他又再想了更多。「嘿，這樣的話，那或許也可以反過來。或許業力之所以有任何一點作用，是因為不知怎地別人始終就是我。但如果是那樣，我就應該能夠只透過對自己做某件事就種下業力種子。西藏的古書怎麼說？」他問。

「唔，書上說的不是那麼清楚，只除了我能想到的一個例子以外。」我承認道。「當他們談到真的相當嚴重的惡種子時，確實提到了自殺。他們將人身視為珍貴得無法言喻的東西，它是一個我們賴以達成自己和他人所有夢想的工具。所以，他們說存心毀壞這個工具是你所能種下最糟糕的惡種子之一。而且，這是單單只透過自己就能種下的業力種子。」

「嗯……」他又繼續嚼起他的葡萄，甚至還不自覺地把玩起電視遙控器了。

「我在想，這個道理或許可以套用在你和珍娜的問題上。」我提議道。他又停下咀嚼的動作。

「你是說噪音的事情？」

「是啊。」大衛搖搖頭。「我不曉得耶。這問題很久了。從我們還在念高中的時候起，她就隨時隨地老是在製造噪音。」我也搖搖頭。「當你用金剛法則來處理事情時，這問題多久了都沒關係。當你針對業力種子下手時，有史以來第一次，你針對的是真正的原因，之後情況就會改變。」

「那所以是怎樣？就好像自殺那樣，是我自己用噪音荼毒自己？我自己對自己做了什麼事情，導致她每天早上都把同一張椅子慢慢拖過地面，發出像是有人在黑板上刮指甲那種刺耳的聲音？」

「我想是的。沒錯，我想這可能是其中一種你透過自己，而非別人種下業力種子的情況。」

「怎麼說？」

「她的所作所為最讓你惱怒的地方在於哪裡？」

「在於噪音。」

「所以你想從她身上得到的是一點安靜。你要她在一天當中有那麼一小時，沒在乒乒乓乓、鏗鏗鏘鏘或砰砰咚咚。」

「你說對了。」

「但是，你瞧，甚至連你也不給自己一點安靜。你一分鐘都坐不住。我是說，整個早上我都跟在你後面兜來轉去，設法讓你靜下來談珍娜的問題。或許是由於你成天在吵你自己，才種下了讓珍娜從早到晚都很吵的業力種子。」

「那……我該怎麼辦？」他說。

「站起來。」我答道：「現在馬上站起來。」大衛站了起來。

「走到冰箱那邊，關上冰箱門。」我說。他開始朝冰箱走去。

「等等。」我說：「別再嚼了。我是說，先把葡萄吃完，再走到冰箱。」大衛翻了個白眼，立定站好，嚼一嚼、吞下去，然後朝冰箱走去。

「等等。」我又說：「放下遙控器。你不需要帶著它到冰箱去。」大衛把遙控器放下來，拖著腳往冰箱前進，但他的目光飄到被他丟在廚房流理台的報紙上。他正在朝冰箱移動，但他的眼睛試圖要讀報紙上面的標題。

「等等。」我又再說了一次。「我要你從餐桌走到冰箱時看著冰箱，看著冰箱，專注在冰箱，走到冰箱。全神貫注地走，就在從這裡到冰箱的這段路，讓你的心靜下來。感受著『走向冰箱』的感受，心裡只想著關上冰箱門，沒有途中其他三件事的干擾。」

大衛專注在冰箱門上，聚精會神地朝它走去。那簡直像一支舞蹈，我發誓有那麼一下他看起來就像芭蕾舞伶一樣優雅。他全心全意地伸手握住冰箱門把手，全心全意地關上冰箱門，再全心全意地走回餐桌這裡。

「嘿，感覺挺酷的。」他說。

「更酷的是你剛剛讓珍娜安靜一點了。」我微笑道。

89 問題

要擁有更多在彼此臂彎中那些安然、恬靜的特別時刻的種子是什麼？

這個問題是在某次的年度穆斯林音樂節當中被問到的。音樂節在摩洛哥王國其中一座最古老的城市費茲舉行。來自伊斯蘭世界的團體從各地到此表演，我們來這裡則是因為明年的音樂節可能邀請我們來代表佛教音樂。我們外出欣賞了包括從伊拉克到西非各個團體的精采表演，現在則和朋友們坐在「riad」或說開放式庭院裡，這種 riad 坐落在城牆包圍的舊城區，雜亂無章的民宅正中央。

桌子對面的穆斯塔法和瑪莉蓮正羞澀地對著彼此微笑。

「你們現在已經知道星巴克四步驟了。」我以我常用的開場白開口道。

「嗯，知道。」穆斯塔法說：「只不過在費茲這裡，比較可能是去一家供應摩洛哥威士忌的咖啡館。」

「威士忌？」我驚呼道：「我以為穆斯林嚴禁喝酒！而且你告訴我說在摩洛哥就連年輕人都愛恪守傳統習俗！」

瑪莉蓮伸手去拿茶壺，倒給我一小杯多數摩洛哥人從早喝到晚的超甜薄荷茶。「別擔心，開玩笑的。這就是我們所謂的威士忌。」

穆斯塔法笑著拍拍我的肩膀。就在今天下午，我問他們怎麼禱告，之後他就到我房間，送我一塊他很珍惜的禱告毯——他每天隨身攜帶的那一塊。所以，我們現在已經莫名地親如家人了。

「唔，好，那麼，告訴我星巴克四步驟的步驟四是什麼。」

「步驟四是咖啡禪修——在一天的尾聲，躺在床上準備睡覺時做的禪修。為了種下善種子讓你希望發生的事情成真，當天你做了哪些善事？只要全部回想一下，並為你種下的善種子感到高興，那些善種子就會變得更強大，即使是當你在睡覺的時候。」

「好。但假設你希望發生的事情已經發生過了呢？例如你們倆靜靜躺在彼此臂彎裡的時光？」

瑪莉蓮表情有點不解。「老實跟你說，我們談過這一點，我們倆都想不到是自己做的哪一件事為那些在彼此臂彎中的時光種下了業力種子。反正到了你得到一個擁抱的時候，帶來那個擁抱的業力種子便已經消失了——就像一棵樹長成之後，它的種子便沒了。針對一個想不起來、而且反正已經沒了的業力種子做咖啡禪修，有什麼用嗎？」

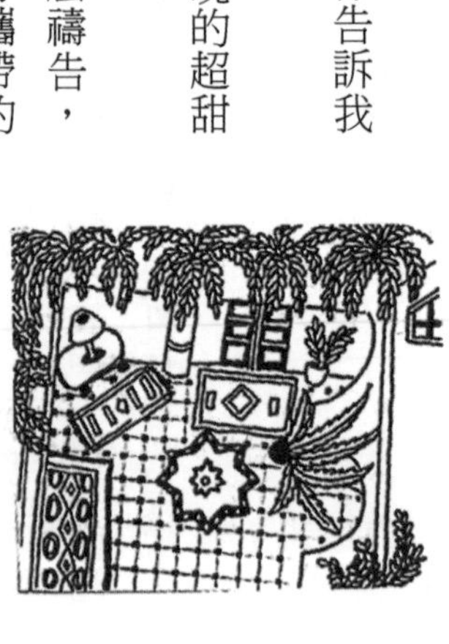

我點點頭。這是一個大哉問。「先讓我再問一個問題。你或許不記得原來是哪件事種下了穆斯塔法給你的溫柔擁抱，但有沒有任何辦法可以推敲出來，那可能是什麼事呢？」

「嗯，有的。」瑪莉蓮說：「業力法則第一定律說，那一定是某件和擁抱類似的事，也就是某個深情而真誠的舉動。第二定律則說，那是一件比擁抱還微小的事，之後才擴大成一個擁抱。」

「好。所以什麼東西比擁抱小，但卻一樣充滿感情？」

瑪莉蓮再次深情地望著穆斯塔法，我們都看到答案是什麼了。

「對。一定是什麼愛的小舉動——或許是媽媽花一下午煮一道菜，當她把那道菜挾到你的晚餐盤子裡時，你給她一個深情的眼神。

「那麼，問題來了。夜裡，你能不能躺在床上，粗略地想一想自己一定做了什麼創造出那些來自穆斯塔法的擁抱，然後為自己必然已經種下的業力種子高興，即使你甚至不記得自己確切做了什麼？」

穆斯塔法點頭說：「我想可以躺在床上為某件一定做過的事情高興，即使不知道確切是什麼。我是說，大可只要想著那一定是某件充滿感情與好意的事，無論究竟做了什麼。甚至可以在心裡編一個小故事，然後為它高興。」

「但這樣也能發揮步驟四該有的作用嗎？我是說，這樣能加強業力種子的力量，讓它強壯到可以快點成熟嗎？」

瑪莉蓮搖頭說：「不行，當然不行。創造出那些擁抱的業力種子到了這時都已經沒了。沒有任何剩餘的種子可以被拿來加強或者加速。」

但穆斯塔法甚至更深情地望著她。「是這樣沒錯，我的美人，但我不禁要認為，為了某個以前種下的業力種子感到高興——儘管那個種子已經耗盡了——這本身就能為一模一樣的事情創造出新的業力種子。麥可，我說的對嗎？」

「就是這樣沒錯。」我點頭道：「我們可以為某件我們一定曾經做過的事情高興，就從現在發生在我們身上的甜美好事來推斷。而即使那些業力種子已經沒了，咖啡禪修本身就能創造出更多業力種子。咖啡禪修沒有上限，你可以為許多年前做過的事情高興，也可以為某個為你人生帶來美好時光的業力種子高興，即使那段時光在多年前就已成為過去。而這樣依然能讓你種下新的業力種子，看到那樣的時光一次又一次重複出現。」

「老公的溫柔擁抱永無止境。」瑪莉蓮微笑道：「只要在睡覺時想著我去年怎麼種下了他給我的擁抱。我喜歡！」

「我也喜歡。」穆斯塔法說。

咖啡禪修沒有保存期限

PART 41

幸福

Happiness

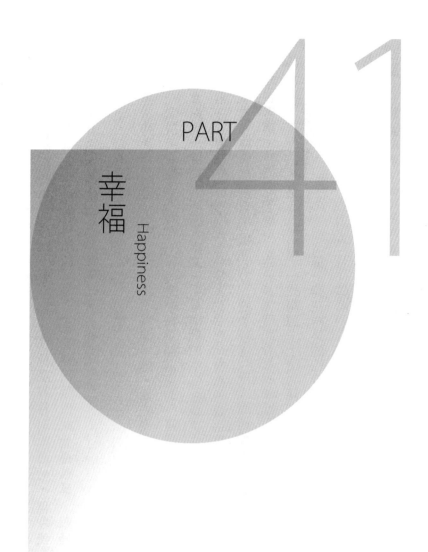

90 問題

我和先生的婚姻大致上都很好，沒什麼好特別抱怨的，但即使如此，有時我還是會陷入一段長時間的低潮，沒有特別原因就覺得孤單、難過。我要如何種下讓自己轉而感到幸福美滿的業力種子？

「這要牽涉到『第九大』。」我告訴琳達。她、她先生艾爾文和我坐在珠海一間很美的飯店大廳裡。珠海是中國東部沿海的一座城市，離澳門不遠。當然，「琳達」和「艾爾文」不是他們的本名，學英文的中國人往往會花很多心思額外取一個英文名字。我常想，有幾千幾百萬的中國人發自內心努力想學我的語言，但在我的國家卻沒什麼人有興趣學他們的語言。在我看來，我們多半寧可沉迷於浪費時間看電視和錄影帶。

「第九大！」艾爾文驚呼道。「我想想……業力法則四定律、關於種子如何開花結果的四朵花、加速種子開花結果的四步驟，還有完結某個舊有惡種子的四力懺悔。我不記得有什麼跟『九』有關的東西。」

「對，沒錯。」我肯定道。「但這要追溯到『前十大』的概念。」順帶一題，這和我們前面在問題十七談到的前十大不同，那十大指的是多數人每天都會種下許多次的十大惡種子。把它們翻轉過來，你就得到十大善種子。

「這十大則是一個人為了種下善種子能做的十大好事，而第九大非常簡單，我們只要花時間想一想我們看到別人種下的善種子就可以了。你也可以把它看成是一種咖啡禪修，只不過不是為自己種下的善種子高興，而是為別人的善種子高興。」

「這樣我就不會再沒事陷入悲傷嗎？」琳達問。

「沒錯，就這麼簡單。」我說：「但這也需要一點練習。多數人光是為自己所做的善事高興就有困難，我們對咖啡禪修的整套概念有著奇怪的抗拒。為我們看到別人種下的善種子高興甚至還更困難。」

「但你想想這會多麼讓人心滿意足。我們不著眼於周遭的人做了什麼惱人或惡劣的事，而是特別花工夫隨時注意那些小小的善行——那些人們不斷在給予彼此的貼心小舉動。上床睡覺時，我們一一回顧今天或這週所見的一切好事。

「剛開始，我們還想不起自己看見別人為彼此做了什麼好事。但隨著持續的練習，到後來只要一躺下，那些畫面就會立刻湧入腦海。而替別人為自己種下的幸福高興，是讓我們內心湧現幸福最強大的業力種子之一。

「按照西藏人的說法，這是『通往幸福的幸福之道』，而且這條路真的行得通，只要你去試。拜託，一定要試試看。」

「我會的。」琳達說：「我真的會。」

91 問題

我有一個習性：無論事情多麼美妙——尤其在感情方面——我總是會開始覺得不滿。我沒辦法享受當下，因為我老是想著下一件我期待的事物。我要種下什麼業力種子來讓自己樂在已經擁有的美好事物上？

這個問題是在一艘小汽艇上被問到的。你得搭這種小汽艇穿過海灣，到巴哈馬首都拿騷附近一個很受歡迎的瑜伽靜修中心。幾年下來，我每年春天都到這裡辦小型演講，談瑜伽的古老哲學。我懂提摩西的意思——我們人在這裡，滑過世界上最藍的一片海洋，被帶有鹽香的海風包圍，溫暖的水珠不時濺上來，但我滿腦子想著抵達之後的晚餐會有多好。

「嗯，我們來進行步驟一吧。」我蓋過引擎的噪音吼道。

「我要的東西的本質。」提摩西吼回來。很不幸地，雪倫坐在我們中間，她把頭壓低，避開兩邊的叫囂。「我要滿足的感覺，我想感到心滿意足。我想要能夠享受我所在的當下。」

我享受著太陽以及跟在船後的海鷗，想了一下。

「聽著，提摩西，你知道『咒語』是什麼，對吧？」

「就是某種很短的梵文，你一邊捻著念珠，一邊一遍又一遍地持誦。」他說。

「對。前陣子我在亞洲對著還滿多的一群聽眾演講，其中一人舉手問我能不能教他們一句咒語。」

「那你教了哪一句？」

「我教了這一句：己所欲，先施於人。己所不欲，勿施於人。」

「這和我能不能享受當下有什麼關係？」

「你想學會享受此時此地，就要先幫助別人學會享受一樣的東西。而這個東西非常簡單，就是學習感恩。

「鼓勵別人常懷感恩之心並對周遭的人表達感激之情。抱怨是很普遍的現象。當我們坐下來和人聊天時，對方可能就會開始抱怨生活中的一切——薪水太低、伴侶不好、背又痛了……

「試著將心比心地傾聽，接著，如果可以的話，就把話題轉向對方生活中的美好事物。假使對方似乎聽得進去，就多跟他說，要是他能聊一聊這些美好事物——那些他應該要感恩的事物——對他自己和對別人而言都會愉快許多。

「當然，無論是好是壞，你目前的內心狀態不是你能決定的，這來自於你之前種下的種子，比方說上上星期種下的。當你鼓勵他人學習感恩時，就會在自己的心識裡種下知足的業力種子。

「這些種子會開花結果，突然間你就能活在此時此地，充分感受並享受當下的美好。」

一如往常，再一次地，單單只是談到實現一件事的正確方式，似乎就立刻收到神奇的效果了。我們三人靜了下來，自在地享受著沉默。提摩西的手從船邊垂下，泡在溫暖的海水裡，彷彿其他的一切都不重要。

92 問題

我的感情好像永遠不會有好結果。我厭倦了一試再試，覺得還不如一個人過就好，像出家人之類的那樣。你認為這樣會讓我快樂嗎？

身為一個出家人，我還滿常被問到這個問題的。有的人感情不順，或剛結束一段不順的感情，就莫名地期待我會為他們證實「真相」，而所謂「真相」就是任何感情都不可能有好結果。他們假定這是出家人之所以出家的原因，並以為人只要不再談感情就能找到某種平靜。

我對凱瑟琳說：「嗯，我認識很多出家人，我會說他們分成兩種。」

「哪兩種？」

「唔，一種曾被感情所傷。有人相伴顯然是人生最喜悅的經歷之一，但我們都知道這也可能演變成我們最深的痛苦。於是，有些人出家是因為受過傷而放棄了感情。

「在我個人的經驗中，這些人往往變得無法享受任何一種人際關係，無論是好友之間的溫暖或同事之間的革命情感。他們變得不相信任何形式的親密。

「但我觀察到，這往往會惡化成一種覺得人生很苦的心情，而不是在我們想像中，充滿內心的平靜與滿足。確實有出家人找到了這種滿足，他們是我所說的第二種出家人，但我相信這並不是因為他們逃避人生的緣故。

「相反的，他們擁抱人生，而且擁抱眾生。他們在許多

方面都很享受與人密切交流，因為他們已經學會如何擁有成功的人際關係。也就是說，他們切實遵從出家人的教誨：我們可以為心之所欲的美好事物種下善種子。

「去接觸孤單的人，無論他們可能在哪裡，無論他們可能是什麼年紀。為真摯的陪伴種下業力種子。這些業力種子或許會化為一個有血有肉的終生伴侶，或許會化為一股終生陪伴著你的神聖力量，又或許甚至是這兩者的結合。

「如果你覺得受到感召，也可以去出家。但只能是因為你尋求良善美好，而不是因為你想藉由逃避人生中的失敗來學習如何種下業力種子。運用種子，一切都有可能。」

PART 42

執子之手，與子偕老

Getting Older Together

93 問題

我越來越老了——我好好照顧自己，但鬆弛和皺紋還是感覺得出來，我擔心我先生會覺得我沒有吸引力了。業力有沒有辦法讓我青春永駐？

這是其中一個許多人想要問我，但基於某種原因問不出口的問題。我想有時他們是怕自己顯得很虛榮，因為這不是一種精神上的追求，而我聽了會覺得沒意思。

但我更常覺得，很遺憾這麼說：人們相信老化是不可避免的，這種問題連問都不用問，根本沒有解決的希望。但其實不然。

在巴塞隆納的深夜裡，克拉拉和她先生菲利浦跟我一起外出散步。我剛結束一場晚間的商務演講。我們站在一家書店前，欣賞著手工裝訂的《唐•吉訶德》。

但我看得出來，克拉拉沒在看大型平板玻璃櫥窗的裡面，而是看著自己在玻璃上的倒影。她的表情充滿哀傷與不確定。

我從口袋拿出一枝筆，在她面前揮舞。

「你為什麼看見一枝筆？」她自信地回答道：「不是因為它是一枝筆。我看見一枝筆，是因為我的心識裡有筆的業力種子迸裂開來。這種子是我在過去種下的，或許是當我在幫助別人溝通某件他們需要溝通的事情時。」

「那所以為什麼你會看到自己的手這樣？」我碰碰她的手問道。她的手滿布皺紋，而且顯然有關節炎的跡象。

「業力種子？」她簡潔地問道。

「是也不是。」我答道。「你的手向來是這個樣子嗎？」

「不，當然不是。」菲利浦有點憤憤不平地答道。「克拉拉曾有全校最美的皮膚、最細嫩的手。」

「為什麼？」我簡潔地問道。

「唔，根據我們剛剛說的，我一定有過什麼業力種子讓我看到自己的手那個樣子，也讓別人看到我的手那個樣子。那時的我很年輕，充滿活力。」她答道。

「那份活力怎麼了？那些業力種子跑哪去了？」

人生是一張晶片金融卡

菲利浦已經有準備了。「這是你今天晚上演講時談到的。我們的人生就好像在用一張晶片金融卡，每經過一小時，那一小時就花掉這張卡片裡的一點餘額，到最後我們的業力種子幾乎都用光了。我們仍有足夠的業力種子看見一隻手，我們還沒死，但剩餘的種子不足以讓我們看見這隻手很美。」

「就這樣嗎？我們以某種額度的業力種子數量展開人生，然後漸漸把餘

額用光？我們不能把新的種子存進去嗎？」

「唔，理論上可以。」克拉拉說：「我們知道一切並非無中生有，所以我們一定曾在某時某地做了某件事，種下了截至目前為止在我們的生命中所使用的業力種子。而如果我們種下了那些舊種子，就必定也能種下新種子。」

「那麼，我們要做什麼才能種下那些種子？」

「為了得到生命，我們必須給出生命。」菲利浦肯定地說。

「有什麼方式可以給出生命？你們倆各自給我三個答案。」我說。克拉拉點頭說：「唔，我想可以守護生命。幫助老人家安全地走動。開車時格外小心。盡量不要吃必須殺生的東西，例如動物身上的肉。」菲利浦停頓一下，接著補充道：「拒絕支持戰爭，以和平的方式反戰。探望病人。」

他又再想了更多：「還有，我想……善待自己的身體也是。要知道有了這副身體才能幫助他人，所以要負責給它健康的飲食、規律的運動，還要注意情緒，因為情緒對人體的老化影響甚鉅。我想，在各方面都把自己照顧好應該是一種非常好的業力種子，但我估計如果這麼做是為了能夠助人助得更長久，你所種下的業力種子甚至還更強大。」

「很好。」我說：「現在，我還剩下一點問題。你認為這個過程能永無止境地繼續下去嗎？理論上，你種下的新種子能夠多到追得上消耗掉的舊種子嗎？一個人能永遠年輕嗎？」

克拉拉點頭說：「理論上，我會說可以。如果既有的業力種子真的每二十四小時力量就會加倍，那要種下比用掉的種子還多的新種子顯然是有可能的。」

「但這有一個問題。」菲利浦插話道：「理論上或許有可能，但在真實人生中，我們不會看到長生不老的人在那邊走來走去。」

我又揮了揮那枝筆。「狗沒有把筆視為一枝筆的種子，這就表示筆不存在嗎？」

「唔，或許不存在，對狗而言。」

「但對人而言呢？」

「對人而言，筆確實存在。」

「那麼，理論上，有沒有可能某些人確實看見長生不老的人走來走去，儘管他們的鄰居沒有看見長生不老的人走來走去？」

「嗯，有可能。」克拉拉認同道。她停頓一下，又接著說：「當然囉，我想你不能否認，每個人看任何人的眼光都不會完全一樣。我無從知道我眼前的某個人在你們倆看來怎麼樣。」

「對。」我贊同道：「一如我敬愛的老師過去常說的：『小老弟，你沒見識過的可多了！』」

克拉拉和菲利浦都笑了，笑聲裡有一線新的希望。

「最後一個問題。」我說：「如果你成功收集到夠多新的生命種子，讓你不會變老，而且別人有足夠的善種子看見你沒變老，那會發生什麼事？」

「這個嘛……」克拉拉說：「我想別人會問你是怎麼辦到的。接著，如果可以的話，他們會效法你。」

「那如果他們也種下足夠的種子讓自己永保年輕呢？」

「如此一來，他們的朋友也會效法他們，這件事就會持續擴散下去。」

「理論上……」菲利浦重複這三個字。「這件事會永無止境地擴散下去。」

「正是如此。」我贊同道。「那這樣的話會種下多少種子？」

「我假設引發這麼大的連鎖效應的人會種下數不清的種子。」

「沒錯。如果我們因為學會如何種下種子，而成功讓自己青春永駐，那麼其他人也會起而效法。我們成為大家遵循的實例，而這本身就可以讓我們長生不老。」

94 問題

我先生和我年紀都大了。你能不能給我們一些種子上的建議，讓我們伴著彼此一起優雅地變老？

「我不喜歡這個問題。」我對著愛蓮娜繃起臉來。她和她先生麥克辛從俄羅斯南部的古都克拉斯諾達爾飛來巴黎，到一家戲院出席一場講座。

我們正穿過蒙馬特區一起走回飯店。

「我稱之為『應付惡果』。」我悶悶地說。

「什麼意思？」愛蓮娜問。

「意思是不要問我如何應付惡果，而要問我如何不讓惡果產生。如此一來，你們就不用苦思如何應付惡果。

「如果人生中的一切都來自於心識裡的種子，那麼我們就可以把像是如何與伴侶一起變老的問題拋到九霄雲外了。我們只要在一開始就別讓它發生即可。」

接著，我將問題九十三的內容跟他們說了一遍。就這樣。各位，請別再應付下去了。

停止應付

PART 43

面對死亡

Death

95 問題

我很愛我先生，我們攜手走過長久而甜蜜的歲月。但我很擔心萬一他死了，我要怎麼辦。什麼能對此有幫助？

這個問題是我到普林斯頓鎮拜訪一位摯友時被問到的。他家離普林斯頓大學不遠，我在念大學時他教過我，現在則和太太一起過著退休生活；他太太也是我的摯友。當他在樓上翻箱倒櫃整理一箱他想給我的書時，她問了我這個問題。

我答覆道：「對我而言，這是一個關於整個人生過程的問題。」

「怎麼說？」安娜回道。「人生有其真諦存在——關於生命從何而來，又是為了什麼。」

「那你認為人生的真諦是什麼？」我在椅子上往前挪了挪，想著要怎麼說才好。

「想像你是一位畫家。一位朋友來找你，說她要辦一場畫展，歌頌秋天的色彩。她要募集一系列描繪秋日森林的畫作。

「你忙了幾個月，準時完成畫作。你把作品帶到畫廊，作品都掛到了牆上。

「參觀者將沿著動線走過三個相連的房間，一間接一間地展示出大自然從綠到金、從金到紅的斑斕色彩。最後一個房間掛著最後一幅畫：春天時率先從枯枝上冒出頭來的綠芽。

「你的朋友發出畫展邀請函，點心訂好了，貴賓要搭的車也安排妥當。

「等了好久的開幕夜終於來到，身穿晚禮服的賓客一個個魚貫而入。

「只不過他們每一個人都是盲人。徹底全盲。」

安娜皺眉道：「你想說什麼？」

「我想說的是，在這個星球上，幾乎每個人都是這樣度過一生。他們穿過第一個房間，無視於那些色彩，一路來到最後一幅傑作。從生到死，他們只是路過，什麼也沒有發生，什麼也沒有經歷。他們完全錯過了在世上的歲月裡的目的。」

「那麼，那個目的是什麼？」她問。

「很簡單，就是『覺知』，並且分享那份覺知，幫助別人看到至善至美。」

「然後死就變得沒關係了？我們見識到什麼讓我們不怕死的東西？」我緩緩地搖著頭。「想像有另一個地方。在那裡的全世界當中，所有人都說同一種語言。而在那種語言當中，完全沒有『死』這個字。

「因為這個字所代表的概念，在那裡就是不存在。

「如果一切都來自於業力種子，那麼死亡也來自於業力種子。認識業力種子，學習業力種子如何運作。了解生命的業力種子，並且把你學到的教給別人。用你的生命去給別人生命。

「如此一來，你不只會活下去，還會活得有意義——最崇高的意義。就好像活到目前為止的你已死，而現在你醒過來了。以前的你雙眼全盲，現在你看到色彩了。

「學習種子，掌握種子，最重要的是把種子教給其他人，你就有一份全新的生命可以期待。」

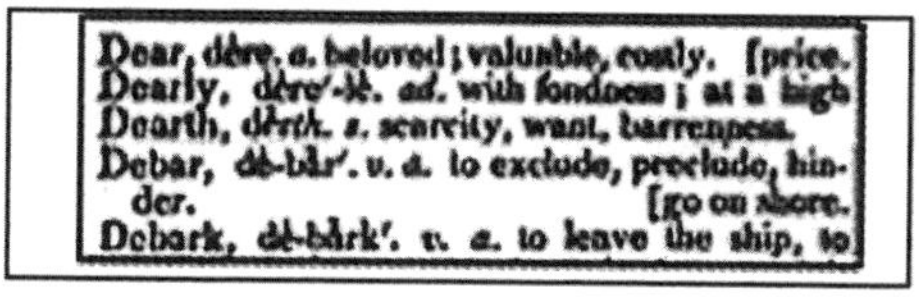
Dear, dère, a. beloved; valuable, costly. [price.
Dearly, dère'-lè. ad. with fondness; at a high
Dearth, dèrth. s. scarcity, want, barrenness.
Debar, dè-bàr'. v. a. to exclude, preclude, hinder.
[go on shore.
Debark, dè-bàrk'. v. a. to leave the ship, to

96 問題

幾年前，我失去了太太。我很想她，也依然愛她。有沒有什麼種子能讓我偶爾和她說說話，知道她在哪裡、過得好不好？

我第一次被問到這個問題，是當我要在一家小型瑜伽教室演講前。教室位於布宜諾斯艾利斯郊區，離拉普拉塔河河岸不遠的地方。從那之後，我在世界各國都聽過這個問題，或這個問題的不同版本。這麼多感情都不得善終真的很令人難過，然而更難過的是，當一段感情有了好結果，其中一方卻總是撒手先走，獨留另一方面對孤單寂寞。卡爾甚至還沒開口，他的表情就已經告訴我他正承受這種痛苦。

「這需要奇蹟。」我開始回答。

「我知道。」卡爾說：「而且比日常生活中的一般狀況還需要更多業力種子。」

「是也不是。聽著，我們現在坐在這裡，坐在瑜伽教室二樓的等候室裡，再過五分鐘或十分鐘，有人會上來告訴我樓下準備好了。成千上萬新的業力種子將從我的下意識上升到意識，迸裂開來創造出我步下的樓梯，以及我走過的一樓地面，還有我在途中見到的每個人。

「每天從早到晚都是如此，無論我去到哪裡。即使我就坐在這裡，沒人來叫我去開始演講，一樣也是如此。在

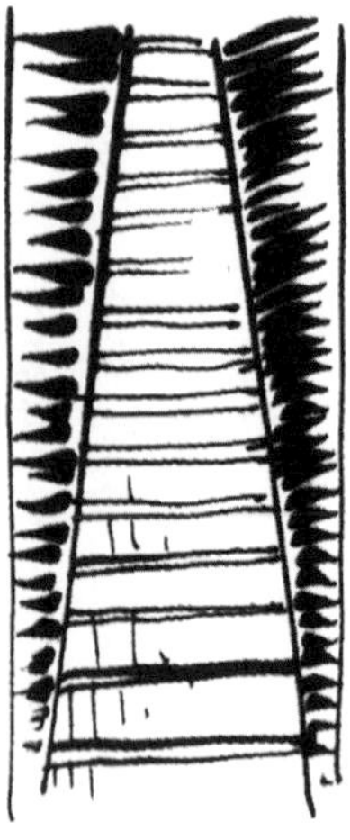

後者的情況中，成千上萬新的業力種子會迸裂開來，維持住我們此刻在四周看到的這四面牆壁。」

卡爾想了想，接著點頭道：「有道理。但這和我跟愛蓮聯絡上有什麼關係？」

「這和奇蹟有關。我是說，讓奇蹟在接下來五分鐘發生和讓日常生活在接下來五分鐘繼續，兩者所需要的業力種子一樣多，只不過是不同的業力種子。而從這個觀點看來，日常生活就是奇蹟。」

卡爾的表情變柔和了。「這樣聽來，和愛蓮取得聯繫是有可能的。我只需要找出是什麼種子，然後把種子種下去。」他期待地看著我。

「一如往常，讓我們先把星巴克四步驟順一遍。」我說：「一言以蔽之，你要的東西本質是什麼？」

「我想和我三年前過世的太太取得聯繫。」

「那步驟二呢？」卡爾又想了想。「在我看來，這是比較困難的部分。我想我必須找到一個需要克服某種非比尋常的溝通障礙的人。」

「我想你是對的。」我贊同道。「我碰過一個類似的例子，是個來自愛爾蘭高威的女孩子，我覺得用在這裡可能有幫助。她來找我說她和媽媽鬧翻了，她們已經超過十年沒和彼此說過話。

「她問我要種下什麼業力種子，我請她找一個家庭有嚴重問題的人，進行星巴克四步驟。就在第二天，她媽媽出乎意料突然來電。就連我都因此更相信整套金剛法則的系統。」卡爾很安靜，我看得出來他的心思在步驟二上面。

他說：「有了，我想到一個。這一個真的就和你剛剛描述的情況一樣。我認識的某家人，他們其中一個女兒決定要出櫃。她把女朋友帶回家，希望只要坦白自己的感受，情況就會好一點，但她的父母從那天起就拒絕見她。或許我可以從這裡著手，設法幫他們打開溝通的管道。」

「步驟二還有別的事要做嗎？」

「嗯，有的。我選擇從父親著手。第一次的談話，我會帶他到星巴克，就在從我家沿著公路開過去的鎮上。」

「那麼，步驟三呢？」

「這個簡單，就是實際去做，帶他到星巴克，和他聊女兒的事。不偏不頗地抱持『試著幫忙』的心意，並且知道我的這份心意就能種下業力種子，無論這次見面的結果是什麼。」

「所有步驟當中最重要的一個呢？」

卡爾點頭道：「步驟四，咖啡禪修。夜裡躺在床上睡覺時，盡全力把我的心思從平常的希望和恐懼當中拉出來，放在那位父親身上，想著他坐在咖啡館裡，就算還沒行動，但至少會去想像再次和他女兒說話的光景。

「但結果會怎麼樣呢？」卡爾接著問：「愛蓮會怎樣和我聯繫上？她的訊息會有多清楚？我可以期待什麼？」

我微微一笑，說：「這要回到奇蹟上頭，我們活著的每一天都是奇蹟。我們無法確切知道現在走下樓去會發生什麼事。我們只是盡其所能把最美好的業力種子種下去。接著，我們就可以全心相信甚至還更美好的事物將會來到，成為我們人生的下一個部分。

「你可以靜下來花幾小時想像和愛蓮交談會是什麼樣子——會是什麼感覺，將會如何發生。但當種子成熟時，實際的情況只會比你所能想像的一切更加美好。」

星巴克四步驟，最後一次！

一、言簡意賅一句話，說出你人生中想要的是什麼。
二、計畫一下你要幫誰得到一樣的東西，以及你要帶他去哪一家星巴克聊這件事。
三、實際採取行動幫助他。
四、咖啡禪修：上床睡覺時，想想你為了助人所做的善事。

PART 4

更崇高的愛

Higher Things

97

問題

有時當我看著世間百態，不禁會覺得感情這整件事——尤其親密關係——只是一種自私的放縱，對任何人都沒什麼幫助。你認為我該不該按照這種想法，或許索性抱持獨身主義算了？

我們在問題九十二談到過類似的想法。問題九十二的那位朋友在過去經歷了太多心碎的失敗，準備就此永遠放棄感情。這裡的想法則是一個不同的問題——對許多人來說，這世界是一個極其痛苦的地方，又是饑荒，又是貧窮，又是戰爭。當周遭其他人在受苦受難、瀕臨死亡之際，我們把時間花在探討小情小愛——特別是親密關係——難道不是一種不負責任的行為嗎？尤其如果我們追尋的是一條靈性的道路。

當我們沿著上海市中心黃浦江的堤岸全景而行時，我的朋友秋華問了這個問題。她先生家明在她的另一邊，抱著他們還是個小寶寶的兒子儒松，和我們一起走著。我知道他們相當看重這個家，尤其是他們的孩子。我也知道他們深信人性，並且一心想讓世界成為一個對每個人的孩子來說都更好的地方。我還知道他們會認真看待我的答覆，即使那意味著——本質上——放棄他們的肉體關係。

我開始回答：「人的思維有一種傾向，一種看待事物的習慣方式。我不確切知道為什麼，或究

竟是什麼業力種子導致的，但我確實知道我們每一個人都傾向於把事情想成非此即彼——親密關係要嘛是件有意義的事，要嘛是件浪費時間的事。

「但正如其他的一切，親密關係並不是非此即彼，至少就它本身而言不是。它是什麼取決於我們的業力種子。

「驅策一個人的動力當中，或許沒有一種比性衝動更強大的了。所以，你要問的無非是：有沒有什麼辦法將這股力量用於為人類服務？又或者它就是一種基本的需求，像吃飯喝水的需求那樣？」

秋華點頭道：「就是這個問題沒錯。」家明附和道：「而且我們倆都有一種感覺，就是這股強大的力量或許有什麼好的用處，也就是說，或許我們倆的關係有什麼更崇高的意義。」

我想了一下，開始娓娓道來：「非做不可的衝動顯然可能是一種低劣的東西，每天我們都看到它是怎麼愚弄著人類——男男女女為了吸引對象花費不必要的開銷；希望永遠無法實現，人們為了得不到回報的愛憔悴傷神；當人變得不能滿足於舊有的感情，轉而尋求另一段感情時造成的巨大痛苦。」

我們三人靜靜地走著、回憶著，一致默認愛情足以為人帶來的煎熬。儒松也很安靜，幾乎睡著了，家明把他換到另一邊的肩膀。

但丁有貝緹麗彩

「但在另一方面，我們也聽過神聖的關係，像是耶穌和抹大拉的馬利亞、但丁和貝緹麗彩。在內心深處，我們莫名地感到這當中一定有什麼重要的東西，甚至是救世的東西。對於自己的感情，我們也有一樣的直覺。

「所以，問題只在於要怎麼做，怎樣可以把親密關係昇華為崇高的東西，而不只是一種放縱，或甚至貶低雙方的東西？」

我大略地指了指上海市中心的高樓。「你們記得這週稍早上的瑜伽課嗎？我們談到了『內在身』。」

家明點頭道：「我主要記得的是，做瑜伽的整個目的，就在於藉由一些動作的幫助，鬆開這個內在身打結的地方。例如轉胸的動作，有助於鬆開心臟後面的結。」

「那在一開始怎麼會有這些結的？」

「你說我們生來就有這些結，它們甚至在子宮裡便形成了，就在懷孕的第一個月。」

「那它們是怎麼形成的？」秋華伸出三根手指，沿著額頭滑下。「這些結把體內的三條主要管道堵住。這些管道是細小的光束，從頭頂延伸到兩腿間的鼠蹊部。管道裡流動著能量，類似一種精神電流——印度人稱之為『息』，中國人稱之為『氣』，西藏人則稱之為『風』。」

「那這些能量的作用是什麼？」

「其中一個作用是支持人體的運作。當你需要把食物吞下肚，這些內在的風就聚集到喉嚨一帶，供應肌肉所需的動力。當你的身體要排泄廢棄物，內在的風就以不同的形態聚集起來，牽動不同的肌肉，讓動作得以完成。」

「但『息』還有另外一種關鍵的功能。」家明補充道：「它具有運送的作用。那是人體在進行的一種活動，儘管極其難以捉摸，就像光一樣細微。當內在的風流動時，它會帶著意念一起，就像一匹馬背負著騎士。事實上，這就是身心相遇的地方——看得見、摸得著的有形肉體和看不見、摸不著的無形心靈間那道神祕的界面。」

「現在，把它和你的情緒連結起來。」我慫恿秋華。「如何讓兩人間的肉體之愛轉為更崇高的力量，答案大概就在這裡的某個地方。」

她點了點頭。「他們說我們體內布滿七萬兩千條管道，有些比較粗，有些比較細，各有各的功能。但這主要的三條……」她又伸出三根手指從額頭上劃下。

「……是最最重要的了。」

我點了點頭，秋華繼續說：「當『息』——內在的風沿著中間那條管道運行時，我們感到心情愉快而頭腦清楚。我們的創造力在體內流動，對他人的愛油然而生，在公司或在家裡的問題迎刃而解。」

家明補充道：「而且，當中間這條管道暢通時，我們就有心情去思考最崇高的事物，深究現實的根源，並領會到一切現實都來自於我們，來自於我們自己心識裡的業力種子——藉由對人好或對人不好而種下的種子。」

我轉頭面向秋華。「那麼，當『息』沿著左邊的管道流動時會怎麼樣？」她做了個鬼臉，說：「那就會有問題了。例如像是我坐在咖啡館裡，已經吃了一份很棒的點心，所以現在一點兒也不餓，但突然間，我就是不可理喻地很想再吃一份點心，我想可以稱這為無心的慾望。」

家明點了點頭。「而這就是我們談到的性愛問題，你瞧，性愛是否純粹是一件左邊管道的事情？我是說，除了創造出像我們的寶貝儒松這樣美麗的孩子，性愛真的有任何意義嗎？它有任何能夠幫助他人的實質作用嗎？」

「這是一個很美的問題，也是一個很重要的問題。」我贊同道。「我們不妨先從右邊管道著手。當內在的風沿著右邊管道流動時會怎麼樣？」

「我會生氣。我會不高興。」秋華說。

「而這和性愛有什麼關係？」

「比方說，家明的『息』或許在左邊管道流動，於是他覺得今晚想要親熱一下；但或許我照顧儒松一整天已經很累了……」她意味深長地對家明挑了挑眉毛。「……所以我問他可不可以等到明天。接著他可能就會不高興，『息』從他的左邊管道換到右邊管道。」

「正是如此。」我肯定道。「此外還有另一個問題——關於打結的地方，這些結又是怎麼回事？」

家明伸出兩根手指，在他的額頭前打個叉。「在我們體內的某些地方，這三條管道彼此交錯形成一個結。假設我坐在家裡，頭腦清楚地想著怎麼解決一個工作上的問題，『息』在我的中間管道運行。接著，突然間，我滿腦子只能想著和我太太上床。

「內在的風跑到左邊去了，左邊管道塞得又肥又滿，堵住了左邊和中間管道交錯的地方。於是，我滿腦子被性愛盤據，怎麼也沒辦法好好思考。」他對秋華微微一笑，秋華回他一個頑皮的笑，彷彿在說這樣也不一定不好啦。

「但既然這些結甚至在子宮裡就形成了，那麼，除了讓家明沒辦法解決工作上的挑戰以外，在更深層的地方，這些結是否也導致任何問題？」我敦促他們再想想。

秋華點點頭，現在她看起來很難過。「我聽到你是怎麼說的了，而且當我望著儒松，有時我可以感覺到真的是這樣。在受孕後的前幾個月，人體還不過是條很迷你的管子，不超過一英吋。但在這條管子裡，三條主要管道已經成形，『息』也已經在這些管道中運行。

「而內在的風跑到哪裡，念頭就隨著這些風跑到哪裡。寶寶這時或許還不會解數學問題，但確實已經有了初步的思想。右邊管道已經流動著『這裡好熱，很不舒服』的念頭。左邊管道已經流動著『我想出去，擺脫這令人窒息的熱』的念頭。也所以即使才剛懷孕幾週，愛與理智的中間管道便已經堵住了，而這種堵塞就形成了結。」

「這時會怎麼樣？」家明接下去說：「中間的息被擋住，就像水壓在水管扭起來的地方累積，最終到達迫使中間管道裂開的地步。這時就有更多管道往四周朝人體的邊緣放射出去，很快地，你會有一個以這些結為中心形成的輻射狀小系統，長得就像單車車輪那樣。」

「這也就是為什麼他們稱這個系統為……」

「『脈輪』，也就是古印度語裡的『輪子』。」

「喔，我看過脈輪的圖片。」我微笑道：「各種不同顏色的漂亮小花，正中央寫有梵文字母。」

家明苦澀地搖搖頭說：「不漂亮，而是死亡。」

「死亡？怎麼說？」

「息在堵塞的地方累積，沿著結的周圍，沿著脈輪周圍，最後凝固成像是果凍那樣的物質，而在子宮裡導致胎兒身體的成形，包括血、肉和骨頭。

「你可以沿著七個主要的結——七大脈輪——勾勒出胎兒主要的組織架構，比方像是胎兒的骨骼。頭蓋骨沿著額頭和頭頂的脈輪形成，頸椎和脊椎上段沿著喉嚨後方的脈輪形成。

「心臟後方的脈輪打結的狀況最嚴重——三條主要管道打了三重結，由此形成所有的肋骨以及脊椎的中段。肚臍後方是另一個結，脊椎的下段沿著它的周圍生長。脊椎底部也有一個結，兩腿之間則是最後一個結，從這些結長出人體最大的一塊骨頭，也就是骨盆。我兒子儒松整副小小的骨架，在他還在我子宮裡時就沿著自己的脈輪形成了。」

「這樣有什麼不好？」我問。家明道破一切：「你想想，即使還在子宮裡，負面的念頭就把這些管道打了結。這些管道的結——這些脈輪——創造出我們的身體，之後我們就以這副身軀從子宮誕生出來。從我們離開子宮的那一刻起，我們就開始邁向死亡。任何有一副血肉之軀的人都要死，我們的兒子儒松一定會死，只因他被生了出來。」說著說著，他把儒松抱得更緊了，彷彿試圖保護他遠離不可避免的傷害。

「也所以，你可以說……」秋華下結論道：「是我們的慾望和憤怒讓我們難逃一死。」

我們又安靜了下來。右邊河面升起灰濛濛、散不去的霧氣，我們沉默地走過霧氣中難得的一塊陽光。

「那所以呢？」家明問：「這一切和我們的問題有什麼關係？男女間的肉體之愛有沒有更崇高的意義？」

「事情可以扭轉。」我簡單說道。

「什麼？」秋華問。

「這個過程可以倒退回去。在最初原本的狀態——左邊管道和右邊管道都還不曾開始的原始狀態——我們一個結也沒有。我們是以光的形體存在的天使，純粹的能量在中間管道運行。」

「你說我們可以回到那種狀態？」家明小聲地說。

「可以，而且必須，人人皆然。唯一的問題是我們能不能讓這些結鬆綁，還原這些脈輪，讓血肉和骨頭回到它們本來應有的樣子，也就是光。」

我看著秋華的臉，看得出來她有點緊張。「喔，別擔心。」我笑了。「你的寶貝儒松不會變成一顆電燈泡。人體的基本形貌——頭、手、腳——維持不變，只不過變得精巧細緻、完美無瑕、慈悲

滿懷，並且永生不死。」

「那這種轉變要如何發生？我們怎麼鬆開那些結？」家明追問道。

「這個問題的答案還滿出名的，古書上說『棲　南　塔巴　拉　梭瓦爾　貝』，意思是『裡外並進，雙管齊下，解開糾結』。

「如何由裡著手你大概料想得到，就是藉由禪修、沉思和禱告來培養愛與智慧。在此，騎馬者的改變就會改變那匹馬本身——如果我們的思緒很平和，內在的風就會和緩地流動，並且按照我們的意思在中間管道流動，這全是因為風的流動和我們的念頭之間的關聯。」

「那由外著手呢？」秋華問。

「家明已經說了，瑜伽以及許多來自亞洲的運動形式，本來的目的就是要鬆開這些結，讓我們的風都回到中間管道。

「此外還有一種深沉而強大的方式，可以推動這個息……」秋華意會過來了。「家明和我之間的親密關係，對吧？我是說，在那樣的時刻，感覺確實就像我們各自的中間管道彼此接通了，彷彿它們合而為一，成為同一條管道。」

家明點了點頭。「而且，當然，這時會有一股強大的能量，猛烈地從身體釋放出來。」

我也點了點頭。「沒錯。在對的情況下，兩個人肉體的結合可以成為一件非常崇高的事情，一種甚至更崇高的創造行為。能幫你把所有的息移到中間管道，把你變成光之天使，這副天使的形體能同時出現在許多世界中，帶走無數人的痛苦。」

秋華臉上露出堅定的表情。「我想這是我們都有的感覺。在內心深處，對於人類的親密關係，基於某種原因，我們覺得它可以是非常神聖的東西，是生命之泉，是崇高的生命之泉……」她的話讓我們都安靜下來，出神地望著水面。

過了好長的時間，家明打破沉默，讓我們回過神來。「但你所謂『在對的情況下』是什麼意思？我猜，是這些情況將性愛區分成沒什麼意義的放縱和崇高的創造行為。」

「我想你是對的。」我贊同道。「而且古老的經文正是這麼說的。一切都和意念與息之間的交互作用有關。如果息的運行流暢，我們的意念就會是善良、溫和、睿智的。而如果我們想推動那種會將我們變回光的息，那麼我們可以藉由對自己的意念下工夫去做到。

「利用親密關係來推動息的運行，並培養崇高的意念，藉以將息移到正確的位置，也就是中間管道上——這種綜合做法就是我們所尋求的。」

「那是些什麼意念呢？」秋華問。

「大概就像你認為的那樣。」我答道：「我是說，首先最重要的是你和先生之間相愛與相敬的心意。這是任何人在人生當中都能明白的道理。不在乎對方感受的兩個人發生的親密關係，只會變得多多少少像是一場角力賽，雙方都想從對方身上得到快感，各自都只顧滿足自己的需求。

「最深刻的人類情感，就在於關心另一個人是否幸福快樂。也所以，理想的伴侶即能讓親密關係成為最崇高的創造行為的伴侶，是彼此真心相愛的伴侶。他們是靈魂伴侶，他們是終生愛侶，他們是天生一對，彼此都是上天派給對

方的。他們付出大半人生彼此照顧、彼此了解、彼此尊重和彼此相愛。甚至是在發生肉體關係之前，他們就已結為一體。這絕非偶然的露水姻緣，而像是他們早在出生之前就一直是一體的——或許也真是如此。接著是另一陣美好的沉默。我們望著水面，就連儒松都在安靜的沉思中出神凝視。

「而且應該要有一種目標感。」我補充道：「一種動機，一種神聖的意圖，這個動機本身就能將息帶到心臟深處那一個最終的止息點上。」我朝儒松點點頭。「這又回到以自己為例改變世界的概念上。如果我們當中有一個人讓看似不可能的事情成真，那麼我們的孩子就會知道那是有可能的，這也就會對他們有所幫助。兩個人的結合必須是為了一個更偉大的目標——我們要為了世界而做，為了世界上的孩子們而做。

「還有什麼別的嗎？」家明問。

「我想只要明白『為什麼』不可能是有可能的。到頭來，我們的身體和筆沒什麼兩樣。在某人眼裡的磨牙玩具，在另一個人眼裡是書寫工具；向來都是凡胎俗骨的東西，同樣也可以被當成光之形體。一切端賴我們的業力種子。」

儒松有一個很妙的習慣，就是不時會突然發出雀躍的「哇喔」聲，只有他自己知道原因。當然，他也選在此時發出了一聲「哇喔」。

98 問題

有時候，當我從眼角瞥見我的伴侶，我會很強烈地感到他是上天派來指引我的天使。你對此的看法是什麼？

我們就要接近這本書的尾聲了，我知道你可能已經很厭煩我一遍又一遍地嘮叨業力和筆的事情，但真的是別無他途。一切端賴這麼一個概念。佛陀曾說，每當他談到和業力種子與筆無關的話題時，他說的都不是自己真正想說的話。而我跟他一樣，由衷相信這套思想。

湯姆和凱亞不太是一般的伴侶。我是說，結婚將近十年來，他們聲稱從未吵過架。就算真是如此好了，答案還是一樣的。我拿出一枝筆，在凱亞面前揮了揮。

「湯姆是或不是被派來指引你的神聖天使？」凱亞笑了。「好啦，好啦，我知道啦。我可以把他看成一枝筆，也可以把他看成一個磨牙玩具。」我嚴肅起來。「沒錯，他在你眼裡可以只是某天飛機上坐你旁邊的普通人，也可以是一個從飛機頂降下來的神聖天使，兩者皆是，兩者皆真。但是我問你：何者較有趣？」

「天使！」湯姆和凱亞異口同聲脫口而出，他倆常常這樣。

「所以是什麼樣的業力種子？」湯姆問道：「我要怎樣才能隨時隨地都這樣看待她，而不只是偶然驚鴻一瞥的時候？」

我們在問題九談過這個，但就讓我們換個方式再談一次吧，因為那是一個如此美好的境地。

「古西藏人稱之為『塔克培　耐恩加』，也就是『信以為真的瑜伽』。」我說：「意思是如果想要達到一個我們會自然而然以某種特別眼光看待世界的境地，只要藉由刻意以那種眼光看待世界就可以種下業力種子。」

「這要怎麼做？」我們在問題二十碰觸過這個課題，各位不妨回頭重讀那個部分。對湯姆，我則說：「從你在飛機上邂逅凱亞的那一刻開始，回顧整個你們截至目前為止在一起的時間，刻意選出某些時刻，試著把它們視為特別的時刻。這樣就會種下讓它們在現實中真的變得特別的業力種子。」

「唔，第一個時刻真的就是在飛機上，當她被分配到我旁邊的座位時。」

「被分配到？或者全都是設計好的？我喜歡稱它為『中央選派』。」

「什麼意思？」

「意思是你可以假裝天使暗中分布在群眾當中。當然，凱亞是其中之一，但航空公司櫃檯的售票員也是，天使中央選派部派她那天在那個櫃台工作，好讓你們遇見彼此。

「凱亞走進來，對她眨眨眼（天使不太需要開口交談），並朝排在另一條隊伍的你點點頭。天使售票員也點點頭，並對電腦施一點魔法，確保凱亞和你買到彼此旁邊的座位。」

天使暗藏人群中

「但你不覺得這有點牽強嗎？」湯姆看凱亞一眼。「我是說，一個那麼龐大的計謀，我的整個人生都有天使圍繞，只為了……什麼？讓我開悟？讓我幸福圓滿？確保我能拯救世界？」

一片沉默。

99 問題

我覺得這整套想法都很迷人——發生在我身上的一切、我所遇見的每個人，實際上都來自於我藉由對人好或不好而在心識裡種下的業力種子。但我先生認為這沒有道理，所以我感覺我們之間有點產生隔閡。我要種下什麼業力種子，才能讓我先生明白一切都在業力種子的操縱之下？

我們活在一個人們並不真的相信業力種子掌控一切的世界。大家不認為自己周遭的人與世界實際上是自己對待他人的方式所創造出來的。我們談論如何當個好人，也真的試著要當好人，但這並不代表我們完全相信公司裡那個惱人的傢伙是我們三不五時就在家裡對孩子吼而創造出來的。

我對艾蓮娜說：「所以，基本上，你要問的是如何種下種子讓你先生試著依循業力種子過生活。我是說，除了你先生，這也可以是任何人。也就是說，什麼樣的種子可以讓我們看到全地球的人類都依循同一種法則過活，而這個法則就是：人生中的一切都直接來自於我對他人有多好？

艾蓮娜和我有點在用吼的，因為我們坐在公車走道的兩邊。這輛吵雜的俄羅斯公車正奮力爬上聖彼得堡北邊的涅瓦灣。艾蓮娜的旁邊坐著她的同事絲維特拉娜，她很專心在聽我們談話，我猜她家裡也有一樣的問題。我們後方則是一大群金剛商業學院的老師，全都要去城外綠樹成蔭的美麗鄉間，參加商務僻靜營的活動。她以迷人的俄羅斯口音說：「你的意思是，如果我想辦法讓自己活在一整個依循業力種子法則運作的世界中，我自然而然就會看到亞歷山卓依循業力種子的法則。」

我點了點頭。「不如想想當我們是孩子的時候吧。我在美國亞利桑那州的鳳凰城長大，讀的是馬里蘭小學。在我眼裡，馬里蘭小學簡直就是全宇宙的中心。當我們應該進教室上下一堂課時，他們透過擴音器播放的鐘聲大概就是全世界所有教室的標準鐘聲。

「接著我們長大了，慢慢發現還有別種鐘聲，而且有別的小學、別的州和別的國家。即使在大學學俄文，我還是覺得俄羅斯遙不可及，我永遠不可能去那裡。但現在我在這裡，和一車像家人一般的俄羅斯人坐在俄羅斯的一輛公車裡。」我朝後面其餘座位揮揮手。這些家人也有點喧鬧起來，吃太多俄羅斯圓麵包配美國可樂了——啊，這真是兩種文化的完美融合。

「是，這樣滿好的……」艾蓮娜說，但她顯然想讓我回到她和先生的問題上。

「唔，你瞧，世界都是一樣的。我是說，說不定即使到了現在，當我們在這裡，都已經是大

人了，但想法和馬里蘭小學的小男孩沒什麼兩樣。這怎能是唯一的世界呢？天空中怎能有數以萬計的繁星呢？在某個地方沒有另一所小學嗎？他們依循的鐘聲和我們的一樣嗎？」

「我懂你在說什麼。」我感覺到那位俄羅斯知識分子——我們這趟旅程中在聽眾裡看過的那位站起身來，動作就像上揚的俄羅斯口音一般迷人。「在肯定有無數世界中，肯定有其他世界，也肯定有依循不同法則運行的世界。」她望向天空。「某些世界肯定已經發展出這樣一個想法，也就是『我們的世界是由我們對他人有多好所創造出來的』。」

絲維特拉娜加入談話：「所以歸結起來就是：什麼業力種子能讓我們看到一個人們懂得依循業力種子來過活的世界？如此一來，艾蓮娜的先生和我先生自然就都包括在裡面了。」

「這是一個著名的問題，答案也是眾所周知。歸結起來就是……zhivoy primyer。」我呆坐了一會兒，有點訝異這句俄羅斯語突然從我的腦海冒出來，很清楚，儘管自從痛苦的大學俄文課之後，我已三十年沒聽過它。

「一個活生生的例子。」艾蓮娜翻譯道。

我點頭道：「這就是你需要的業力種子——讓你看到全世界的人都善待彼此的業力種子，而人們之所以善待彼此，是因為他們知道這是種下完美人生的種子。只要你時時謹記你的世界是由你所種下的業力種子創造出來的，這樣就能種下讓你看到亞歷山卓依循業力種子過活子。因為你自己就會依循這樣的理解來待人處事，你自己就是一個活生生的例子，你就是

藉由確保他人美夢成真來讓自己美夢成真。

「所以，要知道我們這是以更宏觀的格局在談如何過活。不只是你透過幫助他人經濟獨立來達到自己的經濟獨立，不只是你和你先生透過照顧無人相伴者的需求來維持很好的感情。

「種下特定的業力種子能讓你得到特定的東西。以一個更大的格局來說，重點在於你是透過辨別你需要的業力種子並種下它們，來處理一切的一切。不用再笨拙地試圖操縱外在世界——如果我想找個伴，我該上網找還是去夜店找？紅色唇膏和粉紅色唇膏，哪個效果比較好？

「你再也不會以那樣的方式思考。無論你要的是什麼，或大或小——這個月要減五公斤，或消滅世界上的戰爭——你從內部著手，透過在自己的心識裡種下業力種子。外在世界就會自然隨之改變。

「人們看到你的方式——以一個不同的方式，或許他們會明白這個方式背後的道理，但更有可能的是他們會『感覺到』你做得怎麼樣，從而受到一個活生生的例子感染。接著他們就會起而效法，這種方式就會擴散出去。

「底線是你會看到亞歷山卓開始種種子，當你自己將種子運用到人生中的所有事物上時。」

駕駛突然停車指著左邊。芬蘭灣填滿整個地平線，當中還有一片小小的沙灘。我們蜂擁而出，沾了沾海水，再直接跑回車上，一邊笑，一邊冷得發抖。

成爲一個活生生的幸福快樂的例子，藉此幫助他人。

100 問題 要怎麼用我們的感情關係來幫助世界？

我的人生有很大一部分都花在到世界各地教授靈性方面的東西，因為我愛這些東西，而且它們讓我非常快樂。但我還是花了很長的時間去了解人們真正想要的是什麼。歸結起來，主要是四件事。

首先，我們想要物質上的舒適——對我而言，這意味著經濟上的獨立。我喜歡稱它為「氧氣錢財」。我認為多數人並不貪心。我們並不要求住在豪宅裡、擁有十二輛名貴座車、戴黃金打造的帽子，但我們想要「有足夠的錢，讓我們不用擔心錢的問題」。當你決定要去看一場電影，你不會事先打電話給電影院，確認放映廳裡有沒有足夠的氧氣供應給每一位觀眾。你直接假設那裡會有氧氣，向來都有的，無論我們去到哪裡。金錢對我們每個人來說也應該是這樣。我們都應該有錢，而且應該隨時都有錢順利地進到口袋，好讓我們剛剛好都能去做人生中想做的事，不用擔心信用卡會不會刷爆之類的。

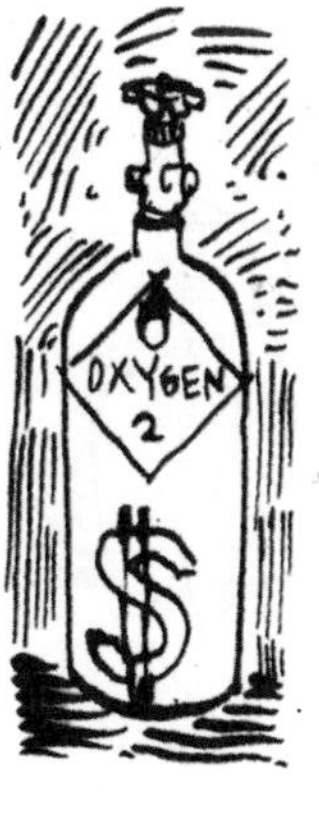

所以，「氧氣錢財」是排名第一的目標。舉例而言，如果沒有一個還算舒適的禪修環境，你就沒辦法從事禪修。我有一次在亞利桑那州一個叫司開摩爾峽谷的地方，嘗試在一座山洞裡禪修，但我被蜘蛛和一種毒性特強的響尾蛇趕了出來。一個還算安全、舒適的環境是需要花錢的，不多，但需要一點。

然而，金錢本身並不能讓你快樂，有一大堆有錢人孤單得不得了。所以，我想，多數人的第二個目標自然就是找到一位特別的伴侶，一個陪著我們共度人生的同伴，一個和我們共組家庭的人——如果我們想要成家的話。我們想要找到這個人、留住這個人，並且在和這個人相愛二、三十年之後，感情依然像第一次約會時那般濃烈。

但如果我們沒有活力，或健康狀況不佳，舒適的家和伴侶的陪伴就沒那麼令人感到安慰了。所以，我想多數人的第三個目標就是保持青春和強壯，這樣我們才能充分享受人生。

到了現在，你已經知道如何達成這每一個目標了。種下業力種子，運用星巴克四步驟，尤其是最後一個步驟：咖啡禪修——躺在床上睡覺時，和你的思緒搏鬥，迫使它去想你和其他人所做的所有善事，為每個人心識裡已經存在的善種子施肥。

但還有一個目標要達成，還有一個人人都渴望滿足的需求，那就是去照顧他人，協助打造一個沒有人痛苦、沒有人難過的世界。渴望一個遮風避雨的地方、渴望另一個人的碰觸、對青春的追求，這些都是每個人心裡的強大動力。但在這些背後，在靈魂深處，有一股最強大的動力，那就是去為其他每一個人提供上述這些東西，為眾生帶來幸福快樂。我們都想當超級英雄，我們都想當其他每一個人的媽媽。

所以，要怎麼用我們的感情關係來拯救世界，為世上每一個人

帶來安全、舒適與幸福？要怎麼實現我們最深的渴望？

在金剛法則的系統中，我們藉由種下業力種子來達到需求，而種下業力種子的不二法門就是去照顧他人的需求。為別人服務就是在為自己服務，而唯一一個為自己服務的辦法就是為他人服務。這兩個目標不只彼此重疊，它們實際上是同一個目標，而且在我們內心深處感覺得到。

所以，如果你想用你的感情關係來幫助世界，你要做的無非是讓這份關係圓滿成功。你們倆能為世界做的最好的事，就是成為一個活生生的例子。因為到頭來，人們並不關心你說什麼，只會看你怎麼做。而如果他們看到你的做法確實行得通，他們就會自己試試看。到頭來，你最大的責任，以及你能幫助全世界的最佳方式，就是在一生中最困難的一件任務上圓滿成功，也就是當一個快樂的人，成為一對幸福的伴侶。大家會看著你，如果種種子的辦法在你和你伴侶身上成功了，全世界都會效法你。藉此，我們就改變了世界，像迅速擴散的電腦病毒般，從一個人到無數人。

如果你愛這個世界，你唯一要做的就是幸福快樂。而要幸福快樂的唯一辦法，就是種下種子。

如果你愛這個世界，你唯一要做的就是幸福快樂。

致謝

我很有福氣能和眾多才華洋溢又滿腔熱忱的好朋友共度人生，他們總是樂於為像這本書這樣的計畫投入他們的時間與技能，而我們都希望這些計畫能幫助更多人。在這裡，我想要列名感謝他們其中一些人，同時也謝謝所有這裡並未列名但在這些年來欣然付出時間與心力的朋友。

我們的出版團隊以約翰・瑟魯羅（John Cerullo）為首，他是金剛出版社（Diamond Cutter Press）的創辦人兼社長，難能可貴的也是極其謙卑與高度專業的綜合體，在出版這一行有數十年的經驗。金剛出版社的版權副理布魯克斯・辛格（Brooks Singer），隨時都能既巧妙又愉快地七手八腳同時處理無數海外合約，包括這本書即將擁有的海外版本。

吉格米・帕默法師（Ven Jigme Palmo）和伊莉莎白・汎德帕斯（Elizabeth vander Pas），負責整合在全世界不同時區不眠不休為本書工作的所有團隊。墨西哥亞洲經典學院（ACI）和金剛商業學院熱情奔放的院長亞歷山卓・朱利安（Alejandro Julien），將他在瓜達拉哈拉的團隊成員凝聚起來完成本書。

印度良穀出版社（Fine Grains India）社長帕拉吉特・辛格（Paramjeet Singh）秉持著專業與細心，賣力趕上緊湊的出版進度。

設計團隊包括瓜達拉哈拉的喬吉娜・瑞芙拉（Georgina Rivera），默默隱身在許多出版相關事務背後的天才，以及美國的羅伯特・魯辛格（Robert Ruisinger）——出版界另一個爽朗愉快、專心致志、經驗老到的綜合體。編輯工作由鳳凰城亞洲經典學院的整個團隊共同分擔，包括蕾貝卡・維娜寇爾（Rebecca Vinacour）、妮可・維吉娜（Nicole Vigna）、吉格米・帕默尊者、約翰・奧宗（John Oyzon）、以斯帖・佳冠德（Esther Giangrande）、克莉絲汀・威爾許（Christine Walsh）和羅伯特・哈格提（Robert Haggerty）。這裡每一位朋友都各自擁有特殊的才華——無論是在百老匯音樂劇裡演出，或是一口氣訓練成千上百位專業心理學家——但他們也有共同的特質，那就是讓本書更流暢、更精確的敏銳與細心。

我們的插畫團隊再度必須趕上幾乎不可能的進度，也勇於迎接挑戰，尤其是紀伯倫・朱利安（Gibran Julian）——瓜達拉哈拉吉邦瓦工作室（Studio Gibravo；www.gibravo.com）的創辦人，他曾在墨西哥和歐洲受訓過。伊米達・埃斯皮諾薩（Imelda Espinoza）——亞洲經典學院和金剛商業學院墨西哥團隊的其中一位籌辦人，同時也是雜誌和書籍平面設計師及譯者——也出了一份力。其他插畫由哥倫比亞聖瑪爾塔（Santa Marta）的安娜・瑪麗亞・凡拉斯科（AnaMaria Velasco）完成，她在波士頓藝術博物館附設學院（Schoolofthe Museumof FineArts）受訓，並主持推動身心健康的非營利組織 NEEM（www.anamariavelasco.com）。歐里・卡林（Ori Carin）——一位相當有才華的紐約畫家，也是前幾本書的繪圖者，完成了幾幅需要繪製肖像的插畫。妮可・維吉娜（Nicole Vigna）和烏拉・畢格里斯基（Ula Byglewski）協助為插畫篩選影像樣本。

妮可也負責本書的全球發行和行銷，在紐約的核心行銷工作則由馬克・崔佩提（Mark Tripetti）和米瑞安・帕克（Miriam Parker）主導。一如往常，我個人的工作團隊裡幾位親愛的成員也提供了不可或缺的支持，他們累積起來在我身邊已有將近五十年的時間，給我所有我所能奢求的幫助與友誼：吉格米・帕默尊者和伊莉莎白・汎德帕斯專責財務部分；梅賽德斯・巴哈里達（Mercedes Bahleda）負責業務推廣、全球營運及行程安排；洛桑・寧波法師（Ven Lobsang Nyingpo）和艾瑞克・布里克曼（Eric Brinkman）負責通訊科技。在本書接近完成時，尼克・拉修（Nick Lashaw）也大力協助物流的部分。

新加坡的 Roy Phay 協助帶領金剛商業學院在東亞和東南亞的營運，他太太 Michslle Phay 是愛的業力法則網站（www.KarmaOfLove.com）、網路 app 及手機 app 的幕後推手。我也很感謝他們貢獻了許多時間，參與我們為全世界有需要的人所做的慈善工作。

最後，我想利用這個機會，謝謝數十年來為了讓我的書在世界各國都看得到而付出心力的朋友們。他們當中有許多正在製作《愛的業力法則》的外語版本，對此我也非常感激。在亞洲，這些朋友包括了：中國的 Xia Liyang 和 John Bentham；台灣城邦出版集團橡樹林出版社的張嘉芳，她也得到侯方元（Rob Hou）和他太太宋馨蓉（Jessica Sung）乃至於 Kay Chen 的鼎力相助；越南太河書出版公司（Thai Ha Books）的阮孟洪（Nguyen Manh Hung）和他出色的職員們；日本的萊薩・羅威茲（Leza Lowitz）；印度的香莎德里・曼莎和梅莉莎・曼莎（Sheshadri and Mellissa Mantha）；以及新加坡的傑奇・費雪（Jaki Fisher）。

在歐洲，我要感謝德國布魯曼瑙出版社（Edition Blumenau）的希薇亞・恩格爾哈特（Silvia Engelhardt）、烏拉・貝特摩爾（Ulla Bettmer）和畢安塔・路德維格（Beate Ludwig）在出版方面的努力；西班牙阿瑪拉出版社（Ediciones Amara）的依斯朵・葛蒂和瑪塔・葛蒂（Isidroand Marta Gordi）數十年來出版不輟；俄羅斯尼古瑪出版社（Niguma Publishing House）的裴弗・巴洛魯斯基（Pavel Belorusskiy）；烏克蘭和俄羅斯金剛石出版社（Almaz Publishing）的愛蓮娜・諾維克（Elena Novik）和瑪莉娜・賽利斯基（Marina Selitsky）；保加利亞渣拿瓦九八出版社（Zhanaua’98 publishing）的超級明星迦娜・艾凡諾瓦（Jana Ivanova）、基瑞爾・沃伊諾夫（Kiril Voinov）和耶辛・尼寇拉夫（Yasen Nikolov）；瑞典的佩爾・弗拉德（Per Flood）和彼得・莫托（Peter Mortl）；法國的西賽爾・羅寶德（Cecile Roubaud）；荷蘭沛堤耶特出版社（Petiet Publishing）的潔若德・凡・巴賽爾（Gerard van Bussel）；塞爾維亞的葉琳娜・札瑞克（Yelena Zaric）；羅馬尼亞的安卓・索努（Andrei Soeanu）；希臘的妮基・蘭博普魯斯（Niki Lambropoulos）；匈牙利的左坦・沙吉（Zoltan Saghy）；愛沙尼亞的歐爾蓋・米拉諾夫（Sergei Mironov）；葡萄牙的羅里莎・尼柯拉法（Ralitza Nikolaeva）；俄羅斯克拉斯諾達爾（Krasnodar）的麥克辛・薛可丁（Maxim Shkodin）。

在拉丁美洲，我想對亞歷山卓・朱利安（Alejandro Julien）和墨西哥的出版團隊、阿根廷的卡蘿拉

・泰瑞尼（Carola Terreni）和她先生湯瑪斯・拉雷多（Tomas Laredo）、巴西和祕魯的瑪麗亞・麗塔・斯坦夫（Maria RitaStumpf）致上謝意。以色列的部分，要大大感謝許多團隊在出版方面的努力，以及帶頭整合這些團隊的里蘭・克茲（Liran Katz）。最後，我由衷感激雙日出版集團（Doubleday）的崔斯・莫非（Trace Murphy）和蓋瑞・傑森（Gary Jansen），以及皇冠出版社（Crown）和蘭登書屋（Random House），在當初有信心讓我成為作家。但願我們所有人的努力有助於推廣金剛法則的偉大思想，並為我們已經認識或即將加入的人的生命與幸福做出貢獻。

NOTHING IS IMPOSSIBLE
IT DEPENDS ON YOU
DCI GLOBAL
MINING CLUB

橡樹林文化 ❖❖ 眾生系列 ❖❖ 書目

JP0006	遇見巴伽活佛	溫普林◎著	280 元
JP0009	當吉他手遇見禪	菲利浦・利夫・須藤◎著	220 元
JP0010	當牛仔褲遇見佛陀	蘇密・隆敦◎著	250 元
JP0011	心念的賽局	約瑟夫・帕蘭特◎著	250 元
JP0012X	佛陀的女兒	艾美・史密特◎著	240 元
JP0013	師父笑呵呵	麻生佳花◎著	220 元
JP0014	菜鳥沙彌變高僧	盛宗永興◎著	220 元
JP0015	不要綁架自己	雪倫・薩爾茲堡◎著	240 元
JP0016	佛法帶著走	佛朗茲・梅蓋弗◎著	220 元
JP0018C	西藏心瑜伽	麥可・羅區格西◎著	250 元
JP0019	五智喇嘛彌伴傳奇	亞歷珊卓・大衛一尼爾◎著	280 元
JP0020	禪　兩刃相交	林谷芳◎著	260 元
JP0021	正念瑜伽	法蘭克・裘德・巴奇歐◎著	399 元
JP0022	原諒的禪修	傑克・康菲爾德◎著	250 元
JP0023	佛經語言初探	竺家寧◎著	280 元
JP0024	達賴喇嘛禪思 365	達賴喇嘛◎著	330 元
JP0025	佛教一本通	蓋瑞・賈許◎著	499 元
JP0026	星際大戰・佛部曲	馬修・波特林◎著	250 元
JP0027	全然接受這樣的我	塔拉・布萊克◎著	330 元
JP0028	寫給媽媽的佛法書	莎拉・娜塔莉◎著	300 元
JP0029	史上最大佛教護法一阿育王傳	德千汪莫◎著	230 元
JP0030	我想知道什麼是佛法	圖丹・卻淮◎著	280 元
JP0031	優雅的離去	蘇希拉・布萊克曼◎著	240 元
JP0032	另一種關係	滿亞法師◎著	250 元
JP0033	當禪師變成企業主	馬可・雷瑟◎著	320 元
JP0034	智慧 81	偉恩・戴爾博士◎著	380 元
JP0035	覺悟之眼看起落人生	金菩提禪師◎著	260 元
JP0036	貓咪塔羅算自己	陳念萱◎著	520 元
JP0037	聲音的治療力量	詹姆斯・唐傑婁◎著	280 元
JP0038	手術刀與靈魂	艾倫・翰彌頓◎著	320 元
JP0039	作為上師的妻子	黛安娜・J・木克坡◎著	450 元
JP0040	狐狸與白兔道晚安之處	庫特・約斯特勒◎著	280 元
JP0041	從心靈到細胞的療癒	喬思・慧麗・赫克◎著	260 元
JP0042	27% 的獲利奇蹟	蓋瑞・賀許伯格◎著	320 元

JP0043	你用對專注力了嗎？	萊斯・斐米博士◎著	280元
JP0044	我心是金佛	大行大禪師◎著	280元
JP0045	當和尚遇到鑽石 2	麥可・羅區格西◎等著	280元
JP0046	雪域求法記	邢肅芝（洛桑珍珠）◎口述	420元
JP0047	你的心是否也住著一隻黑狗？	馬修・約翰史東◎著	260元
JP0048	西藏禪修書	克莉絲蒂・麥娜麗喇嘛◎著	300元
JP0049	西藏心瑜伽 2	克莉絲蒂・麥娜麗喇嘛◎等著	300元
JP0050	創作，是心靈療癒的旅程	茱莉亞・卡麥隆◎著	350元
JP0051	擁抱黑狗	馬修・約翰史東◎著	280元
JP0052	還在找藉口嗎？	偉恩・戴爾博士◎著	320元
JP0053	愛情的吸引力法則	艾莉兒・福特◎著	280元
JP0054	幸福的雪域宅男	原人◎著	350元
JP0055	貓馬麻	阿義◎著	350元
JP0056	看不見的人	中沢新一◎著	300元
JP0057	內觀瑜伽	莎拉・鮑爾斯◎著	380元
JP0058	29 個禮物	卡蜜・沃克◎著	300元
JP0059	花仙療癒占卜卡	張元貞◎著	799元
JP0060	與靈共存	詹姆斯・范普拉◎著	300元
JP0061	我的巧克力人生	吳佩容◎著	300元
JP0062	這樣玩，讓孩子更專注、更靈性	蘇珊・凱瑟・葛凌蘭◎著	350元
JP0063	達賴喇嘛送給父母的幸福教養書	安娜・芭蓓蔻爾・史蒂文・李斯◎著	280元
JP0064	我還沒準備說再見	布蕾克・諾爾&帕蜜拉・D・布萊爾◎著	380元
JP0065	記憶人人 hold 得住	喬許・佛爾◎著	360元
JP0066	菩曼仁波切	林建成◎著	320元
JP0067	下面那裡怎麼了？	莉莎・瑞金◎著	400元
JP0068	極密聖境・仰桑貝瑪貴	邱常梵◎著	450元
JP0069	停心	釋心道◎著	380元
JP0071	如果你對現況感到倦怠……	威廉・懷克羅◎著	300元
JP0070	聞盡	釋心道◎著	380元
JP0072	希望之翼：倖存的奇蹟，以及雨林與我的故事	茱莉安・柯普科◎著	380元

JP0073	我的人生療癒旅程	鄧嚴◎著	260 元
JP0074	因果，怎麼一回事？	釋見介◎著	240 元
JP0075	皮克斯動畫師之紙上動畫《羅摩衍那》	桑傑．帕特爾◎著	720 元
JP0076	寫，就對了！	茱莉亞．卡麥隆◎著	380 元
JP0077	願力的財富	釋心道◎著	380 元
JP0078	當佛陀走進酒吧	羅卓．林茲勒◎著	350 元
JP0079	人聲，奇蹟的治癒力	伊凡．德．布奧恩◎著	380 元
JP0080	當和尚遇到鑽石 3	麥可．羅區格西◎著	400 元
JP0081	AKASH 阿喀許靜心 100	AKASH 阿喀許◎著	400 元
JP0082	世上是不是有神仙：生命與疾病的真相	樊馨蔓◎著	300 元
JP0083	生命不僅僅如此一辟穀記（上）	樊馨蔓◎著	320 元
JP0084	生命可以如此一辟穀記（下）	樊馨蔓◎著	420 元
JP0085	讓情緒自由	茱迪斯．歐洛芙◎著	420 元
JP0086	別癌無恙	李九如◎著	360 元
JP0087	什麼樣的業力輪迴，造就現在的你	芭芭拉．馬丁 & 狄米崔．莫瑞提斯◎著	420 元
JP0088	我也有聰明數學腦	盧采嫻◎著	280 元
JP0089	與動物朋友心傳心	羅西娜．瑪利亞．阿爾克蒂◎著	320 元
JP0090	法國清新舒壓著色畫 50：繽紛花園	伊莎貝爾．熱志－梅納、紀絲蘭．史朵哈、克萊兒．摩荷爾－法帝歐◎編	350 元
JP0091	法國清新舒壓著色畫 50：療癒曼陀羅	伊莎貝爾．熱志－梅納、紀絲蘭．史朵哈、克萊兒．摩荷爾－法帝歐◎編	350 元
JP0092	風是我的母親	熊心、茉莉．拉肯◎著	350 元
JP0093	法國清新舒壓著色畫 50：幸福懷舊	伊莎貝爾．熱志－梅納、紀絲蘭．史朵哈、克萊兒．摩荷爾－法帝歐◎編	350 元
JP0094	走過倉央嘉措的傳奇：尋訪六世達賴喇嘛的童年和晚年，解開情詩活佛的生死之謎	邱常梵◎著	450 元
JP0095	【當和尚遇到鑽石 4】愛的業力法則：西藏的古老智慧，讓愛情心想事成	麥可．羅區格西◎著	450 元

橡樹林文化 ❖❖ 善知識系列 ❖❖ 書目

JB0031	師父──與阿姜查共處的歲月	保羅・布里特◎著	260 元
JB0032	統御你的世界	薩姜・米龐仁波切◎著	240 元
JB0033	親近釋迦牟尼佛	髻智比丘◎著	430 元
JB0034	藏傳佛教的第一堂課	卡盧仁波切◎著	300 元
JB0035	拙火之樂	圖敦・耶喜喇嘛◎著	280 元
JB0036	心與科學的交會	亞瑟・札炯克◎著	330 元
JB0037	你可以，愛	一行禪師◎著	220 元
JB0038	專注力	B・艾倫・華勒士◎著	250 元
JB0039	輪迴的故事	慈誠羅珠堪布◎著	270 元
JB0040	成佛的藍圖	堪千創古仁波切◎著	270 元
JB0041	事情並非總是如此	鈴木俊隆禪師◎著	240 元
JB0042	祈禱的力量	一行禪師◎著	250 元
JB0043	培養慈悲心	圖丹・卻准◎著	320 元
JB0044	當光亮照破黑暗	達賴喇嘛◎著	300 元
JB0045	覺照在當下	優婆夷　紀・那那蓉◎著	300 元
JB0046	大手印暨觀音儀軌修法	卡盧仁波切◎著	340 元
JB0047X	蔣貢康楚閉關手冊	蔣貢康楚羅卓泰耶◎著	260 元
JB0048	開始學習禪修	凱薩琳・麥唐諾◎著	300 元
JB0049	我可以這樣改變人生	堪布慈囊仁波切◎著	250 元
JB0050	不生氣的生活	W. 伐札梅諦◎著	250 元
JB0051	智慧明光：《心經》	堪布慈囊仁波切◎著	260 元
JB0052	一心走路	一行禪師◎著	280 元
JB0054	觀世音菩薩妙明教示	堪布慈囊仁波切◎著	350 元
JB0055	世界心精華寶	貝瑪仁增仁波切◎著	280 元
JB0056	到達心靈的彼岸	堪千・阿貝仁波切◎著	220 元
JB0057	慈心禪	慈濟瓦法師◎著	230 元
JB0058	慈悲與智見	達賴喇嘛◎著	320 元
JB0059	親愛的喇嘛梭巴	喇嘛梭巴仁波切◎著	320 元
JB0060	轉心	蔣康祖古仁波切◎著	260 元
JB0061	遇見上師之後	詹杜固仁波切◎著	320 元
JB0062	白話《菩提道次第廣論》	宗喀巴大師◎著	500 元
JB0063	離死之心	竹慶本樂仁波切◎著	400 元
JB0064	生命真正的力量	一行禪師◎著	280 元

JB0065	夢瑜伽與自然光的修習	南開諾布仁波切◎著	280 元
JB0066	實證佛教導論	呂真觀◎著	500 元
JB0067	最勇敢的女性菩薩─綠度母	堪布慈囊仁波切◎著	350 元
JB0068	建設淨土──《阿彌陀經》禪解	一行禪師◎著	240 元
JB0069	接觸大地─與佛陀的親密對話	一行禪師◎著	220 元
JB0070	安住於清淨自性中	達賴喇嘛◎著	480 元
JB0071/72	菩薩行的祕密【上下冊】	佛子希瓦拉◎著	799 元
JB0073	穿越六道輪迴之旅	德洛達娃多瑪◎著	280 元
JB0074	突破修道上的唯物	邱陽．創巴仁波切◎著	320 元
JB0075	生死的幻覺	白瑪格桑仁波切◎著	380 元
JB0076	如何修觀音	堪布慈囊仁波切◎著	260 元
JB0077	死亡的藝術	波卡仁波切◎著	250 元
JB0078	見之道	根松仁波切◎著	330 元
JB0079	彩虹丹青	祖古．烏金仁波切◎著	340 元
JB0080	我的極樂大願	卓千拉貢仁波切◎著	260 元
JB0081	再捻佛語妙花	祖古．烏金仁波切◎著	250 元
JB0082	進入禪定的第一堂課	德寶法師◎著	300 元
JB0083	藏傳密續的真相	圖敦．耶喜喇嘛◎著	300 元
JB0084	鮮活的覺性	堪千創古仁波切◎著	350 元
JB0085	本智光照──功德寶藏論　顯宗分講記	遍智　吉美林巴◎著	380 元
JB0086	普賢王如來祈願文	竹慶本樂仁波切◎著	320 元
JB0087	禪林風雨	果煜法師◎著	360 元
JB0088	不依執修之佛果	敦珠林巴◎著	320 元
JB0089	本智光照─功德寶藏論　密宗分講記	遍智　吉美林巴◎著	340 元
JB0090	三主要道論──出離心、菩提心、空性正見	堪布慈囊仁波切◎著	280 元
JB0091	千手千眼觀音齋戒─紐涅的修持法	汪遷仁波切◎著	400 元
JB0092	回到家，我看見真心：讓家成為修行的空間	一行禪師◎著	220 元
JB0093	愛對了：用正念滋養的親密關係，最長久	一行禪師◎著	260 元
JB0094	追求幸福的開始：薩迦法王教你如何修行	尊勝的薩迦法王◎著	300 元
JB0095	次第花開	希阿榮博堪布◎著	350 元
JB0096	楞嚴貫心	果煜法師◎著	380 元
JB0097	心安了，路就開了：讓《佛說四十二章經》成為你人生的指引	釋悟因◎著	320 元

廣 告 回 函
北區郵政管理局登記證
北 台 字 第 10158 號
郵資已付 免貼郵票

104 台北市中山區民生東路二段 141 號 5 樓

城邦文化事業股份有限公司
橡樹林出版事業部 收

請沿虛線剪下對折裝訂寄回，謝謝！

|橡|樹|林|

書名：愛的業力法則：西藏的古老智慧，讓愛情心想事成 **書號：JP0095**

橡樹林文化
讀者回函卡

感謝您對橡樹林出版社之支持，請將您的建議提供給我們參考與改進；請別忘了給我們一些鼓勵，我們會更加努力，出版好書與您結緣。

姓名：＿＿＿＿＿＿＿＿＿＿ □女 □男 生日：西元＿＿＿＿＿年

Email：＿＿＿＿＿＿＿＿＿＿＿＿＿＿＿＿＿＿＿＿

◎您從何處知道此書？

□書店 □書訊 □書評 □報紙 □廣播 □網路 □廣告 DM □親友介紹

□橡樹林電子報 □其他＿＿＿＿＿＿

◎您以何種方式購買本書？

□誠品書店 □誠品網路書店 □金石堂書店 □金石堂網路書店

□博客來網路書店 □其他＿＿＿＿＿＿

◎您希望我們未來出版哪一種主題的書？（可複選）

□佛法生活應用 □教理 □實修法門介紹 □大師開示 □大師傳記

□佛教圖解百科 □其他＿＿＿＿＿＿

◎您對本書的建議：

＿＿＿＿＿＿＿＿＿＿＿＿＿＿＿＿＿＿＿＿

＿＿＿＿＿＿＿＿＿＿＿＿＿＿＿＿＿＿＿＿

＿＿＿＿＿＿＿＿＿＿＿＿＿＿＿＿＿＿＿＿

＿＿＿＿＿＿＿＿＿＿＿＿＿＿＿＿＿＿＿＿

＿＿＿＿＿＿＿＿＿＿＿＿＿＿＿＿＿＿＿＿

非常感謝您提供基本資料，基於行銷及客戶管理或其他合於營業登記項目或章程所定業務需要之目的，家庭傳媒集團（即英屬蓋曼群商家庭傳媒股份有限公司城邦分公司、城邦文化事業股份有限公司、書虫股份有限公司、墨刻出版股份有限公司、城邦原創股份有限公司）於本集團之營運期間及地區內，將不定期以MAIL訊息發送方式，利用您的個人資料於提供讀者產品相關之消費與活動訊息，如您有依照個資法第三條或其他需服務之務，得致電本公司客服。

我已經完全瞭解左述內容，並同意本人資料依上述範圍內使用。

＿＿＿＿＿＿＿＿＿＿＿＿（簽名）

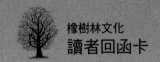

眾生系列 JP0095
【當和尚遇到鑽石 4】
愛的業力法則： 西藏的古老智慧，讓愛情心想事成
The Karma of Love:
100 Answers for Your Relationship, from the Ancient Wisdom of Tibet

作　　者／麥可・羅區格西（Geshe Michael Roach）
譯　　者／賴許刈
編　　輯／劉昱伶
版面構成／洪祥閔 kevinhom1208@yahoo.com.tw
封面設計／小山 dddidar3@gmail.com
業　　務／顏宏紋
印　　刷／韋懋實業有限公司

發 行 人／何飛鵬
事業群總經理／謝至平
總 編 輯／張嘉芳
出　　版／橡樹林文化
城邦文化事業股份有限公司
115 台北市南港區昆陽街 16 號 4 樓
電話：(02)2500-0888 ext2736　傳真：(02)2500-1951
發　　行／英屬蓋曼群島商家庭傳媒股份有限公司城邦分公司
115 台北市南港區昆陽街 16 號 8 樓
客服服務專線：(02)25007718；25001991
24 小時傳真專線：(02)25001990；25001991
服務時間：週一至週五上午 9:30 ～ 12:00；下午 13:30 ～ 17:00
劃撥帳號：19863813　戶名：書虫股份有限公司
讀者服務信箱：service@readingclub.com.tw
香港發行所／城邦（香港）出版集團有限公司
香港九龍土瓜灣土瓜灣道 86 號順聯工業大廈 6 樓 A 室
電話：(852)25086231　傳真：(852)25789337
Email: hkcite@biznetvigator.com
馬新發行所／城邦（馬新）出版集團【Citē(M) Sdn.Bhd. (458372 U)】
41, Jalan Radin Anum, Bandar Baru Sri Petaling,
57000 Kuala Lumpur, Malaysia.
電話：(603) 90563833　傳真：(603) 90576622
Email：services@cite.my

初版 01 刷／2014 年 11 月
初版 32 刷／2024 年 6 月
I S B N／978-986-6409-88-2
定　　價／450 元

城邦讀書花園
www.cite.com.tw

國家圖書館出版品預行編目 (CIP) 資料

當和尚遇到鑽石 4, 愛的業力法則 : 西藏的古老智慧 , 讓愛情心想事成 / 麥可 . 羅區格西 (Geshe Michael Roach) 著 . -- 初版 . -- 臺北市 : 橡樹林文化 , 城邦文化出版 : 家庭傳媒城邦分公司發行 , 2014.11
面 ; 公分 . -- (當和尚遇到鑽石 ; 4) (眾生系列 ; JP0095)
ISBN 978-986-6409-88-2(平裝)

1. 兩性關係 2. 愛 3. 佛教

544.7 103020005